협동조합 금융론

협동조합
금융론

전성군 · 송춘호 · 박상도 · 장동헌

한국학술정보

머리말

   우리나라 경제는 글로벌 금융위기, 세계 무역전쟁 등의 영향으로 어려움에 직면해 있다. 특히 금융기관들의 경영건전성이 우려되고 있다. 다행히 협동조합금융을 대표하는 상호금융은 타 금융기관에 비해 비교적 양호한 경영성과를 나타내고 있다. 이는 시장의 불확실성을 감안하여 안정성 위주로 사업을 추진한 결과이기도 하지만 상호금융 특유의 저력을 가지고 슬기롭게 대처해 왔던 까닭이기도 하다.

   그동안 상호금융은 크게 농업인조합원 및 지역경제에 대한 자금공급, 협동조합 본연의 지도·경제사업 수행을 위한 수익창구의 두 가지 역할을 수행해 왔다. 그 결과 농촌사회에 만연하였던 고리사채를 근절하고 1976년 농어가목돈마련저축을 도입하여 농업인조합원의 재산형성에 크게 기여하였다. 또한 비과세예탁금 한도상향과 시한연장을 추진하였고, 2008년 한 해 동안 농어가목돈마련축과 비과세예탁금 제도가 농업인 조합원과 지역고객에게 준 실질소득 기여분은 각각 1,370억 원, 2,200억 원에 달한다. 1985년 12월 온라인망 구축을 개시하여 조합 간 신속한 거래가 가능하도록 하고 1995년 6월 금융전산망 가입으로 일반은행권과 같은 수준의 금융서비스를 제공하였다. 또한 1998년 1월 예금자 보호제도 도입, 2001년 1월 농가부채경감특별대책 시행, 2004년 농업인 대출금리 폭 인하, 2008년 9월 외국환 업무개시 등 조합원 및 고객실익 증진을 위해 노력하여 왔다.

하지만 금융시장의 경쟁격화로 개별 협동조합의 사업여건은 더욱 어려워질 것으로 예상된다. 이는 협동조합금융이 협동조합 특성상 사업수행을 위한 자본금 확충이 어렵기 때문이다. 특히 다양한 상품을 취급하는 제1금융권과 직접 경쟁하기에는 여러 가지 어려움이 많다. 이러한 상황에서 상호금융별 회계의 자금운용 합리화는 협동조합금융 발전을 위해 무엇보다 중요한 과제다.

이처럼 상호금융이 새로운 대안으로 금융의 이목을 집중시키는 상황에서 협동조합금융을 이해하기 위한 기본 걸음으로 협동조합금융론을 집필하게 되었다.

우리는 이 책을 통해 협동조합금융의 역사와 이론, 그리고 협동조합금융의 시장과 현실을 대중에게 가장 쉽고 유익하게 전달하고 싶었다. 특히 금융시장에서의 대출자원이 급속하게 감소하여 예대비율이 낮은 협동조합은 상호금융의 운용성과에 더욱 의존하게 되어 있다. 따라서 지역사회와 협동조합상호금융은 단순히 고객과 직원 간 관계가 아니라 지역사회를 기반으로 서로 원원(win-win)하는 공동체인 성격을 강조하는 데 초점을 맞췄다고 해도 과언은 아니다.

이 책에서는 협동조합금융의 기초, 협동조합금융의 재무, 전개과정, 농협상호금융의 사례, 그리고 협동조합금융실무 등에 대하여 5개의 모듈로 나누어 설명하고 있다.

아무쪼록 본 도서가 우리 협동조합금융이 발전해 나가기 위한 지침서로 활용되기를 바라면서 협동조합금융의 현재와 미래를 가늠해 보는 길잡이로서 활용되기를 기대해 본다.

2018년 9월 1일(양)
저자 일동

Contents

Chapter 05 협동조합금융 실무

Chapter 01

협동조합금융*의
기초

* 독일 신용협동조합의 아버지라고 불리는 프리드리히 빌헬름 라이파이젠은 농민의 고리채 문제
를 해결해주기 위해 처음으로 신용협동조합을 만들었다. 농민들을 중심으로 세워진 신용협동조
합은 1862년 라이파이젠 은행으로 성장했다. 그러나 이익을 추구하는 기업이 아니었기 때문에
증권거래소에 상장 되지 않았고, 그로 인해 자금 조달이라는 어려움을 겪었다. 이러한 경험을 통
해 라이파이젠 은행은 1980년대부터는 배당을 하지 않고 자금을 쌓아 자본을 확보했는데, 바로
이 덕분에 금융위기에도 무너지지 않고 견고할 수 있었다. 이후 라이파이젠 은행은 상인을 대상
으로 한 시민은행과 합병되어 하나의 독일 협동조합은행이 되었다. 독일 협동조합은행은 현재
DZ방크라는 상위기구에서 수익개발 및 마케팅 전략 등을 총괄 수립하고 있다. 독일 협동조합은
회원사분담금으로 설립한 보장기금이 보장망으로 예금자보호를 위한 이중보호제도를 운영하고
있다. 보장기금은 회원사에 심각한 위기가 닥쳤을 때, 보증과 대출 제공에서부터 보조금 개선 대
책까지 수립해준다. 회원사들의 보증에 의해 운영되는 보장망 역시 같은 기능을 한다. 예금자 이
중보호제도는 연방금융 감독청 감독 아래 안정적으로 운영되고, 조합원의 안전을 최대 목표로
예금이 전액 보장되므로 상업은행보다 훨씬 안전하다. 게다가 1930년대 이후 독일의 협동조합
은행이 파산한 사례는 전무하다. 이와 같은 자세는 금융위기와 유럽 재정위기를 거치며 소비자
의 전폭적인 신뢰를 받고 있다.

협동조합[1])의 조직 모형

1. 전통모형 협동조합

1) 특 징

현실에 존재하는 협동조합들은 그 조직구조와 사업방식에 따라 매우 다양하다. 서구 농협의 경우 미국 중서부지역의 신세대협동조합에서부터 유럽 지중해 연안국가의 공공성이 강한 농협에 이르기까지 다양한 형태를 보이고 있다. 이러한 협동조합 유형들의 양극단에 과거 로치데일 협동조합에 기원을 두는 전통모형 협동조합과 최근에 나타나고 있는 비례모형 협동조합이 위치한다.

협동조합 모형 간의 차이는 기본적으로 조합원과 협동조합과의 관계가 어떻게 형성되고 있는가, 즉 지배구조의 차이에 있다. 이는

---

1) 협동조합은 크게 일반협동조합과 사회적 협동조합으로 구분된다. 일반협동조합이란, '재화 또는 용역의 구매, 생산, 판매, 제공 등을 협력해 영위함으로써 조합원의 권익을 향상시키고 지역사회에 공헌을 하고자 하는 사업조직'이라는 요건을 충족해야 한다. 즉 사업의 범위, 사업의 목적, 사업의 조직이 모두 충족될 때 일반 협동조합이라고 부른다. 반면 사회적 협동조합이란, 협동조합 중에서도 특히 공익적인 기능을 수행하고 영리를 목적으로 하지 않는 비영리법인인 협동조합을 의미한다. '공익적'이란 취약계층에 대한 일자리 제공과 사회서비스 제공 등을 의미하며, '영리를 목적으로 하지 않는다'는 일반기업의 영리 추구와는 달리 공공의 이익을 중심으로 한다는 것을 의미한다.

협동조합이 어떻게 조합원을 위해 기능하며 시장, 정부 및 이해관계자에 대하여 행동하는가를 결정하는 다양한 권리 의무 관계를 포함한다. 어떤 협동조합 모형이 바람직한가에 대한 문제는 그 조합이 처해 있는 사업 환경이 어떠한가에 달려 있으며, 특정 모형이 다른 모형보다 우월하다고 단정하기는 어렵다.

닐슨(Nilsson, 1997)은 협동조합의 바람직한 모형을 결정하는 요인으로 경제적 요인과 더불어 정치적 요인과 사회적 요인을 분석하였다. 그에 의하면, 과거 정부의 보호 아래 농업이 성장하던 시기에는 협동조합이 큰 어려움 없이 안정적으로 사업을 유지할 수 있었다. 각국 정부는 농업성장과 농가의 소득지지를 위해 농산물 가격지지 정책 및 수입규제 조치 등을 통해 자국 농업을 보호하였다. 또한 농업 생산성 제고 등 정부의 정책목표 달성을 위해 협동조합을 지원하였다. 협동조합은 정부의 정책사업 대행과 농업의 양적 성장에 힘입어 지속 성장할 수 있었다. 그는 이와 같이 과거 농업성장기에 존재하였던 협동조합을 전통모형 협동조합(traditional cooperative)이라고 지칭하였다.

이 시기의 협동조합은 사업량을 극대화함으로써 비용을 낮추는 사업전략을 추구하여 조합원의 실익에 기여하였다. 생산만 하면 팔리던 시기였으므로 사업량 극대화 전략이 가장 효과적이었다. 이러한 이유 때문에 전통모형 협동조합은 사업량 극대화를 목표로 하는 경우가 많으며, 이를 위해 로치데일 방식의 전통적 조직구조를 채택하게 된다. 앞서 살펴본 바와 같이, 로치데일 협동조합은 소비자 협동조합으로서 많은 소비자 고객을 조합원으로 확보하는 것이 점포사업에 유리하였다. 따라서 로치데일 협동조합은 조합원 수와 사업량(점포 판매량)을 늘리는 조직구조를 구축하였다. 그리고 농업이 성장하던 시기에는 이와 같은 로치데일 방식의 전략이 농업협동조합에도 적합하였다. 따라서 전통적인 농업협동조합은 로치데일 방식에 기초하여 다음과 같은 전략을 선택하게 된다.

첫째, 조합원 수를 늘릴 목적으로 조합원 수 증대 정책을 채택하였다. 먼저 가입자유의 원칙에 따른 개방형 조합원제도(open membership)를 채택하여 신규 조합원의 가입을 유도하고자 하였다. 또한 신규조합원의 가입을 늘리기 위해 조합가입 시 낮은 출자의무를 부담시켰고, 1인 1표 원칙을 채택하여 신규조합원에게도 기존 조합원과 동일한 권리를 부여하였다. 이러한 조합원 수 증대 정책은 사업물량 확대로 이어져 조합 사업의 평균비용을 낮추는 역할을 하였고, 이에 따라 기존 조합원도 이익을 보는 결과를 가져왔다. 이에 따라 기존 조합원도 신규조합원을 늘리는 정책에 반대하지 않게 된다.

둘째, 사업물량을 확대하는 정책이다. 이를 위해 협동조합은 조합원이 출하한 농산물에 최대한 높은 가격을 지불하며, 이에 필요한 재정을 조달하기 위해 출자배당을 최소화하고 배당의무가 없는 공동지분(unallocated capital)의 확대에 노력하게 된다. 또한 농산물 출하 시 거리·물량·품질에 관계없이 모든 조합원에게 동일한 가격과 수수료율을 적용하여 가능한 많은 농가가 사업에 참여하도록 유도한다. 그런데 상이한 조건의 조합원 그룹 간에 동일한 가격과 수수료율을 적용함으로써 이러한 협동조합에서는 이익을 남기는 측에서 별다른 대가를 받지 않고 다른 측을 지원하는 교차보조(cross subsidy)가 흔히 존재한다. 예컨대 동일한 운송비 정책은 근거리 조

합원의 비용으로 원거리 조합원에 대한 보조가 되며, 낮은 조합가
입비는 기존조합원 비용으로 신규조합원에 대한 보조가 된다. 이는
생산성이 높은 농업인의 희생을 통해 생산성이 낮은 농업인을 조합
원으로 가입시켜 농산물을 출하하게 하는 결과를 가져온다. 또한
당연히 조합원 수가 늘어나 조합 사업물량이 증가하는 결과로도 이
어지게 된다.

　셋째, 협동조합은 이념2)과 가치3)를 중시하는 경향을 보이는데,

---

2) 협동조합 이념이란 협동조합 운동의 지배적인 가치와 규범·신념 및 이상 등을 포함한 주체적
의지의 표현으로, 협동조합이 지향하는 최고가치와 지도정신을 의미한다. 지금까지 협동조합
사상가와 운동가들에 의해 주장되고 실천돼온 협동조합 이념으로는 '상부상조의 협동정신'
'자조·자주·자립의 이념' '평등·비영리·공정의 이념' 등이 있다. 우리 농협의 경우에는
'자조·자립·협동'을 농협의 3대 이념으로 삼고 있다. 이 중 협동은 농협의 중심 이념으로 막
연히 힘을 합친다는 사전적 의미가 아니라, 같은 목적을 달성하기 위해 힘을 모아 공동의 성과
를 얻고자 하는 구체적 행위를 말한다. 협동이념이 잘 구현되기 위해서는 무엇보다 서로에게
이익을 줄 수 있는 자득타득(自得他得)의 상부상조 정신이 필요하게 되는데, 이는 조합원 서로
에게 도움이 되지 못하는 협동은 별다른 의미가 없기 때문이다. 이러한 이념은 우리가 잘 알고
있는 '일인은 만인을 위하여, 만인은 일인을 위하여' 라는 말 속에 잘 표현돼 있다. 또한 '자조
이념'은 자득타득의 상부상조 정신의 전제조건으로 작용하게 되는데, 이는 서로 돕는다는 것은
자신의 일을 해결하는 자조의 바탕 위에서만 가능하기 때문이다. 즉 협동조합을 통해 '자조 →
자득타득의 상부상조 → 바람직한 협동이념 구현'의 관계가 형성되는 것이다. 또한 농협 운동
은 외부의 원조나 지원으로 이뤄지는 것이 아니라 조합원 스스로 자신들의 문제를 해결하고 개
선하는 데 그 목적이 있으므로 '자립'을 농협의 이념으로 삼고 있는 것이다. '자립'은 외부의 간
섭이나 지배에서 벗어나 올바른 협동조합 운동을 전개해 나가기 위한 전제조건이기도 하다. 협
동조합 이념은 협동조합을 운영하는 기본 원리이자 기반이다. 조합원은 협동조합의 이념을 중
심으로 결집되고, 협동조합 이념을 바탕으로 협동조합 운동을 전개하고, 협동조합 운영에 참여
하게 되는 것이다. 따라서 협동조합 이념이 전체 조합원들 간에 명확하게 공유될 때에는 협동조
합 운동이 조합원의 적극적인 참여를 불러일으켜 활발하게 전개되지만, 그렇지 못할 경우에는
협동조합 운동이 침체되거나 협종조합의 존립 자체도 위협받을 가능성이 많다. 그렇기 때문에
협동조합은 지속적인 교육을 통하여 임직원과 조합원 모두가 이와 같은 협동조합 이념을 항상
명확하게 공유할 수 있도록 지속적으로 관심과 노력을 기울여 나가야 한다.

3) 모든 사상에 나름의 가치가 있듯이 인간존중과 협동의 이념을 지닌 협동조합 사상에도 가치가
내포되어 있다. 이러한 협동조합의 가치는 협동조합이 다른 조직체에 비해 우월한 조직체라는
점을 인식시켜 준다. 협동조합의 가치에 대한 논의는 협동조합 고유의 존재 의의와 협동조합
특유의 사회·경제적 공헌에서 출발한다. 역사적으로 1844년 로치데일 협동조합이 탄생한 이래
많은 세월이 흐르는 동안 협동조합이 세계 도체에서 우여곡절을 겪으면서도 양적으로나 질적으
로 발전을 거듭해 왔다. 이는 무엇보다 대중 속에 뿌리를 박고, 때로는 운동체로서, 때로는 경
영체로서 정신적으로나 경제적으로 봉사해 왔기 때문이다. 이것이 협동조합의 사회적·경제적
존재 의의이며 공헌이다. 협동조합이 지니는 기본적 가치의 원천도 바로 여기에 있다. 그러나
협동조합이 기본적 가치를 현실에서 전개해 나가는 데는 보다 구체적이고 실천적인 가치덕목이
선정되어야만 한다. 사람에 따라 사회 환경에 따라 선정 기준과 내용이 다르고, 상황에 따라 윤
리적 기준과 경제적 기준을 달리하다 보면 협동조합의 가치 기준도 가변적일 수밖에 없다. 따

이는 주로 기존조합원의 사업 참여를 유지시키기 위해서 채택된다. 협동조합이 규모의 경제를 확보하기 위해서는 신규조합원 가입은 물론 기존 조합원의 유지가 중요하며, 이를 위해 협동조합은 연대, 형평, 이타주의 등의 협동조합 이데올로기의 확산에 노력한다. 이와 같은 공동체 인식과 이념을 확산시킴으로써 기존 조합원의 협동조합 참여를 유지시키고, 신·구 조합원 간의 통합을 가속화시킨다.

전통모형 협동조합은 농업생산성 제고와 규모의 경제 달성을 통해 농업의 양적 성장과 농가소득 증대에 기여한다. 조합원들은 조합사업의 확대가 자신에게도 이익이 되기 때문에 자발적으로 사업에 참여한다. 이러한 상황에서 협동조합은 생산 지향적, 사업량 극대화 전략을 추구한다. 식량증산이 중시되고, 정부의 농업보호 정책이 지속되는 환경에서 협동조합의 이러한 전략은 합리성을 갖게 된다. 그리고 조직구조는 사업량 극대화 전략에 맞추어 1인 1표주의, 가입자유의 원칙, 동등원칙, 이념·가치 지향의 성격을 갖게 된다.

2) 구조문제

협동조합의 제도적 특징을 연구하는 학자들은 전통모형 협동조합 조직에 고유하게 내재되어 있는 구조문제에 대해 분석하였다.

라서 협동조합 학자와 운동가들은 모든 나라의 모든 협동조합이 공통으로 추구해야 할 협동조합의 보편적 가치를 규범화하기 위해 많은 노력을 기울여 왔다. 그러한 노력이 결실을 맺어 국제협동조합연맹(ICA)는 1995년 ICA 창립 100주년을 맞아 영국 런던에서 협동조합 가치와 협동조합의 7대원칙을 제시했다. ICA가 발표한 협동조합의 가치는 기본적 가치와 윤리적 가치로 나뉘어져 있다. 기본적 가치는 자조(self-help), 자기책임(self-responsibility), 민주주의(democracy), 평등(equality), 공정(equity), 연대(solidarity)에 기초한다고 제시했다. 윤리적 가치로 제시된 것은 정직(honesty), 공개(openness), 사회적 책임(social responsibility), 타인에 대한 배려(caring for others)다. 이런 협동조합의 가치는 협동조합의 과거와 현재, 그리고 미래를 연결시키는 고리이다. 협동조합의 가치는 이상적인 목표가 아니라 실천을 위한 지침으로 행동화하고, 사업화하며, 성과화하는 데 있다. 그래야만 협동조합다운 협동조합으로 바로 설 수 있다.

이들 학자들은 전통적 협동조합의 구조문제로 기간문제, 위험회피문제, 통제문제, 무임승차문제, 영향력비용문제 등을 분석하고 있다. 이 중 기간문제와 포트폴리오 문제, 무임승차자 문제는 제3장에서 자세히 살펴보게 될 것이다. 이 장에서는 통제문제와 영향력비용문제에 대해서만 살펴보기로 한다.

통제문제(control problem)는 소유와 경영이 분리되어 있는 조직에서 나타나는 지배구조 문제에 해당한다. 통제문제는 조합원이 협동조합의 경영자를 효과적으로 통제하지 못하는 문제를 가리키는데, 이는 일반 기업의 주인과 대리인 문제(principal agent problem)와 유사하다. 주인-대리인 문제는 기업에서 주인인 주주가 대리인인 경영자를 완전히 통제하지 못하는 데서 발생하는 비용을 가리킨다. 주주는 경영자가 주주 이익의 극대화를 위해 노력하기 바라지만, 경영자는 높은 급여와 고급 사무실 설치, 외형 위주의 성장전략 등 경영자의 입장에서 기업을 경영하기도 한다. 이와 같이 경영자가 주주의 이익과 부합되지 않게 기업을 경영하는 데서 발생하는 문제를 주인-대리인 문제라고 한다. 이 문제는 특히 주주가 경영자를 효과적으로 통제할 수 있는 장치가 미흡할 때 심각하게 나타날 수 있다.

협동조합에서 통제문제가 자주 제기되는 것은 주식회사와 달리 출자지분을 거래하는 자본시장이 존재하지 않아 주식가격(출자증권의 시장가격)을 잣대로 경영성과를 평가하거나 경영진을 통제할 수 있는 장치가 존재하지 않기 때문이다. 따라서 조합원이 주식가격과 같은 객관적인 기준을 토대로 경영진을 효과적으로 통제하지 못하는 문제가 발생하는데, 이러한 문제를 통제문제라고 한다.

영향력비용문제(influence cost problem)는 조합원 그룹 간에 협동조합의 이익배분에 관한 의사결정에 영향력을 행사하는 과정에서 수반되는 비용과 관련된 문제이다. 예를 들어 협동조합이 다양한 사업을 운영하고 있고, 조합원들이 다양한 이해관계를 가질 경우 이질적인 조합원 그룹들은 협동조합 사업이 자신에게 유리한 방향으로 이루어지도록 협동조합 의사결정에 영향력을 행사하려는 경향이 존재한다. 이는 협동조합이 다른 기업에 비해 의사결정 비용이 높다는 점을 의미한다. 주식회사의 경우에는 주가의 극대화를 추구하는 점에서 주주들의 이해관계가 공통점을 갖는 반면, 협동조합은 개별 조합원의 이해관계가 자신의 영농활동과 밀접하게 연관되어 다양하게 나타나게 된다. 따라서 협동조합의 주요 의사결정에 있어서 조합원의 합의를 형성하는 과정은 주식회사에 비해 많은 시간과 비용이 소요된다. 조합원 그룹들은 자기 그룹에 유리한 방향으로 협동조합이 의사결정을 하도록 영향력을 행사하고자 한다. 예를 들어 조합의 이익을 현금배당으로 지급할지, 유통시설에 투자할지를 결정하는 과정에서 후계농업인과 노령농업인 간에 이해의 대립이 발생할 수 있다. 영농규모가 작고 은퇴가 얼마 남지 않은 노령농업인은 주로 현금배당을 선호하는 반면, 영농규모가 크고 영농에 종사하는 기간이 많이 남은 후계농업인은 협동조합이 유통시설에 더 많이 투자하기를 바랄 가능성이 높기 때문이다. 이들 조합원들은 협동조합이 자기 그룹에 유리한 결정을 하도록 영향력을 행사하고자 하는데 이 과정에서 많은 비용이 발생한다. 그리고 이러한 비용에는 영향력 행사 활동에 관련된 직접적 비용은 물론 영향력 행사에 따른 그릇된 의사결정이 초래하는 비효율성 등 간접적 비용도 포함된다.

3) 지배구조 문제

(1) 주식회사와 협동조합의 지배구조 비교

앞서 살펴본 통제문제와 영향력비용문제는 협동조합의 지배구조 문제와 관련이 있다. 따라서 이러한 구조문제와 연관하여 전통모형 협동조합의 지배구조 문제에 대해 좀 더 구체적으로 살펴보기로 한다.

주식회사와 협동조합의 지배구조는 형식적 측면에서 유사한 구조를 갖추고 있다. 주식회사는 주주총회와 이사회, 이사회 의장(기업 회장), 전문 경영인이 지배구조의 중요한 구성요소이다. 협동조합에서는 조합원 총회와 이사회, 조합장, 전문경영인(상임이사 또는 전무) 등이 주요 지배구조를 형성하고 있다. 이사회는 특히 주주(조합원)대표와 경영자대표로 구성되어 소유와 경영의 접점에 위치해 있기 때문에, 주식회사와 협동조합의 지배구조에서 매우 중요한 위치를 차지하고 있다.

주식회사와 협동조합의 지배구조는 형식적 측면에서는 유사하지만, 그 내용 면에서는 확연히 다른 구조를 가지고 있다. 먼저 주식회사에는 지배대주주가 존재하지만 협동조합에서는 소유권이 폭넓게 분산되어 있다. 협동조합은 특정 조합원에 의한 조합 지배를 방지하기 위해 출자상한제(한국 농협은 조합원당 5천만원)를 시행하고 있기 때문에 소유권의 집중이 불가능하다. 또한 주식회사는 1주1표제에 의해 운영되는 반면, 협동조합은 1인 1표의 민주적 방식으로 운영된다.

협동조합은 일반적으로 주식시장에 상장하지 않기 때문에 자본시장의 평가를 받지 않는다. 협동조합의 조합원이 투자자이면서 이용자(고객)라는 이중적인 성격을 갖는다는 점도 주식회사의 주주와 차이점이다. 협동조합에서 주요 임원을 선거에 의해 선출하는 것도 주식회사와 다른 점이다.

<표 1-1> 주식회사와 협동조합의 지배구조 비교

구 분	주식회사	협동조합
소유권	·소수의 지배대주주 존재	·소유권이 폭넓게 분산
의결권	·1주 1표제, 의결권이 집중	·1인 1표제, 의결권이 분산
외부통제	·자본시장 평가가 중요	·자본시장 평가 부재
주주성격	·투자자 입장	·투자자 및 고객 입장
대표선임	·대주주에 의해 선임	·선거에 의해 선출

(2) 협동조합의 지배구조 문제

가) 조합원 이질화와 민주적 통제의 위기

농업의 구조조정 결과 영농규모와 연령·소득·교육수준 등에서 조합원 간 이질화가 심화되고 있다. 이에 따라 대농과 소농, 후계농과 고령농, 성장품목과 전통품목 재배농가 간 이해의 대립과 갈등이 발생하고 있다. 협동조합을 지탱하는 가장 핵심적 요소인 조합원 간 협력기반이 약화되고 있는 것이다. 조합원 간 이질화는 민주적 합의 도출을 어렵게 하고 있다. 따라서 의사결정 비용이 증가하고, 이해관계가 다른 조합원 그룹 간에 자원배분을 둘러싸고 갈등하는 양상이 나타나고 있다. 그 결과 때로는 협동조합의 주요 의사결정이 사업성 측면보다 정치적 타결 위주로 이루어지는 폐해를 낳고 있다.

조합원이 조합의 전반적인 경영성과에 대한 관심이 낮고, 개별 이익의 관점에 치우치는 경향도 민주적 통제에 따른 부담을 가중시킨다. 예를 들어 조합원들은 시장가격이 유리할 때는 협동조합에 대한 출하를 기피하다가, 불리한 경우에는 협동조합이 경영에 부담이 되더라도 출하 농산물을 매입하여 줄 것을 강력히 요구하게 된다. 그리고 자신의 영농과 깊이 관련된 분야에는 협동조합이 투자를 확대하여 줄 것을 요구하는 반면, 그렇지 않은 분야에 대해서는 협동조합이 투자를 확대하는 것에 대해 소극적인 태도를 보이게 된다. 이러한 경향은 당연히 조합사업의 효율성과 경쟁력을 저하시키는 요인으로 작용한다. 미국 팜랜드 농협의 파산사례가 이를 입증해주고 있다.

팜랜드(Farmland) 농협은 1990년대 이후 부동의 미국 제1위 농협이었다. 팜랜드는 우리나라의 중앙회와 같이 회원조합들의 연합회였으며, 축산가공, 곡물판매, 석유, 비료 등 다양한 농업 관련 사업에 종사한 종합농협이었다. 팜랜드 농협은 2001년 매출액이 약 12조원에 달할 정도로 크게 성장하였으나, 2002년 파산하여 전 세계 협동조합 관계자들에게 커다란 파문을 안겨 주었다. 팜랜드는 1990년대 들어 급격한 외형 확장을 추구하였다. 그리고 조합원 출자나 이익의 내부유보 등 전통적인 자본조달 방법으로는 사업 확장에 필요한 자금을 확보하는 것이 어렵게 되자, 투자자금을 주로 금융기관의 부채에 의존하였다. 그 결과 1995년 이후 5년 만에 부채가 8,000억원 증가하였다. 무리한 차입경영과 함께 비료사업의 적자경영은 팜랜드 농협의 파산에 결정적인 원인을 제공하였다. 1990년대 이후 원재료 가격의 상승과 수입비료의 증가 등으로 비료사업의 사업성이 매우 악화되었다. 팜랜드는 몇 차례 비료사업의 철수를 검토하였으나, 비료를 저렴하게 공급받기 원하는 조합원의 요구에 밀려 계속 유지할 수밖에 없었다. 비료사업의 적자는 축산가공 등의 사업수익으로 충당하였다. 그러나 비료사업의 적자규모가 눈덩이처럼 불어나고 타 부문의 사업수익으로 이를 충당하는 비정상적인 경영이 한계에 직면하자 결국 2002년 파산을 신청하게 되었다.

1인 1표의 민주적 선거제도는 조합 내에서 다수를 차지하고 있는 영세·소농이 조합을 지배하는 현상을 초래하기도 한다. 대농과 전업농, 성장품목 농가들은 최근 그 수가 늘어나고 있음에도 수적으로는 조합 내에서 여전히 소수이다. 따라서 조합의 주요 의사결정은 영세·소농에 의해 좌우될 가능성이 높다. 특히 조합장이 선거에 의해 선출되는 경우 소수인 대농과 전업농의 요구가 반영될 여지는 더욱 줄어든다. 이에 따라 실제로는 조합 사업에서 커다란 비중을 차지하고 있는 대농과 전업농들이 조합 사업에 불만을 품게 되고, 영농조합법인 등을 조직하여 조합에서 이탈하는 현상을 초래하기도 한다.

조합원들이 조합 경영에 대한 감시 역할을 충실히 수행하지 않는 경향도 민주적 통제 위기를 가중시킨다. 협동조합의 의결권은 1인 1표로 제한되어 있으며, 조합원 1인당 출자금액은 최소금액인 경우가 많다. 최소금액만 출자하면 조합원으로서의 모든 권한을 행사할 수 있는 조합원은 추가출자의 의지가 부족하고 조합은 경영개선을 위한 재원확보의 어려움이 가중된다. 뿐만 아니라 주식회사와 달리 출자지분의 가격도 조합의 자산 가치에 따라 변하지 않는다. 이러한 특징들은 조합원들로 하여금 협동조합 경영을 감시하고자 하는 유인을 저하시키는 요인이 된다. 조합원이 느끼는 조합경영 감시에 따르는 잠재적 이익이 적기 때문이다.

그 결과 조합원들은 감시 의무를 소홀히 하거나, 다른 조합원의 결정을 단순히 따르려는 경향(follow up problem)을 보이게 된다.

나) 자본시장의 평가 결여

협동조합은 일반적으로 주식시장에 상장되지 않기 때문에 사업 성과에 대해 자본시장으로부터 객관적인 평가를 받지 않는다. 이는 협동조합의 민주적 운영을 방해받지 않는다는 편리함이 있는 반면, 조합원이 경영진의 성과를 제대로 평가하는 데는 장애가 된다. 일반 주식회사에서는 주주가 자본시장에서 평가되는 주식가치를 기준으로 경영자를 효과적으로 통제할 수 있다. 협동조합에는 이러한 장치가 없기 때문에 조합원은 경영진이 제공한 자료나 복잡한 회계 장부에 의존하여 협동조합 경영을 감시해야 한다. 이에 따라 조합원에 의한 경영감시 활동이 효과적으로 이루어지기 어렵다.

경영진의 입장에서도 사업성과에 대해 정당한 평가와 보상을 요구할 객관적 기준을 찾기 어려운 문제에 부딪치게 된다. 협동조합의 조합원은 사업의 이용자(고객)이면서 소유주(투자자)인 이중적 성격을 갖는다. 이에 따라 고객이면서 투자자라는 서로 상반된 입장에서 조합의 경영성과를 평가한다. 고객의 입장에서는 조합이 농산물 매입가격을 인상하고, 자재공급 가격을 인하하는 것을 더 높이 평가한다. 반면 투자자 입장에서는 조합이 초과수익을 달성하여 더 많은 배당을 지급하여 주는 것을 선호한다. 경영진은 조합원의 이러한 상반된 입장 때문에 경영성과를 제대로 평가받기 어렵다.

예를 들어 서비스가격을 낮추는 대신 배당을 적게 하면 출자를 많이 한 조합원들의 불만이 높아지게 되고, 높은 이윤과 고배당을 추구하는 대신 서비스가격을 인상하면 사업이용을 많이 하는 조합원의 불만이 증가하게 된다. 이에 따라 경영진은 '조합원 실익 증대'와 '경영수익의 개선'이라는 상충된 목표를 어떻게 조화시켜 나갈 것인가 하는 어려운 문제에 직면하게 된다. 그리고 이러한 어려움은 '주식가격'과 같이 경영성과를 객관적으로 인정받을 수 있는 평가지표가 존재하지 않기 때문에 더욱 심각하게 느껴지게 된다.

한편, 조합원들이 협동조합에 대한 경영 감시를 효과적으로 수행하기가 여의치 않기 때문에, 이사회의 역할이 매우 중요해진다. 이사회는 조합원과 경영진의 접점에서 주요 의사를 결정하고, 경영을 통제할 책임이 있기 때문이다. 그러나 주로 영세·소농들로 구성되어 있는 이사회 역시 전문성 부족으로 제대로 그 기능을 수행하지 못하는 경우가 많다. 특히 이사회가 사외이사를 배제하고 농업인 조합원으로만 구성되어 있는 경우 이사회의 전문성 부족 문제는 더욱 심각해진다. 미국 농협의 실패사례에서도 자주 이사회의 비전문성이 그 원인으로 지적되어 왔다. 이사회의 기능 강화와 이사의 전문성 확보가 협동조합 지배구조 개선의 중요한 과제로 등장하고 있는 것은 이 때문이다.

다) 성과주의 도입 미흡

앞서 살펴본 바와 같이 협동조합은 경영성과에 대해 자본시장의 평가를 받지 않는다. 조합원은 고객과 투자자라는 상반된 입장에서 경영성과를 평가한다. 이러한 사실들은 협동조합의 경영성과에 대한 객관적인 평가를 어렵게 한다. 그리고 객관적 평가 기준이 없다는 점은 성과와 보상을 일치시키는 성과주의 도입에 장애 요인으로 작용한다. 주식회사의 스톡옵션과 같은 제도를 협동조합에서는 도입하기가 어려운 것이다.

성과주의 제도가 제대로 구축되어 있지 않은 경우 임직원들의 자발적인 성취동기가 약화된다. 또한 성과에 따른 보상을 수단으로 조합원이 임직원을 효과적으로 통제하기도 어렵다. 이는 결과적으로 경영효율성 제고 및 책임경영체제 구축을 저해하는 요인이 되고 있다.

2. 비례모형 협동조합의 등장

1) 비례모형 협동조합의 등장배경과 특징

전통모형 협동조합은 시장구조의 변화로 인해 많은 어려움에 직면하고 있다. 농산물 시장의 만성적인 공급초과 현상으로 인해 단순한 물량 증대가 이윤 확대를 보장할 수 없게 되자 전통모형 협동조합은 더 이상 생산량 증대정책을 추구하기가 어렵게 되고 있다. 특히 최근 협동조합은 정부의 가격지지 정책 축소로 규모의 경제가 소멸되고, 세계경제의 통합으로 글로벌 시장경쟁에 직면하고 있다. 또한 생명공학과 정보통신기술의 발달로 고부가가치 영역이 확대됨에 따라 단순한 비용절감 전략도 한계에 직면하고 있다. 안전성·건강성·기능성에 대한 소비자의 관심이 높아짐에 따라 원료 농산물의 단순 유통 역시 수익창출의 한계에 직면하게 된다. 아울러 조합의 사업량 증가에 따라 농산물의 시장가격이 하락하는 경우가 자주 발생하여 사업량 극대화 전략은 효과를 발휘하지 못하고 있다.

조직구조 측면에서도 통제문제와 영향력비용문제, 그리고 이에 따른 지배구조의 문제가 심화되어 협동조합 제도 역시 많은 어려움에 직면하고 있다. 특히 농업의 구조분화와 대규모 전업농의 등장으로 조합원 이질화가 심화됨에 따라 이러한 구조문제가 더욱 부각되고 있다. 조합원의 이질화는 전업농과 영세소농, 후계농과 노령농, 성장품목과 전통품목 재배농가 간 갈등과 이해의 대립을 발생시킨다. 특히 평등주의의 1인 1표 방식으로 조합이 다수를 구성하는 영세 소농 위주로 운영됨에 따라 전략적인 의사결정을 수립하는 데 어려움을 겪게 되고, 소수 조합원인 전업농들의 불만이 늘어나게 된다. 노령농업인은 당장의 현금배당과 환원사업 확대를 선호하여 조합이 장기 시설투자를 위한 자본조달에 어려움을 겪게 된다. 또한 사업 기여도에 비례하여 가격과 수수료가 차등 적용되지 않아 조합원들이 가급적 비용부담을 회피하려는 현상도 나타나게 된다.

이러한 시장 환경 및 조직구조 변화에 대응하여 협동조합은 전통모형 방식의 생산지향적 요소를 개선하려는 행동을 추구하게 된다. 예컨대 운송비용을 거리에 비례하여 부과하고, 신규조합원의 가입조건을 엄격하게 제한하며, 원료농산물 가격을 판매가격과 연계하여 결정하는 경우가 이에 해당한다. 또한 협동조합과 조합원, 조합원 상호 간에 편익과 이익기여도에 비례하여 비용부담을 일치시키고자하는 노력이 증대하게 되는 것이다. 더 나아가 일부 협동조합은 우수 조합원으로 조합원 수를 제한하는 폐쇄형 조합원제도 (closed membership)를 선택하기도 한다. 또한 조합과 조합원 간에 엄격한 출하계약을 체결하는 비례모형 요소들을 선호하게 되며, 조합원이 가장 효율적인 농업인들로 구성되기를 기대한다. 이러한 노력이 부가가치 농산물과 연관될 경우 신세대협동조합(New Generation Cooperative)이 된다.

키리아코폴로스(Kyriakopoulos, 2000)는 시장경쟁의 격화와 조합원 구성의 이질화에 따라 협동조합이 전통모형에서 비례모형으로 전환하는 것으로 인식하고, 전통모형과 비례모형 협동조합(proportional cooperative)을 <표 1-2>와 같이 비교 정리하였다.

<표 1-2> 전통모형와 비례모형 협동조합의 비교

협동조합 원칙	전통모형	비례모형
소유권		
소유자격	조합원에 한정	비조합원도 제한적 허용
자본형태	집단적 소유	개별적 출자증권
가입비	일정 금액	비례적 출자증권
통제권		
투표권	조합원에 한정	비조합원도 제한적 허용
투표원리	1인 1표제	비례투표제 확대
의사결정	이사회 주도	전문경영자 주도
수익권		
이익배분	이용액 기준	이용액과 출자 기준
가격설정	평등성(equal) 중시	비례성(proportional) 중시
비용배분	거리·물량·품질에 중립	거리·물량·품질에 비례

전통모형은 생산지향적 농업단계에서는 상당한 합리성을 갖는 협동조합 형태로 평가되고 있다. 즉 농산물 수요가 지속적으로 증가하여 농업생산의 성장과 규모경제 추구가 중요한 단계에서는 개방형 조합원제도가 유리하다. 신규 조합원의 참여는 조합사업의 평균비용을 낮추어 기존조합원에게도 이익을 주게 된다. 협동조합의

설립 초기와 같이 조합원의 동질성이 높은 단계에서는 비례투표제
도보다 1인 1표 제도가 신규조합원의 참여를 유도하는 등 합리성
을 갖는다. 소비자 선호가 원료농산물의 단순유통에 만족하는 단계
에서는 대규모 유통시설 투자가 필요하지 않으며, 따라서 전통모형
협동조합에서의 자기자본 부족문제가 심각한 제약조건이 되지 않는
다. 이 경우 협동조합은 민간업자의 기회주의적 행동을 견제하는 역
할 수행만으로도 조합원에게 이익을 줄 수 있다.

그러나 시장경쟁이 격화되고 농산물 공급 과잉이 진전되는 단계
에 이르러서는 규모의 경제보다 품질차별화와 고부가가치 창출이
중요하며, 이를 달성하기 위한 시설투자가 요구된다. 그러나 전통
적 협동조합은 자본부족 문제 때문에 이러한 요구에 제대로 대응하
지 못하는 경우가 발생한다. 농업생산의 분화에 따른 조합원의 이
질화 현상은 이런 문제를 심화시키는 한편 추가적인 구조문제를 발
생시킨다. 결국 조합원의 참여부족과 조합의 자본부족 문제로 귀착
되어 협동조합의 위기를 심화시킨다.

비례모형 협동조합에서는 비례성 원칙(proportionality principle)을
중시한다. 이는 전통모형 협동조합의 동등성 원칙(equality principle)
에 대비되는 개념이다. 바튼(Barton, 1989)은 이용고 비례의 개념을
협동조합 원칙에 확대하여 출자의무와 투표권, 비용배분이 조합원
의 이용고 수준에 비례하여 결정되는 협동조합을 비례모형 협동조
합으로 정의하였다. 협동조합에 있어서 동등성 원칙과 비례성 원칙
간의 갈등은 당초부터 협동조합 3대 원칙에 이미 잠재하는 것이었
다. 1인 1표제로 대표되는 민주적 통제와 이용자통제원칙은 동등성
원칙에 기반을 두고 있는 반면, 이용고에 따른 차등 배당을 중시하

는 이용자수익원칙은 비례성 원칙과 관련되는 것이다. 비례모형 협
동조합을 중시하는 사람들은 협동조합의 이익이 이용고에 비례하여
배분된다면, 수혜자는 마땅히 이에 비례하여 출자나 비용분담 의무
도 이행해야 한다는 점을 강조한다. 이와 같은 과정을 통해 조합원의
이익기여도와 비용분담 의무를 비례적으로 일치시킬 수 있다는 것이
다. 만일 이익과 비용 분담이 비례적으로 연계되지 않는다면 협동조
합에 이익기여도가 높은 조합원들이 협동조합을 이탈하는 문제가 발
생할 수 있음을 지적한다. 그리고 이러한 문제점이 현실화될 경우 협
동조합의 경쟁력 저하로 이어질 수 있다는 점도 동시에 지적한다. 예
를 들어, 우수 품질의 농산물을 출하하는 조합원과 사업이용 규모가
큰 조합원을 그렇지 않은 조합원과 동일하게 취급한다면 이들 조합
원의 불만이 커질 것이다. 그리고 이들은 협동조합보다 더 나은 조건
을 제시하는 민간업체와의 거래를 더 선호하게 될 것이다. 비례모형
을 주장하는 사람들은 기업과의 치열한 생존경쟁에서 협동조합이 살
아남기 위해서는 좀 더 효율적인 시스템으로 전환해야 함을 역설한
다. 비례모형은 모든 조합원의 획일적 평등이 아니라 이익기여도에
비례하여 차별적인 대우를 제공함으로써 사업운영의 효율성을 높일
수 있는 방식이다. 비례모형을 주장하는 사람들은 이러한 시스템이
보다 공정한 협동조합 운영방식이라는 점을 강조한다.

　한편, 이용고에 비례한 출자제도는 신규조합원이나 대규모 사업
이용 조합원의 출자 부담을 야기하여 이들의 조합가입을 저해할 우
려가 있다. 대부분 젊은 계층에 속하는 신규조합원에게 이용고 비
례 출자 의무는 경제적 부담이 크며, 이는 조합원 수 증대에 제약
조건이 될 수도 있기 때문이다. 따라서 비례모형을 주장하는 사람

들도 모든 협동조합에서 비례모형을 획일적으로 도입하는 것을 주장하는 것은 아니며, 사업의 특징과 시장 여건에 대한 사전 분석이 전제되어야 함을 지적한다.

2) 비례모형 협동조합의 사례 : 신세대협동조합

신세대협동조합(New Generation Cooperative)은 1990 년대 초 미국의 노스다코다와 미네소타 지역에서 가공사업을 중심으로 하는 50여개 농협이 새롭게 등장하면서 용어가 사용되기 시작했는데, 이들은 산물출하를 주로 하는 기존의 판매농협과 달리 포장·가공 등의 새로운 부가가치 창출을 통해 조합원의 실익을 증대하고자 하였다. 신세대란 수식어는 이들 협동조합이 이전에 있었던 전통적인 협동조합과 확연히 구별되는 조직구조를 선택했기 때문에 붙여졌다. 여기에는 출자액과 사업이용권의 직접적 연계, 사업이용권의 양도 허용, 폐쇄형 조합원제도의 채택 등이 해당된다. 이러한 조직구조는 주로 전통모형 협동조합의 구조문제를 해결하기 위한 차원에서 도입된 특징이 있다. 신세대협동조합의 조직구조 특징을 구체적으로 살펴보면 다음과 같다.

신세대협동조합의 첫 번째 특징은 조합원 출자로 자본을 조달하는 기존 협동조합과 달리, 주식발행을 통해 자기자본을 조달하고 있다는 점이다. 주식은 일반주(equity shares)와 무의결우선주(preferred shares)로 구분하고 있다. 일반주는 조합원의 자격획득과 동시에 생산농산물을 조합에 출하할 수 있는 권리와 의무를 나타내며, 조합원은 이 주식의 매입과 동시에 조합원 자격을 획득하게 된다. 무의결 우선주는 조합원 자격과 관계없이 투자를 희망하는 지역 내 일반주민에게 판매되며, 투표권은 없으나 조합수익에 대해 우선적으로 배당받게 된다. 그러나 최근 일부 신세대협동조합에서는 자본조달 확대를 위해 투자자 조합원제도를 도입하여 협동조합에 투자한 일반 주민들에게도 조합원 지위를 부여하는 경우가 나타나고 있다.

신세대협동조합의 두 번째 특징은 주식과 출하권(delivery rights)을 연계하는 점에 있다. 여기서 출하권은 조합원이 농산물을 조합에 출하할 수 있는 권리를 의미한다. 전통적인 협동조합에서는 조합원이면 누구나 조합에 농산물을 출하할 수 있기 때문에 출하권이 존재하지 않으나, 신세대협동조합에서 출하권은 일반주와 연계되어 조합원이 구입한 일반주 금액에 비례하여 출하량이 결정된다. 조합원은 구입한 주식수에 비례하여 반드시 조합에 출하해야 하고, 조합은 조합원이 출하한 물량을 의무적으로 받아들여야 한다. 출하권제도는 투자는 하지 않고 이용만 하려는 조합원의 무임승차자 문제를 해결하기 위한 것이다.

신세대협동조합의 세 번째 특징은 조합원에게 주식의 거래를 허용한다는 점이다. 신세대협동조합이 발행한 주식은 조합원 간 또는 비조합원에 대한 매매가 가능하며, 매매가격은 협동조합의 시장가치에 따라 변동된다. 매매는 상시적으로 가능하나, 비조합원에 대한 매매는 이사회의 승인이 필요하다. 이처럼 주식의 매매가 가능하고 시세차익도 얻을 수 있으므로 협동조합을 이용하지 않거나 이용가능성이 적은 농업인도 투자할 수 있으며, 시장에서 형성된 주식가격을 통해 조합원이 조합의 경영성과와 가치를 평가하기가 용이하다.

네 번째 특징은 협동조합의 운영효율화와 수익극대화를 위해 농가의 생산품목과 생산기술, 출하 가능량, 조합의 판매 처리능력 등

에 의해 조합원의 가입자격과 수를 제한하는 것이다. 즉 신세대협
동조합은 폐쇄형조합원제도(closed membership)를 채택하고 있다.
조합원의 추가가입은 협동조합의 판매처리 능력이 확대되거나 자본
확대의 필요성이 있을 때만 주식매입을 통해 가능하다. 신세대협동
조합이 폐쇄형 조합원제도를 채택하고 있는 것은 이들 조합이 주로
판매농협인 것과 관련이 있다. 즉 구매나 신용사업을 겸영하지 않
아 많은 수의 고객을 확보해야 할 필요성이 크지 않은 것이다.

다섯 번째 특징은 협동조합과 출하조합원 간의 권리·의무를 엄
격하게 규정한 출하계약(cooperative marketing agreements)을 바탕
으로 사업을 추진하고 있다는 점이다. 조합원은 사전에 미리 약정한
품질과 물량에 맞게 반드시 협동조합에 출하해야 하며, 위반 시 벌금
을 부과 받게 된다. 이는 자신에게 유리할 때만 협동조합 사업을 이
용하고자 하는 조합원의 무임승차 문제를 해결하는 데 도움이 된다.

신세대협동조합은 전통모형 협동조합의 한계를 극복하고 있다는
점에서 특징을 갖는다. 전통적 협동조합 원칙은 조합원의 무임승차
자 문제를 발생시키고, 투자자본 조달에도 한계를 보였다. 예를 들
어 조합재산의 공동소유 원칙은 조합원의 지분에 대한 권리를 인정
하지 않음으로써 출자를 유인하지 못하였고, 가입·탈퇴의 자유 원
칙은 조합원이 가격조건 등 상황이 유리할 때에만 협동조합에 참여
하는 결과를 초래하였다. 또한 출자배당의 제한 원칙은 투자대상으
로서의 출자가치를 감소시켰고, 지분을 양도할 수 없도록 한 원칙
은 자본이익 획득과 유동성 확보를 어렵게 함으로써 투자를 유치하
는 데 불리한 결과를 초래하였다. 아울러 조합원 평등원칙은 대규
모 출하자와 고품질 농산물을 출하한 농업인의 불만을 초래하여 이

들의 사업참여 동기를 감소시키는 문제점을 갖고 있었다.

신세대협동조합은 이러한 전통적 협동조합의 고질적 문제의 해결 방안이 될 수 있다. 협동조합이 안고 있는 지속적인 문제 중 하나는 무임승차자 문제이다. 무임승차자들은 비용 분담에는 소극적이면서 협동조합이 제공하는 이익만을 향유하고자 한다. 예를 들어 협동조합 사업을 이용하기 원하면서도 출자에는 소극적인 조합원이 이에 해당한다. 그러나 이러한 문제가 발생하는 것은 조합원 개인의 문제에서 비롯된 것이 아니며, 전통적 협동조합의 제도적 틀 속에서 조합원이 합리적으로 선택한 결과일 따름이다. 즉 출자나 비용분담의 여부에 관계없이 조합 사업의 이용이 자유로운 상황에서는 조합원들이 출자나 비용분담을 굳이 이행하려고 하지 않게 된다. 이는 그렇게 하는 것이 조합원에게 유리하기 때문이며, 제도적으로 그러한 선택을 가능하게 하는 여건이 주어져 있기 때문이다. 따라서 이러한 문제를 해결하기 위해서는 조합원을 설득하는 것은 무의미하며, 그러한 선택을 하지 못하도록 방지할 수 있는 제도적 장치를 수립하는 것이 필요하다. 왜냐하면 주어진 제약조건 하에서 가장 최선의 선택을 하고자 하는 것은 조합원을 비롯한 모든 경제주체들의 당연한 행동방식이기 때문이다. 신세대협동조합은 이러한 문제를 해결하기 위해 조합원 수를 제한하고, 출하권 구입을 통해 상당수준의 조합원 출자를 요구하는 방식으로 조직되고 있다. 즉 일정한 의무를 부담하는 조합원만을 조합원으로 가입시키고, 또 가입한 조합원에게도 출하물량에 비례하는 출자 및 비용부담 의무를 부담시키고 있다. 그리고 이를 통해 조합원의 무임승차자 문제를 제도적으로 해결하고자 한다.

한편, 신세대협동조합의 조합원 가입제한 원칙은 전통적 협동조합의 조합원가입 자유원칙이 갖는 역할을 제한한다는 점에서 새로운 문제를 초래한다. 조합원가입을 제한하는 것은 더 많은 조합원이 협동조합 사업으로부터 혜택을 받는 것을 저해하기 때문이다. 또한 구매나 신용사업과 같이 다수의 고객을 확보해야 하는 사업에서는 이러한 전략을 취하는 것이 바람직하지 않다.

신세대협동조합은 몇 가지 한계도 갖고 있다. 첫 번째 한계는 대부분의 신세대협동조합들이 지역단위로 소규모로 조직된다는 점이다. 이 점은 지역사회 발전이란 측면에서 장점이 되기도 한다. 그러나 소규모 조직들은 농산물의 중간 또는 최종시장에서 다수의 분산된 판매자들을 양산하고, 이러한 분산화는 대형화된 구매자들이 다수의 협동조합을 상대로 기회주의적 전략을 구사할 수 있게 한다는 점에서 단점이 된다. 이는 마치 협동조합을 조직하기 이전에 개별 농업인들이 대규모 구매자들에게 착취당하는 것과 같은 이치이다. 또한 소규모 협동조합 조직은 전문 경영자의 채용과 전문기술의 채택을 어렵게 한다는 단점이 있다. 예컨대 신세대협동조합 차원의 가공공장은 거대기업과의 경쟁에서 불리한 입장에 처하게 된다. 두 번째 더욱 심각한 단점은 신세대협동조합에서는 종종 이용자와 소유자의 일치성 원칙이 지켜지지 않는다는 점이다. 일부 신세대조합의 경우 이용자보다는 투자자 중심의 문화가 중시되고 있으며, 영농에 종사하지 않는 투자자 조합원의 참여가 늘어나고 있다. 이러한 경향은 외부자본 조달을 중시하는 경향이 증가함에 따라 더욱 늘어나게 된다. 또한 폐쇄형 조합원제도는 일부 유망한 조합원의 진입을 막고 있으며, 이후 가입이 허용되더라도 이들은 기존 출하권의 가격이 크게 상승한 경우 높은 가입비용을 지불해야 한다.

3. 협동조합의 사업전략과 조직구조

1) 협동조합의 사업전략

(1) 규모화 전략(Cost Leadership Strategy)

규모화 전략이란 사업량 확대를 통해 평균비용을 인하하고 시장 교섭력을 강화하여 독과점 기업의 견제를 추구하는 전략을 의미한다. 이는 규모의 경제와 범위의 경제효과를 얻고자 하는 것이다. 규모의 경제란 생산량 또는 사업량이 증가함에 따라 단위당 평균비용이 더 감소하는 현상을 의미하며, 범위의 경제란 한 기업의 생산비용이 공동투입요소로 인하여 이를 각각 다른 기업에서 생산할 때보다 낮아지는 현상을 의미한다.

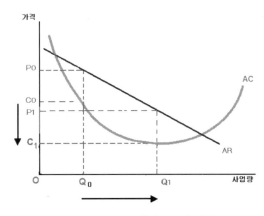

<그림 1-1> 협동조합의 규모화 전략

<그림 1-1>에서와 같이 협동조합은 사업량을 Q0에서 Q1으로 늘
리면 평균비용(AC)이 C0에서 C1으로 감소하여 규모화에 의한 비용
절감효과가 발생한다. 또한 소비자들에게 상품 공급가격을 P0에서
P1으로 인하할 수 있으므로 가격경쟁력이 향상된다고 할 수 있다.
　　협동조합이 글로벌 대형 농식품 가공·유통업체에 대응하여 사업
의 효율성과 시장지배력을 확대하기 위해서는 인수·합병, 사업연
합, 전략적 제휴 등을 통해 규모화 전략을 추진하는 것이 중요하다.

(2) 차별화 전략(Differentiation Strategy)

　　차별화 전략은 소비자계층과 시장을 세분화하여 품질고급화와
서비스혁신을 통해 새로운 수요를 창출하고 소요된 비용이상의 가
격프리미엄을 얻는 것을 말한다. 차별화는 유형의 차별화와 무형의
차별화로 나누어 분석할 수 있다. 유형의 차별화란 크기, 모양, 중
량, 색상, 맛, 디자인 등에서 우리가 눈으로 관찰할 수 있는 제품이

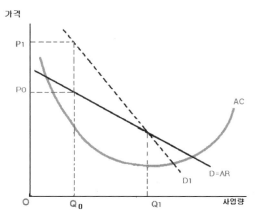

<그림 1-2> 협동조합의 차별화 전략

나 서비스 특성의 차이를 의미하며 무형의 차별화란 소비자가 상품이나 서비스에 대하여 느끼는 감정적·심리적·사회적 차이를 의미한다.

<그림 1-2>와 같이 차별화는 시장수요곡선의 가격 탄력성을 감소시키며(D→D1) 제품의 대체성과 가격 민감도를 축소시켜 준다. 협동조합의 차별화 전략으로 시장수요곡선이 D에서 D1로 이동하여 같은 물량 Q0를 출하해도 가격이 P0에서 P1로 인상되는 효과를 얻는다. 일반적으로 차별화가 미흡한 경우 물량확대에 따른 가격경쟁이 심화되어 수익률이 낮아지게 된다.

2) 협동조합의 조직구조

협동조합이 환경에 부합한 사업전략을 수립하였더라도 이를 효과적으로 달성할 수 있는 적합한 조직구조가 뒷받침되어야 한다. 그렇지 못할 경우 조직운영의 비효율성으로 인해 경영성과의 향상을 기대할 수 없다.

협동조합의 조직구조는 전통형 조직구조와 기업형 조직구조로 분류할 수 있다. 전통형 조직구조는 물량확대의 규모화 사업전략에 부합한 조직구조이며 협동조합의 전통적인 '평등원칙'을 조직구조에 반영한다. 이는 조합원의 이해가 동질적이고 수요가 농산물 공급량을 초과했던 농업성장기의 협동조합에서 주로 신규조합원 가입과 사업이용 확대를 위해 채택한 조직구조이다. 그러나 시장 환경이 급변하면서 물량확대 위주의 전통적인 사업전략과 이를 뒷받침하던 전통형 조직구조는 비효율성을 야기하고 있다. 아울러 협동조합 내부에서도 농업구조의 분화와 대규모 전업농의 등장에 따른 조합원의 다양성과 이질화가 심화되면서 전통형 조직구조의 변화 요구가 커지고 있다.

기업형 조직구조는 시장지향적 사업전략을 추진하기 위해 운동체적 성격보다는 효율성을 강조하며 '평등원칙'을 수정한 '비례원칙'을 반영하는 조직구조이다. 이는 소비자와 대형유통업체의 요구 수준을 만족시키고 신뢰도를 높이기 위해 품질관리가 필수적인 차별화 사업전략에 합치하는 조직구조를 의미한다. 기업형 조직구조를 채택한 조합들은 품질고급화를 위해 품질격차가 농가수취가격과 직결되는 출하협약을 체결하고 조합원의 무임승차를 차단한다. 따라서 기업형 조직구조에는 조직구성원들이 합의에 의해 명확한 품질평가 기준을 설정하고 이에 근거한 공정한 보상체제를 존중하는 조직문화의 형성이 중요하다.

3) 협동조합 사업전략과 조직구조의 합치성

(1) 합치 모형

협동조합이 사업목표를 달성하기 위해서는 시장환경에 부합하는 사업전략의 수립과 이를 효과적으로 실행할 수 있는 조직구조를 채택하여야 한다. 즉 시장환경, 사업전략, 조직구조는 상황에 맞도록 일련의 순환과정을 형성하며 이 변수들의 합치에 의해 나타난 결과변수가 협동조합의 경영성과이다. 경영성과가 미흡할 경우에는 더 낳은 성과를 위해 전략과 조직구조가 합치하도록 개선하는 지속적인 피드백과정을 거치게 된다. 일반적으로 협동조합이 사업전략과 조직구조를 합치시켜 경영효율을 높이기 위해서는 차별화 전략을 추구하지 않는 조합은 전통형 조직구조를, 차별화 전략을 추구하는 조합은 기업형 조직구조를 채택하게 된다.

서구 학자들은 협동조합이 추구하는 2가지 사업전략(규모화 정도, X축 차별화 정도, Y축)과 조직구조(기업화 정도, Z축)를 기준으로 협동조합의 대표적 모형(cubic model)을 구분하였다. <그림 1-3>은 사업전략과 조직 구조가 합치하는 협동조합모형인 촌락모형 협동조합, 품목모형 협동조합, 틈새모형 협동조합, 부가가치모형 협동조합 네 가지 형태를 구분하여 보여 주고 있으며, 아울러 비례모형으로의 전환에 대한 방향성을 제시하고 있다.

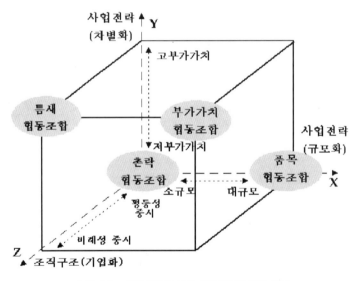

<그림 1-3> 전략-구조에 의한 협동조합의 모형 구분

첫째, 촌락모형(village model)은 전통모형의 대표적 유형으로 소규모 지역시장을 대상으로 사업을 영위하는 읍·면 소재 지역농협이 여기에 해당한다. 규모가 작아 평균비용이 높고 제품 차별화 수준도 낮다. 신용사업과 서비스 사업이 핵심사업이며, 경제사업은 영농자재 공급 등 조합원의 생산활동 지원에 치중하며 농산물 판매사업도 도매시장이나 공판장 출하를 위한 수집·운송사업이 중심이 된다. 조합원이 동질적이기 때문에 1인 1표주의, 동등한 가격설정, 이념·가치 중시 등 전통모형의 조직구조를 유지한다. 제한적인 시장경쟁 하에서 존속이 가능한 모형으로 조합원의 분화가 심화되고 시장경쟁이 치열해지고 있는 오늘날에는 위기에 직면할 가능성이 크다.

둘째, 품목모형(commodity model)은 특정품목에 대한 규모화는 달성하였으나 제품의 차별화 수준이 낮은 단계의 협동조합으로 전통모형의 조직구조를 유지한다. 촌락협동조합이 내적 성장과 연속적인 합병을 통해 변화한 가장 일반적인 협동조합 형태이다.

셋째, 틈새모형(niche model)은 규모는 작지만 차별화된 농산물로 틈새시장을 공략하는 협동조합으로 기업형의 조직구조를 유지한다. 사업규모는 작지만, 차별화를 위한 유통시설 투자가 이루어지고 있으며, 물량과 품질 통제를 위해 출하협약이나 공동선별·계산제[4]를 채택하고 있다. 틈새협동조합은 대규모 투자에 참여한 조합

---

4) 공동선별, 공동계산을 해야 농협판매사업이 발전한다는데, 사실인가요. WTO 출범 이후 외국농산물이 거의 완전히 개방되고, 심지어 무게 때문에 불가능할 거라는 배추조차도 절임배추로 가공되어 수입되고 있다. 외국농산물이 낮은 가격을 무기로 국내시장을 잠식해 가고 있는 지금 우리 농산물이 시장에서 경쟁하려면 품질경쟁력 뿐만 아니라, 정확한 규격과 안정적이니 품질, 안전성이 필수가 되었다. 나아가 최근에 각광을 받고 있는 '이력추적제' 등 소비자에게 신뢰를 줄 수 있는 정보를 전달할 수 있도록 해야 한다. 이런 것을 통틀어서 '비가격 경쟁력'이라고 하며, 이는 우리나라 농가처럼 소규모 농가가 단독으로 하기 어렵다. 따라서 여러 농가가 힘을 모

원들의 배타적인 의사결정에 의해 출현하였으며 전략적 성격은 본질적으로 부가가치협동조합의 성격과 동일하지만, 지역시장, 유기농제품 시장, 특색상품 등의 소규모 틈새시장에 집중한 소규모 조직이다. 원료 단위당 투자 비중이 높으며, 출하조건은 매우 엄격하고, 조합원 자격은 폐쇄적이며 동질적이다. 조합원에게 적절한 투자와 출하 인센티브를 제공하기 위해 조합원과의 계약은 개별적인 구조를 보이고 있다. 이는 출자증권의 거래, 생산 및 출하 권리에 연계된 출자 의무, 의결권 차등화 등을 의미한다.

넷째, 부가가치모형(value-added model)은 비례모형의 대표적인 유형으로 차별화된 상품 개발에 중점을 두며, 시장지배력 확대와 공급망 관리를 위해 규모화를 함께 추구한다. 특히 농산물의 부가가치를 높이기 위해 유통·가공시설 등에 투자를 확대하며, 재원확보를 위해 외부투자를 적극적으로 유치하며 중앙집권적인 단일조직 시스템 구축과 자회사 설립 확대, 전문경영인 체제 도입 등 기업경영요소를 도입하는 비례모형의 조직구조를 구축하고 있다. 출하약정을 지키지 않는 조합원의 참여를 제한하기도 하며, 조합원의 투자와 이용에 비례한 인센티브 시스템 도입을 통해 평등성 원칙보다는 사업성과를 중시하는 비례적 보상체계와 조직문화를 확립하고 있다.

아 공동으로 선별하고, 공동으로 계산하는 체계를 짜서 '충분한 물량이 되는 얼굴 있는 농산물'을 만들어야 한다. 이런 의미에서 공동선별/공동계산은 하면 좋고 아니어도 좋은 선택사항이 아니라 꼭 해야만 하는 '필수'다. 공동선별/공동계산이 반드시 달성되어야 할 농협의 판매시스템이지만 쉽게 만들어지지는 않는다. 우선 생산기술이 뛰어난 농가들은 기술력이 떨어지는 농가들과 함께 선별하고 계산하면 손해 본다는 생각을 가지고 있으며, 규모가 작아서 농가가 직접 선별하고 포장하는 농가는 농협에 맡기면 비용이 더 들어간다고 꺼릴 수 있다. 하지만 성공적인 모범사례를 보면 공동선별/공동계산이 잘 정착되면 전체적인 기술수준이 높아져 모두에게 도움이 되며, 선별장이 효율적으로 운영되고 각종 지원을 연결하면서 문제를 해결해 나갈 수 있다. 최근 정부나 농협의 정책은 공동선별/공동계산을 활성화시키도록 설계되고 있다. 정부는 각종 브랜드 정책을 개발하고 있으며, 농협도 2009년부터 112대책을 제시하고 '공선(공동선별) 출하회'를 적극적으로 육성하고 있다.

(2) 불합치 모형

협동조합이 경쟁력을 유지하고 환경변화에 효과적으로 대응하기 위한 사업전략과 조직구조의 불일치는 조직의 비효율성인 인센티브 부족, 거래비용 증가, 대리인 비용 증가 등을 초래하여 협동조합의 경영성과에 부정적인 영향을 미치게 될 것이다. 사업전략과 조직구조의 불일치의 원인으로는 차별화 전략을 추구하는 조합이 전통형 조직구조를 채택하고 있거나, 차별화 전략을 추구하지 않는 조합이 기업형 조직구조를 채택함으로 인해 발생되며 협동조합의 구조문제 (①, ②, ③, ④)를 초래하고 조합 경영의 지속성을 저해하게 된다.

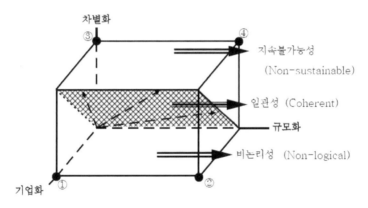

<그림 1-4> 협동조합 사업전략과 조직구조의 불합치

협동조합의 구조문제는 비논리적 유형과 비효율적 유형으로 구분할 수 있다. 비논리적 유형은 <그림 1-4>에서 하부의 두 꼭짓점인 ①과 ②를 말하며, 이는 차별화 전략이 없이 규모화 전략만을 추구하는 조합이 기업형 조직구조를 채택하여 전략과 조직구조의

불일치를 야기하는 경우를 의미한다. 차별화가 미약하지만 기업화 경향이 큰 소규모 지역농협 모형(왼쪽, ①)은 복잡한 조직구조를 고안하고 실행하는데 따른 내부 거래비용이 많이 드는 반면, 추가적인 이점은 매우 미약하다. 오른쪽 ②는 차별화가 미약하지만 기업화 경향이 큰 대규모 품목모형이다. 차별화 전략을 추구하지 않을 경우 큰 투자가 필요치 않아 기업화 요구도 크지 않으므로 논리적으로 모순되며 실제 이런 농협 사례는 거의 발생하지 않는다.

　비효율적 유형은 후면 상부의 두 꼭짓점인 ③과 ④를 말하는데, 앞에서 논의한 전통모형 협동조합 중 협동조합의 구조문제에 직면해 있는 협동조합들이 여기에 속한다. 왼쪽 ③은 강한 차별화 전략은 보유하고 있으나, 틈새모형이 가지고 있는 기업형 구조를 채택하지 않은 모형을 의미한다. 오른쪽 ④는 차별화전략과 규모화 전략을 추구하지만, 기업형 조직구조를 채택하지 않은 대규모 품목모형이다. 두 모형(③, ④)은 사업전략의 효율적 실행을 위한 조직구조가 뒷받침되지 못한 비효율적 모형으로 재산권문제, 의사결정문제, 무임승차문제 등이 발생하며, 출하협약의 부재로 조합원의 물량과 품질통제가 어렵고, 사업기여도에 비례한 가격과 수수료가 차등 적용되지 않아 대농의 이탈이 심화되고 조합 경영의 어려움을 가중시키게 된다. 뿐만 아니라 조합원에 대한 투자의 인센티브가 없어 차별화를 위한 자본조달이 어렵고 조합원의 경영참여가 약화된다.

02

협동조합과 시장

1. 구매협동조합의 시장균형

협동조합은 조합원이 직면하는 시장실패 문제에 대응하기 위해 조직된 수직통합 사업체(vertically integrated business)이다. 농업협동조합은 후방에서는 구매사업을 통해 농자재를 공급하고, 전방에서는 농산물 판매사업을 통해 조합원을 지원한다. 구매협동조합은 영농자재, 생활물자, 금융서비스 등을 조합원에게 최선의 가격(best price)으로 공급하는 것을 목표로 한다. 그리고 이와 같은 목표를 달성하는 과정에서 협동조합은 독점기업의 불공정 거래행위를 견제하고 시장 경쟁을 촉진하는 경쟁척도 역할을 수행한다.

여기서는 영농자재를 생산, 공급하는 구매협동조합의 경우, 이용고배당, 원가주의 등 협동조합 원칙이 실제 사업에 어떻게 적용되는지를 규명하기 위해 시장행동 및 시장성과에 관한 이론적 접근을 시도하고자 한다. 시장행동 측면에서는 협동조합의 사업전략, 가격정책 등을 분석하고, 시장성과 측면에서는 시장행동에 따른 조합원 편익과 사회적 후생 증대효과를 검토하고자 한다.

1) 시장구조

영농자재 시장은 독점적 경쟁시장 형태를 갖고 있다. 독점적 경쟁시장은 제품의 차별화에 의하여 어느 정도의 독점력을 갖고 있는 다수의 소규모 기업이 경쟁하고 있는 시장구조를 말한다. 각 기업은 완전경쟁의 경우처럼 완전히 같은 제품을 생산하는 것이 아니라 실질적으로 품질이 다소 다른 제품, 또는 구매자 쪽에서 품질이 다소 다르다고 생각할 수 있는 제품을 생산한다. 이와 같은 생산물의 차별화는 특허·상표·디자인·품질·판매방법의 차이나 광고에 의해서 생긴다.

공급자가 다수라는 점에서 경쟁적이라 할 수 있고, 생산물의 차별화에 의해 우하향(右下向) 수요곡선에 직면하고 있다는 점에서는 독점과 유사하다고 할 수 있다. 영농자재 시장에서 경쟁하는 구매 협동조합과 주식회사는 제품 차별화를 통해 구매자들로 하여금 자사 제품을 구매토록 유도하고 경쟁업체의 제품으로 대체하지 못하도록 판매전략을 수립한다.

다수의 기업이 동질적인 상품과 서비스를 거래하는 완전경쟁시장의 경우 개별 기업은 가격수용자에 불과하므로 협동조합의 경쟁 척도 역할이 작동될 여지가 없지만, 독점적 경쟁시장구조에서는 개별기업이 제품차별화를 통해 가격조정을 할 수 있으므로 협동조합은 주식회사에 대응하여 다양한 시장 활동을 전개함으로써 시장경쟁을 촉진하고 조합원 편익을 증대시킬 수 있다.

2) 시장행동과 시장성과

(1) 주식회사

주식회사는 투자자에게 더 많은 배당을 실시하고 기업 가치를 높여 주주에게 자본 이득을 안겨주기 위해 순수입 극대화를 추구한다. 이를 위해 주식회사는 한계 수입(MR)과 한계비용(MC)이 일치하는 점에서 Q1의 물량을 P1의 가격으로 판매한다(그림 1-5). 한계수입과 한계비용이 일치하는 점에서 가격과 물량을 결정하는 이유는 한계수입이 한계비용보다 클 경우에는 생산량을 증대시켜 순수입을 증가시킬 수 있으며, 반대로 한계수입이 한계비용보다 작을 경우에는 생산량을 감소시켜서 순수입을 증가시킬 수 있기 때문이다.

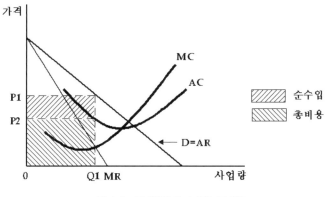

<그림 1-5> 주식회사의 순수입 극대화

(2) 구매협동조합

구매협동조합은 조합원에게 사업이용실적에 비례하여 이용고 배당을 실시한다. 만약 구매협동조합이 순수입 전액을 조합원에게 이용고배당으로 환원한다면, 이용고배당은 가격에서 평균비용을 차감한 것과 같아진다. 일반적으로 평균비용에는 판매관리비, 자본이자 등 제비용과 적정이윤이 포함되어 있다. 따라서 협동조합은 평균수입과 평균비용이 같을 때 총수입으로 출자금 및 부채에 대한 이자 등 제비용을 충당하고, 자본을 유지할 수 있다.

조합원은 협동조합의 경영권을 이사회에 위임하며, 이사회는 사업목표와 가격 및 이용고배당 정책을 수립한다. 협동조합의 사업목표 달성 여부는 조합원이 가격 및 이용고배당 정책에 어떻게 반응하느냐에 달려 있다.

협동조합이 주식회사처럼 순수입 극대화를 목표로 정하고 한계수입과 한계비용이 일치하는 점에서 Q1의 물량을 P1의 가격으로 조합원에게 판매한다면 조합원에 대한 이용고 배당은 P1-P4가 되며, 순가격은 P4, 또는 P1에서 이용고 배당을 차감한 것과 같다(표 1-3의 ①번 목표). 이러한 순수입 극대화 목표는 원가주의 원칙이나 조합원 편익 극대화 등에 부합하지 않는다. 따라서 구매협동조합은 조합원에게 최저 시장가격으로 공급하거나, 시장가격에서 이용고배당을 차감한 순가격을 최저수준으로 낮춰 조합원 편익을 극대화하는 가격정책을 모색하게 된다.

협동조합은 이용자인 조합원이 소유하는 사업체이므로 원가주의에 입각하여 최저가격 판매를 사업목표로 정할 수 있다. 이 경우 협동조합은 평균비용(AC)과 평균수입(AR)이 일치하는 점에서 P3의

가격으로 Q3의 물량을 공급하며, 자본이 자를 충당할 수 있는 수준인 정상수입만을 획득한다(그림 1-6). 최저 시장가격 정책을 추진하는 협동조합은 순수입 극대화를 추구하는 주식회사에 비해 더 많은 물량을 더 낮은 가격에 공급할 수 있다(표 1-3의 ③번 목표). 이에 따라 경쟁업체인 주식회사의 초과이윤은 축소되는 반면, 소비자의 이익은 확대되며, 그 결과 사회전체의 후생이 증대되는 외부효과를 발생시켜 협동조합에 대한 사회전반의 우호적인 인식을 형성할 수도 있다. 이와 같이 협동조합은 독점기업을 견제하여, 시장구조를 보다 경쟁적이며 효율적인 형태로 전환시키는 경쟁척도의 역할을 수행한다.

만약 협동조합이 조합원 편익을 극대화하기 위해 순가격을 최저수준으로 낮추려 한다면, 평균비용의 최저점(또는 한계비용과 평균비용이 일치하는 점)에서 사업물량과 가격을 책정하게 된다. 왜냐

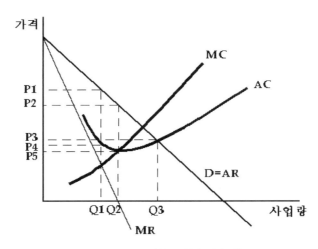

<그림 1-6> 구매협동조합의 시장균형

하면 Q2 이상에서는 한계비용이 평균비용보다 높아서 사업량을 줄이면 평균비용이 낮아지며, Q2 이하에서는 사업량을 늘림으로써 평균비용을 줄일 수 있기 때문이다. 따라서 조합원은 P5의 순가격으로 Q2의 물량을 구매함으로써 편익을 극대화할 수 있다(표 1-3의 ② 번 목표).

<표 1-3> 구매협동조합의 사업목표별 시장행동

사업목표	시장행동기준	사업량	시장가격	이용고배당	순가격
① 협동조합의 순수입 극대화 (주식회사와 동일)	MC=MR	Q1	P1	P1-P4	P4
② 조합원 편익 극대화 (최저 순가격)	MC=AC	Q2	P2	P2-P5	P5
③ 협동조합의 수지균형 (원가주의)	AC=AR=P	Q3	P3	-	P3

조합원은 원가주의, 이용고배당 등 협동조합원칙에 대한 이해 정도에 따라 시장가격이나 순가격 중 어느 하나를 기준으로 구매의사를 결정한다. 따라서 경영진이나 이사회가 가격 및 이용고배당 정책을 수립하는 데 있어 조합원의 구매의사결정 기준은 매우 중요한 의미를 지닌다. 만약 조합원이 이용고배당에 대해 현재가치를 낮게 평가하거나 그 지급이 불확실할 것으로 생각한다면 순가격보다 시장가격을 중시하게 된다. 예를 들어, 이용고 배당률이 현저하게 낮게 책정되어 이용고배당의 현재가치가 0에 가깝다면, 조합원들은 이용고배당을 무시하고 현재의 시장가격을 기준으로 구매의사를 결정할 것이다.

P2의 가격과 Q2의 사업량에서 조합원들은 P2에서 P5를 차감한

만큼의 이용고배당을 받게 되며, 협동조합은 최저 순가격을 통해 조합원 편익을 극대화한다(그림 1-6). 협동조합이 조합원 편익 극대화를 달성하기 위해서는 사업량을 평균비용이 가장 낮은 점에 해당하는 Q2로 제한해야 한다. 그러나 조합원들이 장래에 지급될 이용고배당을 불확실한 것으로 생각하거나, 순가격 P5가 시장가격 P2보다 훨씬 낮아 더 많은 물량을 구매하려는 유인을 가질 경우 사업량을 제한하는 데 어려움이 발생한다. 이로 인해 구매협동조합의 사업량은 Q2~Q3 구간에서 불안정한 상태에 빠지게 되고, 경영자들은 가격정책을 수립하는 데 어려움을 겪게 된다. 협동조합이 사업량을 Q2로 제한하기 위해서는 이용고배당에 관한 조합원의 신뢰를 확보하거나, 폐쇄형 조합원제도(closed membership)를 도입하여 조합원 수를 Q2의 사업량 이내로 제한하는 등의 대책이 필요하다.

한편 조합원들이 이용고배당을 불신하여 현재의 시장가격을 기준으로 구매의사를 결정할 경우, 협동조합은 최저 시장가격, 원가주의를 사업목표로 정할 수 있다. 최저 시장가격 정책은 협동조합의 내부유보를 어렵게 하고 배당 축소 등의 문제를 야기하지만, 경험적으로 볼 때 조합원들은 최저 시장가격을 선호하고 있다. 다만 조합원들이 원가주의를 잘못 인식하여 과도하게 시장가격 인하를 요구할 경우, 협동조합은 경영압박에 시달려 자본유지가 어려운 상황에 직면할 수도 있다.

2. 판매협동조합의 시장균형

판매협동조합은 조합원으로부터 출하받은 농산물을 규모화하여 단순 판매하거나, 이를 원료로 투입하여 부가가치가 높은 가공제품을 생산, 판매하는 협동조합이다. 일반적으로 판매협동조합은 조합원의 농산물을 제값에 안정적으로 판매하여 주는 것을 목표로 한다. 농산물을 가공하여 판매하는 협동조합은 조합원의 생산물을 원료로 매입하며, 가공 농산물을 조합원이 아닌 제3의 소비자 또는 유통업체에 판매한다. 이로 인해 조합원과의 관계에 있어서 구매협동조합과 판매협동조합은 서로 다른 이론이 적용된다.

이 글에서는 쌀 가공사업을 운영하는 판매협동조합의 시장행동과 시장성과를 주식회사와 비교하여 설명하고자 한다. 특히, 협동조합의 사업방식과 목표로 인해 성과가 어떻게 달라지는지에 주목하고자 한다.

1) 시장구조

쌀시장은 다수의 판매협동조합과 민간 쌀 가공회사가 존재하지만 미질(米質), 산지, 브랜드 등 제품의 차별화 수준에 따라 가격이 달라지는 독점적 경쟁시장의 형태를 띠고 있다. 판매협동조합은 이러한 독점적 경쟁시장에서 조합원의 편익 극대화를 추구한다.

조합원이 출하한 벼는 판매협동조합의 투입원료가 된다. 따라서 판매협동조합의 벼 수요는 가공된 쌀의 최종수요에 따라 변동한다. 조합원에게 지급할 벼 대금과 이용고배당의 재원이 되는 순수입(NR)은 총수입에서 가공 및 판매제비(조합원에게 지불한 벼 매입대금은 제외)를 차감한 것이며, 평균순수입(ANR)은 순수입을 쌀 판매량으로 나눈 것이다. 또한 평균순수입은 가공한 쌀에 대한 수요곡선(D)이 나타내는 쌀 판매에 따른 평균수입(AR)에서 조정평균비용(AAC)을 차감하여 산출되며, 조정평균비용은 평균비용(AC)에서 벼 평균매입가격(APR)을 차감한 것과 같다. 그리고 평균순수입곡선의 형태는 조정평균비용과 평균수입의 상대적인 크기에 따라 달라진다. <그림 1-7>, <그림 1-8>에서 볼 수 있는 것처럼 조정평균비용이 평균수입보다 크거나, 가공된 쌀의 물량이 Qa보다 적거나 Qb보다 많으면 평균순수입은 음(-)이 된다. 이는 협동조합이 가공판매 관련 비용을 차감한 후 조합원이 출하한 벼 대금으로 지급할 수입이 없다는 것을 의미한다. 한편, 양(+)의 평균순수입은 조합원에게 벼 대금을 지불할 수 있음을 의미한다. 또한 평균순수입은 평균수입과 조정평균비용의 차가 가장 클 경우에 최대가 된다. 그리고 벼 출하농가의 수입 규모는 가공업자가 주식회사인지 아니면 판매협동조합인지에 따라 달라지며, 판매협동조합인 경우에도 사업목표에 따라 각각 달라진다.

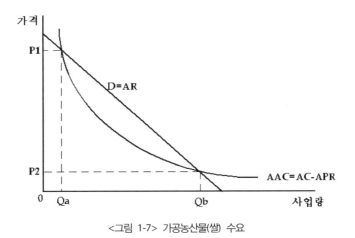

<그림 1-7> 가공농산물(쌀) 수요

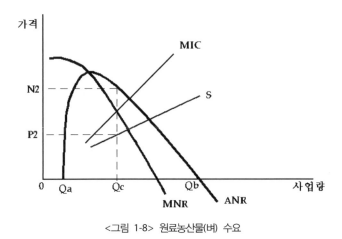

<그림 1-8> 원료농산물(벼) 수요

2) 시장행동과 시장성과

주식회사는 <그림 1-9>에서 볼 수 있는 것처럼 이윤극대화 목표를 달성하기 위해 한계순수입(MNR)과 한계투입비용(MIC)이 일치하는 점에서 P2의 가격으로 Q2의 벼를 매입하며, 이때 N2-P2의 초과이윤을 획득한다. 판매협동조합도 주식회사와 동일하게 한계순수입과 한계투입비용이 일치하는 점(P2, Q2)에서 순수입 극대화를 실현할 수는 있지만, 이러한 사업목표는 조합원 편익 극대화라는 협동조합 본연의 목표에 부합하지 않는다(표 1-4의 ②번 목표). 따라서 협동조합은 평균순수입(ANR)과 한계순수입(MNR)이 일치하는 점, 다시 말해 평균순수입(ANR)의 최고점에서 P1의 가격으로 Q1의 물량을 매입함으로써 N1-P1의 초과이윤을 얻게 되고, 이를 이용고배당으로 환원하여 조합원 편익을 극대화한다(표 1-4의 ①번 목표). 그러나 이용고배당에 따른 N1의 최고 순가격은 조합원들에게 생산증대의 유인을 제공하고, 이에 따라 조합원들은 판매협동조합에 대해 벼 매입을 늘려 줄 것을 요구하게 된다. 그 결과 판매협동조합의 사업량은 늘어나 공급곡선(S)을 따라 우상향 하게 되고, 평균순수입은 낮아져 평균순수입곡선(ANR)을 따라 우하향하게 된다. 이러한 조정과정을 거쳐 평균순수입(ANR)과 공급곡선(S)이 일치하는 점에서 새로운 균형이 이루어진다. 이 균형점에서 판매협동조합은 P3의 가격으로 Q3만큼의 벼를 매입함으로써 원가주의에 근거한 수지균형을 달성하고, 이로 인해 조합원의 편익은 감소하는 반면 소비자의 이익과 사회 전체적인 후생은 증가하게 된다(표 1-4의 ③번 목표). 때때로 조합원의 요구에 의해 사업량이 Q3를 초과할 수도 있지만, 이 경우 판매협동조합은 벼 매입가격(S)이 쌀 판매에서 얻는 평균순수입(ANR)을 초과하기 때문에 적자를 보게 된다.

결국 판매협동조합은 Q1부터 Q3까지의 사업량 구간에서 광범위한 사업전략의 선택이 가능하다. 농업 구조조정에 따라 조합원의 구성이 대규모 전업농과 소규모 한계농으로 양극화되는 상황에서, 만약 판매협동조합이 조합원 편익 극대화를 위해 Q1의 사업량을 선택한다면 시장가격(P1)보다 훨씬 높은 순가격(N1)으로 인해 생산량 증대의 유인을 갖게 된 품질이 낮은 벼를 생산하는 한계농을 중심으로 판매협동조합에 대해 사업량 확대를 요구하게 될 것이다. 이와 반대로 Q2, Q3의 사업량을 선택할 경우에는, 품질이 우수한 벼를 생산하는 전업농들을 중심으로 조합원 편익이 감소되는 데 불만을 품고 판매협동조합을 이탈하는 사태가 발생할 수도 있다. 조합원 간의 갈등 심화로 인해 한계농의 의견을 존중할 경우 전업농이 반발하고, 반대로 전업농을 중시하면 한계농이 반발하는 문제가 발생하여, 협동조합 경영진의 의사결정은 더욱 어려워진다.

판매협동조합은 다양한 조합원 집단 간의 이해 상충, 그리고 조합원 편익 극대화의 사업전략을 선택했을 경우에 발생할 수 있는 조합원과 소비자 간 이해 상충으로 인해 불안정한 균형구조를 이루고 있다. 하지만 오늘날과 같은 개방화시대에는 각국 정부의 농업보호정책이 축소되면서 판매협동조합의 역할이 더욱 중요해지고 있고, 조합원 계층의 분화와 이질화에 따른 의사결정의 어려움을 해소하기 위해 혁신 또한 강조되고 있다.

결국 협동조합의 법률이나 정관5)의 개정 필요성, 새로운 조직구조에 대한 조합원의 합의, 그리고 협동조합 구성원 간 새로운 조직문화의 형성 등을 통해 협동조합의 원칙을 새로운 전략에 맞게 유연하게 수정해 나가는 노력이 필요하다.

---

5) 농협의 가장 중요한 정보는 '정관'이다. 정관은 농협의 헌법이므로 모든 농협의 사업과 운영은 정관에 의해 수행 된다. 다음으로 농협의 사업방향을 구체적으로 제시한 '사업계획 및 수지예산서'이다. 매년 12월 대의원총회에서 결정되므로 1년의 살림살이를 확인할 수 있다. 농협의 경영상황을 일목요연하게 숫자로 기록해 둔 것이 각종 재무제표다. 재무제표는 농협의 이해관계자(조합장, 임직원, 대의원, 조합원, 거래당사자 등)가 합리적인 의사결정을 내릴 수 있도록 농협의 경영성과와 재무상태를 일정한 형식으로 요약하여 표시하는 보고서다. 재무제표는 결산대의원총회 1주일 전까지 대의원에게 제출해야 하는데, 사업보고서, 대차대조표, 손익계산서, 잉여금처분안 등이 그것이다. 이 자료들은 농협법에 따르면 언제나 사무소에 비치해 두어야 하며, 조합원들은 자유롭게 열람할 수 있다. 만약 집에서 꼼꼼히 검토하겠다고 생각하여 복사해 달라고 하면 실비만 받고 복사해 주어야 한다. 이외에도 이사회 회의록과 대의원총회 회의록도 직원에게 이야기하면 열람하고 복사할 수 있다. 위에서 이야기한 중요 정보 이외에 이사회 회의 자료나 보다 상세한 회계 관련 자료들을 열람하고자 하면 조합원의 3% 이상이나 100명 이상의 동의를 받아 조합에 신청하면 된다. 이들 정보 가운데 대차대조표와 손익계산서는 어느 정도 공부를 해야만 이해할 수 있으며, 농협의 여러 정보들도 법과 정관, 제도, 협동조합의 원리를 알아야 옳고 그름, 문제점과 개선방향을 따질 수 있다. 따라서 조합원 가운데 협동조합에 관심이 있고, 농협을 위해 더 많은 역할을 하려는 분들은 함께 모여 정기적으로 학습을 하는 것이 필요하다. 학습을 하는데 필요한 자료는 협동조합연구소 홈페이지나 농협중앙회 홈페이지, 한농연과 전농 등 농민단체의 홈페이지에서 구할 수 있고, 연구소로 연락하면 필요한 정보를 제공해 드릴 수 있다.

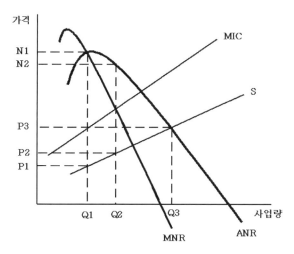

<그림 1-9> 판매협동조합의 시장균형

<표 1-4> 판매협동조합의 사업목표별 시장행동

사업목표	시장행동기준	사업량	시장가격	이용고배당	순가격
① 조합원 편익 극대화 (최고 순가격)	MNR=ANR	Q1	P1	N1-P1	N1
② 협동조합의 순수입 극대화 (주식회사와 동일)	MNR=MIC	Q2	P2	N2-P2	N2
③ 협동조합의 수지균형 (원가주의)	ANR=S	Q3	P3	-	P3

3. 협동조합의 역할과 한계

협동조합은 일반적으로 조합원과 시장의 관계에서 거래비용을 최소화하고, 시장을 경쟁적 구조로 효율화하여 조합원의 이익에 기여하는 역할을 수행한다. 시장이 독과점 구조일 때 경쟁척도(competitive yardstick) 역할을 통해 시장 경쟁을 촉진하여 조합원 이익에 기여하며, 시장이 경쟁적인 경우에는 시장 선도자(pacemaker)로서 새로운 기술 도입과 수요 개발을 통해 시장 효율을 높여 공익에 기여한다. 시장전망이 불투명하여 민간기업이 진출하지 않는 경우(missing market, 예를 들어 농촌의 문화복지사업 등)에는 민간기업을 대신하여 서비스를 창출하는 기능을 수행하며, 조합원의 힘을 결집하여 시장지배력(market power)을 확보함으로써 조합원에게 유리한 시장가격과 안정된 시장 출하처를 제공하는 역할도 수행한다.

만일 모든 시장이 완전하게 작동한다면 시장가격은 모든 자원을 가장 효율적으로 배분하게 되며 이를 경쟁적 균형(competitive equilibrium)이라고 한다. 시장이 이와 같이 완전하게 효율적인 경우에는 농업인들이 협동조합이라는 특수한 형태의 사업조직을 설립하고 운영할 이유가 존재하지 않을지도 모른다. 따라서 협동조합은 시장이 경쟁적 균형을 달성하지 못할 때, 즉 시장실패가 존재할 때 설립과 존재의 합리적 근거를 갖게 된다. 앞에서 제시한 협동조합의 역할에서 시장지배력 역할을 제외한 나머지 역할은 모두 넓은 의미에서 시장실패의 교정 역할에 해당된다. 이하에서는 시장경제에서 협동조합의 역할과 한계를 크게 두 가지로 구분하여 캘리포니아 학파의 시장지배력 이론과 너스(Nourse) 학파의 경쟁척도 이론으로 구분하여 정리한다.

1) 시장지배력(market power) 역할

미국 태생의 변호사이자 일생을 협동조합 운동에 헌신한 사피로(Sapiro)는 상인과의 불균등한 지위를 해소하고 농업인의 이익을 적극 보호하기 위해 협동조합이 강력한 시장지배력을 행사해야 한다고 주장하였다. 즉 협동조합이 농업인의 물량을 집중하여 시장에서의 지배력을 높여야 한다는 주장이다. 예를 들어 판매사업 분야에서는 출하물량을 집중하고, 구매사업 분야에서는 구입물량을 집중하여 거래 상대방으로부터 유리한 거래조건을 얻어낼 수 있다는 것이다. 사피로(Sapiro)는 이를 위해 조합과 조합원이 장기 출하계약을 체결하고, 전문적인 경영인을 고용해야 한다고 역설하였다. 왜냐하면 장기 출하계약을 체결해야만 협동조합이 안정적으로 시장지배력이 가능한 물량을 확보할 수 있고, 전문경영인은 거래 상대방과의 관계에서 고도의 협상능력을 발휘할 수 있기 때문이다. 20세기 초 미국의 많은 협동조합 관계자들은 사피로의 영향을 받아 협동조합 운동을 전개하였으며, 이들이 캘리포니아 학파(California School)를 형성하였다.

캘리포니아 학파의 협동조합 이론은 농업인들이 시장지배력(market power)을 확보하고, 이를 이용하여 시장교역조건을 자신들에게 유리하게 만들기 위하여 협동조합을 조직할 수 있다는 것이다. 실제로 판매협동조합은 특정 품목에 있어서 지배적인 시장점유율을 확보하는 경우, 또는 특정 브랜드가 어느 정도 소비자 선호를 확보하는 경우에 시장지배력을 확보하는 것이 가능하다.

협동조합의 시장지배력 역할은 시장교역조건의 개선을 통해 조합원에게 이익을 제공하지만, 현실적인 문제는 협동조합이 시장지배력을 발휘할 수 있는 능력이 매우 제한적이라는 점이다. 협동조합을 통한 농업인의 공동행동은 독점금지법에서 예외로 인정되지만, 부당한 시장가격 인상 행동은 독점금지법에 의해 제한되고 있다. 보다 심각한 제약조건은 개방형 조합원제도(open membership) 하에서는 농업인의 무임승차문제(free-rider problem)로 인해 시장 지배력의 발휘가 곤란하다는 점이다. 즉 시장지배력을 행사하기 위해서는 모든 조합원의 참여와 단결이 중요한데 무임승차 문제는 이러한 것들을 약화시키게 된다. 이러한 이유 때문에 시장지배력을 지향하는 협동조합은 '유통명령제'와 같은 정부의 제도적 지원을 필요로 한다. 여기서 '유통명령제'란 농산물 과잉생산에 따른 가격 폭락을 막기 위해 농산물의 생산과 출하를 제도적으로 강제 조정하는 정책을 가리킨다. 생산자, 소비자, 유통업자로 구성된 위원회가 참여자 간 합의를 도출하고, 이를 전제로 등급과 물량에 따른 농산물 출하를 규제하는 유통명령이 발동된다. 이를 위반할 경우 법률에 정해진 정부의 공권력으로 벌금 부과와 실형이 부과되어 강력한 수급조절정책이 가능해진다.

협동조합이 시장지배력의 행사로 조합원에게 이익을 제공하는 것은 시장에서 소비자의 비용부담을 전제로 하는 경우가 많으며, 이는 시장의 효율성 증대에 어긋날 수도 있다. 즉 조합원의 단합된 힘으로 농산물 판매가격을 인상하는 경우 이는 소비자 부담으로 귀착될 수 있기 때문이다. 다만 기존 시장에서 독점적 지위로 초과 이윤을 누리는 경제주체가 존재하는 경우에는 협동조합이 참여하여 시장지배력을 행사하는 것이 시장의 경쟁을 촉진하는 결과를 가져올 수 있을 것이다.

사피로는 1920년대 캘리포니아 지역에서 품목별 협동조합을 조직하여 계획적인 판매사업으로 시장을 통제하여 농업인에게 유리한 가격을 실현하고자 노력하였다. 그의 주장은 다음과 같은 "판매협동조합의 8계명"으로 요약된다. (1) 판매협동조합은 지역보다는 품목중심으로 조직되어야 한다. (2) 조합원은 농업인에 한정하며 조합은 사업 목적으로만 운영된다. (3) 완전한 민주적 통제 원칙을 지킨다. (4) 모든 기술적 분야에 전문가를 확보한다. (5) 강제력 있는 조합원과의 장기 출하계약을 통해 협동조합 사업의 안정성을 확보한다. (6) 시장을 통제하기 위해 최소한 50% 이상의 시장점유율을 확보해야 한다. (7) 공동계산제를 채택하며, 조합원에게 출자의무를 부여하지 않는 비출자조합을 원칙으로 한다. (8) 사업방식은 거래 알선방식보다는 무조건 위탁방식이 효과적이다.

사피로의 주도하에 품목별로 조직된 협동조합은 초기에 상당한 시장점유율을 확보하고 계획적 출하를 통해 농업인에게 유리한 가격실현에 기여하였다. 이러한 사피로의 협동조합 운동은 광범위한 지역에서 재배되는 품목보다는 제한된 지역 특히 태평양 연안의 특수작물 분야에서 성공을 거두었다. 이는 생산단지가 제한적인 경우가 물량을 효과적으로 통제하는데 유리하였기 때문이다. 이들 협동조합의 성공은 농산물의 수취가격을 높이는 데 기여하였다는 점에서 농업인들로부터 폭넓은 지지를 받았다.

사피로 이론의 핵심은 협동조합과 조합원 간의 다년간 출하계약의 철저한 이행이다. 이러한 출하의무는 협동조합이 시장에서 영향력을 행사하기 위해 필수적인 조건이다. 즉 조합원이 협동조합에 전속 출하계약을 이행해야만 협동조합이 물량을 통제할 수 있고, 이를 바탕으로 시장지배력을 행사하는 것이 가능해지기 때문이다. 그러나 실제로 이러한 출하의무계약은 당시 과일과 특수작물에서만 이행되었고, 곡물, 담배, 면화 등의 분야에서는 실패하였다. 이러한 실패의 원인은 이들 품목에서는 대규모 과잉생산이 빠른 속도로 진행되었다는 점에 있다. 즉 과잉생산 되고 있는 품목의 경우에는 협동조합이 물량을 통제하는 것이 매우 어렵기 때문이다. 또한 농업인의 입장에서도 협동조합이 생산조정을 실시하는 경우 별도로 시장판매를 단행한다면 과잉 생산된 농산물을 처분하는 것이 가능해진다. 따라서 만성적인 농산물 과잉생산 기조에서는 조합원의 출하물량을 통제하는 것이 어려워 시장지배력의 행사는 많은 한계에 직면하게 된다. 사피로는 이러한 현실을 간과하는 오류를 범하였다. 그는 광범위한 지역에서 생산되는 저장성 있는 작물의 경우 만성적 과잉생산 문제가 발생할 가능성이 높은 점을 과소평가 하였던 것이다. 결국 사피로 모형의 협동조합은 미국 대부분의 지역에서 사라졌다.

이러한 경험과 관련하여 아브라함슨(Abrahamsen, 1980)은 다음과 같이 농업협동조합의 한계를 지적하였다. "미국의 농업협동조합 지도자들은 현실적 경험을 통하여 협동조합들이 생산을 조절할 수 없다는 점을 배웠다. 1920년대 농업인과의 엄격한 계약을 주장한 사피로와 연방농업위원회(Federal Farm Board)의 경험은 협동조합들이 효과적인 생산조절 프로그램을 조직하고 유지할 수 없다는 점을 입증하였다." 그는 아울러 협동조합이 단기적으로는 어느 정도 생산조절의 성과를 거둘 수 있지만 장기적으로는 정부의 강력한 정책에 의해서만 가능하다고 지적하였다. 또한 장기적으로는 농산물 간의 대체가 이루어지기 때문에 생산조절을 통한 가격지지가 실효를 얻기 어려움을 지적하였다.

2) 경쟁척도(Competitive Yardstick) 역할

협동조합의 경쟁척도 역할은 시장경쟁을 촉진하여 시장 효율성을 높이는 역할을 의미한다. 이는 결국 농업인은 물론 소비자를 포함한 사회 전체의 후생을 증진시키는 공익적 역할을 하는 것이다. 이러한 공익성의 원천은 협동조합 사업의 원가주의(business-at-cost) 원칙에서 나오는 것이다. 협동조합이 제시하는 가격은 사업비용과 정상이윤을 합한 수준이며, 이 경우 협동조합과 경쟁하는 민간업체는 초과이윤의 확보가 어렵게 된다. 즉 여기서 협동조합이 설정한 가격은 시장에서의 경쟁척도(competitive yardstick)가 되는 셈이다. 예를 들어 어느 농촌지역에서 유일하게 존재하는 농약상이 독점적 지위를 이용하여 고가로 농약을 판매한다고 가정해 보자. 이 상인은 자신의 유리한 지위를 이용해 농업인을 상대로 폭리를 취할 수 있다. 그러나 협동조합이 농약판매 사업에 진출하게 되면 상인의 독점적 지위는 약화된다. 따라서 협동조합이 판매하는 가격 이상으로 과거와 같이 농약을 판매하는 것이 불가능해진다. 이 경우 협동조합이 농약을 판매하는 가격은 시장경쟁을 촉진시키는 척도(yardstick)로서의 기능을 하게 된다. 또 다른 예로 대규모 산지수집상이나 소비지의 대형 유통업자들은 그들의 독점적 지위를 이용하여 출하 농산물의 가격을 과도하게 인하하는 등 부당한 요구를 하는 경우가 많다. 그리고 이러한 피해는 고스란히 농업인의 피해로 이어지게 된다. 협동조합은 이 과정에서 이들의 독점적 지위를 견제하는 기능을 수행한다. 즉 농업인들이 협동조합을 통해 물량을 집중시킴으로써 이들의 독점력에 대항할 수 있는 기반을 갖게 된다. 그리고 이러한 힘을 이용하여 농산물의 출하가격을 일정 수준 이상으로 확보할 수 있게 된다. 이와 같이 독점적 지위를 갖는 거래 상대방을 견제하는 기능을 통해 협동조합은 농업인의 이익을 보호하게 된다. 협동조합이 경쟁척도 역할을 통해 사회적 후생에 기여하는 공익적 성격은 많은 나라에서 정부가 협동조합에 대해 우호적 정책을 실시하는 것의 이론적 근거가 된다. 대표적 사례가 협동조합에 대해 독점금지법 적용 예외를 부여한 1922년 미국의 캐퍼볼스테드법(Capper-Volstead Act)이 해당된다.

너스(Nourse)는 사피로의 시장지배력 이론을 비판하면서 협동조합이 제한적인 시장점유율을 갖는 유통사업을 통해서도 경쟁척도 역할을 수행하여 유통채널을 지배하는 민간기업의 독점행위를 견제할 수 있다고 주장하였다. 이러한 협동조합의 견제와 균형 기능(check and balance function)은 민간 부문의 사업활동에 대한 평가 지표를 제공하며 그들이 보다 경쟁적으로 행동하도록 강제하는 역할을 수행한다. 이러한 점에서 너스는 사피로가 주창한 방식의 시장지배적인 품목조합의 설립에 반대하는 입장을 취하였다. 반면에 그는 소규모 지역 협동조합의 설립을 주장했으며, 이들 협동조합이 구매 또는 판매연합회를 통하여 규모의 경제를 실현할 수 있다고 보았다.

너스는 협동조합의 역할에 힘입어 시장이 보다 경쟁적 구조로 변화하였을 때 협동조합은 민간업체와의 차이가 없어지며 제 역할을 달성하고 사라질 수 있다고 주장하였다. 그러나 실제로 그처럼 완전하게 경쟁적인 시장은 지속적으로 유지되기 어렵다. 현실 시장에는 불확실성, 외부효과, 정보문제 등 시장실패 요인이 존재하여 시장가격만으로 이상적인 경쟁적 균형이 유지되기 어렵다. 또한 시장 경쟁의 달성으로 협동조합이 사라질 경우에는 민간기업에게 또 다시 초과이윤 확보의 기회를 주게 된다. 따라서 경쟁적 시장에서도 협동조합은 견제역할을 통해 잠재적 시장실패를 방지하는 역할을 수행한다는 점에서도 존속의 이유가 있는 것이다.

협동조합은 경쟁척도 역할을 통해 농업인 조합원은 물론 소비자 후생에도 기여하는 공익적 역할을 수행한다. 이러한 경제적 이익은 민간업체가 실현하던 독점이윤 또는 협동조합이 없을 때의 잠재적 독점이윤의 소멸에서 오는 것이다. 이 경우 협동조합의 경쟁기업은 때때로 협동조합에 적대적 태도를 보일 수 있으며, 이는 특히 지역 시장에서 활동하는 경쟁기업이 상대적으로 영세한 업체일 경우 사회적 형평성이란 기준에서 협동조합이 사회적 비난의 대상이 될 수도 있다. 예컨대 농촌지역의 소규모 영농자재상이나 중간상인들이 여기에 해당할 수 있다.

너스 이론은 협동조합의 역할과 성과는 협동조합이 조합원에게 민간기업보다 유리한 수준의 가격으로 농산물을 판매하고 영농자재를 공급하는가를 기준으로 평가해서는 곤란하다는 점을 시사한다. 즉 협동조합에서 판매하는 농약 가격이 민간업체보다 어느 정도 낮은가를 기준으로 협동조합 사업의 성과를 판단해서는 안 된다는 점이다. 협동조합 사업이 조합원에게 주는 이익은 결국 협동조합과 경쟁함으로써 민간 기업이 손해 보는 잠재적 초과이윤의 상실로부터 나오기 때문이다. 따라서 협동조합의 성과를 민간기업과의 가격 격차로 평가하는 것은 과학적이지 않으며, 협동조합이 없을 때 민간 기업이 독점력을 발휘하여 획득할 수 있는 가격과 현실적 시장 가격과의 차이로 파악하는 것이 합리적이라는 것이다. 즉 협동조합이 존재하기 때문에 민간 기업이 독점력을 발휘하지 못하고, 이로 인해 가격을 낮출 수밖에 없는 것이 협동조합이 제공하는 실질적인 이익인 것이다. 여기에서 협동조합이 민간기업보다 가격이 얼마만큼 저렴한가는 중요하지 않다. 이와 같이 협동조합 사업의 성과는 간접적이며 구체적 계측에 어려움이 있다는 점을 제대로 인식하는 것도 중요하다.

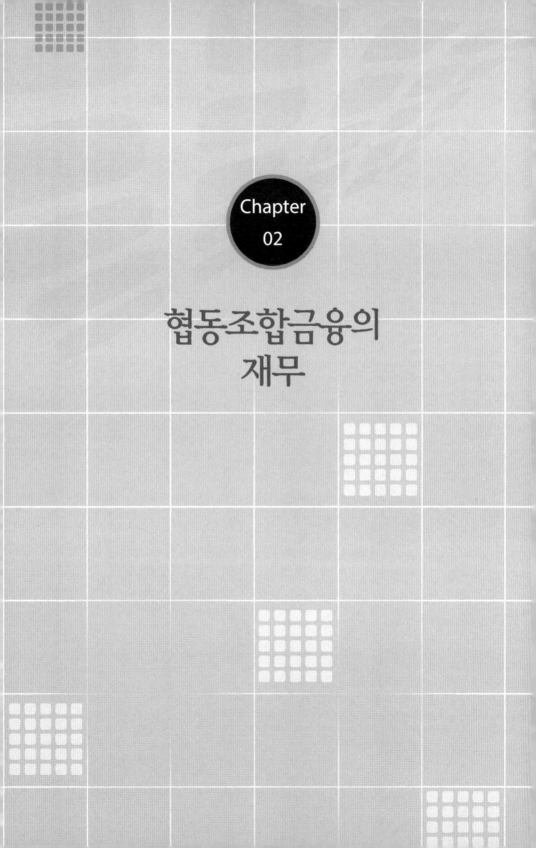

Chapter
02

협동조합금융의
재무

01
협동조합금융의 자본

1. 개관

협동조합은 조합원이 필요로 하는 사업과 활동을 수행하기 위해 자본을 조달해야 한다. 로치데일 공정개척자조합과 같은 초기 소비자협동조합들은 일용품을 구입하여 저렴한 가격으로 조합원에게 판매하는 단순 중개 업무에 주로 종사하였기 때문에 자본조달의 필요성이 그다지 크지 않았다. 그러나 농업협동조합과 같이 설비투자가 필요한 생산자협동조합의 경우에는 부지와 시설구입 등을 위해 자본을 조달해야 할 필요성이 상당히 크다.

최근에는 시장이 글로벌화 됨에 따라 협동조합이 다국적 기업 등과 경쟁해야 하는 어려움에 처해 있다. 농업협동조합은 정보의 수집 분배, 기술혁신, 비용절감 등을 위한 투자를 확대해야 하며, 이에 따라 자본에 대한 요구도 더욱 증가하고 있다. 특히 위험에 대비한 자본인 자기자본은 사업체의 신용도를 측정하는 지표가 되는데, 우리나라의 농협과 같이 금융 사업을 겸영하는 협동조합의 경우에는 BIS 자기자본비율을 맞추어야 하므로 자본조달의 중요성이 더욱 크다.

협동조합은 이와 같이 계속기업으로 존재하고 시장에서 살아남기 위해 자본을 확충해야 할 필요성이 높아지고 있지만, 경영 여건과 관련 법제의 제약으로 인해 자본조달에 어려움을 겪고 있는 경우가 많다. 이에 따라 최근에는 일부 협동조합을 중심으로 자본증대 요구를 충족시키고자 새로운 자본조달제도를 도입하고 있다.

2. 협동조합 자본의 구성

1) 자기자본

자기자본은 총자산에서 타인에게 빌린 부채를 제외한 자본을 말한다. 협동조합은 사업을 유지하고 경영악화에 대비하는 한편, 조합의 신용유지 등을 위해 자기자본을 필요로 한다. 자기자본은 협동조합이 사업에 실패할 경우 출자자가 출자액의 일부 또는 전부를 잃어버릴 위험(risk)을 감수해야 하는 위험자본(risk capital)이다. 자기자본은 위험자본으로서 타인자본을 보호하는 역할을 하기 때문에 자기자본이 클수록 타인자본(부채)을 차입하는데 유리하며, 투자자나 대출자는 자기자본의 적립 정도를 파악하여 협동조합에 대한 투자안전성을 평가하게 된다.

협동조합의 자기자본은 일반적으로 조합원의 출자(분할 자본)와 공동자본(비분할 자본)으로 구성된다. 조합원의 출자는 주로 조합원 가입비, 보통주, 조합원증서, 조합원에 대한 이용고배당의 내부유보 등을 통해서 이루어지고, 공동자본은 주로 이익잉여금의 내부유보(적립금)를 통해서 이루어진다.

2) 타인자본(부채)

타인자본은 협동조합이 사업을 확대하고자 할 때, 조합원으로부터 모든 자금을 조달할 수 없기 때문에 외부로부터 차입한 자금을 말한다. 타인자본은 자기자본과 달리 협동조합에 대한 소유권이 부여되지 않고 상환기간이 고정되어 있는 일시적인 자본이며, 고정이자를 지불하게 된다.

협동조합의 재정은 경제 환경에 따라 수시로 변하고 조합원의 경제여건과 밀접하게 연계되어 있기 때문에, 부채 조달의 필요성은 환경과 경영자의 판단에 따라 달라진다. 그러나 사업 순이익이나 이자율의 변동이 심한 경우 부채의 비중이 높다면 조합의 경영이 매우 위험해지므로 적정한 수준의 부채를 유지하는 것이 중요하다. 이는 협동조합이 배당이나 자본의 내부유보를 고려하여 이자 지급 능력 범위 내에서 부채를 차입해야 함을 의미한다.

협동조합은 주로 협동조합은행, 상업은행, 보험회사, 정부기관, 리스회사 등으로부터 차입을 하며, 채권을 발행하기도 한다. 특히 협동조합은행과 같은 특별한 대부기관이 있다는 점에서 다른 경쟁기업보다 자금을 조달하는 데 유리한 입장에 있다. 또한 조합원, 정부, 타 협동조합으로부터도 차입할 수 있다.

한편, 우리나라 농협과 같이 협동조합이 신용사업을 직접 담당하는 경우 조합원으로부터의 직접적인 차입 대신 예수금의 형태로 자금을 확보하게 되는데, 이러한 측면에서 예수금도 협동조합이 상환해야 할 부채에 포함된다.

3. 협동조합의 전통적 자본조달 방식

1) 자기자본의 조달

(1) 조합원의 직접출자

조합원의 출자금은 협동조합이 사업과 활동을 수행해 나가는 데 있어 가장 기본이 되는 자금이다. 출자금은 조합원 자격을 획득하는 조건이 될 뿐만 아니라 조합의 대외적 신용도를 나타내는 지표가 된다. 협동조합의 출자금이 주식회사의 자본금과 그 성격이 다른 것은 투기 및 고율배당에 목적을 둔 것이 아니라 조합원의 욕구를 실현하기 위해 조합원 스스로가 갹출한 것이라는 점이다. 협동조합의 출자금은 다음과 같은 몇 가지 특성을 지니고 있다.

첫째, 출자금은 1좌당 금액을 최소한의 금액으로 한다. 협동조합은 경제적 약자들로 구성되므로 조합원의 자격취득 요건이 되는 출자금의 1좌당 금액은 누구나 쉽게 부담할 수 있는 수준으로 한다. 이마저도 부담하기 어려운 조합원을 위해 분할 납입을 허용하는 협동조합도 있다. 출자 1좌당 금액을 정하는 기준은 그때 그때의 경제적 상황을 감안하여 결정되지만 가입자유가 보장되는 수준에서 결정되어야 한다. 로치데일 공정개척자조합의 발기인들은 출자 1좌당 금액을 갹출하는 데 무려 1년이나 걸렸다고 한다. 우리나라 농협의 경우 1961년 설립 당시에는 조합원당 출자 1좌의 금액이 4,000환이었으며 납입방법도 여러 차례 나누어 불입하도록 하였다. 그 후 경제사정의 변화에 따라 출자 1좌당 금액은 1970년에 1,000원, 그리고 1995년에는 5,000원으로 변경되었다.

둘째, 조합원의 출자 최고한도를 제한한다. 협동조합은 일정한 자격을 갖춘 사람은 누구나 조합원이 될 수 있도록 문호를 개방하는 것을 원칙으로 하기 때문에 조합의 출자 총좌수를 제한하지는 않으나 조합원 1인당 출자금의 최고 한도는 제한한다. 이는 특정 개인의 자본지배력을 막기 위한 것이다. 즉, 특정인이 다액 출자로 조합을 직·간접적으로 지배하는 것을 방지하기 위한 것이다. 자본결합체의 대표적 사례인 주식회사의 경우 주주 1인의 출자금액에 제한을 두지 않고 있어 자본력이 있는 소수의 사람에 의해 지배되는 것과는 상이한 점이다. 우리나라 농협은 설립 당시에는 조합원당 출자가 100좌를 초과할 수 없도록 되어 있었으나, 사업규모가 커짐에 따라 1998년 9월에는 10,000좌로 확대하여 조합원 1인당 5,000만원까지 출자할 수 있게 되었다.

셋째, 출자금에 대한 이자배당을 제한한다. 협동조합은 조합 자체의 수익보다 조합원의 경제적 이익 증대를 목표로 하고 있는 바, 이러한 목표에 충실하게 원가주의 원칙에 따라 사업을 한다면 잉여금은 발생하지 않을 것이다. 그러나 사업의 추진과정에서 원가계산 상의 어려움이나 시가판매 등의 이유로 잉여금이 발생하게 되는데, 이 잉여금은 이용자인 조합원에게 귀속되는 것이 원칙이다. 그러나 출자금에 대한 보수를 전혀 지급하지 않는다면 출자금의 조달이나 조달된 출자금의 유지가 어려울 것이기 때문에 일반기업의 배당금과는 다른 출자금에 대한 이자성격으로 보수를 지급한다. 그런데 자본금에 대한 이자지급 수준은 시장이자율 또는 그보다 낮은 이자율을 적용하는 것이 일반적이다. 그 이유는 협동조합이 기업과 경쟁하기 위해서는 자본 확대가 필요한데, 조합원들로부터 출자금을 늘리는 데에 한계가 있으므로 이자배당 후 남은 잉여금을 내부유보함으로써 경영기반을 구축하려는 것이다.

(2) 배당금의 내부유보(Retained Patronage Refunds)

배당금의 내부유보는 협동조합이 순이익의 일부를 조합원별로 할당은 하되 지급하지 않고 협동조합이 보유하는 것으로, 조합원에게는 해당금액만큼의 출자증권이 제공된다. 이것은 조합원이 협동조합의 배당금을 가지고 출자하는 새로운 방법으로 조합원의 부담이 적으면서 자금조달이 용이하기 때문에 많이 활용되고 있는 제도이다.

이러한 방법은 구매농협, 서비스농협에서 많이 활용되고 있으며, 협동조합의 사업을 이용하고 있는 비조합원의 경우 배당의 대가로 받는 출자증권이 쌓이게 되면 현금출자 없이도 조합원이 될 수 있는 장점이 있다.

그러나 조합원이 이러한 내부유보를 협동조합에 대한 투자보다는 협동조합이 자신에게 진 빚으로 생각하기 쉽기 때문에 협동조합 경영이 악화되어 유보금을 반환할 수 없을 경우 큰 문제가 발생할수 있다. 따라서 내부유보를 실행하기 위해서는 먼저 내부유보금은 위험자본으로서 이익을 받을 수도 있고 소실될 수도 있음을 조합원에게 이해시켜야 한다.

우리나라 조합의 경우 순이익 중 일부를 이용고배당을 하지 않고 총회에서 금액을 정하여 출자금으로 전환하고 있으며, 일정 기간이 지나면 이사회의 결정으로 조합원에게 지분을 상환하는 회전출자제도와 연계하여 활용하고 있다.

(3) 공동자본(Unallocated Equity)

공동자본은 비분할자본 이라고도 하며, 협동조합의 순이익이 조합원에게 지분별로 배당되지 않고 협동조합에 내부 유보되는 것을 말한다. 이는 조합원의 사업이용과 무관한 이자나 지대수익으로부터 얻어진 이익으로 조합원에게 배당하기 어려운 성격의 수익이다. 이러한 이익은 주로 자산의 장부가격과 시장가격의 차이, 비조합원과의 사업 등에서 발생한다.

우리나라에서는 적립금이라는 용어를 사용하고 있는데, 협동조합의 경영이 악화되거나 불가항력적인 사유로 인해서 조합에 손실이 발생할 경우에 대비하여 그 손실보전의 준비금을 마련하고, 조합의 건전한 발전을 도모하기 위해 재정적 기초를 튼튼히 하는 한편, 대외적 신용도를 확보하기 위하여 매 회계연도에 이익잉여금의 일부를 적립하는 것을 말한다. 적립금의 종류에는 법정적립금, 자본적립금, 법정이월금 및 임의적립금 등이 있다.

협동조합이 공동자본을 적립하게 되면, (가) 조합원에 대한 출자상환 여부를 유연하게 결정할 수 있어 장기적인 자본계획 수립이 가능하고, (나) 일상적인 자본축적이 곤란한 비상시를 대비하여 자본준비금으로 활용할 수 있으며, (다) 경영손실에 대비한 자원으로도 활용할 수 있다는 장점이 있다.

반면, 이러한 공동자본의 운영은 협동조합 운영에서 몇 가지 문제점을 안고 있다.

첫째, 순수익을 공동자본으로 축적하면 원가주의 원칙에 위배될 뿐만 아니라, 공동자본에 대한 개별 조합원의 소유권이 불명확해지게 된다. 이로 인해 조합과 조합원의 연대가 약화될 수 있고, 조합원이 협동조합 자본에 대한 정확한 개념을 갖기 어려워지며, 협동조합에 대한 조합원의 소유권 상실로 이어질 수 있다.

둘째, 협동조합에 대한 지원 등을 받기 위해 조합원의 지분이 일정 비중을 차지해야 하는 요구를 받을 때 공동자본의 비중이 너무 커서 애로를 겪을 수 있다. 예를 들어 미국의 경우 농업인이 협동조합의 조합원이란 명분으로 정부의 농업인 지원 프로그램인 상품대부(commodity loan)를 받으려면 대상 협동조합은 조합원 지분이 전체의 50%를 초과해야 한다.

셋째, 공동자본이 커질 경우, 경영진은 조합원의 통제로부터 멀어져 조합원의 이익과 동떨어진 의사결정이나 단기 업적 중심으로 협동조합을 경영할 우려가 있다. 배당과 경영이익 측면에서 경영진의 조합원에 대한 책임감이 약화되며, 지분을 적게 가지고 있는 조합원은 협동조합의 경영에서 관심이 멀어짐에 따라 경영자를 적극적으로 통제하지 않을 가능성이 있다.

넷째, 공동자본이 커질 경우, 몇몇 조합원들은 신규 조합원의 참여로 공동재산의 소유권이 줄어드는 것을 우려하여 청산을 주장하거나 신규조합원의 가입을 반대할 우려가 있다.

다섯째, 공동자본은 협동조합이 설립된 이후 계속해서 형성된 것이므로 협동조합이 청산하는 경우 공동자본을 동등하게 배분하기란 거의 불가능하다.

결국 순이익 중 얼마를 공동자본으로 적립할 것인가가 중요해지는데, 이는 주장하는 사람에 따라 다르다. 라이파이젠은 출자금에 대해서 저율의 이자를 지불하고 남는 순이익은 모두 공동자본으로 적립하고, 심지어 조합원이 탈퇴하거나 조합이 해산할 때에도 이를 조합원에게 분배하지 않고 타 조합의 설립자금 또는 기타 공공사업에 사용할 것을 주장하였다. 붓세는 매 회계년도 순이익의 20%를 적립하여 순수한 조합재산으로 하되 조합원의 탈퇴와 조합의 해산 시에도 이를 분배하지 않고 타 조합 또는 공공단체에 귀속시킬 것을 주장하였다.

2) 타인자본의 조달

(1) 예수금

협동조합에서 예수금은 조합원으로부터 받는 예금을 말한다. 협동조합은 자금 여유가 있는 조합원으로부터 받은 예금을 재원으로 자금이 부족한 조합원에게 대출하는데, 이러한 점에서 협동조합의 예수금을 '상호금융'이라 한다. 예수금으로 조성된 자금은 자금을 필요로 하는 조합원에게 대출하는 것이 주된 목적이지만, 조성된 예수금의 일부를 협동조합의 사업자금으로 사용할 수도 있다. 예수금의 타 사업부문으로의 전용은 신용사업의 안정성 확보를 위해 제한적으로 허용되는 것이 일반적이다. 우리나라 농협의 경우 신용사업으로 조달한 자금의 타 사업부문으로의 자금 운용은 예수금의 100분의 20에 해당하는 금액을 초과할 수 없도록 되어 있다.

오늘날 세계의 여러 협동조합들은 늘어나는 자금수요에 대응하여 좀 더 많은 자금을 조합원에게 지원하고, 또한 이를 협동조합의 사업자금으로 활용하기 위해 조합원 이외에 비조합원의 여유자금도 예수금으로 받아들이고 있다.

(2) 차입금

차입금은 조합 사업에 필요한 자금이 부족할 때에 대출이나 채권 발행 등의 형태로 외부에서 빌리는 부채성 자금이다. 자본주의적 자유경쟁이 심화되고 있는 가운데 협동조합이 이러한 경쟁에 대응해 나가면서 자신을 유지해 나가려면 더욱더 많은 자금을 필요로 한다.

그러나 협동조합은 주식회사와 같은 기업에 비해 외부로부터의 차입에 제약이 많은 편이다. 이는 협동조합이 외부자본에 의해 지배되는 것을 방지함과 아울러 차입금의 증가에 따른 조합경영의 부실을 방지함으로써 협동조합이 자율성을 유지하면서 건전한 발전을 도모하도록 하기 위한 것이다. 이를 위해 협동조합은 통상 차입대상 및 차입금액을 제한하는 것이 일반적이다.

이와 같이 외부차입이 제한적으로 허용되고 있는 협동조합으로서는 자금의 차입을 주로 협동조합 간 협동에 의하여 해결하고 있다. 즉 연합조직 내에 중앙금고를 설치하여 자금 여유가 있는 조합은 중앙금고에 예치하고 자금이 부족한 조합은 중앙금고로부터 차입하는 계통금융 체제를 갖추고 있다. 우리나라의 경우 중앙회가 협동조합은행 기능을 담당하면서 조합에 부족한 자금을 대부해 주거나, 조합이 보유한 과도한 예수금의 자금운용을 대행해 주고 있다.

4. 전통적인 자본조달 방식의 특징과 한계

1) 전통적인 자본조달 방식의 특징

협동조합의 자본은 기본적으로 조합원이나 준조합원이 제공하는 가입금과 출자금, 사업이익의 내부유보 등을 통해 조달된다. 이러한 자본은 조합원이 요구하는 사업유지, 경영안정, 협동조합의 신용유지 등을 위해 필요하다. 협동조합의 자본조달 제도는 단순히 경영이익을 중심으로 한 자금의 조달 및 배분에 국한되는 것이 아니라, 조합원이 이용자이고 소유자이며 통제자인 협동조합의 특성을 감안하여 운영되고 있다. 이는 협동조합이 소수의 조합원을 위해 운영되지 않도록 다수 조합원으로부터 균형 있게 자금을 조달하고, 조합원에 대한 이익배분은 공평하게 이루어져야 함을 의미한다.

협동조합은 이용자가 소유하고 통제하는 사업체로서, 투자자가 소유하고 통제하는 주식회사와는 다른 독특한 자본조달 제도를 초기부터 가지고 있다. 전통적인 협동조합의 자본조달 제도는 로치데일 공정개척자조합의 정신을 계승한 ICA의 협동조합원칙에 잘 나타나 있다. 소비자협동조합인 로치데일 공정개척자조합의 정신에 따라 전통적인 협동조합은 조합원의 이용을 중심으로 한 소유-통제 구조를 가지고 있으며, 자본조달 제도 또한 이러한 구조를 반영하고 있다. 협동조합의 자본조달 제도 특징을 살펴보면 다음과 같다.

<표 2-1> 협동조합과 주식회사의 자본금 제도 비교

구분	협동조합		주식회사
소유권	자격	이용자-조합원	불특정 다수
형태	집단적 소유		개별적 소유
이전	거래 양도가 제한됨 (2차 시장 없음)		거래 양도의 자유 (2차 시장 존재)
통제권	의결권	이용자-조합원	투자자(주주)
투표권	1인 1표 원칙		주식수에 비례
의사결정	이사회 주도		경영자 주도
수익권	이익배분	이용고배당 중시	투자배당
출자상환	책임 있음(액면가)		책임 없음
투자배당	제한		제한 없음

첫째, 소유권의 측면에서 살펴보면, 협동조합은 투자보다는 이용을 중시하고 있다. 이용자인 조합원만이 출자를 하는 것을 원칙으로 하여 이용자-소유자(user-owner) 관계를 유지한다. 조합원의 출자금이 협동조합 자본의 원천이며, 출자는 조합원 자격을 획득하는 조건이기도 하다. 이러한 협동조합 소유권의 특성은 가입의 자유, 최소의 출자금, 지분의 거래나 양도의 제한으로 이어진다.

둘째, 통제권의 측면에서 살펴보면, 민주성(동등성)을 중시한다. 자본력을 이용한 특정 개인의 협동조합 지배를 방지하기 위해 조합원 1인당 출자한도를 제한하기도 하며, 출자액의 많고 적음에 상관없이 의결권에서 1인 1표를 원칙으로 한다. 또한 협동조합은 출자증권의 거래와 양도를 제한하고 있다. 출자증권에 대한 거래와 양도를 제한하는 것은 만일 출자의 거래와 양도를 허용할 경우 소수의 조합원이 지분을 매집할 수 있고, 이에 따라 조합이 소수에 의해 좌우될 여지가 있기 때문이다. 결과적으로 협동조합에는 주식시장과 같이 출자지분을 거래할 자본시장이 발달되어 있지 않다.

셋째, 수익권의 측면에서 살펴보면, 협동조합은 이용고배당을 중시한다. 협동조합은 투기적 자본수익을 억제하기 위해 출자배당을 제한하고 이용고배당을 장려한다. 조합원의 출자를 촉진하기 위해 출자배당을 실시하지만, 이때에도 배당의 최고한도를 정하는 등 제한적으로 실시하고 있다(우리나라는 10%, 미국은 8%로 출자배당률을 제한하고 있다). 따라서 조합원에게 자본이익보다는 사업이용에 의한 이익을 제공하며, 잉여금이 발생할 경우 출자배당보다는 이용고배당을 통해 조합원에게 환원하고 있다. 또한 협동조합은 주식회사와 달리 조합원에게 출자금을 상환할 책임이 있다. 협동조합은 출자금을 소유자인 조합원에게 체계적으로 상환해 주며, 조합원의 은퇴나 탈퇴 시에 액면가(par-value)로 상환해 준다. 협동조합의 자본금 제도를 주식회사와 비교해보면 앞의 표와 같다.

2) 전통적인 자본조달 방식의 한계

(1) 자본조달 원천의 제한

주식회사는 주식시장을 통해 일반투자자로부터 자본을 자유롭게 조달하고 있는 반면, 협동조합은 이용자인 조합원이 조합의 재정을 부담해야 한다는 원칙을 가지고 있다. 따라서 비조합원을 통한 자본조달이 극히 제한되어 있다. 협동조합은 조합원의 가입을 확대하거나 조합원당 출자액을 늘려 자본금을 확충해야 하지만, 조합원은 투자에 비례한 의사결정권과 자본이득이 보장되지 않기 때문에 다른 조합원보다 더 많이 투자하려는 동기를 갖지 못하고 있다. 결국 협동조합의 경영자는 출자배당을 확대하여 자본을 조달해야 하는 압력을 받게 된다.

조합원의 출자능력에는 한계가 있으므로 외부에서 새로운 자본 조달의 원천을 찾아야 하는 상황에 직면하기도 한다. 그러나 외부 투자자들은 협동조합을 잘 이해하지 못하며, 일반은행도 조합원으로부터 자본을 조달하지 못하는 협동조합에 대해서는 대부를 꺼리는 실정이다. 외부에 투자를 개방한다 하더라도 조합원의 경영권 방어를 위해 자본의 50% 이상을 유치할 수 없도록 제한하고 있으며, 외부투자자 역시 충분한 의사결정권을 행사할 수 없기 때문에 투자를 주저하게 된다. 결국 전통적인 협동조합은 일반은행이나 공공기관으로부터 자금을 조달할 수밖에 없으며, 일반투자자로부터의 자금조달은 쉽지 않다고 볼 수 있다.

(2) 이익의 내부유보 한계

협동조합도 경쟁이 심화되는 경제 환경에 대응하기 위해 자본을 축적하지 않을 수 없으며, 자본시장을 통한 자본조달이 원활하지 않았기 때문에 이익의 일정 부분을 적립금으로 유보하여 공동재산을 확대해 왔다. 그러나 최근에는 이러한 이익의 내부유보도 많은 어려움에 직면해 있다. 조합원은 미래의 이익을 위한 공동재산의 확대보다는 당장 이익을 현금으로 배당해 주길 바라고, 경영진은 조합원의 이탈을 우려하여 배당을 줄이지 못하고 있기 때문이다.

공동재산으로 적립하지 않더라도 조합원에게 개별적으로 제공된 배당금을 내부 유보하는 방안이 있는데, 이 경우 조합원의 현금흐름에 영향을 주게 되기 때문에 그러한 의사결정이 쉽지 않다. 협동조합의 경영진은 사업을 유지하기 위해서 유보이익이 필요하다고 주장하는 반면, 조합원은 현금배당을 더욱 선호한다.

(3) 무임승차자 문제(Free Rider Problem)

협동조합은 조합원이 공동으로 소유하기 때문에 재산권이 명확히 분할되지 않아 무임승차자 문제가 발생한다. 이러한 상황은 조합원의 가입이 자유로운 협동조합에서 자주 발생하게 되는데, 이용자들이 자원을 이용한 만큼 충분한 비용을 지불하거나 이익창출에 기여한 만큼 충분한 대가를 받도록 하는 재산권 제도가 갖추어져 있지 않기 때문에 발생한다. 무임승차자 문제는 내부 무임승차자 문제와 외부 무임승차자 문제로 나누어 볼 수 있다.

내부 무임승차자 문제는 신규조합원들이 기존조합원들과 마찬가지로 똑같은 이용고배당이나 재산에 대한 잔여청구권을 획득하게 되는 문제이다. 신규조합원이 가입금이나 최소의 출자금만 내고 조합에 가입하게 되면, 기존조합원이 과거에 출자와 유보이익 등을 통해 조성한 공동재산(common property)에 대한 이익청구권을 동시에 획득하게 된다. 이는 기존조합원의 투자이익이 신규조합원의 가입으로 인해 상대적으로 감소하게 되는 결과를 초래한다. 이에 따라 기존조합원은 공동재산에 대한 투자를 회피하게 되는데 이를 공동재산문제(common property problem)라고 한다.

외부 무임승차자 문제는 투자자인 조합원과 투자를 하지 않은 비조합원이 협동조합의 자원을 공동으로 이용하거나 혜택을 누리게 되는 문제이다. 협동조합의 역할로 인해 농산물 가격이 상승하거나 농자재 가격이 하락할 때, 비조합원도 동일한 가격조건의 이익을 누리게 된다. 이와 같이 협동조합에 투자를 하지 않은 비조합원도 조합원과 마찬가지의 혜택을 얻게 되기 때문에 기존 조합원이 협동조합에 투자하고자 하는 유인이 감소하게 된다.

(4) 투자의 기간 문제(Horizon Problem)

투자의 기간 문제는 특정자산이 창출하는 이익에 대한 청구권의 행사기간이 자산의 수명보다 짧을 때 발생한다. 예를 들어 협동조합이 조합원으로부터 자금을 조달하여 신규로 유통시설을 설치하면 조합의 미래 투자수익이 증가하게 된다. 그러나 조합원은 유통시설 설치에 따른 혜택을 자신이 영농에 종사하는 시기에만 향유할 수 있다. 조합원이 영농에서 탈퇴 혹은 은퇴하게 되면 더 이상 혜택을 누리지 못하게 되고 그 투자수익은 미래의 조합원에게 양도되는 결과가 초래된다. 따라서 영농에서 탈퇴·은퇴할 시기가 얼마 남지 않아 투자수익을 충분히 향유하지 못할 것으로 판단한 조합원들은 협동조합에 대한 투자를 꺼리게 된다.

이러한 문제가 발생하는 이유는 협동조합에서는 출자지분을 거래할 수 있는 2차 시장(secondary market)이 존재하지 않아 지분의 거래가 제한적이기 때문이다. 만일 주식시장과 같이 협동조합의 출자지분을 거래할 수 있는 2차 시장이 존재한다면 조합의 유통시설 확대는 조합의 자산 가치를 증가시키게 될 것이고 따라서 출자지분의 가격도 상승할 것이다. 이러한 경우에는 은퇴가 얼마 남지 않은 조합원이라 하더라도 출자지분의 가격상승을 기대하며 협동조합에 투자하고자 할 것이다. 그리고 영농에서 은퇴하여 더 이상 협동조합의 유통시설을 이용하지 못하게 되면 출자지분을 매각하여 자본

투자에 따른 이익을 환수할 수 있다. 그러나 협동조합 부문에는 2차 시장이 존재하지 않아 출자지분의 가치상승이나 자유로운 지분거래가 불가능하기 때문에, 조합원은 오직 영농에 종사할 때에만 투자이익을 향유할 수 있다. 이는 은퇴가 얼마 남지 않은 조합원의 조합에 대한 출자유인을 저하시킨다.

기간문제는 조합원이 조합에 대한 장기투자보다는 이익이 단시일 내에 발생하는 단기투자를 선호하도록 만들며, 특히 기술개발과 광고, 무형자산 등 이익이 장기간에 걸쳐 발생하는 사업에 대한 투자를 계획할 때 더욱 심각한 문제를 초래한다. 결과적으로 협동조합의 경영자는 미래에 대한 투자나 내부유보보다는 현재 조합원에 대한 배당을 확대해야 하는 압박을 받게 된다.

(5) 포트폴리오 문제(Portfolio Problem)

일반적으로 투자자는 투자 대상을 다양하게 분산시킴으로써 위험을 회피하고자 한다. 그리고 투자한 자산의 수익성과 위험 정도가 변하면 이에 대응하여 투자대상을 변화시킨다. 예를 들어 A 주식을 보유하고 있는 투자자는 A 주식의 위험이 증가하거나 투자수익이 줄어들 것으로 예상될 경우, A 주식을 팔고 B 주식을 구입하거나 또는 아예 채권투자와 같은 방법으로 투자대상을 변경할 것이다.

그러나 협동조합에서는 출자지분을 거래할 2차 시장이 존재하지 않기 때문에 조합의 해산이나 조합원 탈퇴 등 특별한 경우를 제외하고는 조합원들이 수시로 출자지분을 매각하거나 양도할 수 없다. 따라서 협동조합의 사업실적이 저조하여 출자지분의 가치가 하락할 것으로 예상되는 경우에도 출자지분을 현금화하거나 다른 투자대상으로 변경할 수 있는 기회가 제한된다. 이와 같이 자산의 포트폴리오를 수시로 조정하기가 곤란하여 투자위험을 회피하기가 어렵기 때문에, 조합원들은 협동조합에 대한 출자에 소극적일 수 있는데, 이와 같은 문제를 포트폴리오 문제라고 한다. 이러한 포트폴리오 문제는 조합이 조합원으로부터 출자를 이끌어 내는 데 제한요인으로 작용한다.

투자대상을 손쉽게 바꾸지 못하는 포트폴리오 문제는 협동조합 내부에서도 발생한다. 협동조합 역시 환경변화에 따라 더 좋은 투자기회를 얻거나 위험을 회피하기 위해 사업투자 대상을 변경하는 것이 필요하다. 그러나 협동조합의 사업은 조합원의 영농활동과 밀접한 관계를 맺고 있기 때문에 사업투자 대상을 변경할 경우 기존 사업으로부터 수혜를 받고 있는 조합원의 반대에 직면하게 된다. 또한 어떤 조합원들은 좀 더 적극적으로 협동조합이 자신에게 유리한 방향으로 사업투자 대상을 조정하도록 조합에 압력을 행사할 수도 있다. 이에 따라 협동조합 내에서 위험이 높은 투자를 선호하는 조합원과 보수적인 입장을 취하는 조합원 간에 갈등이 야기되기도 한다. 그리고 이러한 갈등은 협동조합이 사업의 투자대상을 변경하는 것을 어렵게 만든다. 또한 협동조합이 특정한 사업에 진출하고자 할 때 다수의 조합원으로부터 충분한 자본을 조달하지 못하는 결과를 초래한다.

5. 협동조합의 새로운 자본조달 제도

1) 전통모형 협동조합의 자본금 제도-조합원의 공정한 출자의무 제도

협동조합은 최소의 출자요건만 갖추면 조합원 자격과 사업이용 권리가 주어져 조합원이 출자를 많이 해야 할 인센티브가 적었으며, 조합원 간 출자 불균형 문제가 발생하기도 하였다. 이에 따라 최근 서구의 많은 협동조합은 조합원에게 사업의 이용규모에 따라 공정하게 출자의무를 부과하는 제도를 도입하고 있다.

(1) 기초자본출자제도(Base Capital Plan)

기초자본출자제도는 협동조합이 중장기 자본조달 계획에 따라 산정된 필요자본을 사업이용량에 비례하여 조합원별로 출자목표액으로 배정하고, 기존 출자액의 과소에 따라 추가 출자하거나 상환하는 제도를 말한다. 자세히 살펴보면, 먼저 협동조합은 중장기 자본계획을 기초로 미래의 투자기회, 조합원의 출자의향 등을 고려하여 필요자본을 결정한다. 그리고 일정 기간(3년~10년) 동안 조합원이 협동조합을 이용한 평균적인 물량을 측정한 후 이에 비례하여 조합원별 출자목표액을 설정한다. 이에 따라 조합원별 기준출자액에 미달한 조합원은 추가로 출자해야 하며, 초과 출자한 조합원은 출자금을 상환 받게 된다.

이 제도는 조합원의 이용에 출자를 연계시키고 있기 때문에 가장 공평한 방법이며, 경영진은 협동조합의 자본요구에 맞추어 조합원의 출자를 요구할 수 있는 장점이 있다. 반면, 신규조합원의 경우 일시에 많은 금액의 의무출자액을 감당하기가 어렵고, 이사회가 조합원의 반발에 직면할 경우 출자요구를 주저하게 되는 단점이 있다. 이 방법은 주로 미국의 협동조합에서 활용되고 있다.

(2) 단위당 자본금적립제도(Per-Unit Capital Retains)

단위당 자본금적립제도는 협동조합이 조합원별 출자목표액을 정한 다음, 조합원이 협동조합의 사업을 이용할 때마다 물량이나 금액을 기준으로 일정비율의 출자금을 납부하는 제도이다. 적립된 출자금이 목표액을 초과할 경우 일정기간이 지난 출자지분에 대해 상환한다.

이 제도는 협동조합이 순이익을 창출했는지 여부와 관계없이 조합원이 사업을 이용할 때마다 사업량에 비례하여 무조건 일정금액을 출자금으로 조성할 수 있어, 순이익의 내부유보보다 안정적으로 자기자본을 확보할 수 있기 때문에 많은 협동조합들이 선호하는 방식이다. 조합원들이 시장에 판매하는 농산물의 가격이나 물량의 변동에 따라 출자금의 납입액을 조정할 수도 있고, 협동조합의 발전단계, 규모 등에 관계없이 대부분의 협동조합에서 적용이 가능한 제도이다. 다만, 조합원의 출하의무가 명시되지 않은 판매농협의 경우, 조합원이 이러한 자본금 적립을 농산물의 수취가격 인하로 인식하여 조합이용을 회피하는 현상이 발생할 수 있다는 단점이 있다. 즉 이 제도는 조합원의 전속 출하의무가 전제되었을 때 잘 정착될 수 있으며, 조합원이 다른 사업체를 이용할 수 있다면 장기적으로는 협동조합의 자본 감소를 초래할 수도 있다. 따라서 이사회는 출자의 적정규모를 결정하기 위하여 자본의 총요구량, 자본축적

기간, 상환비율, 조합원 이해수준, 경영여건 등을 고려해야 한다. 이 방법은 미국 캘리포니아와 플로리다의 청과물판매협동조합, 호주, 캐나다, 프랑스, 네덜란드에서 주로 활용되고 있다.

(3) 회전출자제도(Revolving Fund)

회전출자제도는 협동조합이 일정 기간 동안의 출자목표액을 정하고 이 목표액이 달성될 때까지 출자상환을 유보하는 제도이다. 조합이 출자목표액을 달성할 때까지 조합원은 사업이용시 마다 일정액을 조합에 출자해야 하며 이용고배당 역시 출자지분으로 유보된다. 그리고 일정기간이 지나 출자목표액을 초과하게 되면 그 초과분에 한해서 조합원의 지분을 출자한 순서에 따라 선입선출의 방식으로 조합원에게 상환하게 된다. 출자기간은 협동조합별로 18개월부터 30년까지 다양한데, 전문가들은 일반적으로 출자상환에 대한 필요와 출자를 고려하여 7년 이내로 정하는 것이 바람직하다고 본다. 일반적으로 회전기간 동안 출자금에 대한 이자나 배당을 지급하지 않으며, 협동조합에 예치되어 있는 동안 자본이 되어 잔여청구권의 우선순위가 자본과 부채의 중간에 위치한다. 우리나라의 회전출자제도는 배당액의 일부를 일정 기간 내부유보한 후 반환하는 제도로 서구의 일반적인 방식과 다소 차이가 있다.

조합원의 입장에서 이 제도는 협동조합 사업이 성공할 경우에 한해 재무상의 이익을 얻을 수 있지만, 출자기간이 한정되어 있어 일정기간이 지나면 출자금을 상환받기 때문에 이 제도를 직접 출자보다 선호한다. 조합의 입장에서도 경영이 좋지 않을 경우 회전기간을 연장하여 자본을 확보하고 경영손실을 충당할 수 있다는 장점이 있다. 따라서 단기 또는 중장기적으로 사업자금을 조달하기 위한 방안으로 협동조합의 규모, 발전단계에 관계없이 활용이 가능하다. 그러나 사업이익이 감소할 경우 조합원에 대한 상환 약정을 지키지 못할 우려가 있으며, 경영진이 경영악화에 대비하거나 자금충당을 위해 고의적으로 회전기간을 연장할 수 있다는 단점도 있다. 이 방법은 이해하기 쉽고 실행이 간단하여 미국, 호주의 협동조합에서 폭 넓게 이용되고 있다.

2) 기업모형 협동조합의 자본금 제도-조합원 투자증권의 발행

최근 협동조합은 글로벌 경영환경에 직면하여 생산지향 전략에서 시장지향 전략으로 전환함에 따라 자본요구가 크게 증가하고 있다. 특히 낙농·축산·가공 분야의 협동조합의 경우, 소비자기호의 변화, 기술발전, 유통구조 변화, 글로벌화에 따라 부가가치 생산에 대한 투자를 확대하기 위해 대규모 투자가 필요하다.

그러나 협동조합의 전통적인 자본조달 방식(이용자 중심 자본금 제도)은 무임승차 문제, 기간문제, 위험회피 문제 등으로 인해 조합원의 출자에 대한 보상이 약하여 많은 한계를 드러내고 있다. 이에 따라 조합원의 투자유인 부족과 협동조합의 추가자본 필요성 사이의 불일치 해소를 위해 기업모형 협동조합의 소유권 제도를 선택적으로 도입하고 있다. 이를 크게 살펴보면, 조합원-소유 원칙을 유지하는 협동조합적 해결책과 비조합원에게 소유권을 부여하는 비협동조합적 해결책으로 나눌 수 있다. 전자에는 조합원의 출자와 생산·출하를 연계하는 출하권의 도입, 시장원리에 의한 가격설정과 출자의 지분 거래 및 재평가 등의 방식이 있다. 후자에는 비조합원에 대한 주식발행, 자회사 등 별도의 투자회사 운영 등의 방식이 있다.

(1) 참여증권(Participate Units)

참여증권은 네덜란드의 Campina Meklunie 협동조합에서 발행하고 있는 증권으로 모든 조합원들에게 가입비 명목으로 우유 출하량에 비례하여 투자증권을 구입하도록 의무화하고 있다. 이 증권은 미국의 신세대협동조합과 같이 출하의무 및 권리가 부여되는 출하권은 아니며, 의결권이 없고 지분거래가 불가능한 소유권이다. 지분에 대한 출자배당은 하지 않지만, 조합원의 탈퇴 혹은 은퇴시 지분재평가를 통한 현재가치로 상환함으로써 투자이익을 배분하게 된다. 이사회는 매년 참여증권의 가치를 재평가하고 있다. 이 방법은 이용과 연계된 출자를 통해 조합원의 참여도를 높이고 협동조합에 대한 조합원의 소유권을 확대하는 장점이 있다. 조합원 투자를 확대하여 조합원의 충성도를 높이고, 조합원의 협동조합에 대한 소유권과 통제권을 강화한다. 또한 자본조달비용이 적게 들어 고성장 협동조합이나 신설 협동조합 등과 같이 자본요구가 클 때 도입할 수 있는 제도이다. 반면, 조합원 탈퇴 시 상환에 따른 재정상 어려움이 발생할 수 있고 신규조합원 가입 시 장애요인으로 작용할 수 있는 단점도 있다.

(2) 상환우선주(Redeemable Preference Share)

상환우선주는 외부투자가 이루어지고 있는 대규모 협동조합에서 조합원 지분을 확대하여 경영권을 방어하기 위하여 일반 출자지분에 대한 배당보다 우대하는 것을 조건으로 조합원에게 발행하는 우선주를 말한다. 협동조합의 자산 증가에 따라 조합원의 지분을 확대하기 위한 제도로서, 투자에 대한 조합원의 기회비용을 보상하기 위해 배당을 확대하고 정기적으로 보너스지분(bonus share)을 발행한다. 이는 의결권이 없고 지분거래가 불가능하지만, 지분거래가 불가능하기 때문에 협동조합에 대한 조합원 지분을 일정 수준 이상으로 유지시키는 데 기여한다. 지분은 매년 총회에서 재평가를 통해 공정가(fair value)를 산정하며, 조합원의 은퇴·탈퇴 시에는 지분을 상환한다.

상환우선주는 정기적인 보너스 지분을 발행하고, 배당률이 높으며, 재평가에 의한 지분 상환 등으로 조합원의 투자유인을 제공함으로써, 조합원의 출자를 확대하는 동시에 조합원의 협동조합에 대한 소유와 통제를 강화하는 장점이 있다. 조합원 투자의 증가로 협동조합에 대한 조합원의 충성도가 증가하고, 조합원이 협동조합의 가치평가에 적극 참여하게 된다. 반면, 제도 운영에 따른 비용이 과다하여 대규모 성장형 협동조합에서나 활용할 수 있고 소규모 신설 협동조합에서는 그 적용하는 데 한계가 있다. 상환우선주에 많이 투자한 조합원이 의결권을 요구한다든지, 의결권이 주어지지 않기 때문에 대규모 투자를 유치하기 어렵다는 단점이 있다. 또한 제도가 복잡하여 이해하기가 쉽지 않고, 은퇴할 조합원이 많거나 투자를 위해 지나친 배당을 실시할 경우 경영애로나 자금경색을 초래할 우려도 있다. 이 방법은 호주와 뉴질랜드 협동조합에서 도입하고 있다.

(3) 협동조합 자본증권(Cooperative Capital Units, CCU)

협동조합 자본증권은 협동조합이 조합원에게 투자수익을 돌려주기 위해 고안한 제도로 조달 자본에 대하여 최소의 고정이자를 보장하고, 이에 더하여 사업성과에 따른 보너스 이자를 제공함으로써 자본과 부채를 결합시킨 자본조달 방식이다. 조합원과 외부투자자가 동시에 투자할 수 있지만, 협동조합은 조합원의 동의를 통해서만 증권을 발행할 수 있으며, 외부투자자는 조합원의 권리를 행사할 수 없다. 이 증권은 지분증권(share capital)이 아니기 때문에 의결권이 없으며, 채권의 성격이 강한 수익증권이다. 위험자본이기는 하지만 채권처럼 이자가 정해져 있고, 정해진 기간에 상환이 가능하며, 협동조합 자본증권의 소유자는 채권자와 같은 권리를 가진다.

이 방법은 대규모조합이나 고성장 조합이 장기자본을 조달하기 위한 방안으로 비조합원의 여유자금을 협동조합으로 유치할 수 있다는 장점이 있다. 반면, 외부투자자의 재산권이 조합원에 의해 제약되기 때문에 자본시장을 통해 자본을 조달하는 데 많은 애로가 있다는 것이 단점이다. 이 방법은 호주의 협동조합이 도입하고 있다.

<표 2-2> 조합원 투자증권의 비교

구 분	참여증권	상환우선주	협동조합자본증권
투자자	조합원	조합원	조합원, 외부투자자
의결권	×	×	×
양도·지분거래	×	×	×
배당	×	○ (보너스지분)	(고정+보너스)이자
지분재평가	○	○	×
상환	○	○	鉦 (정해진 기간)

3) 외부투자자의 지분 참여

협동조합이 대규모 투자를 추진할 경우 조합원의 자본조달 능력에 한계가 있기 때문에 외부투자자로부터 자본을 조달할 필요가 발생한다. 외부투자자로부터 자본을 조달하기 위해서는 투자자들에게 투자의 이점을 제공해야 하는데, 최근 협동조합은 이를 위해 지분거래 허용, 고정 배당, 이자 보상, 조합원으로의 참여 등 적극적인 투자유인을 제공하고 있다.

(1) 우선주(Preferred Shares)

우선주는 조합원의 출자나 어떤 주식보다도 우선적으로 배당을 실시하는 조건으로 비조합원인 일반인에게 발행하는 증권이다. 이사회가 배당률을 결정하기 때문에 자본으로 분류되지만, 대부분의 경우 안정적인 투자를 유도하기 위해 고정배당을 실시하고 있다. 따라서 자본조달 비용이 많이 들어 대규모의 고성장 협동조합에서 채택할 수 있다. 우선주는 배당의 우선권이 주어지는 반면 의결권이 없다(프랑스에서는 총지분의 35%까지 의결권을 허용하고 있다). 상환은 되지 않지만(일부 협동조합에서는 투자유치를 위해 7년 이상의 장기상환을 보장하기도 한다), 2차 시장에서 지분거래는 가능하다. 이 방법은 조합원이 협동조합 통제권을 유지하면서 외부자본을 조달하고, 외부조달을 통해 협동조합의 자본가치를 간접적으로 평가할 수 있다는 장점이 있다. 반면, 의결권이 없기 때문에 시장에서 자본가치가 저평가되기 쉽고(호주에서는 협동조합의 우선주가 주식시장에서 발행가보다 15~35%의 가치하락이 발생하기도 했다), 조합원이 우선주에 대한 배당률을 인하하도록 압력을 행사할 우려가 있다. 또한 제도가 광범위하게 도입될 경우 조합원의 조합 사업 이용 이익과 외부투자자의 투자 이익간 충돌로 조합원의 충성도가 약화될 우려도 있다. 이 방법은 캐나다, 프랑스, 네덜란드의 협동조합은행이나 대규모 협동조합에서 많이 활용되고 있다.

(2) 무의결 일반주(Non-Voting Common Stock)

지분(일반주)을 조합원만이 소유할 수 있는 의결 보통주('A 지분')와 일반 투자자가 소유할 수 있는 무의결 일반주('B 지분')로 구분하여 증권을 발행하는 경우, 의결 일반주는 일반적인 조합원 출자와 같이 의결권이 있는 반면, 지분거래 및 지분 재평가가 불가능한 반면, 무의결 일반주는 의결권이 없지만, 주식거래소에 상장되어 조합원, 경영자, 직원, 외부투자자 등이 자유롭게 거래할 수 있는 증권을 말한다.

조합원의 통제권을 유지하면서도 부가가치 사업에 대한 투자와 공격적인 사업전략을 추구하기 위하여 자본을 확대할 수 있는 방안으로, 캐나다에서 곡물판매와 영농자재공급을 사업으로 하는 Saskatchewan Wheat Pool 협동조합은 조합원 지분의 일부를 무의결 일반주('B 지분')으로 전환하여 주식시장에 상장하였다. 주로 캐나다와 호주의 협동조합들이 활용하는 방식이다.

(3) 투자자 참여증권(Investor Participation Shares)

투자자 참여증권은 외부투자자들이 협동조합 지분에 투자함으로써 투자조합원이 되는 증권이다. 외부투자자로부터 자본을 조달한다는 점에서는 우선주와 동일하나 의결권이 주어진다는 점에서 차이가 있다. 대부분의 협동조합에서는 조합원의 경영권 유지를 위해 외부투자자의 소유비중을 제한하고 있는데, 프랑스의 경우 법률로 그 비중을 35%로 제한하고 있다.

협동조합이 투자자 참여증권을 도입하면, 의결권이 있는 투자조합원을 모집하여 협동조합에 대한 투자를 적극적으로 유치할 수 있는 장점이 있으나, 비조합원들도 협동조합으로부터 사업성과에 따라 이익을 배분받기 때문에 조합원에 대한 보조를 줄이고 사업이익을 확대하라는 압력을 받을 우려가 있다. 이 방법은 주로 프랑스와 네덜란드에서 활용되고 있다.

<표 2-3> 외부투자자의 지분참여 방안

구 분	우선주	무의결 일반주	투자자 참여증권
투자자	외부투자자	조합원, 직원, 외부투자자	외부투자자 (투자조합원)
의결권	×	×	○
지분의 양도 거래	○	○(거래소)	○
배당	○(고정)	○	○
지분 재평가	○	○	-
상환	×, 장기상환	×	○

(4) 후순위 채권(Subordinate Bonds)

후순위 채권은 협동조합이 투자자들에게 채권을 발행하고, 이 채권에 대해서는 고정이자는 지급하는 방식이다. 이는 기한부 채권이며, 만기 도래 전에 투자금을 인출할 경우 벌칙(penalty)을 부과한다. 이 방식은 신용도가 높은 대규모, 고성장 협동조합이 채택할 수 있는 장기적인 자금조달방식이며, 채권자와 채무자 간 동의에 의해 이자율을 다양하게 책정할 수 있으며, 투자에 대한 소유권과 통제권은 현재의 이용자에게 있다는 점에서 장점이 있다. 반면, 이자율이 경쟁적이고 이자는 배당과 달리 수익과 무관하게 투자자에게 고정적으로 지급해야 하는 부채 성격의 자금으로서, 자본조달비용이 크며 일정기간이 지나면 반환해야 하는 기간문제가 있다는 점은 단점으로 지적할 수 있다. 이 방식은 네덜란드, 호주, 독일 등의 협동조합에서 주로 활용하고 있다.

4) 외부와의 공동투자

앞에서와 같이 협동조합은 다양한 증권을 발행하여 자본을 확충하기도 하지만 여기에서는 무의결권, 거래시장 제한, 조합원과의 수익배분 갈등 등의 문제로 많은 제약이 발생할 수 있다. 이에 따라 자본집약적이고 투자위험이 큰 가공사업, 신제품개발, 국제적인 사업확충 등에 대한 요구가 큰 대규모 협동조합은 외부와의 공동투자를 통해 협동조합의 자본확충 요구를 보완하고 있다. 공동투자를 유도하기 위해 협동조합은 외부투자자가 투자유인을 가질 수 있는 형태로 조직을 재편하거나, 별도의 자회사를 주식회사 형태로 설립하기도 한다.

서구에서는 협동조합이 기업인수, 사업분리, 합작투자(joint venture) 등을 통하여 주식회사 형태의 자회사를 운영하는 경우가 증가하고 있다. 예를 들어 덴마크 협동조합인 MD Foods와 Danish Crown은 자회사인 MD Foods International과 Tulip International의 설립을 위해 기관투자자들과 합작하였다. 독일에서는 진보적인 입법조치가 이루어져 연합회 단계의 협동조합이 외부투자자와 공동으로 자회사를 설립 운영하는 경우가 많다.

6. 유럽농협 자본조달의 변화

1) 공동자본에 대한 관심 증대

모든 국가의 대다수 협동조합에서 공동으로 소유되는 비분할 공동자본은 조합의 자기자본에서 중요한 비중을 차지하고 있다. 그러나 이러한 협동조합의 재원조달 방식은 국제적인 사업을 추진하거나 자본집약적인 가공부문의 경우 문제가 될 수 있다. 시장변화에 대처하기 위해서는 협동조합의 사업확장 및 투자확대, 무형자산에 대한 투자가 필요하며, 여기에는 막대한 재원이 소요되므로 공동자본만으로는 한계가 있다. 따라서 많은 협동조합에서 외부로부터 재원을 조달하고 있는데, 이는 한편으로 협동조합의 경영권을 침해할 수 있는 위험요인이 되기도 한다.

또한 조합원의 지분제한은 조합원의 참여의식 저하로 나타날 수 있다. 농협의 공동자본이 효율적으로 사용될 때 농협의 수익에 도움이 된다. 그러나 만일 공동자본이 조합원의 수취가격을 지지하는 방식으로 사용될 경우 조합원의 생산증가를 부추기게 된다. 이는 공급과잉과 판매가격 하락으로 나타나 결국 공동자본이 조합원에게 실익을 주지 못하게 된다. 네덜란드의 협동조합들은 이미 새로운 재원조달 방법을 도입하고 있는 반면, 스웨덴과 덴마크에서는 새로운 재원 조달방안에 대한 논의가 진행중에 있다.

2) 새로운 재원조달 수단

최근 수년간 유럽연합의 법률가와 협동조합 진영에서는 조합의 새로운 재정수단을 개발하고 종래의 재정수단을 새롭게 적용하는데 매우 적극적이었다. 그 이유는 종래의 재정수단만으로는 협동조합이 새로운 시장여건에 대응하는데 역부족이라는 점을 인식했기 때문이다. 네델란드의 협동조합에서는 조합원 지분참여 증서(member participation certificate)제도와 협동조합 채권(bonds)제도를 도입하였으며, 스웨덴에서는 공동자본의 일부를 개인 지분으로 인정해 주도록 새로운 법률을 제정중에 있다. 영국과 아일랜드, 독일 등의 회원국에서는 많은 협동조합이 주식회사 형태로 전환되었음에도 불구하고 여전히 농업인 조합원이 높은 지분을 유지하며 협동조합을 통제하고 있다.

3) 자회사의 중요성 증대

유럽국가의 협동조합은 지난 수년간 기업 인수나 사업 분리6) 등

---

6) 농협중앙회의 신용사업과 경제사업 분리의 이유는 무엇인가요. 어릴 때 잘 맞던 옷도 자라서 몸이 커지면 다른 옷으로 갈아입어야 하며, 여름철에 입던 옷을 겨울에 입을 수는 없다. 농협중앙회의 신용사업과 경제사업의 분리(사업구조개선)는 이처럼 자연스러운 변화발전의 과정에 잘 적응하기 위한 것이다. 농산물 수입개방, 소비지 시장의 변화에 따라 70~80년대의 농협과 달리 수매만 잘하거나 도매시장에 농협마크를 달고 물건을 출하하는 것만으로 농업인들의 소득을 높여 줄 수 없게 되었다. 시장의 변화와 소비자들의 눈높이에 맞추는 새로운 경제 사업이 농협을 통해 추진되어야 농협의 존재의의가 있을 것이다. 하지만 경제-은행-상호금융-교육지원 사업을 한 조직에서 하는 복합사업 조직인 농협중앙회는 이런 변화에 적응하기에는 너무 크고 복잡하게 되어 버렸다. 신용사업 중심으로 운영되다보니 경제사업과 교육지원사업이 상대적으로 등한시되었고, 조직운영의 비효율도 나타났다. 농협중앙회는 스스로 △성격이 다른 사업부문이 공존하여 성과평가가 엄정하거나 성과를 명확하게 계산하는 데 실패했고, △직군 구분 없이 인력을 통합적으로 운영하여 사업부문별 전문가를 육성하는 것이 어려웠고, △연공서열, 온정주의, 권위주의 등 부정적인 조직문화가 만연했다고 평가하고 있다. 이런 문제들을 구조적으로 해결하고 농협 본연의 역할을 제대로 수행할 수 있기 위해서는 농협중앙회의 사업구조개선을 통해 경제사업의 새로운 발전동력을 만들어 낼 필요가 있다. 더구나 최근 은행업계가 대형화와 수익다각화를 추진하고 있는 반면에 농협은행은 자본금 확충이 어려워 장기적으로 경쟁력이 약

으로 주식회사 형태의 자회사를 운영해 오고 있다. 그리스에서는 이러한 형태의 자회사 소유를 법률로 금지하고 있다. 그러나 나머지 회원국에서는 시장환경의 변화에 적응하기 위해서 자회사 소유 추세가 확산되고 있다. 예를 들어 핀란드의 임업협동조합은 외부투자자와 공동출자한 자회사를 설립·운영하여 세계시장에서 시장점유율을 높이는 데 성공하였다. 독일에서는 협동조합에 대한 진보적인 입법조치가 이루어져 연합회 단계의 협동조합에서 외부 출자자와 공동으로 자회사를 설립·운영하는 경우가 많다.

농협에서 주식회사 형태의 자회사를 보유하는 데는 많은 이점이 있다. 사업체를 잘 운영하면 협동조합은 재정적·경제적으로 개선될 수 있다. 또한 모기업인 협동조합은 특정 사업분야에서 위험을 줄일 수 있으며, 외부 전문가를 자회사의 이사로 영입할 수도 있다. 그리고 농협은 조합원이 생산한 농산물과 밀접한 관계가 없거나 비전통적인 사업분야를 핵심사업에서 분리할 수 있으며, 모기업인 협동조합에 대한 외부 투자자의 영향력도 자회사 수준으로 제한시킬 수 있다.

4) 비조합원 자본의 증가

지난 20~30년 전부터 회원국의 협동조합들은 필요한 재원의 일부를 비조합원으로부터 조달해 왔다. 그러나 외부자금의 유입은 협동조합의 정체성에 문제를 야기하기도 하였다. 외부의 자본참여자는 농협운영에 대한 영향력과 통제권을 요구하였으며, 조합원이 자신들

화되고, 수익기반이 약화될 수 있다는 우려가 있다. 또한 국제회계기준이 변경되어 2014년부터는 협동조합의 출자금은 자본이 아닌 부채로 분류되는 등 제도변화에 따른 BIS기준 하락을 방지하고 원활한 은행업을 유지하기 위해서 농협중앙회도 사업분리를 찬성하고 있는 상황이다. 사업분리는 농업인조합원의 이익을 더 높이고, 농협의 발전을 위해 필요한 조치이며, 현재 대다수 이해관계자가 동의한 방향이다.

의 몫을 받는다고 생각하였다. 한편 아일랜드의 케리협동조합(Irish Kerry)과 농산물 도매조합(Irish Agricultural Wholesale Society)에서는 농업인 조합원이 많은 지분을 매각하여 조합원이 투표권의 과반수를 잃게 된 경우도 나타났다. 그러나 이러한 부작용에도 불구하고 극심한 경쟁상황에 처한 협동조합이라면, 비조합원을 통한 자기자본 조달방법을 고려하지 않을 수 없다.

지난 수년간 법률개정으로 비조합원이 농협에 자본을 투자할 수 있게 되었다. 스페인에서는 후원조합원(supporting member)제도, 협력조합원(collaborating member)제도, 준조합원(associates)제도 등 새로운 조합원 제도가 도입되었다. 이탈리아에서는 재정후원조합원(financial backing member)제도를 운영하고 있으며, 프랑스에서는 비조합원이 자본금의 50%까지 출자할 수 있는 특수한 법적 형태를 지닌 협동조합도 있다. 또한 프랑스는 일반협동조합에서도 외부 투자자에게 참여주식과 투자증서, 채권 등을 매입할 수 있도록 허용하고 있다.

비조합원의 자본참여는 주로 사업부문에서 이루어지고 있는데, 그 추세가 최근 증가하고 있다. 비조합원의 자본참여는 주로 자회사에 대한 자본참여 형태로 나타나고 있다. 조합원의 자본확대가 어려운 상황에서 외부자본의 유입은 협동조합이 시장에 대한 대응능력을 향상시키고, 협동조합의 존재를 부각시키는데 기여할 수 있다. 또한 협동조합은 자회사를 통제할 수 있기 때문에 비조합원의 자본참여에도 불구하고 조합에 대한 조합원의 영향력과 이익을 보호할 수 있다. 즉 자회사는 자신의 이익극대화를 위해 일하고, 협동조합은 자회사의 수익으로 얻은 잉여금을 조합원에게 배당할 수 있기 때문이다.

02

협동조합의 수익(손실)의 분담 및 조직 유형

1. 협동조합의 수익(손실)의 분담

1) 개관

협동조합 사업의 결과 발생한 수익과 손실은 조합원이 분담하는 것이 원칙이다. 협동조합은 영리를 목적으로 사업을 하는 영리법인이 아니므로 그 수익과 손실이 발생할 여지가 없으나, 실제로 결산을 해보면 다소의 수익 또는 손실이 발생한다. 수익(잉여금)이나 손실은 회계년도말에 결산을 통해 처리하게 된다.

2) 수익의 분배

(1) 이용고 배당(Patronage Refunds)

이용고 배당은 조합원의 사업이용으로부터 발생한 순이익(net income)을 사업의 이용량이나 이용금액의 비율로 조합원에게 분배하는 것을 말하며, 협동조합이 원가주의 원칙을 실현하는 대표적인 수단이다.

조합원별로 이용고 배당을 하기 위해 이사회에서 배당의 범위와 기준을 결정한다. 하나의 상품을 취급하는 협동조합은 하나의 상품에 배당의 범위를 정하면 된다. 반면, 다양한 조합원에게 다양한 서비스를 제공하는 협동조합은 원가주의 원칙을 정확히 반영하기 위해서 사업단위나 취급 상품별로 손익을 계산해야 하는 어려움이 있다. 예를 들면 조합원을 위해 농산물을 판매하고 영농자재도 구입하는 협동조합의 경우 두 가지 서비스를 분리하여 이용고 배당을 실시하게 된다. 그러나 많은 상품과 서비스를 취급할 경우 각 거래마다 원가주의에 입각하여 계산을 하는 일은 매우 복잡하여 적용이 쉽지 않다. 이에 따라 많은 협동조합은 서비스나 상품별로 구분하지 않고 총이용을 기준으로 배당을 실시하고 있다.

기본적으로 원가주의 입장에서 보면, 조합원에 대한 이용고 배당은 조합원이 각 거래시점에 얻었어야 할 이익을 협동조합이 사후에 되돌려 주는 것이므로 이용고 배당에 쓰이는 수익은 협동조합의 과세대상 소득에서 제외된다. 또한 조합원의 경우에도 대부분의 국가에서 일정한도까지 이용고 배당에 대한 소득세를 면제하고 있다.

미국의 경우 협동조합이 배당에 대해 소득세를 면제 받으려면, ① 배당액의 20% 이상을 현금으로 지급해야 하고, ② 조합원의 사업이용에 의한 소득이어야 하며, ③ 협동조합에 이용고 배당에 대한 규정이 있어야 하고, ④ 특정기간 내에 이용고 배당에 대한 통지가 있어야 한다.

(2) 출자배당(Dividends on Equity)

많은 협동조합들이 사업 순이익을 이용고 배당뿐만 아니라 출자에 비례하여 출자자에게 배당하고 있는데, 이를 출자배당이라 한다.

협동조합의 출자배당은 배당의 상한선이 정해져 있다는 점을 제외하면, 주식회사가 주주에게 하는 배당과 큰 차이가 없다. 이러한 상한선은 우리나라 농협의 경우 10%, 미국 농협의 경우 8%로 정해져 있다. 출자배당도 이용고 배당과 같이 현금으로 직접 지불하거나, 출자증서 형태로 지급한다. 한편, 출자배당에는 상한선이 정해져 있는 데다, 대부분의 협동조합에서는 자본 확보를 위해 현금으로 지급하는 방법을 선호하지 않기 때문에 실제로 출자배당은 많은 협동조합의 수익배분에서 큰 비중을 차지하지 않고 있다.

출자배당을 강조하는 사람들이 있는데 이들의 주장을 크게 세 가지로 나누어 볼 수 있다. 첫째, 비조합원 대상의 사업에서 얻어지는 수익은 출자배당을 해야 한다. 비조합원 사업의 수익은 조합원의 사업이용에 의해서 얻어지는 것이 아니라 주식회사와 같이 조합원의 투자에 의해서 얻어진 것이다. 따라서 이러한 수익은 이용고가 아니라 출자에 기초하여 배당되어야 한다. 둘째, 일부 조합원들은 출자배당에 대해 많은 관심을 가지고 있다. 이들은 협동조합이 출자배당을 하지 않는다면, 협동조합에 출자할 가치가 없다고 말한다. 셋째, 일부 국가에서는 협동조합이 조합원에게 지분을 상환하기 전에 명시된 배당을 수행하도록 요구하고 있다. 이런 경우 이자를 포함하는 우선주에 대한 배당은 협동조합이 가장 먼저 이행해야 할 의무이다.

반면, 출자배당은 몇 가지 문제를 안고 있다. 만약 이사회가 조합원들의 요구 때문에 배당을 의무로 여긴다면, 배당은 이자를 포함하는 고정비용으로 된다. 이럴 경우 협동조합의 경영은 조합원의 이익을 위한 사업보다는 수익에 전념하게 되며, 배당으로 인하여 경영이 악화되는 현상이 발생하기도 한다. 한편 출자배당이 조합원의 사업이용에 의한 수익으로 이루어진다면, 협동조합 사업의 원가주의 원칙을 손상시키게 된다.

이러한 이유로 출자배당을 제한하는 협동조합이 많은데, 협동조합 출자금에 대한 배당 제한이 협동조합의 자금조성에 미치는 영향에 대해서는 논란이 많다. 독일, 호주 등의 협동조합은 이를 자본조달의 저해요인으로 보고 완화하려는 추세를 보이고 있으나, 일본의 협동조합은 배당제한 완화 시 자본에 의해 협동조합의 본질이 훼손될 것을 우려하여 이를 부정적으로 보고 있다.

3) 비용의 분담

손실에 대하여는 조합원이 분담하는 것이 원칙이다. 따라서 손실이 발생할 경우 결산총회 또는 대의원회의 의결에 따라 제적립금으로 보전하고 그래도 부족한 부분이 있으면 차기로 이월한다.

2. 협동조합의 조직 유형

1) 기능에 따른 농업협동조합의 유형

(1) 구매농협

구매농협은 조합원인 소생산자들이 그들의 생산 활동에서 필요로 하는 물자를 공동으로 구입함으로써 생산원가를 좀 더 낮추기 위해 조직하는 농협이다. 농업인 등 소생산자들이 개별적으로 필요한 물자를 구입하게 되면 도매상, 소매상 등의 유통조직이 개입되고 이들이 취하는 중간이윤으로 말미암아 구입가격은 비싸지게 마련이다. 또한 제품의 생산자들은 카르텔·트러스트 등의 자체 통제기구를 통해 상호 간의 가격경쟁을 회피하면서 시장지배력을 강화하고 있다. 여기서 소생산자들이 거래교섭력을 강화하여 생산자 또는 판매자의 시장지배력에 대항하기 위해서는 협동조합이라는 단체적 힘을 통해 대량구매의 이점을 도모하는 것이 필요하게 된다.

구매농협도 소비협동조합과 같이 초기에는 보통 조합원이 필요로 하는 생산자재를 도매상으로부터 싼값으로 구입하나 후에는 직접 생산자로부터 구입하여 중간상인의 이윤을 배제하고 나아가서는 조합이 직접 그 물자를 생산하는 방향까지 발전하게 된다.

구매농협은 조합원의 희망에 의하여 조합이 공동구입을 하는 임의적 구매농협과 조합원은 농협을 통해서만 구입할 수 있는 강제적 구매농협으로 분류할 수 있다. 그리고 농협이 ① 먼저 물자를 구입하여 조합원에게 공급하는 농협, ② 조합원의 위탁을 받아 구입하는 농협, ③ 물품의 수수는 하지 않고 단순히 중개만 하는 농협, ④ 조합원이 필요로 하는 농자재를 직접 생산하는 농협 등으로 분류할 수 있다. 구매농협은 이와 같이 여러 가지 형태로 분류되지만, 구매농협의 사업 성격에 미루어 볼 때 농협과 조합원과의 거래관계에 있어서 전속거래가 이루어져야 농협의 발전을 기할 수 있다.

농협의 발전과정을 역사적으로 보면 초창기에는 대부분 구매농협이 먼저 설립되었다. 이는 그만큼 공동판매보다는 공동구매가 더 용이하고 또한 생산에서는 일차적으로 구매의 협동이 요청되었기 때문이다.

(2) 판매농협

판매농협은 조합원이 생산한 생산물을 수집하여 공동으로 판매함으로써 조합원에게 유리한 판매가 이루어지도록 돕는 것을 주목적으로 하는 농협이다. 본래 소생산자들이 개별적으로 생산한 생산물의 양은 소량인데다가 그들은 시장정보에 대한 지식이 부족하며 자금력도 적기 때문에 생산물의 유통과정에서 항상 불리한 위치에 놓이게 된다. 이러한 불리한 점을 극복하고 대량거래의 이익, 시장 교섭력의 강화를 통한 유리한 수취가격의 실현, 금융상의 편익 등을 도모하기 위하여 조직되는 것이 판매농협이다.

판매농협은 조합원의 생산물을 판매하는 방법에 따라 여러 가지 종류로 나누어진다. 먼저 조합원의 개별적 판매를 인정하는가의 여부에 따라 ① 임의적 공동판매 또는 부분적 공동판매를 하는 농협과 ② 이른바 강제적 공동판매 또는 전면적 공동판매를 하는 농협 등으로 분류한다. 다음에는 농협이 조합원의 생산물을 판매하는 내용에 따라 ① 농협이 생산물을 매취하여 판매하는 농협, ② 조합원의 위탁을 받아 판매하는 농협, ③ 생산물의 수수(授受)없이 단순히 중개만을 하는 농협, ④ 농산물의 부가가치를 높이기 위해 농산물을 가공하여 판매하는 농협 등으로 분류할 수 있다. 하지만, 대부분의 농협들은 위의 기능들을 중복적으로 수행하고 있다. 또한 위탁판매에는 조합원이 가격·판매시기 등에 대하여 일정한 조건을 붙이는 것(조건부 판매)과 가격 등 일체를 농협에 일임(무조건 판매)하는 것이 있다.

판매농협은 구매농협과 비교해 볼 때 일반적으로 그 발전이 뒤떨어졌다. 그 이유는 구매농협은 농자재 판매자 간 경쟁을 통해 교섭력을 확보하기 쉬우나, 판매농협은 같은 농산물의 물리적 특성상 판매 시기나 시장이 한정되어 있고, 농업인 간 또는 농협 간 경쟁으로 거래교섭력을 갖기가 어렵기 때문이다.

(3) 서비스농협

서비스농협은 조합원이 공동으로 자금, 물자, 노동력 등을 제공하여 생산시설이나 이용설비를 갖추어 이용함으로써 생산비용을 절감하기 위해 조직하는 농협이다. 이때 설치 또는 구비하는 시설은 개인의 경제적 능력으로는 설비할 수 없는 것이거나 개인의 힘으로 구비할 수 있다 하더라도 개별사용보다는 공동으로 이용하는 것이 경제적 효율을 더 높일 수 있는 시설 등이다.

생산자 서비스농협이 이용시설로서 갖는 설비에는 토지·건물·기계기구·차량 등과 같은 물적 설비 이외에 기술자·의사 등의 인적 설비도 있고, 종축·우마(牛馬)와 같은 동물적 설비도 있다.

농업에서는 특히 서비스농협이 발전하였는데, 농협이 농기계, 저장시설 등을 보유하고 이를 조합원이 공동으로 이용하는 형태가 많았으며, 이런 농협들은 서구 선진국에서 널리 설립되었다.

(4) 신용농협

신용농협은 조합원들이 각자의 여유자금을 농협에 맡기고, 또한 자금을 필요로 하는 사람은 농협으로부터 대출을 받음으로써 조합원 서로 간의 자금 과부족을 스스로의 힘으로 해결하기 위해 조직하는 농협이다. 한편 신용농협이 없는 지역의 농업인들은 농업인, 영세업자, 일반 서민 등을 조합원으로 하는 일반 신용조합을 이용하거나, 판매·구매농협이 신용사업을 겸영하기도 한다.

농업인 등 경제적 약자들은 일반 금융기관으로부터 자금을 빌리고자 해도 쉽지 않을 뿐 아니라, 금융기관이 요구하는 담보물을 가지고 있지 못하기 때문에 금융기관으로부터 자금을 융통받을 수가 없다. 결국 그들은 필요한 자금의 융통을 고리대금업자에게 의존하지 않을 수 없는데 고리대자본은 그 폐해가 너무 크다. 신용농협은 농업인들이 이러한 어려움을 극복하고 소요자금을 손쉽게 융통하기 위하여 조직된 농협이다.

신용조합은 19세기 중반에 독일에서 처음으로 설립되었는데, 라이파이젠은 1862년에 농업인을 위한 대부금고조합을 설립하였으며, 이것이 유명한 농촌신용조합의 기원이다.

(5) 종합농협[7)]

협동조합은 조합원의 경제활동 중 한 가지 또는 여러 가지 기능을 위임받아 조합원을 대신하여 이를 수행함으로써 조합원의 경제활동을 지원하고 조합원에게 각종 편익과 서비스를 제공하는 것을 목적으로 한다. 따라서 농협은 농업인의 다양한 경제활동과 관련하여 사업기능을 어느 정도 포괄하느냐에 따라 크게 두 가지 유형,

---

[7)] 종합농협은 우리나라 농협과 같이 금융, 구매, 판매, 사업 등 여러 가지 사업을 한 조합에서 다 하는 농협을 말한다. 전문협동조합은 이와 반대로 한가지 사업만 하는 협동조합을 말합니다. 프랑스의 농기계이용협동조합, 신용협동조합, 소비자협동조합 등이 그렇다. 특히 우리나라는 한 품목의 농가들만 모여 협동조합을 만든 품목 협동조합보다는 한 읍면의 지역전체 농민이 모여 만든 지역농협을 선택하고 있어 품목도 다양하다. 따라서 정확히 말하면 '지역종합농협'이라 할 수 있다. 1960년대 초반 우리나라는 1)농가들의 재배품목; 벼/보리/밭작물로 비슷했으며, 2)대 다수 농가의 재배면적이 1ha에 미치지 못하는 수준이었고, 3)원예나 축산농산물을 팔 수 있는 시장도 발전되지 않았고, 4)일본의 종합농협이 성공적으로 운영되고 있다는 여러 가지 이유로 다품목 복합사업의 '지역종합농협'을 선택했다. 우리나라의 품목농협의 역사도 매우 깊다. 인삼조합은 일제 강점기 부터 있었으며, 도시 중심으로 공판장을 운영하는 원예협동조합도 초창기부터 만들어졌다. 처음에는 이들 품목농협은 경제사업만 했지만, 신용사업을 하는 것이 경영안정에 도움이 된다며 1989년 신용사업을 할 수 있게 되어 종합농협이 되었다. 유럽에서도 협동조합의 발전 속에서 여러 사업이 연결된다. 처음 협동조합운동을 시작한 영국은 주로 구매협동조합, 프랑스는 판매협동조합을 만들었지만, 뒤늦게 시작한 독일은 신용협동조합과 구매협동조합이 연결된 '라이파이젠협동조합'이 크게 번성했다. 종합농협은 장점도 있는 반면 단점도 있다. 하지만 1960년대초 당시 종합농협체계를 선택한 것은 우리나라의 여건을 볼 때 타당했다. 1990년대에 접어들면서 품목농협, 판매사업 강화를 위한 농협체계 개편 논의가 있다. 이런 문제도 우리가 발을 딛고 있는 이 땅의 여건에 맞도록 현실을 더 깊이 고려하면서 해답을 찾아야 한다.

즉 한 가지 사업기능을 전문적으로 수행하는 전문농협과 여러 가지 사업기능을 동시에 수행하는 종합농협으로 대별된다. 즉, 위에서 설명한 판매농협, 구매농협, 서비스농협, 신용농협을 전문농협이라 하며, 이러한 사업을 몇 가지 겸영하는 농협을 종합농협이라 한다.

한 나라의 농협이 전문농협의 형태를 취하느냐 아니면 종합농협의 형태를 채택하느냐 하는 것은 기본적으로 그 나라이 농업구조와 농업인의 사회·경제적 위상에 따라 결정된다. 구미 선진자본주의 국가의 농협은 초창기부터 품목별·기능별로 농산물 판매 및 가공을 중심으로 한 전문농협 형태로 발전해 왔으며, 우리나라를 비롯한 일본과 대만의 농협은 종합농협 체제를 채택하였다.

구미 선진국은 협동조합 운동 초기에 조합 구성원이 대규모 전업농 체제로서 기업적 농업을 경영하였으며, 이를 위해 동종 경영(동일 작목)을 중심으로 한 기능별·품목별 전문농협이 필요하였다. 그러나 한국·일본·대만 등은 농가의 영농규모가 1ha 내외의 소농·복합영농 체제로서 농업경영의 전업화가 이루어지지 않았고, 협동조합이 조합원의 영농 및 생활과 관련된 모든 분야를 종합적으로 지원함과 동시에 농촌개발을 주도해야 하였기 때문에 종합농협 체제로 발전하였다. 구미 선진국의 전문농협은 대부분 농업인의 자구노력을 바탕으로 자주적으로 설립되었으며, 농협과 조합원 간의 강한 결속력을 바탕으로 시장교섭력을 증대시켜 왔다.

한편 종합농협은 우리나라와 같은 영세소농 구조 하에서 ① 농가의 조합 이용이 편리하고, ② 농가의 경제력을 한 조합에 집중시킬 수 있으며, ③ 농가에 대한 사업지원의 효율성을 높일 수 있고, ④ 농협의 각 사업 간의 유기적 연계가 가능하다는 장점을 지니고 있다.

반면 종합농협은 ① 경영노력을 한 곳으로 집중시키기가 어려워 전문인력의 양성이 곤란하고, ② 농가에 대한 전문적인 서비스를 제공하기 어려우며, ③ 사업이 보수적으로 추진되는 경향이 있고, ④ 채산이 맞지 않는 사업을 소홀히 하기 쉽다는 단점이 있다.

　　현재 농협을 둘러싼 환경을 보면 국제화·개방화·자율화의 진전에 따라 각종사업의 추진과정에서 기업과의 경쟁이 심화되고 있다. 그리고 지역에 따라 품목의 특화가 진행되면서 농업인의 욕구가 한층 다양해지고 있다. 이러한 환경 속에서 농협은 기존의 역할만으로는 경쟁에서 살아남기 어려울 뿐만 아니라, 농업인의 욕구를 충족시켜 주기 어렵다는 문제가 제기되고 있다. 이를 극복하기 위해 농협은 사업부문 간 상호보완성을 강화하여 비용을 절감하는 동시에 각 사업부문별로 전문성8)을 높여 협동조합의 노동생산성과 시장교섭력을 제고시켜 나가는 것이 시급한 과제라 할 수 있다. 따라서 세계 각국의 농협들은 경영환경 변화에 대응하기 위해 생산에서 가공, 판매까지 사업을 수직적으로 통합하거나 규모 확대를 위

---

8) 1800년대 유럽에서 시작된 초기의 작은 협동조합에는 직원이 없었습니다. 협동조합의 임원들이 협동조합의 사업을 번갈아 가며 일을 봤습니다. 하지만 협동조합이 커지면서 그 중의 몇 명이 상임을 맡으며 직원이 생기게 된 것입니다. 따라서 협동조합직원은 첫 태생이 '협동조합운동가'였습니다. 조합직원은 조합원에게 더 많은 혜택을 주기위해 노력하는 운동가로서 일하겠다는 의지가 가장 중요한 직원의 덕목입니다. 하지만 조합원들의 수준이 높아지면서 조합원들을 지도하고 더 많은 혜택을 주기 위해 직원들의 수준과 전문성도 높아져야 합니다. 협동조합운동가 정신을 갖추고 필요한 전문성을 쌓아 나가는 것이 직원의 기본적인 자세가 되어야 합니다. 농협직원의 전문성이 떨어지는 이유는 주로 지역농협에서 발생합니다. 각 사업 분야별로 전문적인 능력을 갖춘 직원을 채용하기보다는 일반직을 한꺼번에 채용하는 채용의 문제와 성격이 다른 여러 사업을 돌아가며 맡는 '순환보직'의 문제점이 발생하기 때문입니다. 순환보직이란 2년 단위로 부서를 바꿔 이동하게 하여 1) 한 부서에 오래 있을 때 발생할 수 있는 부정부패를 방지하고 2) 간부직원으로 승진하기 위해 모든 업무를 일정정도 알게 한다는 취지로 도입되었습니다. 신용사업을 하는 농협에서 부정부패를 방지하기 위해 순환보직을 하는 것은 이해할 수 있지만, 똑같은 기준을 경제사업 직원에게 도입하면 전문성을 키우기 어렵게 되어버립니다. 농협직원의 전문성을 높이기 위해서는 농협직원이 100명 정도 되게 농협의 기본규모가 커져야 합니다. 3~4개 농협이 합병하면 이런 규모가 됩니다. 이런 조건에서 각 사업별로 전문성을 갖춘 직원을 채용하고, 상무 직책까지 그 사업 내부에서 진급되도록 해야 합니다. 이를 '직군별 채용, 직군별 승급 제도'라고 합니다.

해 합병을 추진하고 있으며, 일부 전문농협은 사업을 다각화하여 종합농협으로 전환하고 있다.

2) 연합조직과 자회사

(1) 연합회(Federation)

① 연합회의 필요성

협동조합은 조합원들이 상호 협력을 통해 가계와 영농의 향상·발전을 도모하기 위해 설립한 조직이다. 자본주의의 발달 초기에는 개별 협동조합의 단독적인 힘만으로도 이러한 목적을 어느 정도 달성할 수 있었다. 그러나 자본주의 경제가 고도로 발전해 감에 따라 개별 협동조합의 힘만으로는 규모화·전문화를 필요로 하는 사업을 운영하기가 어렵게 되었다. 아울러 농정, 교육, 홍보 등에서도 힘을 결집할 필요가 생겼다. 따라서 협동조합은 개별조합의 힘을 결합하여, 경제적 효율성을 달성하고 공동의 이익을 실현하기 위해 조합을 구성원으로 하는 대규모 조직인 연합회 즉, 협동조합의 협동조합이 필요한 것이다.

② 기능

가) 경제적 기능

이는 신용사업을 비롯한 구매, 판매, 이용, 가공, 공제사업 등 분야별 경제활동을 결집하여 전국 단위로 연합회를 만들고, 이를 중심으로 광역단위의 사업활동을 수행하는 것을 말한다. 연합회가 이러한 기능을 수행하는 이유는 ① 지역 간의 자금 과부족 조절, ② 대량거래의 이익 획득, ③ 근대적 경영기술의 도입, ④ 독점자본에의 대항 내지 견제 등을 통해 조합원의 경제활동을 돕고, 그들의 경제적 이익을 극대화시키려는 데 있다. 연합회의 경제적 기능은 크게 두 가지로 나눌 수 있는데, 전국적인 연합회를 기준으로 살펴보기로 한다.

첫째는 전국단위 연합회가 중앙금고를 설치하여 자금의 지역 간 수급조절 기능을 수행하는 것이다. 자금수급 조절기능은 ① 소속조합의 여유자금을 예치금의 형태로 흡수하여 자금이 부족한 조합에 공급함으로써 전국적인 차원에서 자금의 수급을 조절하는 기능, ② 일반금융계와 접촉함으로써 농협금융계와 일반금융계를 연결시키는 기능, ③ 각종 정책자금을 계통 조합 및 조합원에게 중개하는 기능 등을 들 수 있다.

둘째는 전국단위 연합회가 전국단위의 경제사업을 수행하는 것이다. 이 기능은 구매, 판매, 이용, 가공 등의 경제사업을 결집하여 연합회를 만들고 전국 단위로 사업을 수행하는 것을 말한다. 이는 각 조합의 소규모 경제사업을 대구역 내지 전국 단위로 규모화함으로써 경제활동의 유리한 점을 확보하기 위한 것이다. 특히 협동조합이 광역단위의 시장지배력을 확보하거나, 무역거래 또는 대규모의 생산시설을 갖추고자 할 경우 연합회가 더욱 필요하게 된다.

이 같은 연합회의 경제적 기능은 미국, 영국, 스웨덴, 독일, 일본 등 선진국가에서는 사업기능별로 조직되고 있는 것이 일반적이나, 우리나라 농협은 그 모든 기능이 한 연합조직에서 포괄적으로 수행되고 있다. 즉 우리나라 농협의 연합조직인 중앙회는 조합과 마찬가지로 여러 가지 사업을 수행하는 종합농협 형태의 연합조직체인 것이다.

나) 비경제적 기능

연합조직의 비경제적 기능은 내적 기능과 외적 기능의 두 가지가 있다. 내적 기능으로는 ① 교육·홍보, ② 조사·연구, ③ 시노사업, ④ 감사 등을 들 수 있다. 그리고 외적 기능으로는 ① 농정활동, ② 지방단위 및 전국 단위의 유관기관과의 협력사업 내지 관계개선을 위한 활동, ③ 국제협동조합 간 협력 체제를 유지 등이 있다. 이러한 기능은 여러 농협이 공통의 이해를 가지고 있을 뿐만 아니라, 대표성이 있으며 비용도 절감할 수 있기 때문에 개별 단위농협보다는 연합회가 수행하는 것이 효과적이다.

③ 연합회의 유형

가) 지도형 연합회

지도형 연합회는 연합회의 기능 중에서 비경제적 기능만을 수행한다. 이런 유형의 연합회는 국가에 따라 다소 차이는 있지만, 일반적으로 각 사업부문별 연합회보다 상위에 위치하여 전국 단일의 최고지도기관으로 존립하면서 그 나라의 모든 협동조합을 대표하는 경우가 많다. 이러한 연합조직의 기능 중 특히 중요한 기능은 정부와 유기적 연결을 맺으면서 입법, 정책수립 과정에 조합원의 의사를 반영함으로써 협동조합 및 조합원에게 불이익이 돌아오지 않도록 농정활동을 전개하는 일이다.

이러한 형태의 연합조직으로는 미국의 농협전국협의회(CLUSA), 스웨덴의 농업자연맹(LRF), 일본의 전국농협중앙회(全中) 등을 들 수 있다.

나) 사업형 연합회

이는 연합회의 기능 중에서 주로 경제적 기능을 수행하는 연합회로서 사업기능별 또는 업종(품목)별로 전문화되어 있다. 신용, 구매, 판매, 이용, 가공 등의 사업기능을 중심으로 결합한 연합회가 전자에 속하며, 낙농, 우유, 식육, 원예, 양잠, 화훼 등과 같이 업종을 중심으로 결합한 연합회가 후자에 속한다.

이러한 형태의 연합회는 개별 농협의 경제활동 능력을 전국단위로 결집하여 대량거래의 유리함을 추구하면서 경제적 효율과 능률을 극대화하는 데 그 목적을 두고 있다. 또 때로는 독점자본과 대항하기 위해 경제적 합리성을 철저히 추구하면서 필요한 경우에는 직접 생산공장을 운영하는 경우도 많다.

선진제국 특히 미국, 스웨덴, 독일, 프랑스, 일본 등의 나라에서는 이러한 유형의 연합회가 크게 발전하였다.

다) 종합형 연합회

이 형태의 연합회는 지도형 연합회와 사업형 연합회의 기능을 하나의 연합회 속에서 종합적으로 수행한다. 종합형 연합회는 조합원의 모든 경제활동을 지원할 수 있다는 장점이 있는 반면, 전문화의 추구가 어렵다는 단점이 있다. 우리나라 농협중앙회가 바로 종합형 연합회의 기능을 갖고 있다.

연합회의 형태 중 어느 것이 바람직한가는 간단히 판단할 수 없다. 그것은 농협의 발생 배경과 그 나라의 경제·사회적 구조와 환경, 회원조합의 사업형태, 조합원 경제 등 제반사항을 고려하여 판단하여야 한다. 영국, 미국, 덴마크 등 선진국의 농협은 일찍이 상업농 체제하에서 품목별·사업별로 전문화되어 발달하면서 연합회도 사업과 지도기능이 분리된 이원(二元)적 연합조지 체제를 갖추었다. 아울러 이런 나라들은 대부분 농업인의 이해관계를 조정하고 통합할 전국적인 농업인조직이 존재하고 있다. 반면 우리나라의 농협이 종합형 연합회를 갖추고 있는 이유는 첫째, 농협이 당초 정부 주도로 조직되어 농업·농촌개발 정책의 추진과정에서 농업자금의 공급, 영농지도, 농산물판매 등 종합적인 기능을 수행하였기 때문에 이를 지원하는 연합회도 마찬가지로 종합형 연합회로 형성·발전되었다. 둘째, 가계와 경영이 미분리된 농가경제를 향상시키기 위해 조합이 다사업 겸영과 비경제적 기능을 동시에 수행하고 있는 상황에서 연합회도 조합에 대해 사업 및 지도 지원을 종합적으로 수행하는 것이 효율적이었기 때문이다. 셋째, 종합형 연합회가 아닌 지도형 또는 사업형 연합회의 분리(이원적 연합회체제)의 경우 지도형 연합회의 운영경비는 조합이 부담하는 분담금에 의해 충당되는 데, 규모가 영세한 조합의 대부분은 부담능력이 미약한 실정이다. 따라서 연합회가 조합에 대한 지도기능을 수행하기 위해서는 자체 사업을 통해 운영비를 조달해야 하고, 이를 위해서는 종합형 연합회가 유지되어야 하기 때문이다.

(2) 연합사업체(Marketing Agency-in-Common, MACS)

일반적으로 사업형 연합회는 가공사업이나 광역단위 시장활동 등 소규모 농협이 독자적으로 수행하기 어려운 사업을 수행하기 위해 조합이 자본을 공동투자하여 별도의 대규모 농협을 설립한 것이다. 이러한 연합회는 조합들이 협력하여 전문적이고 규모화된 새로운 판매·가공사업을 통해 새로운 시장에 진출하여 사기업과의 경쟁에 효율적으로 대처하기 위한 수단이다.

한편, 몇 개의 농협이 동종의 사업을 독자적으로 운영함에 따라 시장을 나누고 경쟁하는 사례가 있다. 이런 경우 이들은 합의를 통해 경쟁을 줄이고 시장에서의 효율성을 얻기 위해 공동의 사업을 모색하게 되며, 이를 통제할 기구로 연합사업체(MACs)를 조직한다. 결국 몇 개의 농협이 일부 공통의 사업에 대해 자원과 역량을 공동으로 활용하여 판매 및 구매의 효율성을 배가시키기 위한 조직이다.

연합사업체도 일종의 연합회 조직이지만, 일반 연합회와는 달리 규모가 작으며, 이미 독자적인 판매사업을 수행하고 있는 대규모 판매농협들이 공동으로 수행하면 유리한 일부사업을 대행시키기 위한 협의체 수준의 판매조직이다. 연합사업체는 새로운 시장에 진출하기 위한 조직이 아니라, 이미 진출하고 있는 시장에서 조합 간 협력으로 사업의 효율성을 극대화하기 위해서 조직된다. 이는 다른 농협의 자원을 공동으로 이용할 수 있거나, 고정비용을 줄일 수 있을 때 활용된다. 또한 특정농협에서 개발한 판매프로그램을 다른 농협으로 확대하고자 할 때나 인지도가 높은 브랜드를 공동으로 이용하고자 할 때도 조직되고 있다. 이는 미국의 판매농협에서 광범

위하게 활용되고 있는 방식이다.

우리나라의 경우 최근에 사업의 규모화·효율화를 추구하기 위해 조합 간 사업연합이 진행되고 있는데, 구매사업연합, 판매사업연합 등이 비슷한 사례라고 볼 수 있다. 한편 이는 협동조합 간 합작투자(joint venture)의 일종이라고 볼 수도 있다. 사업연합에 의한 연합마케팅은 판매사업에 대한 조합원의 요구에 적극 대응하기 위하여 대규모 합병조합의 '규모의 경제' 장점과 소규모 지역농협의 '조합원 밀착' 장점을 동시에 발휘할 수 있는 협동조합의 새로운 사업체제이다. 연합마케팅 사업의 목적은 소규모 농협이 연합을 통해 물량을 규모화하고 참여 농협과 연합조직이 생산과 판매에 대해 역할분담을 함으로써 거래교섭력을 강화하는데 있다. 따라서 연합마케팅은 참여주체 간에 명확한 판매협약, 또는 계약관계를 근간으로 하며, 더 나아가서는 품목을 중심으로 연합사업을 통해 협동조합 간 협동을 직접 실현하여 협동조합의 이념을 구현하고자 하는 것이다.

(3) 자회사(Subsidiary)

최근 서구 협동조합들은 전통모형의 단점을 해결하고 자본조달 확대, 협동조합의 지역 한계성 탈피 및 사업전문화·효율화·세계화를 위해 기업인수, 사업분리, 합작투자 등의 방식으로 자회사 설립이 증가하는 추세이다. 자회사는 시장의 변화에 효율적으로 대응할 수 있으며 의사결정의 효율화와 책임경영을 추진할 수 있는 조직구조이며 주로 전문성과 기동성이 요구되며, 자본집약적이고 투자위험이 큰 가공사업, 신제품 개발, 연구, 국제적 사업 등에서 이루어지고 있다. 그리고 협동조합은 투자자본을 외부로부터 도입하여 규모를 확대하고자 할 때 자회사 방식을 택하는 경우가 많다.

자회사는 재무관리, 경영책임이 협동조합과 분리되어 있기 때문에 사업이 실패하여도 협동조합에 직접적인 책임이 전가되지 않는다. 따라서 투자위험이 큰 사업을 추진할 때나 신규사업 진출, 전략적 제휴확대 등 협동조합 전체의 존립에 대한 위협을 줄이고 리스크를 관리하기 위해 자회사 방식을 택하기도 한다. 특히, 자회사는 민주적 통제원칙과 상충문제를 해소하여 소비자의 선호변화에 대응하기 위한 고품질 농산물 공급, 시설투자에 필요한 외부자본조달 확대 등 시장 지향적 전략추구에 유리하다.

반면, 그리너리 협동조합의 자회사 설립 당시의 사례에서 보듯이 시장지향적인 자회사 경영진과 생산자 입장을 대변하는 조합 임원진 간의 의견조율기능 부재로 갈등이 발생할 우려가 있으므로 농업부문에 경험이 있는 경영전문가를 CEO로 위촉하고 조합과 자회사 간의 의사결정체계를 유기적으로 연계시켜 조합원과의 원활한 의사소통을 도모하고 기업형 경영과 협동조합 정체성 간의 균형과 조화를 유지하는 것이 필요하다.

자회사의 자본을 확보하는 방식은 크게 두 가지로 나눌 수 있다. 하나는 전체 자본을 조합원이 투자하여 협동조합방식으로 운영하되 투자수익을 투자조합원에게 배당하는 방식이며, 이 경우 지분은 조합원 간에 거래가 가능하다. 다른 하나는 주식을 발행하거나, 기관투자가의 투자로 외부로부터 자본을 조달하게 되는데, 이 경우 지분의 50% 이상은 조합원이나 협동조합이 소유하게 된다.

아울러 자회사의 경영자는 협동조합이 임명하고, 이사회의 과반수는 협동조합 관계자가 차지하기 때문에 협동조합이 자회사를 통제하게 된다. 그러나 지분의 거래가 가능한 경우 협동조합이 주의를 기울이지 않는다면, 자회사의 경영권이 타 기관에 넘어갈 우려가 있음에 유의해야 한다.

협동조합 자회사가 일반 기업의 자회사와 다른 몇 가지 특성을 살펴보면 첫째, 협동조합의 기본이념 및 정책 수행의 창구 역할을 한다는 점이다. 협동조합이 자회사를 운영하는 것은 투자이익을 추구하는 것이 아니라 협동조합의 목적을 좀 더 효율적으로 달성하기 위해 본질적 기능을 유지하면서 조직 및 경영형태를 일반기업형태로 운영하는 것이다. 둘째, 협동조합 자회사는 조합원에 대해 경영책임을 져야 한다. 협동조합 자회사는 조합원에게 최대의 경제적 실익을 제공함으로써 조합원의 경영성과가 높아지도록 노력하여야 한다. 셋째, 협동조합의 한계성 극복이다. 협동조합 자회사는 급변하는 경영환경에 적응하기 위해 신속하고 합리적인 의사결정, 효율적 경영관리, 자본조달문제의 해결 등을 통해 협동조합의 한계성을 극복해야 한다. 자회사의 대표적인 유형으로는 유럽의 협동조합기업과 일본의 협동회사를 예로 들 수 있다.

(4) 합병(Merger)

합병이란 2개 이상의 농협이 법률적·경제적으로 독립성을 잃고 계약에 의하여 법정절차에 따라 하나의 농협으로 통합하는 행위를 말한다. 이는 하나의 조합이 다른 농협들을 인수·통합(merger & acquisition)하거나, 2개 이상의 농협들이 새로운 농협을 신설·통합(consolidation)하는 것을 의미한다.

최근 자본주의 경제가 발전하면서 기업집중이 심화되고, 경쟁이 치열해지면서 농협의 경영환경이 악화되고 있다. 이러한 변화에 대응하기 위해 세계의 농협들은 합병을 주요한 대응전략으로 채택하고 있다. 예를 들어 미국의 경우 1989년부터 10년간 777개의 농협이 합병하였으며, 일본의 경우 1991년 3,394개이던 지역농협이 2001년 1,024개로 합병하였으며 합병추진계획에 의해 농협 수를 500여개로 축소할 계획이다. 한국 농협의 경우에도 매년 꾸준히 합병이 추진되어 왔다.

농협들이 합병하는 주된 이유는 규모의 경제와 범위의 경제에 의한 효율성을 얻고자 한 것이다. 규모의 경제란 농협이 사업규모를 확대함에 따라 평균 생산비용을 절감함으로써 이익을 얻는 것을 말한다. 범위의 경제란 서로 연관되어 있는 사업을 통합함으로써 비용을 절감하고 시너지효과를 높이기 위한 것이다. 또한 농협은 합병을 통한 규모화의 이점을 활용하여 조합원에게 새로운 서비스를 제공할 수 있게 된다.

한편에서는 농협이 합병을 하면, 조합원 간 유대가 약화되고, 농협과 조합원 간 거리감이 생겨 농협 운영이 경영제일주의와 관료주의를 초래하여 조합원에 대한 서비스가 약화된다고 주장한다. 그러나 Onno-Frank 등은 협동조합이 규모화 될 경우 조합원의 영향력이 감소한다는 주장에 대해 이는 아직 입증되지 않은 가설에 불과하다고 한다. 오히려 최근에는 대규모 농협이 소규모 농협에 비해 조합원에게 더 큰 만족을 줄 수 있다는 주장도 제기되고 있다. 그 이유는 대규모 농협일수록 더욱 개선된 경영체제를 갖출 수 있으며, 그에 따라 조합원의 요구도 더 잘 수렴할 수 있다고 보기 때문이다. 또한 합병농협은 경제적 성과를 올린만큼 이용자인 조합원에게 더 나은 거래조건 등을 제공할 수 있으며, 동시에 소유자인 조합원에게 더 많은 이익을 줄 수 있다고 한다.

합병의 많은 이점에도 불구하고 일부 농협에서는 합병 후에도 뚜렷한 성과가 나타나지 않고 있다. 이는 농협들이 단순히 합병만 하면 규모의 효과를 얻을 수 있다는 막연한 기대에 의해서 합병을 추진했기 때문이다. 따라서 합병 후에 대한 사업계획이 철저하지 못하고, 규모에 걸 맞는 사업 및 조직재편이 이루어지지 않는다면, 합병의 효과 또한 기대하기 힘들다. 이로 인해 일본농협은 합병의 성과를 향상시키기 위해 합병농협에 대한 경영컨설팅을 실시하고 있다.

그래서 James는 이러한 문제점을 최소화하기 위해서 ① 전국단위에서 얼마나 큰 단위로 합병해야 하는가, 이 경우 조합원들의 대표성과 농협에 대한 지배는 유지할 수 있는가, ② 조합원에게 더 좋은 서비스를 제공할 수 있는가, 또한 합병되는 농협 간의 조직문화가 조화를 이룰 수 있고 새로운 이사회가 전체 조합원의 대표성을 가질 수 있는가, ③ 합병이 산업이나 참여자에게 얼마나 효율적인가, 합병이 농협과 조합원의 여건을 향상시킬 수 있는가, ④ 동종 또는 관련 산업에서 대규모 합병농협이 영세한 다른 농협과 그 조합원에게 어떠한 영향을 미치지 등을 고려해야 한다고 지적하고 있다.

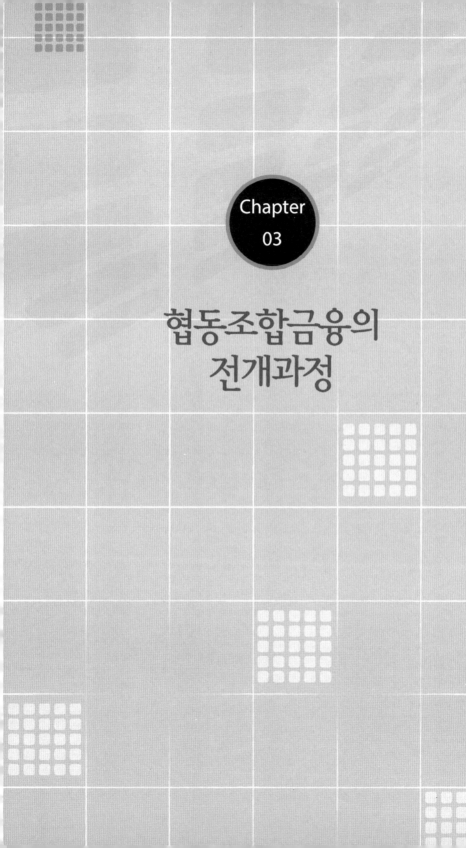

Chapter
03

협동조합금융의
전개과정

01
협동조합금융의 태동

1. 광복 전후의 농업금융

1) 협동조합의 기원

우리나라 협동조합운동의 뿌리는 자연부락 단위의 소규모 자연
발생적 조직인 두레, 품앗이, 계, 향약 등으로, '상부상조'의 협동정
신을 바탕으로 하고 있다. 근대적 협동조합의 시초는 1907년에 설
립된 지방금융조합으로 볼 수 있다. 지방금융조합은 구한 말 일본
인 재정고문의 건의에 따라 정부에 의해 하향식으로 설립된 것으로
신용조합의 성격을 지니고 있었다. 그 후, 일제하에서 우리나라 협
동조합운동은 크게 두 갈래 흐름이 있었다. 하나는, 일제가 식민지
조선 민중의 어려움을 구한다는 명분을 내세워 소위 협동조합적인
조직인 금융조합, 산업조합, 농회를 만든 것이다. 이들 관제조직은
결국 식민지 통치를 용이하게 하기 위한 총독부의 정책수단으로 이
용되었기 때문에 진정한 의미의 협동조합으로 인정할 수 없다. 다
른 하나는, 자생적인 민간 협동조합운동으로 동경유학생 중심의 협
동조합운동사, 천도교 중심의 조선농민사, 기독교청년(YMCA) 중

심의 농촌협동조합 등이 있다. 이들 자생적인 협동조합은 일제의 탄압으로 소멸되고 말았지만 오늘날의 협동조합으로 발전할 수 있었던 원동력이 되었다.

2) 농업은행 설립

8·15 해방 후 협동조합 조직을 위한 논의 과정에서 "조합설립이 자생적이어야 하는가, 아니면 협동조합법의 입법을 전제로 한 법적 조직이어야 하는가"가 쟁점이었으나 결국 우리나라의 정치·사회적 여건에 따라 협동조합법의 제정을 주장하는 쪽으로 대세가 기울었다. 그러나 정부 수립 후 수년에 걸쳐 농림부, 기획처, 재무부 등이 경쟁적으로 농업협동조합법안의 입법화를 추진하였으나, 부처 간의 의견대립으로 입법화에는 성공하지 못하였다.

그 후 또다시 농림부에서는 농업협동조합법안을 기초하였고, 재무부에서는 농업은행법안과 신용조합법안을 작성하였지만 이들 법안은 합의점을 찾지 못하였다. 마침내 1956년 3월 이승만 대통령이 국회의 동의가 없어도 설립이 가능한 농업은행을 조속한 시일 내에 발족시키라고 지시함에 따라 1956년 5월 1일 그동안의 정부안과는 별도로 국회의 심의를 거치지 않고 한국은행법 및 일반은행법에 의한 농업은행이 설립되었다. 농업은행은 금융조합연합회와 금융조합의 업무와 재산을 그대로 인수하였고, 그 업무가 농업금융에 국한된 것을 제외하면 일반은행과 별 차이가 없었다.

농업은행 설립으로 금융조합, 식산은행 및 일반 시중은행이 분산하여 취급하던 각종 농업자금 공급업무가 점차 농업은행으로 이관되어 농업자금의 공급창구를 일원화하는 토대가 마련되었다. 또한 농업은행에 대한 정부의 재정자금 공급이 가능해져 영농자금, 미곡담보융자, 협동신용회전자금 등 각종 정책금융 공급이 확대되었다. 그러나 일반은행법에 의하여 설립된 주식회사 농업은행은 신용기관의 본래 속성인 영리사업을 목적으로 하고 있어 무담보신용대출, 융자조건 완화 등 농업자금의 원활한 공급을 위한 과감한 조치를 취하기에는 한계가 있었으며, 중장기자금의 차입과 융자에도 제약을 받는 등 농업금융기관으로서 많은 문제점을 가지고 있었다.

주식회사 농업은행의 설립으로 농협법 제정 문제는 잠시 정체상태에 빠졌다가 1956년 말부터 국회에서 다시 논의를 시작하여 이동조합은 경제사업과 함께 신용업무 중 여신업무만 취급하고, 시군농협과 기타 원예·축산계 특수조합은 경제사업만을 수행하도록 하는 농업협동조합법안을 상정하여 다음 해인 1957년 2월 1일 마침내 국회를 통과하였다. 이와 함께 2월 2일에는 농업은행법도 국회에서 통과되어 1957년 2월 14일 농업협동조합법은 법률 제436호로, 농업은행법은 법률 제437호로 공포되었다. 이로써 광복 후 10여년간 담당부처 간의 의견불일치로 논의만을 거듭하여 오던 협동조합법안 문제는 신용업무를 전담하는 농업은행과 경제사업을 담당하는 농업협동조합의 이원적인 조직으로 그 체계를 확립하게 된 것이다.

이것으로 1958년 4월 1일 특별법에 의한 농업은행이 정식 발족되었으며, 1958년 5월 7일 농협중앙회 창립총회가 개최되고 10월 20일에 업무를 개시함으로써 우리나라 최초의 (구)농협이 발족하게 되었다. 이와 함께 종전의 농업단체이던 식산계는 이동조합이, 금융조합과 시군농회의 일반업무와 재산은 시군조합이, 금융조합연합회와 대한농회의 일반업무와 재산은 농협중앙회가 각각 인수하였다. 이처럼 (구)농협은 점차 그 조직을 확대해 나갔으나 중추적인 업무가 되어야 할 신용사업이 배제되었기 때문에 자금력이 취약하여 사업활동의 기반을 마련할 수 없었으며, 더욱이 농업은행과의 유기적인 협조가 이루어지지 않아 사업의 정상적인 수행이 어려웠다.

2. 종합농협의 저축운동

1) 종합농협의 탄생

농업인을 위한 경제사업은 농협에서, 신용사업은 농업은행에서 분담하여 농업생산의 증진과 농업인의 경제적·사회적 지위 향상을 도모한다는 설립목적 아래 출범한 양 기구는 실제 운영 면에서 많은 문제점을 드러내었다. (구)농협은 군농협과 중앙회를 조직하여 외형상 계통조직을 형성하고 있었으나 사업기반이 취약하여 그 기능을 제대로 발휘하지 못하고 적자운영을 계속하고 있었다. 농업은행은 이러한 농협을 불신하여 농협이 필요로 하는 사업자금을 제대로 공급하지 않아 농업개발이 효과적으로 추진될 수 없었고 농업금융도 소기의 성과를 거두지 못하였다. 이러한 비합리적인 운영을 지양하고 진정한 농업인의 경제단체가 되어 농업인에게 실질적인 이익을 주기 위해서는 (구)농협과 농업은행을 통합하는 새로운 농업협동조합법을 제정해야 한다는 필요성이 제기되었다.

그 후 정권이 바뀌어가면서 (구)농협과 농업은행을 통합, 개편하는 문제가 거듭 논의 되어 오다가 1961년 7월 29일, 마침내 기존의 농업협동조합법과 농업은행법을 폐기하고 전문 176조 부칙 17조로 된 새로운 농업협동조합법이 법률 제670호로 공포되었다. 새로운 농업협동조합법에 따라 조직을 정비하여 중앙회에 총무부·계리부·관리부·조사부·지도부, 감사부·구매부·판매부·금융부·영업부의 10개 부와 문서과를 비롯한 20개 과를 두고, 8개소의 도지부를 설치하였다. 또한 140개소의 군조합, 383개의 군조합 지소, 101개소의 특수조합, 2만 1,042개소의 이동조합에 대한 조직을 완료하였다. 이로써 3단계 계통조직을 갖추고 1961년 8월 15일, 신용사업과 경제사업을 겸영하는 새로운 종합농협이 탄생하여 농업경제를 효과적으로 지원할 수 있는 체제가 확립되었다. 한편 종합농협이 발족하면서 중소기업금융 전담기구로 중소기업은행이 농업은행에서 분리되어 설립되었다. 중소기업은행의 분리는 1957년 2월 2일 국회의 농업은행법통과 시「전국 10개 도시에 산재하고 있는 농업은행의 도시점포는 농업은행법이 실시된 후 1년 이내에 도시의 중소기업자를 위한 은행으로 분리·설립할 것」이라고 부대 의결한 데 따른 것이다. 그 후 중소기업은행 설립에 대한 논의가 계속되어 오다가 1961년 7월 1일 중소기업은행법이 공포되었고 동 법에 의거하여 중소기업은행이 설되었다. 이때 농업은행에서 중소기업은행에 이관된 점포는 서울 10개, 부산 5개 등 모두 31개였다.

2) 저축 운동

새로 탄생한 종합농협은 이동농업협동조합과 시군농업협동조합 및 농업협동조합중앙회의 3단계 조직체계로 이루어졌다. 이 중에서 이동조합은 이동(里洞) 또는 자연부락 및 인접한 수개의 이동(里洞)을 업무구역으로 하였고 구역내에 주소나 거소를 가진 농업인을 조합원으로 하여 조직되었다. 신농협법에 의해 설립된 이동조합은 자생적으로 조직된 것이 아니라 정부에 의해 하향식으로 조직된 (구)농협 조직을 대부분 그대로 인수 개편하였다.

이동조합의 조합원 수는 평균 100명 정도로 그 규모가 매우 영세하여 이동조합을 농촌 경제활동의 중심체인 동시에 농협활동의 근간이 되도록 한 농협법의 취지와는 달리 거의 제기능을 발휘하지 못하였다. 중앙회는 이러한 이동조합이 제기능을 수행할 수 있도록 이동조합 설립을 육성하고, 이동조합의 합병과 자기자본 조성계획을 추진하였다.

먼저 이동조합 미설치 지역에 대한 조합설치 촉진 및 농업인의 조합가입운동을 적극적으로 전개하였다. 특히 농업인의 조합가입을 촉진할 목적으로 1961년에는 농촌지도원제를 도입하여 이동조합에 대한 경영지도, 조합원 및 농업인에 대한 생활개선지도, 그리고 농촌부락의 자체사업지도를 담당하게 하였다. 또한 군조합과 이동조합 간의 유대를 강화하고 사업을 연계시키기 위해 군조합에 개척원을 배치하여 농촌지도와 더불어 이동조합 사업추진에도 기여하였다. 이러한 노력의 결과 1960년 말 18,906개였던 이동조합이 1962년에는 21,518개로 늘어났으며, 조합원 수는 2,227천명에 달하여 전체농가의 90% 이상이 조합원으로 가입하였다. 그러나 당시 이동조합은 농업인의 경제적 사회적 지위향상을 기할 수 있는 조직이 되기에는 미흡한 점이 많았다. 중앙회는 이러한 이동조합의 기능을 강화하기 위해 전국 이동조합의 발전실적을 바탕으로 이동조합육성방안을 강구하였다.

이동조합 지도를 조합의 발전형태에 따라 단계적으로 실시하는 계획을 세워 1963년부터 전국의 이동조합을 A, B, C 3등급으로 구분하여 지도하였다. A급 조합에 대해서는 조합원의 생산소득 증대에 중점을 두고 경영지도와 농업자금의 효율적 운영을 할 수 있도록 지도하였고, B급 조합에 대해서는 경제사업의 확충에 중점을 두어 A급 조합으로의 승격에 주력하였으며, C급 조합에 대하여는 조합원의 농협사업 이용을 촉진하고 조직기반을 확충·강화하며 경제사업을 보강하는 데 힘쓰도록 지도하였다.

<표 3-1> 이동조합 자기자금 조성 실적

(단위: 백만원, 원)

구분	1963년	1968년	1969년	1970년 9월 3일
총조성액	635	6,935	7,472	8,382
조합원당 조성액	283	3,091	3,326	3,748

또한, 중앙회는 이동조합의 각종 사업활동을 위해 필요한 시설 설치에 소요되는 자금조달을 위해 이동조합 자기자금조성운동을 전개하였다. 당시 이동조합은 신용사업이 제한된 데다가 조합원 수가 많지 않았으며, 조합원의 경제력이 빈약하고 조합에 대한 신뢰가 낮아 조합원의 자율적인 출자를 기대할 수 없었기 때문에 이동조합 스스로 자기자금을 조성하기는 어려운 실정이었다. 따라서 중앙회는 사업기반 조성과 사업추진에 소요되는 자금을 농협사업과 연계하여 제도적으로 조성하기 위해 자기자본 조성계획을 수립 추진하였다.

자본조성 방법은 당시 농협사업의 주축이었던 군조합의 통할조성과 이동조합의 자체조성으로 나누어 실시하였다. 중앙회는 군조합 통할조성을 위하여 1963년 「농사자금융자시의 출자금 적립요령」
을 제정하여 군조합이 조합원에게 농사자금을 융자할때 금리 외에
3~5%를 추가하여 예금계좌에 적립하였다가 연도 말에 조합원별
적립명세를 이동조합에 통보하여 이동조합의 출자금으로 계상하도
록 하였다.

한편 1964년에는 이동조합이 스스로 「자기자금조성5개년계획」을
수립하고 이를 효율적으로 추진하기 위하여 「이동조합자금조성지
도요령」 및 「이동조합자기자금조성요령」을 제정·시행하였다. 이동
조합 자기자금조성은 조합원의 자율적 참여에 의한 출자조성과 현
물저축에 의한 자금조성이 근간을 이루었다. 현물저축은 조합원으
로부터 수집한 미곡을 도정하여 이를 현물로 융자 증식하여 사업자
금화를 하는 것이었다.

이처럼 이동조합의 자기자금 조성을 위해 군조합과 이동조합이
노력한 결과 목표연도인 1968년 말 자기자금이 총 6,935백만원에
달하였는데 이는 1963년 말의 자기자금 635백만원의 약 11배에 해
당하는 규모였다. 이 중에서 이동조합의 자체조성금은 5,733백만원
으로 전체의 82.7%를 차지하였다.

<표 3-2> 조합원 규모별 단위조합 수

(단위: 개, %)

구 분	100호 미만	101~200호	201~300호	301~500호	500호 이상	면단위	계
서 울	32	26	23	15	3	-	99
경 기	1,229	666	100	58	20	9	2,082
충 북	529	521	78	41	17	12	1,198
충 남	716	933	164	76	33	5	1,927
전 북	323	576	254	108	31	13	1,305
전 남	1,413	848	238	176	106	11	2,792

경 북	2,032	1,088	194	102	48	2	3,466
경 남	578	1,044	250	129	28	10	2,039
강 원	453	350	86	51	15	10	965
제 주	32	59	65	40	20	-	216
계	7,337	6,111	1,452	796	321	72	16,089
구성비	46.0	38.0	9.0	4.5	2.0	0.5	100.0

(주) 1968년 12월 31일 기준

<표 3-3> 이동조합의 합병추이

(단위: 개, 명)

구 분	1969년	1970년	1971년	1972년	1973년	1974년
조 합 수	7,525	5,859	4,512	1,567	1,549	1,545
조합당 평균 조합원수	298	393	489	1,393	1,331	1,240

중앙회는 이러한 이동조합의 설립 육성과 함께 1963년부터 경영 기반 강화를 위해 이동조합 합병 4개년 계획을 수립 추진하였다. 당시 이동조합의 업무구역과 조합원 수는 사업추진이 어려웠으며 경영체로서의 기능 발휘에 필요한 자본의 조달, 시설의 확충 그리고 전문 경영인의 확보가 사실상 어려웠다. 따라서 난립한 이동조합을 정비하고, 조합규모와 조직체계를 확대하여 조합이 자체적인 사업 활동을 수행할 수 있도록 경영활동 능력을 제고시킬 필요성에 직면하게 되었다.

이동조합 합병 4개년 계획은 1964년을 개시연도로 하고 1967년을 목표연도로 하여 1963년 말 현재 21,246개 조합을 4년 후인 1967년까지 8,045개 조합으로 합병하는 것을 주 목표로 하였다. 이 계획은 전체 이동조합의 62.4%를 줄이는 매우 획기적인 것으로서 조합원 수 200명을 기준으로 인근 조합 간 또는 우량조합에 자율적으로 합병하는 것을 원칙으로 추진하였다. 그러나 이 계획은 조합원의 인식부족 등 여러 가지 어려운 여건으로 인하여 1967년 말 이동조합 수가 16,963개로 4년간 20.2%의 감소를 보이는데 그쳤다. 1968년 말 현재 16,089개 이동조합 중에서 조합원 200호 이상인 조합은 16%인 2,641개에 불과하였고, 조합당 평균 조합원 수는 139호에 불과하였다. 결국, 이 합병운동으로는 대부분의 조합이 사업량의 확보나 자기자금 조성면에서 규모의 경제에 크게 미달하였다. 이에 따라 중앙회는 이동조합이 경영기반을 강화하고 대농업인 봉사업무를 충실히 수행하기 위해서는 이동조합의 규모확대가 불가피하다고 보고 이동조합의 읍면 단위 통합을 재차 추진하였다. 이동조합의 읍면 단위 합병은 1개 읍면당 1개 조합을 원칙으로 하여 1969년부터 추진되었는데, 1973년까지 500개 조합으로 통합하는 것을 목표로 하였다.

이 합병운동은 이동조합의 규모를 경제권 중심인 읍면 단위로 대형화하여 자금조달을 쉽게 하고, 적정규모의 사업량을 발굴하며, 유능한 경영자를 확보함으로써 이동조합의 자립기반을 조성하는데 근본 목적을 두고 있었다. 한편 중앙회는 이동조합의 합병을 촉진시키고 조합원들이 자율적으로 합병운동에 참여할 수 있도록 하기 위해「중점 지원조합 육성계획」을 수립하여 읍면 단위 합병이 끝난 조합을 대상으로 신규사업을 확대 실시하도록 하였다. 즉, 읍면 단위로 합병을 완료하고 자기자금이 200만원 이상이며 고정투자를 위한 여유자금을 150만원 이상 보유한 조합을 중점지원조합으로 선정하여 1969년부터 도입한 상호금융과 1970년부터 도입한 생활물자사업을 타조합보다 우선 착수하도록 하였고, 비료·농사자금·공제·정책구판 등 군조합에서 맡고 있던 4종의 업무를 우선적으로 이관하였다.

이러한 노력의 결과 1969년 7,525개에 이르던 이동조합이 1972년에는 1,567개로 통합되었으며, 당시 조합당 조합원 수가 500호 미만인 조합이 39개 조합에 불과하여 사실상 대부분의 조합이 읍면 단위로 합병되었다.

3. 상호금융의 탄생

1) 농협상호금융 개발 배경 및 과정

농협에서 상호금융을 도입하게 된 배경은 농협 내적인 측면과 외적인 측면으로 나누어 볼 수 있다. 먼저 농협 내적으로는, 읍면 단위로 합병되는 단위조합의 경영 자립기반 확충과 각종 사업의 확대, 대(對)농업인 봉사기능의 강화를 위해서 금융업무 도입이 절실히 필요한 상황이었다. 그리고 농협 외적으로는, 농촌지역에 농업전문 금융기관을 육성함으로써 농업생산에 소요되는 자금을 농촌 내부에서 조성·공급하여 농촌경제 및 국가경제의 발전을 도모함은 물론 농촌지역에 저리의 제도금융자금을 공급함으로써 농촌지역에 만연된 악성 고리채를 해소하기 위함이었다. 상호금융의 도입배경을 당시의 농협과 농촌경제 여건 그리고 경제정책 등 여러 측면에서 살펴보면 다음과 같다.

당시 단위조합사업은 지도경제사업을 중심으로 이루어지고 있었고 신용사업은 군조합의 예금알선·군조합의 융자알선·자기자금에 의한 대출 등으로 매우 제한적으로 실시되었다. 따라서 단위조합은 농업인조합원을 위한 다각적인 봉사기능을 제대로 수행할 수 없었으며, 자체자금 조성기능이 미약해서 각종 사업을 적극적으로 추진할 수 없었다.

따라서 중앙회는 읍면 단위로 합병된 조합이 사업기반을 갖추어 대농업인 봉사기능을 강화하고 각종 사업을 능동적으로 추진할 수 있도록 자금을 지원하고 각종 신규사업을 개발·보급하였으며, 군 조합에서 취급하던 대(對)농업인사업을 단위조합으로 이관하였다. 이러한 중앙회의 각종 지원에 의해 단위조합은 사무실을 비롯한 창고, 판매장 등 종합시설과 적정 수의 직원을 확보하게 되었다. 이로써 1969년부터 상호금융업무를 실시하게 되었고, 1970년에 생활물자사업을 도입하였으며, 군조합에서 취급하던 비료·농사자금·정책판매사업·공제 등의 업무를 이관받아 취급하게 되었다. 특히 상호금융업무의 도입은 조합의 자체자금 조달능력을 획기적으로 증대시키고, 조합경영개선에 절대적으로 기여함으로써 단위조합의 각종 사업을 확대 추진할 수 있는 원동력이 되었다. 한편, 상호금융은 농가의 고리채 해소가 시급했던 당시 상황을 타개할 수 있는 해결책이 되었다. 농업경영과 농가생활에 소요되는 자금은 원칙적으로 농업인의 저축이나 농산물 판매수익에서 조달하는 것이 바람직하다. 그러나 1960년대 우리나라 농촌의 실정은 경영규모가 매우 영세하고 농가의 소득수준이 낮아 농가잉여가 축적되지 못하여 농가의 자기자본만으로는 도저히 농업경영비를 충당할 수 없었다. 따라서 농가에서 농가생산비와 가계비를 조달하는 방법은 정부의 정책자금을 지원받거나 금융기관으로부터 자금을 차입하거나 대금업자 또는 이웃 농가로부터 자금을 차용하는 것이었다. 그러나 농업자금의 정책자금 의존은 정부의 투자 우선순위 및 한정된 정책자금 규모로 인하여 한계가 있었고, 금융기관에서의 자금차입 역시 농촌 제도금융기관의 미발달로 농업자금의 조달규모가 작았을 뿐 아니라, 수혜 대상과 지역이 제한되어 필요한 자금을 지원받을 수 없었다. 따라서 농업인이 손쉽게 자금을 조달할 수 있는 방법은 농촌대금업자 또는 이웃 농가로부터 자금을 고리로 차입하는 것이었다. 이는 농가의 부담을 가중시켜, 이미 농가 사채가 농촌의 병폐로 만연되어 있었다.

<표 3-4> 농가사채 이율(1962년)

(단위: 백만원, %)

구분	무리사채(無利私債)		부리사채(附利私債)												계	
			1.7%미만		3.0%미만		5.0%미만		10.0%미만		10.0%이상		소계			
	금액	비율	금액	비율	금액	비율	금액	비율	금액	비율	금액	비율	금액	비율	금액	비율
세농	281	10.5	88	3.2	622	23.2	1,222	45.5	472	17.6	-	-	2,404	89.5	2,685	100
소농	796	23.1	78	2.3	641	18.5	1,483	42.9	457	13.2	1		2,660	76.9	3,456	100
중농	626	14.1	43	1.0	1,074	24.2	1,964	44.3	704	15.9	20	0.5	3,805	85.9	4,431	100
대농	575	7.8	-	-	1,378	18.8	4,319	56.4	1,250	17.0	-	-	6,767	92.2	7,342	100
평균	531	14.9	70	2.0	768	21.5	1,631	45.7	562	15.6	5	-	3,306	85.1	3,567	100

<표 3-5> 금융기관 농업자금 대출추이

(단위: 백만원, %)

구 분	전금융기관			농 협			농 업 자 금 중 농협점유비(D/B)
	총대출금(A)	농업자금(B)	B/A	총대출금(C)	농업자금(D)	D/C	
1961년	32,401	16,119	49.7	16,687	16,098	96.4	99.8
1966년	102,704	25,729	25.1	27,108	23,968	88.4	93.1
1968년	306,925	43,054	14.0	52,814	41,159	77.9	95.5
1969년	529,474	67,716	12.8	84,298	61,227	72.6	90.4

이러한 상황에서 정부는 1961년 「농어촌고리채정리령」을 공포하면서 고리채 정리를 단행하였으나 큰 성과를 거두지 못하였다. 결국 1969년 8월 특별조치법을 제정하여 변제가 불가능한 채무자의 채무를 정부에서 보상함으로써 농어촌고리채정리사업은 사실상 종결되었다. 그러나 그 후에도 농촌의 고리채는 여전히 사라지지 않았고, 고리채가 농촌발전을 저해하는 주 요인으로 작용하였다. 따라서 정부는 고리채를 농업인 스스로 해결할 수 있는 대책을 찾게 되었고, 농협이 정부의 정책방향에 따라 농촌지역에 널리 퍼져있던 계(契)와 유사한 상호금융제도를 개발하여 실시하게 되었다.

앞에서 살펴봤듯이, 농촌 고리채가 만연하게 될 수밖에 없었던 배경에는 농촌지역에 금융기관이 발달하지 못했기 때문이다.

당시 농촌지역 금융기관은 시군농업협동조합, 이동조합 그리고 재건국민운동의 일환으로 설립된 마을금고가 있었다. 그러나 마을금고는 자연부락 중심으로 설립된 영세한 규모의 금융기관으로서 그 기능을 제대로 발휘하지 못하였으며, 이동조합은 자기자본범위 내에서 농업인에게 대출하거나 군조합의 농업인대출을 알선하는 등 제한된 범위 내에서 신용사업을 실시하는 정도에 불과하였다. 군조합은 농업인에게 직접대출을 할 수 있었으나 점포가 군청 소재지와 주요 면 소재지에 위치하여 일부 농업인만이 이용할 수 있었고, 대부분의 농업인은 제도금융의 혜택을 받을 수 없는 처지였다. 당시 금융기관을 통한 대출실적을 살펴보면 1969년 총대출금 529,474백만원 중에서 농업자금은 12.8%인 67,716백만원에 불과하였고, 농업자금 중에서도 중앙회나 군조합에서 공급한 농업자금이 90.4%로 거의 대부분을 농협에서 공급하였으나 당시 군조합당 농업자금의 평균공급액은 약 4억원에 지나지 않았다.

따라서 농촌지역에 농업자금을 원활히 공급하기 위해서는 읍면 단위의 금융기관 설립이 요구되었는데, 읍면 단위 합병에 의해 사업기반을 갖춘 단위조합에 금융기능을 확충시킴으로써 이 문제를 비로소 해결할 수 있었다. 이로써 금융기관의 이용기회가 없어 사채나 계(契)에 의존할 수밖에 없었던 농업인들에게 제도금융의 이용기회를 제공할 수 있게 되었다. 아울러 농촌 내부의 여유자금을 저축으로 흡수하여 이를 재원으로 부족한 농업자금을 스스로 충당할 수 있는 길을 열게 되었다.

2) 농협상호금융제도 개발

이동조합의 자립기반 구축, 농어촌고리채의 자조적 정리와 농업금융 기능의 보강 등을 위해 이동조합의 금융업무 도입이 시급하였으나 실제로 금융업무 개발을 검토한 것은 1969년 2월부터였다. 1969년 초 당시 서봉균 농협중앙회장이 박정희 대통령으로 부터 '농촌의 고리사채를 농업인 스스로, 상호 간에 자금융통으로 해결하는 방안을 강구하라' 는 당부를 받고 관계부서에 제도의 창안을 지시한 데서 비롯되었다.

처음에는 당시의 자금부에서 농협의 실정에 맞는 제도창안을 위하여 외국의 협동조합과 금융제도를 연구하였으며, 아울러 옛부터 내려오던 우리나라 농촌계의 종류와 이용실태 등을 조사하였다. 당시 농촌에 성행하던 계(契)는 지역에 따라 달랐으나 크게 나누어 공익계, 공제계, 친목계, 이식계, 산업계 등이 있었으며, 1개 부락의 평균 계의 수는 4개였으나, 이 중에서 저축의 성격을 지닌 이식계의 계원당 평균자산은 5,486원으로 조사되었다.

그러나 농협중앙회 내에서 이동조합의 금융업무 도입에 대한 부정적인 시각이 상당히 많았다. 낙후된 농촌경제 여건과 낮은 농가소득 수준 때문에 저축으로 흡수할 수 있는 충분한 여유자금이 있을 수 없으며, 저리의 제도금융 금리로는 높은 금리로 거래되던 사채를 흡수할 수 없을 것으로 판단하였기 때문이다. 뿐만 아니라 열악한 이동조합의 사업여건으로 금융업무를 실시한다는 것은 시기상조라는 반대의견이 많았다. 당시 이동조합의 유급직원은 조합당 평균 0.9명에 불과하였고, 금융업무의 기본시설인 영업장, 금고 등을 제대로 갖춘 조합도 거의 없는 실정이었다.

이러한 금융시설의 미비와 업무미숙으로 사고가 발생할 소지가 많아 조합경영을 오히려 악화시키고 나아가서는 당초 의도한 농촌지역 제도금융기관으로서의 기능을 제대로 수행할 수 없게 될 것이라 예상하였던 것이다. 심지어 일부에서는 이동조합에서 금융업무를 취급하는 것은 협동조합 이념을 퇴색시키며 농협이 또 다른 고리채를 통해 농업인을 수탈하는 결과가 된다는 의견까지 제기하였다.

이처럼 이동조합의 금융업무 도입에 대한 부정적인 견해도 많았으나 농촌고리채를 농업인 스스로의 힘으로 해결할 수 있는 방안을 마련하고, 이동조합의 경영기반 구축을 위한 사업 확대와 조합의 자체자금 조성을 강력히 추진하기 위해서는 이동조합에 금융업무를 도입하는 것이 최선이었다.

먼저 이동조합 상호금융의 도입 목적을 「◇ 구성원 간의 공동유대 강화 ◇ 영세자금의 계속적 저축 ◇ 농업자금원의 광역화 ◇ 제도 및 정책금융의 보완 ◇ 의존금융의 탈피와 자립금융체제 확립」

으로 명확히 세웠다. 즉 상호금융의 목적은 농촌의 영세 유휴자금과 각종 계(契) 및 사금융을 조합금융으로 흡수하여 농협 자체자금 조성을 극대화하고 농업인의 경제적 자립을 도모하는 것이었다.

상호금융이라는 명칭도 '조합원 상호 간의 공동유대를 바탕으로 조합원이 소액이라도 여유자금을 지속적으로 조합에 저축하고, 자금이 필요할 때는 편리하게 차입할 수 있는「조합원 상호 간의 자금융통」이라는 조합금융으로서의 특성'과 '협동조합 및 우리나라 농촌 계의 정신'을 상징할 수 있도록 여러모로 검토한 끝에 명명하였다.

한편 상호금융 개발과정에서 해결해야 할 여러 가지 문제가 있었는데 그 중 법적용, 금리, 교육 그리고 상호금융에 대한 감독기관의 특례인정 등이 중요한 과제였다.

당시 농협법에는 이동조합의 신용사업을 군조합 예금업무 대행·대출알선 등으로 규정하고 있어 조합에서 직접 조합원을 상대로 금융업무를 실시하는 것은 명문규정의 한계를 넘어선 것이었다. 그러나 상호금융 도입을 법 개정 이후로 늦출 수 없었기 때문에 농협법 제58조 제1항 제13조「주무장관의 승인을 얻은 사업」에 근거하여, 1970년 5월 5일 이동조합 정관개정 시「조합원 간의 상호금융을 위한 예금의 수입과 동 예금에 의한 대출」조항을 신설하여 내규상 상호금융 취급에 관한 명문규정을 마련하였다.

상호금융 예금금리체계는 제도금융의 금리체계를 유지할 경우 조합원들로부터 외면을 당할 것이고, 사금리(私金利) 수준으로 할 경우 조합경영이 곤란해지는 등 결정에 어려움이 많았다. 이를 해결하기 위해 예금금리는 연 40%의 고금리로 하여 조합원들의 상호금융예금 이용동기를 제공하였고, 대출금리는 연 28%의 역금리체계를 도입하여 사금융을 흡수하는데 주력하였다. 그리고 역금리체계로 인해 발생하는 조합손실을 보전하기 위해 예수금의 100%에 해당하는 중앙회 자금을 연 9%의 저리로 상호금융 실시조합에 지원하도록 하였다.

그리고 당시 이동조합 직원은 금융업무 취급에 필요한 장부기장, 부기 등 기초적인 지식이 부족하였기 때문에 중앙회는 시범 실시조합으로 선정된 조합의 조합장과 직원을 별도로 소집하여 상호금융 이론, 취급규정, 실무처리절차, 복식부기 등을 농협대학과 도지회를 순회하며 평균 2회 이상 교육하였다.

한편 상호금융업무에 대하여 향후 정부 또는 한은감독원으로부터 통제 감독을 받을 경우 상호금융 실시조합 예수금의 운용, 지불준비금 예치 등 여러 부문의 제한을 받게되어 상호금융 실시 자체가 어렵게 될 소지가 있었다. 이의 해결을 위해 중앙회는 '상호금융은 조합원을 대상으로 하는 농촌계와 유사한 금융제도로, 불특정 다수를 대상으로 하는 은행과는 본질적으로 다르며, 주로 경제력이 약한 농촌지역에서 사업을 실시하여 농촌발전과 농가사채 감축에 기여한다'는 점을 내세워 자율운용의 타당성을 주장한 결과, 상호금융은 외부 규제 없이 농협이 자율 운용할 수 있게 되었다.

이와 같은 노력과 함께 당시 이동조합 지도업무를 담당하고 있던 교육홍보부에서 「이동조합 상호금융제도」 개발업무를 담당하여 마침내 1969년 7월 20일 군조합에서 추천한 전국 150개 시범조합에서 상호금융을 시범적으로 실시하게 되었다.

3) 농협상호금융의 의의

상호금융이 조합경영에 차지하는 비중이 다른 사업에 비해 상대적으로 크기 때문에 농협이 농산물 유통 등 농업인 조합원을 위한 실익사업은 도외시하고 신용사업만 치중한다는 비난을 받기도 하지만 상호금융사업은 농업인 조합원에게 직간접으로 많은 혜택을 제공하고 있다.

첫째, 상호금융 농업·농촌발전에 필요한 자금을 공급하는 중요한 기능을 수행한다. 둘째, 상호금융은 농업인의 금융 재테크에 도움을 주고 있다. 상호금융은 농가의 재산증식을 위해 농가목돈마련저축, 세금우대예탁금 등 고수익·비과세 금융상품을 보급하고 있으며, 필요한 자금을 즉시 대출할 수 있는 자립예탁금대출제도를 비롯한 각종 금융서비스를 제공한다.

셋째, 상호금융은 농업인의 금융편익 증진에 기여한다. 농협은 금융공동전산망을 활용하여 시골에서도 대도시의 은행과 거래가 가능하며, 전기료·전화료 등 공과금과 지로자동납부는 물론 국고수납업무 등 다양한 금융 부대서비스를 농업인에게 제공한다.

넷째, 상호금융은 농산물의 생산과 유통 등 농협의 경제사업을 측면 지원함으로써 농가소득증가에 기여한다. 지도·경제사업은 조합원의 영농비 절감 또는 농산물 제값 받기를 통해 농업인의 경제적 지위를 향상시키려는 농협 본연의 목적사업이다. 그러나 농산물은 보관이 어렵고 가격등락이 심하기 때문에 농산물 판매사업은 늘 적자의 위험을 안고 있다. 비료·농약·농기계 등을 구매하여 공급하는 구매사업 또는 흑자를 보기 위해서는 취급수수료의 현실화가 필요하지만 이는 곧 "농자재 공급가격 인상→농업생산비 증가→농업경쟁력 약화"라는 결과를 초래하게 된다. 이렇게 적자경영 요인이 큰 경제사업을 농협이 적극적으로 수행하기 위해서는 상호금융이 자금력과 수익력으로 경제사업을 뒷받침하여야 한다. 즉 농협은 상호금융사업으로 조달한 예수금으로 추곡을 수매하고, 상호금융사업의 수익으로 차량과 장비를 마련하여 농산물 유통사업을 수행함으로써 농가소득 증대에 기여하는 것이다.

다섯째, 농업인조합원의 어려움 해결에도 상호금융이 크게 기여하고 있다. 농협은 법률지식 부족과 과다한 소송비용 때문에 상대적으로 불이익을 받고 있는 농업인을 위하여 대한법률구조공단과 공동으로 농업인의 법률문제를 무료상담하고 소송을 대행하는 농업인법률구조사업을 전개하고 있으며, 상호금융은 농업인사랑통장을 개발·보급하여 법률구조기금을 출연하고 있다.

또한 산간오지의 농촌주민 편의를 위한 행정민원서류발급 서비스를 실시하고 있으며, 농업인조합원의 민원서류 발급비용을 상호금융에서 지원한다. 또 농업인 자녀의 학자금을 저리로 융자함으로써 농가의 교육비 부담을 덜어 주고 있으며, 경영여건이 좋은 일부 조합에서는 조합원 자녀에게 장학금을 별도 지급하기도 한다. 특히 집중호우 등 재난복구를 위해 재해복구자금을 장기·저리로 지원하며, 조합원이 긴급한 사고를 당한 경우에도 무이자로 자금을 지원하고 있다. 이같이 농협이 농업인 조합원에게 장기·저리로 지원하는 학자금 및 재해 복구자금 등은 고객으로부터 높은 이자를 주면서 조달한 예수금을 재원으로 하고 있는 것이다.

여섯째, 농업인의 사회적 지위향상을 위한 지도사업도 상호금융에서 지원하고 있다. 농가의 농업기술 및 농업 경영능력을 향상시키고 농가의 생활 및 문화수준을 높이기 위한 농협의 지도사업은 농업인 조합원의 사회적 지위향상을 위해 농협이 수행하는 고유의 목적사업이지만 사업의 특성상 일방적으로 비용이 지출되는 사업이다. 선진국에서는 협동조합의 지도사업 수행에 필요한 비용을 수익자인 농업인 조합원이 부담하거나 정부 등의 보조금으로 충당하고 있으나, 우리나라에서는 상호금융사업을 통해 얻는 수익에 전적으로 의존하고 있는 실정이다. 따라서 상호금융사업을 통한 조합의 경영기반이 튼튼해야 지도사업도 활발해지고 농업인 조합원의 사회적 지위향상이 이루어지는 것이라고 할 수 있다.

4) 농협상호금융 취급근거

1969년 7월 법상 별도의 명문규정 없이 농협법의 주무부장관 승인사업으로 도입한 상호금융은 다음 해에 내규인 정관을 개정하여 내부적인 근거를 마련하였다. 그러나 여수신 규모가 급속히 팽창하여 내규로는 실시근거가 미약하여 법적근거 마련을 위해 노력하였다. 그 이유는 법상 명문규정 없이 내규인 정관만으로 중요사업인 금융업무를 취급한다는 것은 제도적 약점이 될뿐 아니라 법적근거 불비로 조세감면 등의 혜택을 받을 수 없어 업무추진에 많은 어려움이 있었기 때문이다.

그러나 당시의 제반 여건은 농업협동조합법 개정을 허락하지 않는 분위기여서 농협법상 상호금융 취급을 명문화하기가 매우 곤란하였다. 그런데 1972년 「경제의 안정과 성장에 관한 대통령긴급명령(8.3 조치)」을 계기로 정부에서는 사채를 양성화하고, 사설 서민금융회사 및 농어촌의 사설계(私說契)와 유사한 금융조직을 규제하기 위하여 「사금융관계법인단기금융업법」, 「상호신용금고법」, 「신용협동조합법」의 제정을 검토하였다.

당시 중앙회는 농업협동조합법 개정을 기대하기 어려운 상황이었기 때문에 우선 신용협동조합법 제정 시 상호금융 취급근거를 마련하는 것이 시의에 맞다고 판단하고, 이를 추진하여 1972년 8월 제정 공포된 신용협동조합법에 농협 상호금융 취급에 관한 특례조항을 삽입하였다. 그리고 신협법에 근거하여 제3차 단위농업협동조합정관(예) 개정 시 조합 신용사업 범위를 '조합원의 예금·적금의 수입, 군조합 또는 중앙회로부터의 자금차입, 조합원에 필요한 자금의 대출' 로 명문화 하였다. 이로써 단위조합 여수신업무는 외규로는 신협법, 내규로는 정관에 근거를 둔 사업으로 법적 근거가 명확하게 되었다. 그리고 1973년 3월 농업협동조합법 제4차 개정 시 조합의 사업종류에 신용업무 조항을 추가함으로써 상호금융 실시근거를 완벽하게 갖추게 되었다.

5) 시범 사업 실시

상호금융 실시조합은 '읍면 단위로 대단위 합병을 완료하여 조합원이 500명 이상이며, 경영여건이 양호한 조합' 중에서 선정하여 연차적으로 확대하였다. 특히 1969년 상호금융 시범 실시조합은 1개 군당 1개 조합을 원칙으로 하고 군조합의 추천에 의하여 150개 조합을 선정하였다. 중앙회는 상호금융 실시를 지원하기 위하여 예수금의 100%에 해당하는 연리 25.2%의 일반자금과 저축총액을 한도로 여신자금을 융자 지원하여 단기영농자금으로 취급하도록 하였다.

아울러 1969년도의 이동조합 시설보조자금 중에서 1천 92만원을 상호금융 실시조합의 경제사업자금으로 지원하는 등 각종 자금을 특별 지원하였다. 그리고 상호금융 업무지도를 위해 중앙회는 전담 지도직원을 고정 배치하였으며, 중앙회와 군조합이 공동분담하여 장표를 조제·배부하고 취급규정 제정과 실무교육을 실시하는 등 상호금융 취급 조합을 최대한 지원하였다.

상호금융의 저축상품에는 계적금, 자유적금, 예탁금 및 현물저축 등 4종이 있었으며, 이러한 저축으로 예금된 자금은 조합원에게 대출로 운용하거나 여유자금을 군조합에 예치하도록 하였다. 예금과 대출금리는 동일하게 연 40% 이내에서 조합장과 직원 간의 합의 또는 조합 이사회에서 결정하도록 하였다. 실제 운용금리를 보면 예금금리는 연 40%였으며, 대출금리는 연 28%였다.

도입 초기 상호금융상품을 구체적으로 살펴보면 다음과 같다. 계적금은 20명 이내로 조직된 계원이 현금 또는 현물로 납입하고, 융자 희망자에게 조합장이 계원과 협의하여 입금액 내에서 대출을 하는 농촌계 형식의 제도였다. 자유적금은 수시로 저축금을 납입할 수 있고, 저축기간이 1년 이상이며 연도 말 인출을 원칙으로 하는 적금 형식의 상품으로서 자기 납입액의 10배 이내에서 대출을 받을 수 있었다. 예탁금은 수시 입출금이 가능하여 조합원의 유휴자금을 저금하기 편리한 제도로서 영농·생계·부채정리자금으로 저축금의 10배 이내에서 대출이 가능하였다.

그리고 상호금융 실시 이전 이동조합의 자기자금 조성의 일환으로 도입한 현물저축을 그대로 흡수하였는데, 연 2회에 걸쳐 하추곡(夏秋穀)을 현물로 저축하고, 생산·생계·학자금이 필요한 경우에

융자를 해주는 제도였다. 현물저축은 이동조합의 자체자금 조성이라는 주요한 역할 이외에도, 농업인조합원이 자금이 필요할 때 일반 사채를 쓰지 않고 조합의 상호금융 대출을 이용할 수 있게 됨으로써 고액의 이자부담을 크게 덜어주는 역할을 하였다.

02
협동조합금융의 전개

1. 상호금융 실시기반 조성

1) 상호금융 업무취급 승인

　상호금융 실시조합은 읍면 단위 합병조합 중에서 선정하였으나 금융업무 취급을 위한 일정요건을 갖추지 않고서는 업무를 제대로 수행할 수 없기 때문에 1973년 「상호금융업무취급승인기준」을 제정하여 금융업무 실시에 필요한 최소한의 요건을 갖춘 조합을 상호금융 실시 대상조합으로 사전 승인하였다.

　이 기준에서 정한 상호금융 실시 승인대상은

　첫째, 업무구역이 읍면 단위 이상 또는 준 읍면 단위(읍면내 법정 里洞數의 1/2 이상)로 합병된 조합

　둘째, 10평 이상의 사무실을 보유하고 철제금고설비 또는 철제금고시설과 영업대를 완비한 조합

　셋째, 조합원당 평균 2천원 이상의 출자금을 조성한 조합

　넷째, 채용고시에 합격한 유급직원을 3명 이상 확보한 조합

　다섯째, 조합원원장, 총계정원장 및 보조부, 기타 장표류 등 주요

장표조직을 완비하고 복식부기를 사용하는 조합 등이었다.

상호금융 승인절차는 단위조합이 상호금융업무 실시 예정일 1개월 전에 계통조직을 경유하여 승인신청서를 제출하고, 시군조합 및 시도지부는 승인신청서에 따라 승인기준 부합여부와 사업실시 타당성을 현지 확인하였다. 이때, 적격으로 인정될 경우 의견서를 첨부하여 승인신청서를 중앙회에 제출하고 승인을 받았다. 승인기준 시행일 이전에 상호금융을 실시한 조합은 동 기준에 따라 승인 받은 것으로 간주하였다.

2) 실시 조합 확대

1973년 3월 중앙회는 상호금융 실시조합을 지도 육성하여 업무 실시 3년 이내에 당시 상호금융 손익분기 취급액인 3천만원 이상의 예수금 실적을 올리도록 하기 위하여 「상호금융육성기준」을 제정 시행하였다. 이 기준은 상호금융 실시조합의 실시연도별 목표 예수금을 '취급기간 1년 조합은 1천만원, 2년 조합은 2천만원, 3년 조합은 3천만원'으로 각각 정하고 1973년 3월말 현재 조합의 예수금 실적에 따라 부진조합, 중점독려조합, 보완육성조합, 자립조합, 신규육성조합으로 분류하여 지도·지원하였다.

1970년 말 이전 상호금융 취급조합 중에서 예수금 실적 1천만원 미달 조합과 1971년도 취급조합 중에서 예수금 실적 5백만원 미달 조합을 부진조합으로 분류하였다. 부진조합에 대하여는 제1단계로, 1970년 말 이전 실시조합은 1천만원, 1971년 실시조합은 5백만원 이상의 예수금 실적을 1973년 7월말까지 달성하도록 지도하였다. 제2단계는 제1단계 조치에서 부여한 예수금 목표를 달성하지 못한 조합에 대하여 조합장을 문책하고 각종 지원을 중단하였으며, 2단계 조치 후에도 계속 부진할 경우 근본적인 특별대책을 강구하도록 하였다.

중점독려조합에는 1970년 말 이전 상호금융 취급조합 중에서 예수금 실적 2천만원 미달 조합, 1971년도 취급조합 중에서 예수금 1천만원 미달 조합, 1972년 취급조합 중에서 예수금 실적 5백만원 미달 조합 등이 해당되었다. 중점 독려 조합에 대하여는 제 1단계로 1973년 7월말까지 1970년 이전 취급조합은 2천만원, 1971년 취급조합은 1천만원, 1972년 취급조합은 5백만원 이상의 예수금 실적을 달성하도록 지도하였다. 그리고 제 2단계로 제 1단계 조치에서 부여한 예수금 목표를 달성하지 못하는 경우에는 경영진단을 실시하여 적절한 대책을 강구하도록 하였다.

그 다음으로 보완육성조합은 부진조합 및 중점독려조합 기준을 상회하는 조합중에서 상호금융 손익분기 취급액 미달 조합으로서, 자립조합으로 성장할 수 있도록 계속 독려하고 지원자금을 중점 지원하였다.

또한 상호금융 예수금 실적이 손익분기 취급액을 상회하는 조합은 자립조합이라 분류하여 지속적으로 성장할 수 있도록 독려 및 지원하였다.

마지막으로, 1973년부터 상호금융을 취급하는 조합은 신규육성조합이라 분류하여 별도의 지도·지원을 하였다. 예수금 실적이 6백만원에 미달하는 조합은 지원자금을 예수금 실적 해당액만 제공하고, 신규 취급 후 6개월 이내에 예수금 실적 5백만원 미달 조합은 부진조합에 준하여 지도하였으며, 여타 조합은 기 취급조합에 대한 조치기준에 준하여 지도 육성하였다.

한편 중앙회는 1973년 5월 「단위조합경영강화방안」을 수립하여 업무소관 부서별로단위조합을 지도 육성하도록 하였는데 상호금융은 예수금 증강, 자금관리, 대출운용 부문으로 나누어 정기 및 일시 점검을 통해 지도 육성하였다. 또한 상호금융 선진조합으로 전남 영암 시종·승주 동산, 제주 북제주 한림조합을 선정하여 다른 조합에서 견학하도록 하였다.

3) 상호금융특별회계 설치

조합의 상호금융업무를 효율적으로 지도 감독하고 상호금융자금의 전국적인 수급조정을 도모하기 위하여 1973년 1월 상호금융업무를 지도부에서 분리하여 상호금융사무국을 설치하였으며, 신용협동조합법에 따라 상호금융의 연합회 기능을 수행할 수 있도록 상호금융특별회계를 설치하였다.

상호금융특별회계는 조합으로부터 예수금 실적에 대한 소정률 해당액의 상환준비예치금과 여유자금을 예치받아, 상환준비예치금은 지불준비금으로 중앙회에 재예치하고, 여유자금 등의 예치금은 자금수요에 비해 자금조달이 부족한 조합에 우선적으로 대출하였다. 이것으로 상호금융업무를 보다 체계적이고 효과적으로 지도할 수 있게 되었으며, 조합원 간 자금의 유무상통뿐 아니라 조합 간에도 자금의 유무상통을 도모할 수 있게 되었다.

한편 기존의 「상호금융관리요령」을 보완하여 「상호금융자금운용요령」을 제정하였다. 이 요령은 상호금융 자금운용, 조합원 신용조사, 조합원 융자 한도거래제, 융자절차, 융자금의 사후관리 등을 규정함으로써 전반적인 상호금융 자금의 건전한 운용을 목적으로 하였다.

(1) 상환준비금의 예치

조합은 매월말 예수금 잔액의 14% 이상을 상환준비금으로 다음 달 첫 영업일에 시군조합을 경유하여 중앙회 상호금융특별회계에 예치하였다. 상환준비금은 다음달 말까지 중도환출 없이 계속 예치해야 하며 다음달 말의 예수금 잔액변동에 따라 다음달 첫 영업일에 추가예치 또는 환출하였다. 그리고 영업자금은 전월말 예수금 잔액의 3% 이내에서 현금으로 보유하였다.

(2) 특별예치금의 예치

조합은 매월말 예수금 잔액에 대한 기준액 이상을 다음달 첫 영업일에 시군조합을 경유하여 중앙회의 상호금융특별회계에 예치하여 다음달 영업말일까지 중도해지 없이 계속 예치하였다. 그리고 다음달 말의 예수금잔액의 변동에 따라 추가예치 또는 환출하였다.

<표 3-6> 특별예치 기준액

구 분	예 치 기 준 액
예수금 3억원 이하 조합	(전월말 예수금 실적-3천만원)× 40%
예수금 3억원 초과 조합	(전월말 예수금 실적-3천만원)× 40% + (전월말 예수금 실적-3억원)× 10%

(3) 조합원에 대한 대출

조합원에 대한 대출한도는 상호금융 총예수금과 상호금융지원자금 차입금의 합계액에서 상환준비금, 특별예치금, 일시유보금을 차감한 금액이었으며, 조합은 이 한도 내에서 경영손익 역조액 충당이나 계절별 예금인출에 대비하기 위한 일시유보금을 차감하여 자율적으로 책정 운용하였다. 일시유보금은 총예수금의 5% 해당액과 손익 역조액의 합계액에서 자기자금 여유액을 차감 계산하였다. 또한 대출금 한도경리부를 비치하고 매일 대출금 한도대 실적을 점검 경리하였으며, 예수금이 감소추세일 때는 즉시 신규대출을 중지하였다.

(4) 여유자금의 예치

조합은 예수금으로 조달된 자금을 상환준비금, 특별예치금 그리고 조합원에 대한 대출금으로 운용하고, 시재금 보유한도 내에서 최소한의 시재금을 보유한 후 여유자금은 시군조합을 경유하여 상호금융특별회계에 예치하였다.

(5) 일시부족자금의 차입

조합은 조합원에 대한 예탁금과 적금의 환급 또는 적정 시재금 보유를 위하여 필요한 자금을 시군조합을 경유하여 중앙회로부터 차입하였다. 다만 당해 조합 예수금이 감소추세임에도 신규대출이 증가하는 경우에는 차입할 수 없었다. 차입금의 최고한도는 신청조합의 출자금과 적립금의 합계액을 초과하지 않는 범위 내에서 상환준비예치액까지 차입할 수 있었다. 차입방법은 무담보 신용대출로 하였고 조합장과 참사가 개인자격으로 연대입보 하였으며, 상환기간은 차입일로부터 3개월 이내로 하였다.

(6) 상호금융 지원자금 차입

상호금융 실적이 손익분기점에 미달하는 조합 중에 소정률(所定率)의 상환준비금을 예치한 조합은 중앙회로부터 지원자금을 차입할 수 있었다. 차입금의 최고한도는 당해조합의 출자금과 적립금 합계액을 초과하지 않는 범위 내에서 중앙회에서 정한 상호금융 지원자금 배정기준과 한도배정액 이내로 하였다. 상환기간은 차입일로부터 1년 이내로 하였으며 차입방식은 일시부족자금 차입과 동일하였다.

4) 상호금융업무의 지도감독

중앙회는 1975년 1월 상호금융 정착, 금융사고의 방지 및 효율적인 자금관리를 통해 상호금융의 공신력을 제고하고, 신용사업을 통한 조합 경영여건 개선을 위하여 「상호금융의 지도감독지침」을 제정 시행하였다. 이 지침에 따라 군조합은 상호금융 실시조합에 대하여 매분기 1회 이상 전무 또는 신용상무 책임 아래 전 직원을 동원하여 장부·전표·원장의 기장 및 관리, 중요용지 관리, 현금관리, 융자절차 준수여부 등에 대하여 불시점검을 실시하였다. 점검결과 부정 또는 불상사고(不祥事故)가 발견된 때에는 그 내용을 계통보고 하였고, 단위조합 지도감사 규정이 정하는 바에 따라 즉시 정밀감사를 실시하였다. 특히 상호금융 자금의 운용효율을 높이고 사업의 부실방지를 위하여 조합별로 신용사업자금 분석표에 의한 자금운용감사를 실시하여 감사결과 상호금융자금을 전용한 조합에 대하여는 단계별로 지도하였다.

○ 1단계 : 모든 지원 자금 회수(이관업무 포함)

○ 2단계 : 상호금융업무의 정지(신협법 제71조, 제72조, 제85조)

○ 3단계 : 고발조치(신협법 제96조)

5) 전(全)조합 상호금융 실시

상호금융 실시조합 수는 도입연도인 1969년에는 전체조합의 2%에 해당하는 150개 조합에 불과하였으나, 그 후 매년 읍면 단위 합병조합을 중심으로 점차 확대한 결과 읍면 단위 합병작업이 완료된 1972년에는 61.2%인 959개 조합, 1974년에는 99.5%인 1,537개 조합에서 상호금융을 실시하였으며, 1976년은 조합의 통합 합병결과 1,535개 전 조합에서 상호금융을 실시하게 되었다.

상호금융예수금 실적은 1969년말 3억원으로서 실시 조합당 2백만원에 불과하였으나, 1972년 말은 총예수금 130억원을 기록하여 실시 조합당 14백만원으로 증가하였으며, 전 조합 상호금융 실시 연도인 1976년 말은 총예수금 1,559억원, 조합당 102백만원으로 51배의 높은 성장추세를 보였다. 또한 상호금융 대출금은 대출자원의 원천인 예수금의 증대에 따라 그 규모가 크게 증가하였다. 1969년 말 총대출금 3억원, 조합당 대출금 2백만원에서 1976년은 총대출금 677억원, 조합당 대출금 44백만원으로 크게 증가하였다. 이와 같이 상호금융이 급성장을 할 수 있었던 것은 중앙회에서 상호금융 육성을 위하여 각종 지원을 하였으며, 군조합 업무의 이관과 조합 임직원에 대한 실무교육을 확대한 것이 주효하였기 때문이다.

2. 상호금융 성장기반 구축

1) 농어촌 저축 운동

농어촌1조원저축운동은 농어촌의 잠재 저축자원을 제도금융으로 흡수하여 농어촌개발에 소요되는 자금을 농어촌 자체에서 조달하기 위하여 정부 주도하에 추진되었다. 이 운동에서 농협은 실질적인 운동주체가 되었으며, 1973년부터 1981년까지 농어촌저축 1조원 달성을 목표로 하였다.

이 운동을 추진한 이유는 당시 농촌지역의 저축성향이 낮았고 저축을 동원할 수 있는 기반이 취약하였기 때문이다. 1972년 말 농어업부문의 생산은 국민 총생산의 28.3%를 차지하고 있으나 농어민 저축은 국민 총저축의 7.5%에 불과하였다. 1972년 농업인의 금융자산은 계(契) 등 사금융이 차지하는 비중이 34.7%, 현금 비중은 41.6%로 제도금융 이용률이 매우 낮았는데, 이는 농촌지역에 저축 취급 점포가 부족하였고, 부락단위 저축조직의 미발달로 농촌의 여유자금을 제도금융으로 흡수하기에는 한계가 있었기 때문이다. 또한 비합리적인 생활양식 때문에 농가의 잉여자산이 저축 또는 농업 재투자로 전환되지 못하는 경우도 많았다.

하지만 농가 가처분소득과 잉여의 증가 및 농가교역조건 개선으로 농어촌의 저축 잠재력이 크게 향상되면서 상황이 달라지기 시작했다. 1972년의 농가 가처분소득은 1967년에 비해 약 3배나 증가하였으며, 농가교역조건은 1967년 95.7%에서 1972년 112.5%로 개선된 것이다. 또한 농가 금융자산이 상대적으로 증가하였으며, 농어촌경제의 화폐화가 촉진되었다. 1967년에 비해 1972년도의 농가

고정자산은 1.7배 증가한데 비해 같은 기간 중 금융자산은 2.8배나 증가하였으며, 농가수입의 화폐율은 46.6%에서 53.0%로 6.4%p 증가하였다. 따라서 늘어난 농어가의 금융자산을 제도 금융으로 흡수할 필요가 있었다.

<표 3-7> 농업인의 금융자산 보유현황

(단위: 원, %)

구 분	1969년		1972년	
	금액	구성비	금액	구성비
현 금	5,603	34.1	23,183	41.6
제도저축(예금,보험,유가증권)	1,600	9.7	13,237	23.7
기타자산운용(대부,계,기타)	9,219	51.2	19,365	34.7
계	16,422	100	55,785	100

농어촌1조원저축운동은 단위조합을 실질적인 운동주체로 하여 실무협의회와 저축추진 조직으로 구성되었다. 실무협의회는 농협 계통조직을 중심으로 중앙실무협의회, 도추진실무협의회, 시군추진 실무협의회, 그리고 읍면실무협의회로 구성되었으며, 저축추진 조직은 단계별 조직으로 새마을 학교은행과 새마을 공장금고, 마을조직으로는 1兆금고와 새마을저축반으로 구성되었다.

먼저 1조(兆)금고는 농어촌 부녀자 중심으로 근검절약과 저축운동을 실천하여 농촌저축을 증대시켜 복지농촌 구현을 목적으로 전국의 자립마을에 설치하였다. 부락 내 조합원의 영세자금을 일시예탁금으로 수납하였으며 단위조합에 저축성예금을 모집, 알선하고 소정의 수수료를 받았다. 또한 자체자금 조달을 위해 부락공동사업을 개발 추진하였으며, 1조(兆)금고위원장은 군조합 또는 단위조합에 융자대상자를 선정하거나 추천하였다.

1조(兆)금고의 기본운영방침은 「활동하는 저축조직 구현, 모든 농촌마을의 저축점포화, 마을 주민의 저축 활성화, 마을의 사채일소 지향」이었으며, 1조(兆)금고위원장은 새마을연수원 수료자 또는 새마을지도자 중에서 단위조합장과 읍면장이 협의하여 공동 추천하였다. 그리고 1조(兆)금고의 효과적인 사업전개를 위하여 작목저축조, 청년회저축조, 부녀회저축조, 4H저축조 등 목적 저축조를 조직하였다.

1조(兆)금고와 함께 또 다른 마을 조직인 새마을저축반은 전국의 자조마을과 기초마을에 설치되었으며, 그 대표는 새마을연수원 수료자, 새마을지도자, 협동회장, 이동장(里洞長) 중에서 단위조합장과 읍면장이 협의하여 공동 추천하였다. 저축반의 운영은 1조(兆)금고와 유사하였으나 일시예탁금을 직접 수납할 수 없었고, 부락집금일(集金日)을 정하여 단위조합에 파출수납을 요청하였다.

그 밖에 새마을 학교은행은 전국 읍면 단위 이하 지역의 초등학교와 중고등학교에 설치하였으며 매주 1회 이상 순회 파출하여 저축증지 판매, 진학예금 수납 등의 업무를 하였다. 새마을공장금고는 전국 읍면 소재 새마을공장과 자매결연을 맺어 종업원의 봉급과 공장의 여유자금을 저축으로 흡수하였다.

농어촌1조원저축운동을 효과적으로 추진하기 위하여 저축증지, 영농적금, 계식적금 및 자유적금에 의한 학생적금의 수납 등 농어촌 실정에 적합한 저축상품을 개발 보급하였다.

먼저 저축증지 업무는 오지 농촌의 농업인조합원과 가족들에게 부담을 주지 않으면서 손쉽고 간편하게 저축할 수 있는 소액 저축수단을 보급하여 검소·절약·저축하는 미풍을 진작시키는 한편 단위조합의 영세 저축자금 취급에 따른 원가부담을 절감하기 위해 개발 보급한 상품이다. 저축증지의 종류는 10원, 20원, 50원의 3종이었으며, 조합은 일천원 이상의 증지를 첨부한 대지를 정기예탁금으로 수납하였다. 저축증지는 1조(兆)금고위원장, 새마을저축반 간사 및 학교은행 지도교사를 통해 위탁판매 하였으며 판매실적의 1,000분의 3 이내에서 수수료를 지급하였다

영농적금은 농업자금의 조달과 운용을 효과적으로 연결하는 상품으로 적금 가입자에게 영농자금의 우선 지원을 보장하였다. 종류는 6개월 만기, 1년 만기의 2종이었으며, 부금 납입방법은 6개월제는 2개월납, 1년제는 3개월납이었다. 영농자금 가입자에게는 우대조치로 취급조합의 자금보유 한도 내에서 우선적으로 영농자금 또는 일반자금을 융자하였다.

계식적금(契式積金)은 농촌계의 특성과 장점을 조합금융으로 도입한 제도로서 조 편성에 의한 순번제 계금 지급방식과 적금방식의 할부금 납입방법을 종합하였다. 저축수단은 대다수 농가가 주곡 위주의 영농임을 고려하여 현금뿐 아니라 현물로도 계금을 납입할 수 있도록 하였다. 적금의 종류는 개별로 납입하는 제1종과 3인, 5인, 6인, 10인이 1조가 되어 조 단위로 가입하는 제2종이 있었으며, 납입방법은 연납, 반년납이 있었다.

그리고 학생들이 편리하게 저축할 수 있도록 자유적금의 제도를 개선하였다. 즉 초·중·고등학교의 학제에 따라 1년에서 6년까지 계약기간을 자유롭게 정하도록 하였으며, 만기일을 졸업시기와 맞추어 학생들 스스로 상급학교 진학에 필요한 자금을 마련할 수 있도록 하였다.

저축 상품의 개발 외에도 농가에서 자금의 사용목적과 소득 발생 시기를 고려하여 편리하게 저축할 수 있도록 저축방법을 개선하여 저축을 권유하였다. 즉 농가목적저축을 추진하여 영농시설 및 기반의 확충, 영농방법 개선, 생활설계, 새마을 환경개선 등 자금 소요기간에 따라 저축방법을 다양화하였다.

또한 농산물판매대전의 통장지급을 추진하여, 정부 및 농협에서 수매하는 농산물 중 건당 만원 이상 지급분에 대해서 50%를 일시 예탁금통장으로 지급하였다. 대상 농산물중에서 정부 매상품목에는 하추곡(夏秋穀), 엽연초, 인삼 등이 있었으며, 농협 매상품은 잠견, 고구마, 고공품 등이었다. 농산물판매대전 통장지급운동으로 일관된 체계를 확립하고 1농가 1통장제를 효과적으로 추진하기 위하여 자립조합을 중심으로 농산물출하티켓제를 실시하였다.

<표 3-8> 목적저축의 종류

기 간	계정과목	저 축 방 식
1년이내	자유적금	·적립식 : 계약기간 3/4 이내에 5회 이상 매회 10원 이상 납입
	상호적금	·월납식 : 매월 소정부금 납입 ·분납식 : 6개월제-2개월납, 1년제-3개월납 (단, 수회로 분할 납입 가능)
1년이상 3년이내	상호적금	·월납식 : 매월 소정부금 납입 ·연납 또는 반연납식 : 매년 또는 매반년마다 소정의 부금 납입

한편 농업인저축의 제도적 우대를 위해 1973년 12월 조세감면규제법을 개정하여 농업인예금의 이자소득세 면세점을 6개월간 6천원 이하로 인상하였으며, 농업인예금통장에 대한 인지세를 면제하였다. 이와 같은 각종 제도적 추진 외에 농어촌1조원저축운동은 농가

의 합리적인 소비생활과 근검절약하는 생활자세를 정착시켜 소비를 억제하고 저축을 증대시키고자 농가저축생활운동을 전개하였다. 즉 가정의례준칙 준수, 절주·절연(節酒·節煙)운동의 전개와 절미(節米), 이삭줍기, 폐품수집 등 저축사업운동을 전개하고, 가마니짜기, 새끼치기 등의 부업을 통하여 농어촌1조원저축운동을 소비생활 합리화와 저축생활운동으로 발전시켰다. 특히 1조(兆)금고는 「◇2통장 1증서 갖기 운동 ◇ 우리조합 이용하기 ◇ 농산물판매대전 통장 이용하기 ◇ 저축 동조자 확보하기 ◇ 가계부 기입하기」 등 5대 저축운동을 전개하였다.

농어촌1조원저축운동은 농어촌 지역주민의 저축의식을 고양시키고 동시에 농어촌 저축을 급신장시키는 한편 농협 상호금융의 성장기반 구축에 크게 기여하였다. 1981년말 농협의 상호금융, 출자금, 공제를 포함한 농촌저축 실적은 1조 5,649억원으로 당초 목표를 초과 달성하였으며, 1972년 말 농촌저축 420억원에 비해 무려 37배나 증가하였다. 또한 농협 상호금융 저축실적은 1981년 말 현재 1조 1,633억원에 달하여 조합당 평균실적은 약 8억원이었으며, 단위조합 전체 조수익 중에서 신용조수익이 차지하는 비중이 52.1%로 상호금융은 조합 사업규모나 경영수지에서 차지하는 비중이 크게 늘어나 조합의 기간사업으로 위치를 굳히게 되었다.

저축운동을 원활히 추진하기 위하여 새마을저축반과 1조(兆)금고를 조직 지도한 결과 1981년말 새마을저축반은 36,952개로 조합당 평균 25개였으며, 1조(兆)금고는 16,742개로 조합당 평균 11개였다. 농협은 이들 마을단위 저축조직을 통하여 저축운동을 전개함으로써 농가저축을 증대시켰고, 조합원을 상호금융고객으로 유치할 수 있게 되었다.

그러나 마을 저축조직은 상당수가 부실하였기 때문에 이를 정비하는 과정에서 1977년을 고비로 감소추세를 보였다. 특히 마을 단위 1조(兆)금고에서 자체적인 금융업무를 취급하기에는 한계가 있었으며, 교통과 통신의 발달로 마을 단위 금융업무 취급의 필요성이 감소하였기 때문에 1980년 이후 1兆금고는 점차 감소하다가 소멸하였다.

<표 3-9> 농촌마을 저축조직 현황

(단위: 개)

구 분		1973년	1975년	1977년	1979년	1981년
새마을저축반	전 체	5,000	9,802	43,885	36,067	36,952
	조합당	4	6	29	24	25
1 조 금 고	전 체	-	6,859	31,166	28,517	16,742
	조합당	4	4	20	19	11

2) 성장기반 구축 : 단위조합의 성장과 조직정비

1961년 종합농협 발족 당시 농협은 마을 단위의 이동조합, 시군 단위의 시군조합과 중앙 단위 연합조직인 중앙회의 3단계 조직으로 구성되었다. 그러나 초창기 이동조합은 경영규모가 영세하여 사업을 제대로 수행하지 못하고 1970년대 초까지는 시군조합중심으로 각종 농협 사업을 추진할 수밖에 없었다.

그 후 이동조합의 합병, 신규사업의 도입, 군조합의 대농업인사업 이관 등으로 1970년대 중반 이후부터 이동조합의 경영기반이 점차 확립되었고, 농어촌1조원저축운동 등으로 인한 사업량의 신장과 경영규모 확대에 따라 대농업인 봉사기능이 강화되었으며 이동조합의 명칭도 단위조합으로 변경되었다.

이 무렵 단위조합을 둘러싸고 있는 농업 및 농촌의 사회 경제적 여건이 크게 변화하였다. 정부의 경제정책이 비농업부문 중심의 수출주도형으로 추진되어 GNP에서 농업부문이 차지하는 비중이 점차 낮아졌으며, 농촌인구의 도시유출로 1960년만 16백만명이었던 농업인구가 1980년에는 11백만명으로 31%나 감소하여 농협의 조직기반이 크게 약화되었다.

이런 상황에서 농업인조합원과 정부의 농협에 대한 기대와 요구는 더욱 증가하여 농협의 역할이 매우 중요하게 되었다. 농촌사회에서 농협의 역할이 확대됨에 따라 정부는 농협이 좀 더 적극적으로 농정시책에 참여하여 식량증산과 물가안정에 기여해 줄 것을 요청하였다. 농업인들은 농협이 농가경제에 실익을 주는 사업을 추진하고 농협사업과 농정시책 결정에 농업인의사 반영과 농업인권익 대표기능을 강화해 줄 것을 요구하였다. 특히 농업인의 농협에 대한 요구는 1970년대 말 이후 물가안정이 경제정책의 최우선 과제의 하나로 강조됨에 따라 농산물의 가격보상 측면에서 더욱 높아지게 되었다.

그리고 농촌지역에 농협과 경쟁관계에 있는 업체의 진출이 두드러지게 확대되었다. 단위조합의 성장에 따라 농촌지역의 기존 사기업, 예를 들면 미곡상, 도정공장, 농약 및 농기구 판매점, 생활물자 판매점 등은 상대적으로 위축되었으나, 지방은행, 상호신용금고, 대기업의 대리점 및 슈퍼마켓 등이 진출하면서 농협과 사기업 간의 경쟁이 더욱 격화되었다.

<표 3-10> 단위조합 주요 사업현황

(단위: 억원, %)

구 분			1973년		1975년		1977년		1979년		1981년	
			실적	구성비	실 적	구성비	실 적	구성비	실 적	구성비	실 적	구성비
사 업	신용	예수금	277	10.6	898	14.0	2,908	22.2	5,902	23.5	11,633	25.3
		대출금	277	10.6	515	8.1	1,880	14.3	6,659	26.5	16,531	35.9
		소 계	554	21.2	1,413	22.1	4,788	36.5	2,561	50.0	28,164	61.2
	구 매		564	21.7	1,731	27.1	3,073	23.4	4,469	17.8	7,383	16.0
	판 매		636	24.4	1,813	28.4	2,808	21.4	3,485	13.8	4,687	10.2
	공 제		825	31.7	1,361	21.3	2,264	17.3	4,342	17.3	5,361	11.6
	기 타		26	1.0	76	1.1	177	1.4	288	1.1	403	1.0
	계		2,605	100.0	6,394	100.0	13,110	100.0	25,145	100.0	46,016	100.0
조수익 (백만원)	신 용		1,799	32.7	4,618	29.7	18,263	42.5	42,300	49.8	77,398	52.1
	기 타		3,707	67.3	10,928	70.3	24,731	57.5	42,674	50.2	71,191	47.9
	계		5,506	100.0	15,546	100.0	42,994	100.0	84,974	100.0	148,589	100.0

또한 국민경제의 성장과 더불어 도시화, 산업화가 진행됨에 따라 농촌지역 구성원의 이질화 현상이 나타나 농촌지역의 비농가와 겸업농이 증가하였으며, 미작 중심의 영농에서 축산, 시설원예, 과수 등으로 농업형태가 분화되기 시작했다. 이러한 변화에 따라 농촌 금융시장에서의 경쟁이 격화 되었을 뿐만 아니라, 농촌주민의 금융 서비스에 대한 욕구수준도 높아졌다.

정부와 농협은 단위조합의 성장과 주변환경의 변화에 효율적으로 대처하기 위하여 농협의 조직구조 및 사업추진 방식에 대한 전면적인 재검토에 들어갔다. 특히 1970년대 후반에 들어와 단위조합과 시군 조합 간의 기능 중복 및 이에 따른 비효율성이 문제가 되면서 계통조직의 2단계화가 본격적으로 검토되었다. 그런 가운데 1980년 12월 30일 입법회의 의결을 거쳐 농협법이 개정 공포되어 1981년 1월부터 농협 계통조직은 2단계로 전환되고, 축협이 농협에서 분리 독립되었다.

개정 농협법에 의해 시군조합은 법인격이 소멸되어 중앙회의 지사무소로 개편되었으며 도지부·시군조합의 명칭은 도지회·시군지부로 바뀌게 되었다.

3. 농촌제도금융으로 정착

1) 사라진 농촌고리사채

농협상호금융제도 개발은 1969년 초 당시 서봉균 농협중앙회장이 박정희 대통령으로 부터 '농촌의 고리사채를 농업인 스스로, 상호간에 자금융통으로 해결하는 방안을 강구하라' 는 당부를 받고 관계부서에 제도의 창안을 지시한 데서 비롯되었다. 이어 1969년 7월28일 농협법 제58조를 근거로 농림부 장관의 승인을 받아 150개 단위조합에서 시범적으로 실시함으로써 조합금융시대의 막이 올랐다. 1974년에는 전체 조합의 99.5%인 1,537개 조합에서 상호금융을 실시하게 되었고, 1976년 경영 영세조합의 합병으로 1,535개 전 조합에서 이를 도입하였다.

상호금융 예수금 실적은 1969년 말 3억원으로 실시 조합당 200만원에 불과하였으나, 1976년 말에는 전체 예수금 실적이 1,559억원으로 조합당 1억 200만원으로 51배나 성장하였다.

단위조합에서 상호금융을 도입하게 되자 정부 주도로 '농어촌 1조 저축운동'을 추진하였다. 그 배경에는 1972년 말 농업부문의 생산은 국민총생산의 28.3%를 점하는 데 비해 농어민 저축은 국민

저축액의 7.5%에 불과하며 농가 교역조건 개선으로 저축 잠재력이 향상된 점이 있었다. 농가의 금융자산이 상대적으로 증가하고 농어촌의 화폐화가 촉진되었음에도 불구하고 농어민의 사금융 이용률은 여전히 34.5%에 달해 정부에서 농어촌 저축운동을 전국적으로 실시하게 된 것이다.

'농어촌 1조 저축운동'의 추진은 조합을 실질적인 운동 주체로 하였고, 저축 추진 조직으로 부녀자 중심의 1조 금고, 마을 단위 새마을 저축반 그리고 새마을학교은행과 새마을 공장금고 등으로 구성하였다.

이와 함께 농어촌 1조 저축을 효과적으로 추진하기 위하여 저축 증지·영농적금·계식적금·학생적금 등 농어촌 실정에 적합한 저축상품을 개발 보급하였다. 또한 절미·이삭줍기·폐품수집·가마니 짜기·새끼 꼬기 등 부업을 통하여 소비생활을 합리화하고 저축생활운동으로 발전시켰다. 그리고 1조 금고의 '2통장 1증서 갖기', '우리 조합 이용하기', '농산물판매대전통장 이용하기', '저축동조자 확보하기', '가계부 기입하기' 등 5대 저축운동을 전개했다.

농어촌 1조 저축운동 추진은 농어촌 지역주민의 저축의식을 고양시킴과 동시에 농어촌 저축을 크게 신장시켰다. 목표연도인 1981년말 상호금융 실적은 1조 1,633억원으로 당초 목표 1조원을 초과 달성하였고, 단위조합의 경영측면에서 전체 조수익 중 신용 조수익의 비중이 52.1%로 반을 넘어섰다.

이 운동의 추진 결과 상호금융은 사업규모나 경영수지 면에서 가장 중요한 조합의 기간사업으로 자리를 군히게 되었다. 농어촌 1조 저축운동은 초기 상호금융 기반 구축과 도약에 결정적인 기여를 한 셈이다.

한편 상호금융을 효율적으로 지도 감독하여 상호금융자금의 전국적인 순환을 도모하기 위하여 1973년 1월 상호금융업무를 지도부에서 분리하여 상호금융사무국을 설치하였다. 또 신용협동조합법에 의거 상호금융의 연합회 기능을 수행할 수 있도록 상호금융특별회계를 설치하였다. 이로써 상호금융업무를 보다 체계적이고 효과적으로 지도할 수 있게 되었으며, 조합 간 자금의 유무상통을 도모할 수 있게 되었다.

그런데 상호금융 취급근거를 신용협동조합법 특례에 반영할 당시 정부는 상호금융연합회를 신협연합회에 두도록 하였는데, 농협은 중앙회가 신협연합회 기능을 수행하는 방안을 제시하고 이를 관철시켰다.

그리하여 농협상호금융은 농협중앙회로부터 지도육성과 각종 지원을 받고 정부의 '농어촌 1조저축운동'의 추진 주체로 역할을 수행함에 따라 확고한 성장 기반을 구축하였다. 특히 1977년에는 당시 만성적자에 시달리고 있던 우편저금을 인수함으로써 사업규모가 커짐은 물론 농촌 내 중추적인 금융기관으로 자리잡았다.

2) 상호금융상품 개발

상호금융 실시와 단위조합 중심의 1兆저축운동 전개로 상호금융의 규모가 대폭 증가하였으며, 중앙회의 상호금융 실시조합에 대한 지도 육성으로 업무능력과 업무기반이 크게 향상되었다. 그러나 상호금융의 성장에 따라 한정된 농촌저축 시장에서 우체국, 신용협동조합, 마을금고 등과의 경쟁이 더욱 심화되었으며, 농촌경제의 발전과 조합원의 상호금융 이용기회 증대로 새로운 금융상품 개발과 제도개선이 필요하게 되었다.

이에 따라 농협 상호금융은 농어가목돈저축(1976), 농협부금(1978),

자립예탁금(1978) 등의 신상품을 개발하였고, 농협법을 개정하여 조합원 간 및 조합 간의 내국환업무(1977), 국가공공단체와 금융기관의 업무를 대리(1977) 할 수 있도록 신용사업 범위를 확대하였다. 이 시기에 오늘날 상호금융의 주요상품인 자립예탁금과 농어가목돈마련저축이 도입되었으며, 환거래가 가능해져 농산물판매대전의 격지간 금융거래가 가능하게 되었다.

(1) 예금상품 개발

1990년대는 금융환경 변화와 함께 각 금융기관별로 신상품 개발과 서비스 경쟁이 격화되었으며, 금리자유화에 따라 금리경쟁 또한 치열하게 전개되었다. 그러나 서민금융기관은 일반 은행권에 비해 금융상품(가계수표, 신탁상품, CD 등)에 대한 규제가 풀리지 않아 상대적으로 신상품 개발에는 매우 불리하였다. 따라서 상호금융 신상품은 주로 적립식과 정기성 상품 중심으로 개발할 수밖에 없었으며, 비과세 혜택을 유일한 무기로 삼아 예금을 추진하였다. 또한 농협의 특색을 살린 신상품을 개발하더라도 고객들의 인식부족으로 가입률이 저조하여 상품수명이 매우 짧았다.

(2) 대출상품 개발

상호금융대출은 자금수요가 공급을 초과하던 1990년대 전반만 해도 예대비율이 비교적 높아서 상대적으로 대출 신상품을 개발할 필요성이 적었다. 따라서 과목별 대출금 잔액을 비교하여도 일반 대출금이 압도적으로 구성비가 높았으나 1994년 이후 농업인실익 증진을 위하여 자립예탁금대출을 적극 추진하여 1990년대 후반에

는 일반대출과 자립예탁대출이 상호금융대출의 양대 축을 이루게
되었다. 하지만 상호금융 대출은 대출금리 인하압력과 농가부채문
제, 조합의 건전성 문제 등과 맞물리면서 예대비율이 60%대에 불
과하여 조합경영에 많은 어려움을 주기도 하였다.

한편 상호금융대출은 원칙적으로 조합원을 위한 대출이기 때문
에 은행권과는 달리 대출고객에게 각종 혜택을 제공하였다. 예를
들어, 조합원에게는 5천만원까지 수입인지대가 면제되고, 저당권
설정시 등록세를 면제하고 이자 납입주기도 1월, 3월, 6월로 다양
하다. 뿐만 아니라 농업인 혹은 농업관련 법인이 농림수산업자신용
보증기금을 활용하면 1억원까지는 연대보증인이 없어도 대출을 받
을 수 있었다.

3) 우편예금 인수

농협은 정부의 「우편저금 농협 이관방침」에 따라 1976년 5월부
터 우편저금의 인수준비를 시작하여 1976년 12월 22일 「우편저금
법폐지법」이 공포됨에 따라 1977년 3월 1일 자로 체신부로부터 우
편저금을 인수하였다.

당시 체신부가 우편저금을 농협에 이관한 배경을 살펴보면, 먼저
우편저금사업의 만성적인 적자를 들 수 있다. 우편저금의 국민투자
기금 예탁비율이 높아 자금운용의 융통성이 거의 없었고, 우편저금
의 수신금리가 연 18%였으나 운용금리는 평균 연 15%로 역금리가
발생하는 등 우편저금사업은 계속적인 적자로 사업추진이 힘든 상
황이었다. 뿐만 아니라 금융업무에 대한 전문성의 결여와 이로 인
한 업무의 비능률성도 문제점의 하나였으며, 국가 차원에서 저축기

관의 과다경쟁을 방지하고 체신부는 본연의 고유업무에 전념함으로써 양질의 체신업무 서비스를 제공해야 한다는 점도 우편저금 이관의 배경이 되었다.

우편저금의 인수조건 및 인수 후의 취급조건 등은 1976년 12월 28일 농협중앙회와 체신부 간에 체결된 「우편저금 및 국민생명보험의 인수인계에 관한 합의서」에서 정하였다.

그 주요내용은 체신관서와 인접한 단위조합, 시군조합 또는 농협중앙회가 1977년 2월 28일 현재의 우편저금 잔액과 미지급이자를 인수하며, 예치기간을 정한 우편저금은 만기시까지 예입 당시의 조건을 유지하고, 보통저금은 인수 즉시 일시예탁금으로 대체한다는 것이었다.

당시 농협이 인수한 우편저금은 총 1,277만건 620억원이었고, 인수내역은 조합저금이 540만건 160억원으로 주종을 이루었으며, 정액저금이 133억원(29만건), 학생정기저금이 118억원(372만건)이었다. 이 중 단위조합에서 인수한 금액은 134억원이었다.

또한 인수대상에 우편저금 뿐만 아니라 국민생명보험과 그 운용자산 및 종사인원도 포함되었다. 농협이 인수한 운용자산은 자특예탁금(資特預託金), 국민투자채권 등 805억원으로 우편저금 운용액이 443억원이었고, 국민생명보험 운용액이 362억원이었다.

한편 농협과 체신부 간의 상호협의에 따라 체신금융보험 종사인원 2,401명이 농협으로 전입되었다. 직급별 전입내역을 보면 5급 직원이 176명, 기능직 및 고용직원이 446명, 임시직이 1,759명이었는데 그 중 약 85%가 단위조합에 배치되었다.

우편저금은 국민의 근검저축 미풍을 함양하고 공평한 금융이용을 꾀함으로써 국민의 복리증진을 도모하는 것이 그 목적이었기 때문에 체신관서에서 가계를 중심으로 실시하였다. 따라서 우편저금의 좌당금액은 대체로 소액이었고, 저금자 보호를 위해 인지세, 이자소득세 등이 감면되었다. 또한 자발적인 저축보다 권유저축에 치우쳐 휴면계좌가 많았으며, 일반 금융기관과 달리 예금원장의 중앙집중관리방식을 채택하고 있었다.

농협은 우편저금 인수 후 좌수의 과다, 건당금액이 영세성으로 인한 업무량 증가를 막기 위해 1년 이상 거래가 중단된 저금은 모두 잡좌에 편입하였다. 그리고 우편저금의 거래는 만기일까지만 허용하고 예금주가 신규예입을 원할 때는 우편저금이 아닌 상호금융을 이용하도록 하여, 당시 실제로 입금거래가 가능한 저금은 학생저금 뿐이었다.

우편저금 인수로 농협의 금융업무 규모가 커지고 경쟁력이 더욱 강화되었다. 특히 좁은 농촌저축시장을 두고 우체국과 경합관계에 있던 단위조합은 우편저금 인수를 계기로 지역 금융기관의 중추로 자리를 잡게 되었다.

<표 3-11> 우편저금의 종별 인수내역

(단위: 천건, 천원)

구 분	건 수	금 액
보통저금	2,712	4,819,168
전화청약저금	198	7,235,960
정기저금	268	5,104,265
학생정기저금	3,718	11,813,877
정액저금	289	13,314,801
종합저금	5,404	15,946,870
아동저금	3	229
예탁저금	176	3,774,937
계	12,768	62,010,107

4) 상호금융예수금 1조원 돌파

상호금융은 중앙회의 업무지도 및 자금지원, 전 조합 상호금융 실시와 농어촌1조원저축운동 전개, 조합 임직원의 적극적인 업무추진의 결과 조합의 기간사업으로 매년 급속한 신장을 거듭하여 1981년 6월 30일 예수금 10,034억원, 1982년 2월 28일에는 대출금 10,049억원으로 각각 1조원을 돌파하였다.

상호금융의 성장은 조합의 사업기반 확립과 조합경영에 지대한 기여를 하여 비로소 단위조합은 경영체로서의 면모를 갖추게 되었다. 조합의 자기자금 조성이 가능해 짐에 따라 조합원을 위한 각종 사업을 안정적으로 추진할 수 있게 되었으며, 그 결과 조합원과의 유대가 강화되어 조합원의 조합 전이용을 유도할 수 있게 되었다. 뿐만 아니라 단위조합은 예수금으로 조달된 자금을 조합원에게 대출함으로써 농가사채를 감축시키고 부족한 농업정책자금을 보완하여 농업생산 증대에 기여할 수 있게 되었다. 또한 상호금융특별회계는 자금여유조합이 예치한 자금을 자금부족조합에 공급함으로써 조합 간 자금수급 조절기능을 수행할 수 있게 되었다. 조합의 전체 사업물량 중에서 신용사업이 차지하는 비중은 1973년 21.2%에서 1981년 61.2%로 높아졌으며, 같은 기간에 신용조수익의 점유비는 32.7%에서 52.1%로 증가하였다.

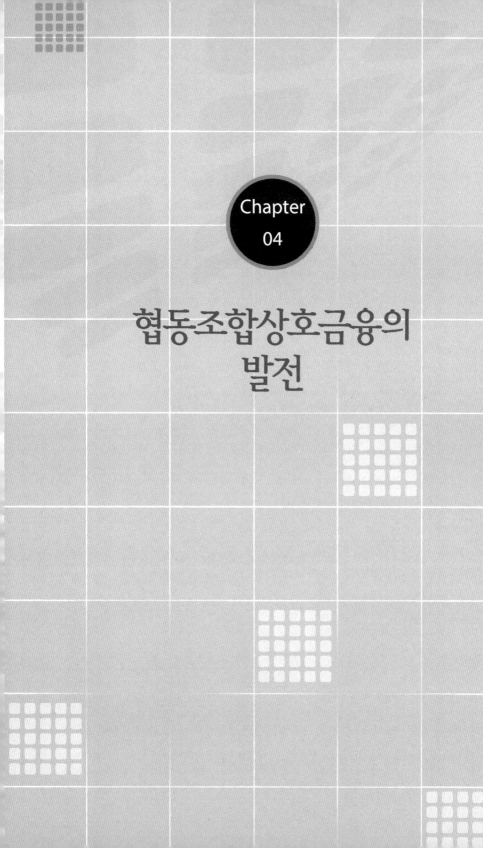

Chapter
04

협동조합상호금융의
발전

도약단계

1. 금융자율화와 금융시장 경쟁

1980년대 들어 정부는 그동안 정부주도하의 고도 경제성장 과정에서 파생된 구조적인 문제를 해소하고 지속적인 성장의 기반을 다지기 위하여 경제운용 방식을 민간의 창의와 시장경제원리를 존중하는 방향으로 전환하였다. 이에 따라 금융산업에서도 금융의 효율성을 높여 대형화·다양화·국제화 되어가는 실물경제를 효과적으로 뒷받침할 수 있도록 금융기관의 자율성 확대와 금융시장의 경쟁 촉진을 주요 내용으로 하는 금융자율화 시책이 추진되었다.

먼저 정부는 1981년 한일은행을 시작으로 시중은행의 민영화를 단행하였고, 1983년 은행법을 개정하는 등 은행의 자율경영체제 확립을 위한 제도적 기반을 정비하였다. 그 과정에서 정책금융과 일반금융 간의 금리격차가 완전히 해소되었으며, 단계적으로 여수신 금리가 자유화되었다. 뿐만 아니라 지금까지 엄격하게 구분되어 있던 금융기관의 업무영역이 상호경쟁을 촉진하는 방향으로 확대 조정되었다. 특히 비은행 금융기관에 비하여 상대적으로 경쟁력이 낮은 은행의 수신경쟁력을 강화하기 위하여 은행 주변 업무의 적극적인 개발과 금리 유인효과가 보강된 신금융상품 취급이 허용되었다.

또한 금융기관의 공정하고 자유로운 경쟁을 통한 금융효율의 증대를 위하여 금융시장진입제한과 점포증설 규제가 완화되었다. 이에 따라 은행권에는 신한은행(1982년)과 한미은행(1983년)이 새로 설립되고, 축산업협동조합법 제정으로 1983년부터 축산업협동조합중앙회가 은행법상의 금융기관으로 인정되어 은행업무를 실시하게 되었으며, 우체국에서도 수신업무를 다시 취급하게 되었다.

1982년부터 투자금융회사와 상호신용금고의 설립문호를 개방하였고, 증권회사, 투자신탁회사 등 여타 금융기관의 신설 및 지점망 확대가 활발하게 이루어졌다. 그 결과 1980년 이후 금융기관의 점포 수가 꾸준히 증가하였으며, 특히 우체국과 축협이 신용사업을 실시한 1983년은 무려 44.7%나 증가하였다. 이들 두 기관의 점포는 주로 단위조합과 업무구역이 경합되는 읍면지역에 위치하여 농촌지역도 바야흐로 금융기관이 난립하는 새로운 금융경쟁시대에 접어들게 되었다.

이러한 주변여건 속에서 농협 상호금융에 특히 영향을 많이 준 경쟁기관들을 더 자세히 살펴보겠다.

<표 4-1> 연도별 금융기관 점포현황

(단위: 개, %)

구 분		1981년	1982년	1985년	1987년	1988년
제1금융권	시중은행	601	733	840	961	1,049
	지방은행	338	381	398	457	494
	특수은행	983	1,133	1,220	1,352	1,429
	소　계	1,922	2,247	2,458	2,770	2,972

제2금융권	단위조합	2,109	2,106	2,141	2,194	2,242
	수·축협	123	162	233	345	427
	신　협	997	1,321	1,207	1,251	1,278
	신용금고	191	249	239	332	334
	우 체 국	-	2,136	2,217	2,439	2,411
	소　계	3,420	5,974	6,037	6,561	6,692
합　계 (증가율)		5,342 (4.4)	8,221 (44.7)	8,495 (2.4)	9,331 (6.3)	9,664 (3.6)

(주) 1. 축협은 1983년부터 상호금융 취급
　　 2. (증가율)은 전년말 대비

1) 우체국 수신업무 재개

1977년 체신예금 및 보험업무를 농협에 이관하고 우정사업과 전기통신사업을 주로 하던 체신부는 전기통신사업이 한국전기통신공사의 설립으로 분리됨에 따라 잉여인력이 발생되었고, 공익사업인 우정사업의 누적된 적자해소가 불가피하였다. 이에 따라 체신부는 산업자금 동원을 위한 국민저축률 제고 및 농어촌 주민들에 대한 금융이용기회의 확대가 필요하다는 명분을 내걸고 1983년부터 체신예금 및 보험업무를 재개하였다.

당시 체신예금의 업무내용을 보면 예금업무, 환매채 매각 및 우편대체업무 등을 통하여 자금을 조달하고 유가증권 매입과 금융기관 및 재정투융자특별회계 예탁 등으로 자금을 운용하였다. 체신예금의 종류와 이자율은 체신부장관이 재무부장관과 협의하여 결정하였으며, 취급하는 예금은 보통예금, 저축예금, 자유저축예금, 정기예금, 정기적금, 가계우대정기적금, 학생장학적금 등 7종류였다. 예적금의 금리는 지방은행과 동일한 수준이었으나 환매채는 은행에 비해 거래기간, 거래단위 등의 거래조건이 다소 유리하였다. 그리고 방대한 우체국망을 이용하여 우편대체 및 우편환업무를 취급 하였으며, 이를 통해 조달된 무원가자금 중 미결제 잔액만큼 자금이 용이 가능하였다.

체신예금으로 조달된 자금은 예금지급에 지장이 없는 범위 내에서 금융기관 또는 재정투융자특별회계에 예탁하고 원칙적으로 고객에 대한 대출은 불가능하였다. 그러나 저축예금 가입자 중에서 공무원 등 일정요건을 갖춘 자에 대해서는 가계수표의 발행 및 차월이 부분적으로 허용되었다.

1988년말 체신예금의 총조달규모(예금, 환매채, 우편대체, 우편환 포함)는 3조 441억원으로 1983년 이후 연평균 50% 이상의 높은 신장세를 나타내었다. 조달자금의 내역을 보면 환매채 잔액이 1조 4,622억원으로 총 조달자금의 46.2%를 차지하고, 예금은 38.2%, 우편환·우편대체 13.8% 순이었으며, 환매채 실적은 1987년부터 취급한도 제한으로 증가율이 둔화되었다. 예금은 정기예금(51.4%)과 저축예금(30.1%)이 주종을 이루고 있으며, 특히 정기예금 중에는 한국전기통신공사 예금이 많은 부분을 차지하였다.

체신예금이 이렇게 급속한 성장을 하게 된 배경은 국가기관이 취급하는 예금으로 공신력이 확실히 보장되었으며 기존의 우체국 점포를 활용함으로써 영업을 손쉽게 확대할 수 있었고, 환매채 등 단기 고수익성 상품을 취급하여 가계의 여유자금 흡수에 유리한 입장에 있었기 때문이다. 또한 우편집배원을 통한 저축추진으로 고객확보가 용이했던 것도 주요 요인으로 들 수 있다.

체신예금이 가지고 있는 특성을 살펴보면 다음과 같다. 첫째, 체신예금은 정부기관에서 직접 취급하고 기존의 시설과 장비를 이용하기 때문에 금융비용이 상대적으로 적게 든다. 둘째, 농협, 신협 등 지역 중심의 소규모 비은행금융기관이 취급하는 수신업무를 대부분 취급하며, 환매채·자유저축예금 등 금리우대상품을 추가로 취급하고 있다. 셋째, 예금에 대한 지급준비금 보유의무 면제로 자금운용 면에서 여타 금융기관에 비해 유리하다. 넷째, 자금의 운용은 예금자에 대한 대출이 원칙적으로 불가하며 거의 대부분 유가증권 매입 및 재정투융자특별회계에 예치한다.

<표 4-2> 체신예금 조달 추이

(단위: 억원)

구 분	1983년	1984년	1985년	1986년	1987년	1988년
예 금	3,303	3,614	2,091	2,450	7,083	11,627
환 매 채	524	2,297	6,632	9,380	12,492	14,622
기 타	1,327	2,358	2,786	2,799	3,564	4,192
계	5,154	8,269	11,509	14,629	23,139	30,441
농협상호금융	17,307	21,240	26,283	35,222	51,072	68,789

2) 축협 분리와 상호금융 취급

1980년 12월 15일 축산업협동조합법이 제정됨에 따라 축산법에 의해 설립되어 있던 축산진흥회는 축협중앙회로 개편되고 농협중앙회의 회원조합으로 가입되어 있던 100개의 축산계 특수조합은 신설되는 축산업협동조합중앙회의 조합으로 흡수되었다. 축협의 조합금융은 1983년부터 실시되었으며, 그 업무의 종류와 내용은 농협의 상호금융과 동일하였다.

축협 상호금융의 실적은 1983년 업무도입 이후 매년 100% 수준의 높은 신장률을 나타내었는데, 이는 금융기관 설립 초기에 나타나는 일반적인 현상 외에도 축협 조합원의 경영규모가 농협의 조합원보다 상대적으로 큰 것도 한 요인이 되었다.

축협 분리 신설의 목적은 축산계 특수조합의 전국연합회 특성을 갖는 중앙회를 신설함으로써 보다 전문화된 기능을 발휘하도록 하여 축산물의 성장·발전을 촉진함에 있었다. 그러나 현실적으로 우리나라의 축산업은 소수의 대규모 기업형 축산농을 제외하고는 경종농가에서 양축을 겸하는 부업축산으로서 조합원의 분화가 이루어지지 못해 농협과 축협 간에 업무의 중복과 그에 따른 경합이 불가피하였다.

<표 4-3> 축협 상호금융 성장추이

(단위: 개, 억원, %)

구 분	1983년	1984년	1985년	1986년	1987년	1988년
사무소	34	65	96	138	201	272
예수금	141	500	1,098	2,092	3,901	6,737
성장률	-	254.6	119.6	90.6	86.5	72.7

3) 새마을금고법 제정

새마을금고는 1963년 재건국민운동의 일환으로 설립되어 저축기관이 발달하지 못하였던 농촌지역의 마을 저축기관 기능을 하였으며, 1970년대에는 근면·자조·협동의 새마을운동과 연계된 저축생활운동 조직으로서의 역할을 수행하였다.

1972년 법적인 근거없이 난립한 신용협동조합과 마을금고를 규제하기 위해 신용협동조합법이 제정됨에 따라 마을금고는 신용협동조합법의 적용을 받게 되었고 재무부의 지도 감독을 받게 되었다.

마을금고는 새마을운동의 강력한 추진과 더불어 급속히 증가하였으나 신용협동조합법에 의한 승인금고는 전체의 약 20% 정도에 불과하였으며, 농촌지역의 금고가 전체의 약 80%에 달하여 금고의 자산규모는 극히 영세하였다. 이에 따라 대다수 금고의 경영여건은 아주 취약하였으며 금전상의 사고가 빈번하게 발생하여 사회적으로 물의를 일으키기도 하였다.

이러한 문제를 해결하기 위해서 1981년 마을금고 사고보전 지원, 마을금고법 제정, 안전기금 조성을 위한 장기저리융자 등을 내용으로 하는 마을금고 육성방안이 수립되었다. 그 후 1982년 12월말 우리나라 고유의 상부상조 정신에 입각하여 자금의 조성 및 이용, 회원의 경제적·사회적·문화적 지위 향상 및 지역사회 발전을 통한 건전한 국민정신의 함양과 국가경제 발전에 기여함을 목적으로 새마을금고법이 제정되었다.

새마을금고법 제정에 따라 마을금고의 명칭은 새마을금고로 바뀌었으며, 지도 감독부처로서 조직운영은 내무부, 신용사업은 재무부로 이원화되었다. 또한 1983년부터 새마을금고법에 의해 주무부장관의 설립인가를 받아 사업을 실시함에 따라 영세한 마을금고는 대부분 해산되고 여건이 좋은 금고를 중심으로 사업을 실시하게 되었다. 그 결과 새마을금고의 이미지가 크게 개선되고 사업기반이 한층 강화되어 농촌지역을 중심으로 단위조합과 경쟁관계에 들어서게 되었다.

<표 4-4> 새마을금고 수

(단위: 개)

1975년	1978년	1980년	1983년	1985년	1986년	1987년	1988년
29,333	40,764	31,241	5,360	4,090	3,748	3,517	3,388

2. 제도개선과 금융실명제 준비

1) 상호금융 자금운용 제도개선

1983년부터 상호금융대출금의 증가추세가 둔화되었고, 반대로 상호금융특별회계의 여유자금 규모가 급속히 팽창함에 따라 1985년 후반부터 상호금융자금의 효율적인 운용문제가 대두되었다. 이에 따라 1986년 6월 단위조합의 상호금융자금 운용 및 농업인조합원의 대출금 이용실태를 파악하여 문제점을 개선하고 자금의 효율적 운용을 위해 상호금융 자금운용 및 이용에 대한 실태조사를 실시하였다.

주요 조사내용은 상호금융대출금 부진사유, 대출제도의 문제점 그리고 조합원의 상호금융대출에 관한 만족도 등이며 조사결과는 다음과 같았다.

첫째, 조합원의 상호금융대출금에 대한 잠재수요는 있으나 당시의 융자조건(금리 연 14.5%, 대출기간 1년 이내)으로는 농업부문에 대한 투자효과가 없어 대출을 통한 추가 투자를 기피하였다.

둘째, 농어촌종합대책으로 각종 대출금리가 인하되면서 조합원이 저리자금을 선호하게 되어 상대적으로 상호금융 대출수요가 감소하였다.

셋째, 단위조합에서 조합원의 신용상태 불량 등의 사유로 대출을 기피하는 경향이 있었으며, 조합원의 신용대출한도 초과 또는 복잡한 융자절차 등의 이유로 단기자금은 사채를 이용하는 경우가 많았다.

넷째, 농축산물 가격의 불안정, 특히 소값 하락 등으로 농업부문에 대한 투자가 감소하였다.

이상의 조사결과에 따라 상호금융대출 제도를 전반적으로 검토하여 농업인조합원이 상호금융 자금이용에 불편이 없도록 장기적인 「상호금융 자금운용 제도개선 방안」을 수립 추진하였으며 1986년 중 제도개선 내용은 <표 4-5>와 같다.

이러한 상호금융 자금운용 제도개선의 결과 농업인조합원들에게 장기의 안정적인 자금을 공급할 수 있게 되었으며, 대출이용이 보다 편리해지고, 영세농업인의 대출이용 기회가 확대되어 대출실적이 급속히 증가하였음은 물론 사채의 상호금융자금 대체 효과가 나타났다. 1985년 12월말 대출실적은 7월말에 비해 3,009억원이 감소하였으나, 1986년 12월말 대출실적은 7월말에 비하여 564억원이 증가하였으며, 당시의 조사에 의하면 총 75천여건, 약 1,175억원의 사채가 상호금융자금으로 대체된 것으로 나타났다.

<표 4-5> 상호금융 자금운용 제도개선 내용

구 분	내 용	비 고
일반대출의 대출기간 확대	・1년 이내 → 2년 이내	1986년 8월 1일
중기대출제도 신설	・운영한도 : 총예수금의 20/100 이내 ・대출대상자 : 조합원에 한함 ・대출기간 : 2년 거치 3년 균분상환 (6개월마다 균분상환)	1986년 12월 1일
무입보신용 대출제도 신설	・100만원 이내 무입보 신용대출 가능	1986년 8월 1일
1인당 대출한도 인상	・1,000만원 → 2,000만원	1986년 8월 1일
1인당 신용대출한도 인상	・300만원 → 400만원	1986년 9월 25일
운전자금 차입한도제 개선	・단위조합별 차입한도 배정 → 차입실적을 자동 한도로 인정	1986년 10월 1일

상호금융대출금회수목표 폐지	・매년말 회수목표 부여 → 1986년 회수목표 미 부여	1986년 10월 1일
영세농업인에 대한 신용 보증료 면제	・면제대상 : 농어가목돈마련저축 가입대상 농 업인 중 저소득 농업인 ・보증료 : 단위조합 부담	1986년 12월 1일
상호금융대출의 영농회 순회 융자 실시 지도	・취급범위 : 일반대출 중 신용대출에 한함 ・취급방법 : 차주의 요청에 따라 수시 또는 정 기 순회융자 실시 ・융자금 지급 : 예탁금통장 지급을 원칙으로 하 되 현금 지급도 가능	1986년 12월 1일
상호금융 지원자금 제도 신설	・농촌자금 확대공급을 촉진하기 위하여 운전자 금차입조합에 저리자금 지원 (금리 : 5%)	1986년 12월 1일

2) 수신업무 제도개선

금융편의 제공을 통한 금융기관 이용습관 정착과 가계저축 증대를 목적으로 1985년 은행권에 고수익성 통장식 예금인 자유저축예금 취급을 허용하고, 저축예금 및 가계종합예금의 저축예입 한도를 인상하는 등 제1금융권의 수신제도는 보다 편리하게 개선되었으나 상호금융의 수신제도는 상대적으로 낙후되었다. 또한 금융자율화 추진에 따라 일반은행에서 서비스 위주의 업무를 개발함에 따라 농촌주민들이 상대적으로 불리한 금융서비스를 받게 되어 상호금융 제도개선의 필요성이 높아졌다.

<표 4-6> 예탁금 이자소득세 면제제도 변천

구 분	면 제 범 위
1973년 12월	6개월간 6천원의 예탁금 이자
1976년 4월	100만원 이하 예탁금의 이자
1976년 12월	500만원 이하 예탁금의 이자
1988년 12월	1,000만원 이하 예탁금 이자

이에 따라 농협은 1986년 1월 우대자유예금과 학생장학적금 등 신종예금 취급, 정기적금의 계약기간 다양화와 자립예탁금 예입한 도 인상 등을 내용으로 하는 상호금융 제도개선 방안을 수립하여 정부의 승인을 추진하였다. 또한 경제적 약자인 농업인의 저축의욕을 고취하기 위해 조세감면규제법상 농업인 예금의 비과세 범위 인상도 아울러 추진하였다. 그 결과 1986년 6월 자립예탁금 한도를 500만원에서 1,000만원으로 인상하였으며, 10월부터 정기적금의 계약기간을 1, 2, 3년 3종에서 12개월부터 36개월까지 월단위로 자유롭게 계약할 수 있도록 개선하였다.

또 1986년 12월 「조세감면규제법」 개정을 통해 예탁금에 대한 비과세 범위도 500만원에서 1,000만원으로 인상하였다.

이러한 제도개선으로 상호금융 예금상품은 일반 은행상품에 비해 금리는 1~3% 높고 비과세 예금의 범위는 500만원이나 높은 제도상의 유리함을 유지하게 되어 상호금융의 성장에 긍정적인 영향을 미쳤다. 또한 이것은 1986년부터 1988년까지 3년간 상호금융예수금이 평균 38% 성장한 직접적인 요인이 되었다. 한편 1987년 4월부터 단위조합 창구에서 은행신용카드 현금서비스 업무를 대리 취급함으로써 단위조합도 부분적으로 카드업무를 취급하게 되었다.

3) 농가사채 감축

1985년 하반기 이후 상호금융의 자금사정이 전반적으로 호전되었음에도 불구하고 농가의 사채 의존도가 높은 수준을 유지하고 있었다. 더구나 상호금융대출금 증가율이 예수금 성장률의 1/2에 불과한 실정이었다. 이렇게 농협에 자금여유가 있음에도 농업인들이 사채를 이용하는 것은 상호금융제도에 문제가 있다고 판단하여 상호금융 제도개선을 적극 추진하였다. 따라서 상호금융 제도개선의 배경은 농가의 기존사채를 상호금융이라는 제도 금융시장으로 흡수하여 이자부담을 경감시키는 한편 신규사채 발생을 억제하여 농가의 자금 이용처를 조합으로 유도하기 위한 것이었으며, 이를 위해 각 조합에서는 상호금융대출을 지속적으로 추진하는 한편, 수시로 사채 실태조사를 실시하여 대처방안을 강구하였다. 또 임직원 의식 개혁을 통해 친절하고 신속한 대출업무 자세확립으로 대출창구의 분위기를 쇄신하였다.

한편, 1989년 12월 30일에 확정된 「농어가부채경감에관한특별조치법(법률 제4172호)」 및 동시행지침에 따라 농협에서는 1989년말을 기준으로 경지면적 2.0ha 미만 농가가 보유하고 있는 대출금에 대하여 농가당 600만원 이내에서 상환기간 연기 및 금리인하 조치를 단행하였다.

<표 4-7> 농가부채 현황

(단위: 억원, %)

구 분		1983년	1984년	1985년
	농가부채	1,285	1,784	2,024
차입처	사 채 (구성비)	421 (32.8)	558 (31.3)	583 (28.9)
	금융기관	864	1,226	1,441

<표 4-8> 농가사채 감축을 위한 제도개선 주요내용

구 분	내 용	비 고
1단계 ○ 1인당 총대출한도 인상 ○ 무입보 신용대출제도 ○ 대출기간 확대 ○ 연말 회수목표 ○ 신용대출한도 인상	- 1,000~1,500만원 → 2,000만원 - 100만원 이내 - 1년 → 2년 - 목표부여 폐지 - 300만원 → 400만원	1986년 8월 1일 〃 〃 〃 1986년 9월 25일
2단계 ○ 영세농에 대한 신용보증료면제 ○ 상호금융 중기대출제도 개선 ○ 상호금융 지원자금제도 신설	- 영세농에 대한 신용보증료(0.5%) 단위조합 부담 - 기간 : 5년(2년거치 3년균분상환) - 특별회계차입금리 : 5% - 규모 : 500억원 (운전자금차입액의 20% 내외)	1986. 12. 1. 〃 1987. 1. 1.

1990년 8월 말에 종결된 부채경감 특별조치 중장기자금은 400만원 이내에서 5년 거치 5년 상환, 상호금융자금은 200만원 이내에서 3년 거치 7년 상환의 조건으로 상환기간을 연장하고, 경지면적 0.7ha 미만의 농가에서는 무이자, 0.7ha~2.0ha 미만 농가에서는 중장기자금 3.0%, 상호금융자금 5.0%로 금리를 인하하였다.

이 조치의 시행으로 중장기자금의 상환연기 및 금리인하 혜택을 받은 농가는 1,031천호에 1조 5,740억원으로서, 이 중 금리면제 대상인 0.7ha 미만 농가는 736천호에 1조 987억원, 금리를 3%로 적용받게 된 0.7ha~2.0ha 농가는 295천호에 4,753억원에 이르렀다. 한편 상호금융자금의 경우에는 529천호에 8,854억원이 상환기일 연기 및 금리인하 조치의 혜택을 받게 되었으며 금리면제 대상인 0.7ha 미만 농가는 405천호에 6,666억원, 5%의 금리적용을 받은 0.7ha~2.0ha 농가는 124천호에 2,188억원이었다. 이와 같은 부채경감 조치로 인해 농가는 호당 평균 154천원의 이자부담이 줄어들게 되었으며 특히 형편이 어려운 영세농에 그 혜택이 많이 돌아갔다.

4) 준조합원제도 도입

농촌인구의 감소, 농업인과 비농업인의 혼재화 등 농촌·농업의 여건변화에 능동적으로 대응하고, 농촌지역의 비농업인에게도 조합 이용의 편의를 제공하며, 조합의 안정된 사업량 확보를 위해서 1976년 12월31일 제5차 농협법 개정을 통하여 조합 관내에 주소를 둔 농업단체에 한해 준조합원 가입을 허용하였다. 그 후 농촌의 도시화로 농촌에 거주하고 있으면서 농업에 종사하지 않는 재촌(在村) 비농업인구가 계속 증가함에 따라 이들에게 농협이용의 편의를 제공하기 위하여 1988년 12월 31일 제8차 농협법 개정을 통하여 비농업인 개인에게도 가입을 허용하였다.

새마을금고나 신용협동조합은 지역내에 거주하는 주민이면 제한 없이 조합원(회원)으로 가입하여 세금우대혜택을 받을 수 있었다. 그러나 조합의 준조합원 가입자격이 새마을금고나 신용협동조합의 조합원·회원 가입자격보다 엄격함에도 불구하고 오히려 세금우대 조치가 허용되지 않아서 조합 이용에 불편이 많았다.

농협의 적극적인 농정활동으로 1989년 2월 27일 농협의 준조합 원에게도 세금우대혜택이 주어지면서 준조합원 제도가 활성화되었다. 농협은 준조합원 제도를 통하여 지역주민을 농협운동의 동반자로 삼아 조합발전에 필요한 안정된 사업량을 확보할 수 있다. 또 농협 업무기반의 확대는 물론, 농업인뿐만 아니라 지역주민에게도 금융서비스와 생활문화 서비스를 제공함으로써 지역발전에 기여하는 지역금융기관으로서의 기반을 확립하게 되었다.

5) 금융실명제 준비

금융실명제는 실명에 의한 금융거래를 정착하여 금융거래의 정상화와 지하경제의 근원을 제거하는 한편, 금융자산에 대한 종합과세를 통하여 조세부담의 형평성을 제고하고 공정한 경제질서를 확립하기 위한 제도이다. 1991년부터 전면실시를 목표로 정부와 전 금융기관이 사전에 준비 업무를 추진하였으며 상호금융도 이에 동참하였다.

금융실명제 시행을 위한 근거법인 「금융실명거래에관한법률」이 1982년 12월 31일 공시되었으나 동법률이 규정한 사항 중 모든 금융자산의 실명거래 의무부과 및 비실명거래자에 대한 경과조치 등 금융실명제 실시에 관한 규정은 1986년 이후에 실행하도록 유보되어 왔다. 정부는 이를 1991년부터 실시하기로 확정하고 금융실명제 실시 준비업무의 추진을 전담할 기구로서 '금융실명거래실시준비단'을 1989년 4월에 재무부내에 설치, 운영하게 되었다.

동 준비단의 발족과 함께 금융실명제 추진 관련기관과의 지원보조체제를 구축하기 위하여 1989년 7월 정부 관련부처 및 금융기관 대표로 구성된 '금융실명제 추진 실무대책위원회'를 재무부 내에 설치하게 되었다. 동 위원회에서 「금융실명제실시를 위한 기관별 준비대책기구설치운영지침」을 제정 시행함에 따라 국세청 및 10개 금융권(은행, 투자금융, 투자신탁, 보험, 증권, 상호금융, 상호신용금고, 신협, 새마을금고, 체신금융 등) 별로 '금융권별 준비대책기구'를 설치하게 되었으며 농·수·축협을 포함한 상호금융권은 준비대책기구를 설치, 운영하게 되었다.

아울러 동 위원회 내에서 상호금융의 금융실명제 실시 업무를 효율적으로 총괄하기 위하여 실무대책반을 설치하였다.

3. 상호금융발전계획과 업무 확대

1) 「상호금융발전계획」 수립

상호금융은 중앙회의 체계적인 지도 육성과 단위조합 임직원의 노력으로 급속히 성장하였다. 특히 1973년부터 정부에서 농어촌의 고리채를 농업인스스로 해소하며 농업인이 근검·절약정신을 고취시키기 위해 농어촌1조원저축운동을 강력히 추진하였고, 그 운동을 단위조합에서 실질적으로 주도하여 추진함에 따라 상호금융의 성장기반이 급속히 마련되었으며 1977년 우체국 예금업무가 농협으로 이관됨에 따라 단위조합이 농촌지역 금융업무를 거의 전담하게 되었다.

1980년 이후에는 금융환경과 농촌사회·영농 및 생활환경의 변화에 따라 농촌 금융시장에서 금융기관 간 경쟁이 치열하게 전개되었다. 금융자율화 추진에 따라 농촌지역에타 금융기관 진출이 증가하였고, 고금리상품·온라인상품·종합통장 등 경쟁력이 강한 상품이 출현하였으며, 농촌의 도시화, 영농의 상업화에 따라 농촌주민의 금융서비스에 대한 욕구 수준도 높아졌다.

그러나 상호금융은 여러 가지 제약으로 변화하는 금융환경과 농촌주민의 욕구에 능동적으로 대응할 수 없었으며, 특히 1983년부터 우체국에서 수신업무를 재개함에 따라 좁은 농촌 금융시장은 더욱 치열한 경쟁에 직면하게 되어 상호금융예수금의 성장률이 둔화되기 시작하였다.

한편 1980년대 들어 상호금융대출금의 증가율도 크게 둔화되었는데, 이는 저리의 영농자금 공급으로 인하여 농업인 조합원에게 상호금융 대출금리가 상대적으로 높게 인식되었으며, 대출기간이 1년 이내로 짧아서 농업부문 투자자금으로서의 효용성이 낮다고 판단한 농업인들이 추가대출을 기피하였기 때문이다. 또한 조합원의 신용상태 불량신용대출한도 초과 등으로 조합에서의 신규대출이 어려워진데다가 소액 단기자금은 융자절차가 간편한 사채를 이용하는 경우가 늘어난 것도 한 요인이 되었다.

이와 같이 상호금융은 금융환경과 농촌사회의 변화, 농촌주민의 금융기호 변화, 그리고 상호금융 업무기반 미비 등으로 경쟁력과 금융 서비스기능이 상대적으로 약화되었으며 이를 극복하기 위하여 상호금융 제도개선의 필요성이 강력하게 제기되었다.

당시 상호금융이 안고 있던 문제점을 구체적으로 살펴보면, 우선 금리와 세제가 은행상품에 비해 유리한 반면 자기앞수표 취급이 일부 사무소에 제한되었고 자금결제 기능을 가진 상품이 없어 편리성도 떨어졌으며, 금융장비의 기계화 수준이 낮아 신속·정확한 금융 서비스 제공이 어려웠다.

<표 4-9> 상호금융 성장률

(단위: %)

구 분	1971~1973년	1974~1976년	1977~1979년	1980~1982년	1983~1985년
예수금	128.3	79.2	57.3	38.6	18.8
대출금	115.7	37.3	67.3	56.9	15.2

<표 4-10> 상호금융 연도별 추진계획

(단위: 억원, %)

구 분	1983년	1984년	1985년	1986년	평균증가율
예수금	21,000	25,068	31,375	39,269	25
대출금	17,453	21,810	27,297	34,165	31

또한 조직 면에서는 중앙회의 상호금융 전담부서가 없어 전문적인 지도 및 적극적 업무추진이 곤란하였다.

이러한 상호금융의 당면과제를 해결하고 상호금융의 경쟁우위를 계속 확보하기 위하여, 1983년 초 「상호금융발전계획」을 수립하게 되었다. 이 계획의 주요내용을 살펴보면 예수금은 연평균 약 25%의 증가추세를 유지하여 1986년까지 4조원 달성을 목표로 하였으며, 대출금은 예수금에서 상환준비예치금과 상호금융특별회계 예치 예상액을 제외한 금액을 목표로 하였다. 또한 상호금융 추진기반 강화를 위해 단위조합 영업창구를 신용창구와 경제창구로 분리하도록 지도하였으며, 예금회계기 등 수신장비 설치를 지원하고 분소를 확대 설치하여 금융 소외지역을 해소하도록 하였다.

한편 저축저변 확대를 위해 마을단위 저축조직인 부녀회 저축반의 활동을 지원하여 활성화 하였으며, 학교은행을 설치 운영하는 등 점주활동의 강화 및 체계적인 고객관리를 통해 사무소 단위의 저축추진 태세를 강화하였다.

이와 더불어 농촌주민들에게 편리한 금융서비스 제공을 위해 자기앞수표 취급을 1983년말까지 전 조합으로 확대하고 1983년부터 분소에서도 취급을 개시하여 1986년 말까지 전 분소로 확대하기로 하였다. 또 종합통장제 실시와 기타 가계수표 및 농협신용카드 도입을 장기적으로 검토하고, 자금여유가 있는 조합부터 단계적으로 농업시설자금·농지구입자금·농기계구입자금에 대하여는 2~3년의 장기성 자금을 공급하기로 하였다.

이러한 제도개선과 함께 단위조합 상호금융 업무지도를 강화하고 업무의 전문성을 높이기 위해 중앙회 저축부에 속해 있던 농촌

저축과를 분리하여 독립부서를 창설하는 방안을 수립 추진하였다.

2) 상호금융특별회계 운용 효율화

상호금융특별회계는 효율적인 자금운용으로 수익의 극대화를 기하기 위해 여유자금의 일정비율 이상을 고수익성 부문(장기채)으로 운용하며, 정기예금으로 운용하던 상환준비금을 고수익 유가증권으로 운용할 수 있도록 추진하였다. 또한 1980년대에는 자금조달과 운영업무 뿐만 아니라 조합과 상호금융특별회계 간 자금수급을 중계하는 업무를 활성화하여 조합의 자금수급이 원활하게 이루어지도록 힘썼다.

(1) 자금조달 업무

조합은 상호금융특별회계에 상환준비금으로 예수금의 10%를 의무적으로 예치하고, 조합원 및 비조합원에 대한 대출·타사업 부문에의 자금공급 후 여유자금을 정기 예치하게 되는데, 이 예치금이 특별회계의 조달자금이 된다. 1988년말 특별회계의 총 조달자금은 2조 5,847억원이며, 이 중에서 상환준비예수금이 27%인 6,911억원, 정기예수금이 59%인 1조 5,221억원이었다.

상환준비예수금은 조합에서 예금주에 대한 지급준비금으로 의무 예치하는 자금을 처리하는 계정과목이다. 조합의 예치금액은 상호부금을 제외한 예수금 잔액의 10%이며, 예치방법은 매월 5일에 백만원 단위로 절상하여 예치한다.

정기예수금은 조합이 예금으로 조달한 자금 중에서 상환준비금을 보유하고, 조합원·준조합원·비조합원 등에 대한 대출운용 및 타사업자금으로 전용하고 남은 여유자금 예치액을 처리하는 계정과목이다. 정기예치는 예치기간에 따라 1월, 3월, 6월, 1년제로 구분되며, 거래금액은 백만원 단위이고, 수시로 예치할 수 있다. 예치기간 중에는 원칙적으로 중도인출이 불가하나, 부득이한 경우 중도해지가 가능하며 이 경우 중도해지 이자를 지급한다.

(2) 자금운용 업무

상호금융특별회계는 조합의 예치금으로 조달된 자금을 안전성·유동성·수익성을 고려하여 상환준비금의 예치, 조합에 대한 대출, 유가증권의 매입, 금융기관에 대한 예치금 등으로 운용하였다. 1988년말 특별회계의 총자산운용액은 2조 5,847억 원으로 이 중 통화안정증권을 포함한 유가증권 매입이 1조 7,448억원, 조합에 대한 대출금 운용 4,943억원, 금융기관 예치금이 3,456억원이었다.

1988년말 상환준비예치금은 6,224억원이며, 통안증권 보유금액은 사채대체특별상호금융자금 이차보전용 통안증권 2,689억원을 포함하여 8,913억원이었다.

상호금융특별회계의 조합에 대한 대출은 지원자금대출금, 운전자금대출금, 일시대출금으로 구분되며, 1988년말 전체 대출금 실적은 4,943억원이었다. 「지원자금대출금」은 조합의 상호금융 활성화 및 조합의 경영기반 확충을 위한 자금으로 연 5%의 저리로 지원하였다. 이 대출금은 「경영지원자금」과 「시설지원자금」으로 나누어지는데, 「경영지원자금」은 조합의 특별회계 예치금 및 차입금 실적 등에 따라 지원되며, 「시설지원자금」은 사무실 등 시설 신축 조합에 지원된다. 1988년도의 지원자금 지원실적은 700억원이었으며, 이 중에서 「경영지원자금」이 400억원, 「시설지원자금」이 300억원이었다. 「운전자금대출금」은 조합에서 대출자원이 부족하여 특별회계에 차입을 신청하는 경우 사무소별 차입한도 내에서 지원되는 대출금이었다. 1988년말 대출실적은 4,643억원으로 상호금융특별회계 대출금의 대부분을 차지하였고, 「일시대출금」은 일시적으로 발생하는 예금지급자금 부족액을 지원하기 위하여 설치한 것으로 대출기간을 3개월로 제한하였다.

상호금융특별회계의 유가증권 매입 및 금융기관 예치금 운용은 조달자금 중 상환준비예치와 조합에 대한 대출 지원 후 여유자금을 운용하는 경우에 한하였다. 매입할 수 있는 유가증권은 증권거래법에서 정하는 유가증권, 금융기관, 한국은행, 신용보증기금 등이 발행 보증 또는 매출하는 증권 또는 어음으로 제한하였다. 주식의 운용은 특별회계운용자금 중 조합지원액을 제외한 자금의 100분의 10이내로 하며, 동일회사 발행 총주식수의 100분의 10을 초과하여 취득할 수 없었다. 1988년말 유가증권 매입금액은 1조 7,448억원이었으며, 이 중에서 통안증권이 8,913억원으로 51.1%를 차지하였고, 회사채 5,200억원, 기업어음 1,621억원, 수익증권 1,439억원 등으로 운용하였다. 그리고 금융기관 예치금은 3,455억원으로 전액 CMA로 운용하였다.

(3) 중계업무

중계업무란 조합과 상호금융특별회계 간의 자금수급을 중계하는 업무로서 시군지부 및 일부 승인받은 사무소(시지회, 지점)에서 행하고 있는 상호금융자금의 대리예수 및 대리예치, 상호금융자금의 대리차입 및 대리대출, 그리고 이에 수반되는 여타업무를 말한다. 1988년말 중계사무소로 기능을 수행하고 있는 사무소는 시군지부 142개, 시지회 1개, 지점 47개로 총 190개 사무소이었다. 중계사무소에 대하여는 상호금융자금 중계실적과 관내 조합 수에 따라 소정의 취급 수수료가 지급되었는데, 1988년 취급수수료 지급 실적은 2,903백만원으로 중계사무소당 평균 15백만원이었다. 상호금융특별회계는 중계사무소를 통하여 자금의 여유가 있는 조합으로부터 예치를 받아 자금이 부족한 조합에 자금을 지원함으로써 지역간·조합간의 자금수급을 원활히 조정하였으며, 나아가 전체 농업인조합원이 필요한 자금을 융자받을 수 있도록 중계기능을 수행하였다.

3) 업무범위의 확대

상호금융의 업무범위는 조합원의 예·적금 수입과 동 자금에 의한 대출로 한정하는 협의의 범위와 단위조합 신용사업 전체를 포함하는 광의의 범위로 나눌 수 있다. 협의의 상호금융은 상호금융의 도입목적과 상호금융의 명명동기에서 찾을 수 있다. 즉 상호금융은 농촌의 영세 유휴자금과 계 등 사금융을 흡수하여 농업자금으로 공급함으로써 농업인들의 경제적 지위향상을 도모하고자 도입되었으며, 상호금융이 협동조합의 이념과 우리나라 농촌계의 정신에 뿌리를 두고 조합원 공동유대에 의해 자금을 융통하는 제도라는 점에서 '상호금융'이라 명명하였음을 볼 때, 도입 당시의 상호금융은 협의의 범위에 해당된다고 하겠다.

실제로 상호금융이 최초로 농협내규에 명시된 「이동조합정관(예) 제5조 4호 (1970.5.15.개정)」에서는 사업의 종류 중 신용사업에 '조합

원 간의 상호금융을 위한 예금, 적금의 수입과 동 자금에 의한 대출'
을 신설하여 상호금융을 조합 신용사업의 일부로 정하였으며, 상호금
융 도입 이전부터 실시해 온 시군조합의 대리예수업무 및 융자알선과
자기자본에 의한 자금의 대출업무 등은 상호금융과 구분하였다.

한편 단위조합이 농촌지역의 중추적 금융기관으로 성장하고 농
촌주민들의 금융욕구가 다양해짐에 따라 단위조합도 수표업무, 내
국환, 국가·공공단체 및 금융관련 업무의 대리 등 금융 부대업무
를 실시하면서 조합신용사업의 범위와 규모가 점차 확대되었다.

이와 더불어 협의의 상호금융도 급속도로 신장하여 조합 신용사
업뿐만 아니라 전체사업에서 차지하는 비중이 커져 상호금융이 조
합 신용사업을 대표하게 되었다. 이러한 변화에 따라 오늘날에는
단위조합에서 취급하는 금융업무 전반을 상호금융으로 통칭하기에
이르렀다.

상호금융의 범위를 초기와 같이 협의로 제한하게 되면 단위조합
이 금융환경의 변화에 대응하여 조합원이 요구하는 금융서비스를
확대하는 것을 제약하는 요인이 될 수도 있으므로 발전적 방향에서
광의로 규정하는 것이 바람직하다. 즉 상호금융은 단위조합이 주체
가 되어 조합원을 위하여 행하는 모든 금융 업무를 포함시키는 것
이 합목적적이며 조합의 발전을 위해서 합리적이라 할 수 있다.

(1) 자기앞수표 취급 : 결제기일 단축

1981년 6월 정부는 현금통화의 유통률을 낮추고 국민의 금융기
관 이용관행을 높이기 위해 카드만 제시하면 일정금액 한도 내에서
마음대로 수표를 발행할 수 있는 수표보증카드제를 실시하였다. 그

리고 군 이하의 농협 단위조합에서도 자기앞수표를 발행하는 것을 내용으로 한 금융기관 이용관습 제고방안을 마련하였다.

당시 농촌지역의 대표적인 금융기관인 단위조합은 금융상품의 취급제한, 특히 수표법상의 제한으로 수표를 발행할 수 없어 주민들에게 많은 불편을 주었다. 정부의 조사에 의하면 농촌지역에 자기앞수표가 보급되기 전인 1982년말 농가의 현금보유율은 농가유동자산 885천원 중 15.8%인 140천원에 달하였다.

이때 수표를 발행할 수 없는 단위조합은 대다수 고객의 편의를 위하여 변칙적으로 군지부에서 자기앞수표를 발급받아 현금 대신 예금지급자금으로 활용함으로써 금융사고의 위험을 안고 있었으며 수표지급을 원하는 고객의 요구를 제대로 충족시킬 수가 없었다.

이러한 어려움을 타개하기 위해 중앙회는 정부의 금융정책 방향에 따라 1982년 2월 단위조합에서 수표를 발행할 수 있도록 관계법규의 개정을 추진하여 「수표법의 적용에 있어서 은행과 동시되는 사람 또는 시설의 지정에 관한 규정」에 단위조합이 포함되도록 하였다. 그리고 자체적으로 자기앞수표 취급계획을 수립하여 같은 해 5월부터 단계적으로 시군지부 또는 시도지회장의 승인을 받아 자기앞수표를 취급하도록 하였다.

<표 4-11> 가구당 농가 유동자산 보유현황(1982년 말)

(단위: 원, %)

금 액	140,146	295,458	177,434	272,129	885,167
구 성 비	15.8	33.4	20.0	30.8	100.0

<표 4-12> 단계별 자기앞수표 취급조합

(단위: 개)

1차	읍소재지 이상 조합으로 상무 이상 간부직원 배치 조합	294	1982년 5월 1일
2차	고객환 취급조합	550	1982년 9월 이후
3차	전 단위조합	1,475	1983년 이후

자기앞수표 취급 승인기준은 수표발행·취급 신청 단위조합으로서 단계별 대상조합에 해당되며, 전화소통이 용이하고, 수표발급기, PAID기 등 수표발급 사무기기를 완비하고, 고객환을 취급하는 조합으로 정하였다.

그 후 1983년 3월 농촌 신용사회 조기구축을 위하여 자기앞수표 취급사무소를 전 단 위조합으로 확대하였으며, 상무 이상 책임자가 배치된 지소에 대해서는 시군지부장의 승인을 받아 자기앞수표를 취급하도록 하였다.

이와 함께 1984년 5월부터 단위조합 자기앞수표의 유통력을 제고하고, 우체국과의 수신 경쟁력 강화를 위해 자기앞수표 대지급 수수료를 감면하였다. 감면 범위는 정액수표는 전액면제 하였고, 일반수표는 시외전화료만 징수하였다. 실시지역 및 사무소는 전국 단위조합 상호 간으로 한정하였고 대지급에 따른 실비용은 수표발급 사무소 부담으로 하였다.

1987년 6월에는 수표결제제도 개선에 따라, 중앙회와 단위조합 간 온라인 NET거래에 의한 자기앞수표 지급이 가능해져 단위조합 자기앞수표의 공신력이 더욱 향상되었다.

한편 1982년 5월부터 조합이 자기앞수표를 발급하게 되면서 별단예탁금을 실시하게 되었다. 규정상 별단예탁금으로 수입할 수 있는 대상은 환, 대출 등 각종 업무에 수반하여 발생하는 미결제일시 보관금, 계정과목이 확정되지 않은 예탁금, 그리고 자기앞수표 발급대전 등이며, 자기앞수표 발급대전이 주종을 이루고 있다. 별단예탁금은 다른 예탁금처럼 고객의 예탁금을 대상으로 설치된 것이 아니라 조합의 필요에 따라 설치된 계정과목으로 예금주와 조합사이에 정한 약관이 없으며, 원칙적으로 통장이나 증서를 발행하지 않는다. 또한 이자를 지급하지 않는 것이 원칙이다.

(2) 자립예탁금 확대실시

자립예탁금은 당초 농산물판매대전을 통장으로 지급하여 농가에 예금거래 동기를 부여하고자 1978년 9월에 도입된 후 1981년 11월 농가 여유자금의 저축유도를 위해 저축대상을 조합원 개인의 가계자금으로 확대하여 실시하고 있는 저축상품으로 금융기관의 저축예금과 유사하다. 자립예탁금은 농촌 가계자금을 우대하기 위해 도입된 상품으로 보통예탁금과 같이 입출금이 자유로우면서도 높은 금리가 보장되기 때문에 가계 여유자금 운용에 유리한 예금이다. 거래대상자는 실명의 개인이며 법인이나 단체는 거래할 수 없다. 또한 예입한도는 1인당 천만원(17세 미만은 50만원) 이내로 한정하였다.

한편 1988년 3월 정부의 국민주 보급방안에 의거 농어민에게 국민주를 원활하게 보급하기 위하여 국민주 청약자격이 부여되는「국민주청약 자립예탁금」이 신설되었다. 신설된 이 예탁금의 거래대상은「금융실명거래에관한법률」에서 정한 실명의 개인으로서「농어가목돈마련저축에관한법률」에서 정한 동 저축가입대상자 중 주민등록상의세대주로 정하였다. 예치한도는 신규가입시 1만원 이상,

최고 예치한도는 1천만원으로 하고, 전 금융기관(농·수·축협의 단위조합)을 통하여 1인 1계좌로 제한하고 있으며 금리는 일반 자립예탁금보다 낮은 연 5.0%였다.

(3) 농어가목돈마련저축 법제화

농어가목돈마련저축은 1976년 4월부터 농어민의 재산형성을 지원하기 위해 실시되었으나, 도시근로자의 재산형성을 지원하기 위해 실시한 근로자재산형성저축이 법에 근거하였던 것과는 달리 행정조치에 근거를 두었기 때문에 시행과정에서 많은 문제가 파생되었다. 특히 저축장려금의 지급재원 확보방법이 명확하지 못해 재원마련에 어려움이 많았다.

근로자재산형성저축의 장려금 지급재원 조성방법은 저축금의 15% 해당액을 소득세에서 공제 출연한 저축자 출연금과 한국은행 출연금 및 정부출연금 등으로 법에 명시되어 있었다. 반면 농어가목돈마련저축의 장려금 지급재원 조성방법은 농협중앙회 예금의 지급준비율을 인하하여 조성하고, 부족시에 한국은행 이익금 또는 재정에서 지원조성한다는 정부부처 간의 합의에 근거하였다.

1976년 4월부터 1982년 12월까지는 한국은행법에 따라 농·수협중앙회 예금 지급준비율을 요구불예금은 21%에서 17%로, 저축성예금은 15%에서 12%로 인하하여 그 운용 수익금으로 지급재원을 조성할 수 있었다. 그러나 1982년 12월 한국은행법의 개정으로 지준차등예치제가 폐지됨에 따라 장려금 재원조성이 불가능하였고, 다만 이미 조성된 잔액의 운용수익만으로 지급재원의 일부가 조성되었다. 1984년부터 장려금 지급액이 계속 증가하여 장려기금 조성액을 초과함에 따라 1984년 12월에는 농·수협중앙회 지준예치금에 대해 연 5%를 부리하고, 재형저축 금리인하에 따른 운용손실금을 차등 보전(농·수협 100%, 타행 80%)하는 방법으로 지급재원 조성을 위한 임시조치를 취하였다. 그 후에도 장려금 지급액이 조성액을 크게 초과하여 단위조합에서 입체 지급하게 되었으며, 입체 지급액이 1984년말 1,477백만원, 1985년말 7,317백만원으로 증가하여 농어가목돈마련저축의 계속 실시를 위해서는 장려금 지급재원 확보를 위한 제도적 장치가 불가피하였다.

이에 따라 1985년 6월 제14차 금융통화운영위원회에서 한국은행의 농수산자금대여금리를 연 5.0%에서 연 3.0%로 인하하고, 영농자금 중 금융자금의 한국은행 지원비율을 종전의 30%에서 40%로 인상하여 여기서 발생하는 추가운용 수익금을 장려금 지급재원으로 활용하도록 조치하였다. 이어서 1985년 9월 당정협의에서 연도 중 농어가목돈마련저축 제도를 법제화할 것을 합의하고, 1985년 12월 31일 의원입법으로 「농어가목돈마련저축에관한법률」을 제정하였고, 1986년 5월 13일 시행령을 제정 공포함으로써 농어가목돈마련저축의 장려금 지급재원 확보가 법적으로 보장되었다.

이 법률의 주요내용을 보면 농어가목돈마련저축 가입대상을 영세 농업인으로 하고, 저축취급기관을 농업인의 경제생활과 가장 관련이 많은 단위농업협동조합, 지구별·업종별 수산업협동조합(법인 어촌계 포함) 및 지역별·업종별 축산업협동조합으로 하였다.

그리고 저축장려기금은 「저축증대와근로자재산형성지원에관한법률」에 준하여 한국은행의 출연금, 정부의 출연금·기금의 운영수익으로 조성하되, 재원의 원활한 조성을 위해 정부는 매 회계연도 마다 저축장려금 소요액의 ½ 이상을 출연하고 기금의 운용결과 발생한 결손금은 다음 연도에 전액 보전하도록 하였다.

또한 저축기관이 이 법에 의하여 저축으로 조성한 자금은 농수축산자금으로 운용하도록 하였으며, 저축계약자가 받는 이자소득과 장려금에 대하여 소득세, 증여세 또는 상속세를 면제하였다.

농어가목돈마련저축의 취급과 장려금 지급이 법으로 보장됨에 따라 높은 수익률(기본금리+장려금)을 바탕으로 상품의 확대 보급이 가능해졌으며, 농업인의 저축의욕을 고취시켜 농업인의 재산증식에 크게 기여하게 되었다. 이와 함께 농협 상호금융의 경쟁력이 강화되었으며, 농업자금 확대 공급의 기반을 마련하게 되었다.

<표 4-13> 농어가목돈마련 저축장려금 조성 및 지급현황

(단위: 백만원)

구 분	1976년~1982년	1983년	1984년	1985년	1986년~1989년
수령액	17,185	585	4,140	1,511	74,762
지급액	7,335	6,047	10,005	7,351	67,445
잔 액	9,850	4,388	△1,477	△7,317	0

(4) 한마음종합통장 도입

한마음종합통장은 예금거래와 대출거래를 함께 할 수 있는 편리한 종합금융제도로서 금융자율화 진전에 따라 1982년부터 각 금융기관에서 고객서비스의 일환으로 앞다투어 도입하였다. 농협은 1983년 초 조합원에게 상호금융 이용을 위한 적극적인 유인동기를 부여하고, 고객의 조합출입에 따른 불편을 제거하는 등 양질의 금융서비스를 제공함으로써 농촌저축의 안정적 성장을 도모하고자 한

마음종합통장 도입을 검토하였다. 그리하여 1983년 5월부터 예수금 10억원 이상되는 전국 435개 조합에서 한마음종합통장을 우선 실시하였고, 1984년 2월에 전 사무소로 확대하였다.

거래 대상자는 실명의 개인으로서 1계좌만 허용하였고, 거래 가능업무는 자립예탁금을 모계좌로 하여 정기적금 월부금의 자동수납, 정기예탁금 이자의 자동계좌지급, 자립예탁금 대출 거래 등이었으며, 거래유형은 자립예탁금만의 거래, 자립예탁금과 정기적금의 거래, 자립예탁금과 정기예탁금의 거래, 자립예탁금·정기적금·정기예탁금의 거래 등 4가지가 있었다.

한마음종합통장은 바쁜 영농생활과 원거리로 인해 자주 조합을 찾을 수 없는 농업인조합원에게 더없이 좋은 제도였으나 조합원의 인식부족과 홍보미흡으로 이용이 적었고, 전산에 의한 자동처리가 아닌 수작업 처리에 따른 업무번잡으로 직원들이 취급을 기피하여 취급실적이 극히 저조하였다.

(5) 상호부금 실시

상호부금은 총납입회차의 1/3 이상 납입할 경우 계약금액에 상당하는 금액을 융자받을 수 있는 권리가 보장되는 금융상품으로 국민은행법에 따라 다른 금융기관은 취급할 수 없었으나 1982년 12월에 국민은행법이 개정되면서부터 일반 금융기관도 취급할 수 있게 되었다. 농협은 조합 상호금융에 서민금융업무를 도입하여 안정적인 거래선 확보 및 농업인의 중장기 자금수요에 대처하기 위하여 1983년 9월 상호부금을 예수금 10억원 이상 조합 중 희망조합에 먼저 도입하였으며, 다음해 4월 전 조합으로 확대하였다.

상호부금의 가입대상은 실명의 개인이며, 계약기간별 종류는 1년, 2년, 3년, 4년, 5년의 5종이며, 납입방법은 월납, 분기납이 있었다. 농협 상호부금은 농협법의 '비조합원의 사업이용 제한', 농협정관의 '1인당 대출한도의 제한' 때문에 다른 금융기관과는 달리 저축계약금액 및 대출금액이 10만원 이상 1천만원 이하로 한정되었다. 또한 상호부금의 급부는 가급적 생활물자사업과 연계하여 이 자금이 농촌생활금융자금으로 운용될 수 있도록 하였다.

(6) 새로운 학생장학적금

단위조합은 학생들의 저축심을 고취하고 상호금융의 미래고객을 확보한다는 측면에서 조합 업무구역 내의 학교에 학교은행을 설치하고 파출 수납을 실시하는 등 학생예금을 적극 추진하여 농촌 학생예금의 대부분을 유치하였다. 그러나 1983년 1월부터 우체국이 단위조합보다 유리한 학생장학적금을 취급하면서 단위조합과 거래하던 학생예금이 우체국으로 이동하기 시작하였다. 더구나 감사원이 「저축증대시책에 관한 감사결과보고」에서 "학생저축은 이율이 가장 높고 납입조건이 자유로운 상품을 선택"하라고 지적함에 따라 단위조합은 제도의 개선 없이는 학생예금 거래를 계속 유지하기가 어려워졌다.

당시 단위조합에서 학생예금으로 추진한 상품은 자립예탁금과 정기적금이었는데, 자립예탁금은 통장식 예금으로 계약기간과 납입금액의 제한이 없고 수시로 저축할 수 있는 장점이 있는 반면 금리가 연 8%에 지나지 않았고, 정기적금은 적립식 예금으로 금리가 연 10.5%~13%로 비교적 높으나 계약기간이 3년 이내였고 납입금액이 제한되어 있었으며 또한 납입시기도 월 1회로 제한되었다. 이에 비해 우체국 학생장학적금은 계약기간이 1년 이상 졸업할 때까지 자유로웠고, 납입금액과 시기의 제한이 없었으며, 금리도 연 10.5%로 비교적 높아 단위조합에서 취급하는 상품보다 월등히 유리하였다.

이에 따라 상호금융의 저축경쟁력을 유지하고 학생들에게 보다 유리한 저축상품을 제공하기 위해 새로운 학생장학적금 개발을 추진하여 1987년 9월부터 우체국의 장학적금과 동일한 상품을 취급하게 되었다.

<표 4-14> 상호금융 예금상품

구 분		성 격	종 류	최고예입한도 (또는 계약액)	금 리 (연%)	비 고
요구불	별단 예탁금	자기앞수표 발급		제한없음	-	
	보통 예탁금	수시입출금이 가능한 통장식 예금		제한없음	2.0	
저축성	정기 예탁금	일정예탁기간을 정하여 매입하는 증서식 예금	기명식 무기명식	제한없음	4.0~ 12.0	예입기간은 1개월 이상 2년6개월 이내
	정기 적금	일정기간 후 일정금액 지급을 약정하고 매월 일정금액을 납입	계약기간별 12개월제~ 36개월제	제한없음	10.5~ 13.0	
	자립 예탁금	수시입 출금이 가능한 통장식 예금	일반 자립예탁금 국민주청약 자립예탁금	1,000만원 (17세 미만 50만원)	5.7	실명개인으로 1인1 계좌 이내
	장학 적금	불특정 금액의 수시예입		100만원 (미취학아동, 국민학생은 50만원)	10.5	미취학아동, 초·중고등 학생
	농어가 목돈마련 저축	농가의 재산형성 지원을 목적으로 도입한 예금	계약기간 : 3년제, 5년제 납입방법 : 월납제, 분기납제, 반년납, 연납	연간 저축한도 일 반 : 144만원 저소득 : 72만원	13.5~ 21.6	경지면적 2헥타 이하 농가에 정부장려금 (1.5~9.6%) 지급 (저소득농가는 우대)
	농촌주 택부금	농촌주택자금과 연계된 예금	납입방법 : 월납, 분기납, 반년납,	주택규모별 융자금액	3.8	계약기간 : 20년

		연납			
상 호 부 금	정기적금과 비슷하나 일정기간 납입 후 융자를 받을 권리가 부여됨	계약기간 : 1년제, 2년제, 3년제, 4년제, 5년제 납입방법 : 월납, 분기납	1,000만원	9.6~ 10.4	계약기간별로 특별 금리가 차등 지급됨

(주) 1988년 기준

(7) 여신 신상품 개발

상호금융대출금은 일반대출금, 적금관계대출금, 자립예탁금대출, 농어가목돈마련저축대출금, 상호금융중기대출금, 상호급부금, 상호금융단기농사대출금 등 7종이 있었다. 이 중에서 상호금융단기농사대출금은 정부의 영농자금 공급을 위하여 설치된 계정과목이며 다른 대출금은 조합에서 자율적으로 운용하였다. 상호금융은 경제력이 미약한 농업인의 원활한 자금융통을 도모함에 그 목적이 있기 때문에 대출대상자의 범위, 조합별 총대출한도, 비조합원의 사업이용, 1인당 대출한도 등을 엄격하게 규제, 운용하였으며, 대출 대상자는 조합원, 조합구역 내에 거주하는 개인, 조합구역 내에 주소를 둔 법인 및 기타 단체로 한정하였다.

조합별 총대출한도는 상호금융예수금, 상호금융차입금(일시차입금 제외), 특별지원차입금(경영개선자금), 상호금융자금과 통합 운용되는 재정자금차입금의 합계금액에서 상환준비금을 차감한 금액이었다. 비조합원에 대한 대출은 조합원의 이용에 지장이 없도록 하기 위하여 비조합원의 사업이용량은 당해 회계연도 사업량의 3분의 1을 초과할 수 없도록 규제하였다. 또한 1인당 대출한도는 한 사람에 대한 과다한 대출은 규제하고, 채권의 건전화를 위하여 농협법시행령에 따라 중앙회장이 승인하는 경우와 예적금담보대출을 제외하고

는 3천만원 이내에서 조합의 납입출자금, 가입금의 총액과 적립금합
계액의 100분의 10을 초과할 수 없도록 규제하였다. 자금의 용도에
있어서는 영농 및 생산활동에 소요되는 자금에 최우선 지원토록 하
고 투기성자금이나 소비풍조를 조장하는 사치와 낭비자금 등을 규
제하도록 금융기관 여신운영규정을 단위조합 상호금융대출시에도
적용하였다. 1988년말 총대출금 실적은 4조 9,366억원이었으며, 이
중 일반대출금이 3조 9,737억원으로 80%를 차지하였고 적금대출금
5,513억원, 자립예탁금대출금 696억원, 농어가목돈마련저축대출금
845억원, 단기농사대출금 2,207억원, 중기대출금 360억원이었다.

<표 4-15> 상호금융 대출상품

구 분	대출대상자	대출기간	대출비율	비 고
일반대출금	조합원, 준조합원, 조합구역 내 개인, 조합구역 내 주소를 둔 법인 및 단체	2년 이내 단, 예탁금 담보 대출 및 중앙회장이 인정하는 대출 제외	소요자금의 100% 이내	1년 이내에서 상환, 기한연장 가능
적금대출금	정기적금 가입자	3년 이내		
자립예탁금 대출	자립예탁금 거래자	약정기간 : 2년 회전기간 : 1년		
농어가목돈 마련 저축대출금	농어가목돈마련저축 가입자	3년 이내 단, 입금액을 담보로 하는 대출은 당해저의 계약기간 이내		
상호금융중기 대출금	조합원	5년 이내 (거치기간 2년으로 함)	운전자금 : 100% 이내 시설자금 : 70% 이내	전월말 예수금 잔액의 20% 이내 운용
상호급부금	상호부금가입자	상환기간 중 매년 균분상환	소요자금의 100% 이내	
상호금융단기 농사대출금	영농자금취급기준에서 거래한 자	5년 이내 1년 이내		영농자금 취급기준서 별도로 함

(주) 1988년 기준

4. 상호금융 전산화로 경쟁력 강화

1) 상호금융 온라인화 배경과 의미

(1) 수신장비 근대화

이미 은행권에서는 1970년대 중반부터 본격적으로 온라인시스템을 도입하여 예금업무를 처리하였으며, 중앙회도 1979년부터 온라인업무를 도입하였다. 그러나 당시 대부분의 단위조합은 예금회계기등 기초적인 수신장비조차 제대로 갖추지 못한 상태였기 때문에 예금증가와 함께 늘어나는 업무량을 제대로 처리할 수 없게 되어, 고객불편과 함께 금융기관으로서의 공신력 유지가 힘든 상황이 되었다.

이에 따라 1984년 10월 단위조합의 수신장비를 근대화하여 상호금융의 경쟁력을 높이고, 농촌저축을 증대시키고자 중앙회는 단위조합 수신장비 근대화계획을 수립 추진하였다. 당시 단위조합 수신장비 보유율은 예금회계기 12.0%, 자기앞수표발급기 46.8%, 주화계수기 25.9%, 지폐계수기 15.5%였으며, 특히 수신업무의 기본장비인 예금회계기의 보유대수는 260대에 불과하여 미보유사무소가 1,911개에 달하였다.

<표 4-16> 단위조합 사무기계 보유현황

(단위: 대, %)

구 분	필 요 배치대수	1983년 말		1986년 말	
		보유대수	보유율	보유대수	보유율
예금회계기	2,171	260	12.0	1,107	46.8
창구출납회계	2,171	-	-	40	1.8
수표발급기	4,342	2,242	51.6	2,408	55.5
주화계수기	4,342	1,126	25.9	1,121	25.8
지폐계수기	2,171	336	15.5	455	20.9

<표 4-17> 예금회계기 설치 및 예산지원 현황

(단위: 대, 백만원)

구 분	1984년	1985년	1986년	비 고
공급대수	434(134)	143	180	757
지원금액	985	277	332	1,594

(주) 1984년의 (134)는 중앙회 보유분 무상공급 수량임

　단위조합 수신상비 근대화계획의 기본방침은 단위조합 수신장비 개선을 촉진하기 위하여 상호금융특별회계의 예산을 지원하고, 예금회계기를 최우선 공급하여 수기통장을 폐기하며, 예금회계기 외의 수신장비는 희망농협에 공급하는 것 등이었다. 이 방침에 따라 3년에 걸쳐 757대의 예금회계기를 비롯한 수신장비를 공급하였고, 설치 소요자금의 50%에 해당하는 1,594백만원을 상호금융특별회계에서 지원하였다.

　특히 1984년 10월 중앙회의 전사무소가 온라인 설치를 완료함에 따라 중앙회에서 보유하고 있던 미사용 예금회계기 189대 중 사용 가능한 134대를 상호금융특별회계 부담으로 인수하여, 수신장비 개선이 시급하였으나 비용부담 능력이 부족한 단위조합을 선정하여 그 곳에 공급하였다.

(2) 온라인망 구축

　단위조합의 온라인 실시 기본방향을 설정하고, 온라인 실시대상 조합 및 적용대상 업무선정에 참고하고자 1983년 9월 시소재 조합 및 예수금 20억원 이상, 수익이 3천만원을 초과하는 조합 134개를 대상으로 설문조사를 실시하였다. 조사결과에 따르면, 조사대상 조

합의 82.8%인 111개 조합이 온라인 실시를 희망하였으며, 그 중 66.5%인 88개 조합이 1985년 이전에 조기 온라인 실시를 희망하였다. 또 온라인 실시 희망사유로는 대부분의 조합이 인력절감을 위해서라고 대답하였다. 이는 당시 은행권은 온라인 업무가 일반화되었고, 중앙회도 군지부 및 대부분의 지점에 온라인 설치가 완료되어 온라인 업무에 대한 고객의 요구가 증가하였으며, 수기식 또는 기계식 업무처리로는 더 이상 고객 유치가 어려웠기 때문이라 분석된다.

<표 4-18> 온라인 실시 희망 조사 결과(1983)

(단위: 개, %)

구 분	대상조합	실 시 희 망 시 기				실 시 불희망
		1984년	1985년	1985년 이후	계	
도시 소재 조합	72	27	22	10	59	13
읍면 소재 조합	62	24	15	13	52	10
계(구성비)	134(100)	51(38.0)	37(27.6)	23(17.2)	11(82.8)	23(17.2)

이처럼 조사대상 조합이 대부분 온라인 도입을 희망하였으나 몇 가지 문제가 있었다.

당시에 단말기 1대를 설치하는 고정투자비용이 약 2천 2백만원, 연간 유지비용으로 약 1천 9백만원이 소요되어 온라인 실시로 인한 사업신장과 수지개선을 감안하더라도 소요비용을 부담할 수 있는 조합은 그리 많지 않았고, 투자에 상응한 사업신장의 효과도 불확실하였다. 그리고 조사대상 전 조합이 중앙회와 단위조합 간의 온라인 NET거래를 희망하였으나 농협법상 중앙회가 단위조합 업무를 직접 또는 대행할 수 있는 법적 근거가 마련되지 않았고, 금융관계법규에 저촉되는 등의 문제로 환거래가 아닌 전면적인 NET거래는 어려운 형편이었다.

이러한 제약요인이 있었음에도 불구하고, 우체국에서 전국 온라인화를 목표로 1984년 187국에 온라인 설치를 추진하고 지방은행도 온라인 실시에 박차를 가함에 따라 단위조합의 온라인 도입을 더 이상 늦출 수 없게 되었다.

마침내 1984년 11월 단위조합 온라인 추진계획을 수립하여, 각 시도별로 1개 단위조합을 선정하여 시범 실시하면서, NET거래는 단위조합 간에 한하여, 중앙회와의 거래는 환송금 온라인을 이용하도록 하였다. 온라인 실시 조합의 선정기준은 예수금 30억원 이상 조합으로, 고정투자 한도에 여유가 있고 비용부담이 가능하며, 총 사업물량에서 경제사업 점유비가 높은 단위조합 중에서 온라인 실시를 희망하는 조합으로 정하였다.

<표 4-19> 온라인 설치 계획 및 실적

(단위: 대)

구 분	1985년	1986년	1987년	1988년	계
계 획	16	200	200	200	616
실 적	16	143	118	176	453

이러한 추진방향과 선정기준에 따라 1985년 16개 조합에 보통·자립예탁금을 대상으로 온라인을 실시하였다. 실시조합은 서울의 송파·천호 2개 조합, 부산의 대연·금정·명지 3개 조합, 인천의 남인천·남동·부평·서인천 4개 조합, 광주의 남광주조합, 경기 안양조합, 강원 춘천조합, 충남 서산조합, 경북 경주조합, 경남 신현조합, 제주 대정조합 등이었다.

한편 중앙회 신용사업의 전산화를 목적으로 수립된 「제1차 전산화 3개년 계획(1983~1985년)」에 의해 1984년 10월 중앙회 전 점포의 온라인화가 완료되었고, 대부분의 업무를 온라인으로 처리할 수 있게 됨에 따라 1985년 8월 신용사업 종합온라인 개발, MIS 도입, 단위조합 온라인 확대를 내용으로 한 「제2차 전산화 3개년 계획」이 수립되었다. 이 계획은 1986년부터 매년 200개 조합씩 온라인을 설치하여 1988년 말 616개의 조합에 온라인을 실시하는 것이었다. 하지만 예수금이 30억원 이상이고 1985년 말 추정손익 3천만원 이상인 조합이 125개로 추정되어 중앙회의 예산지원 없이는 순조로운 사업추진이 불가능하였다.

따라서 1985년 9월 단위조합 전산화를 촉진하여 금융 경쟁력을 높이고, 농촌·농업자금조달 능력을 제고하고자 온라인 설치 조합에 대하여 단말기 1대 설치에 필요한 고정투자비의 60%를 상호금융특별회계에서 지원하는 방안을 수립하였다.

이후 금융환경의 변화와 중앙회의 강력한 지원으로 1989년 12월 30일 전 단위조합에 온라인망이 구축되었다.

2) 업무 전산화로 발전기반 확충

상호금융 경쟁력 강화를 위한 1차적인 업무 전산화는 기본적으로 이루어졌으나, 아직 경쟁금융기관에 비해서는 미흡한 수준이므로 전산화에 대한 지속적인 투자가 시급하였다. 따라서 1990년대에는 조합의 전산 처리능력을 확대하고, 계통사무소 간 정보교환네트워크와 데이터베이스 구축 등 전산화·정보화에 대한 기반구축을 위해 노력하였다.

상호금융 온라인은 1985년 12월 전국 16개 조합에서 온라인이 처음 도입되면서 시작되어 1986년에는 상호금융 중계업무가 온라인으로 연결되었고, 1989년 12월 30일 마침내 전 조합에 온라인망이 구축되었다. 온라인 도입에 따른 업무 전산화는 1989년 통장식 예금상품 전산화가 완료되고, 1990년에는 일부 적립식 예금과 정기예탁금, 여신업무 전산화가 시범적으로 실시되었다. 1991년에는 전체 금융상품에 대한 전산화작업이 완료되었고, 이후 신상품과 전산 프로그램을 동시에 개발하는 시스템을 갖추었다.

<표 4-20> 상호금융상품 업무 전산화 과정

구분	1989년	1990년	1991년	1992년	1993년
수신	보통예탁금	정기예탁금	-	자유적립적금	농협가족우대통장
	자립예탁금	정기적금	-	효도정기예탁금	복두꺼비정기예탁금
	별단예탁금	농어가목돈마련저축	-	비과세종합통장	-
여신	-	시범실시	전면실시	-	-

그러나 온라인 초창기에는 중앙회와 조합 간 네트거래가 실시되지 않아서 고객들이 많은 불편을 겪어야 했다. 또한 1994년까지도 일부 조합에서는 아직 비온라인 지소가 있을 만큼 상호금융은 중앙회 신용사업에 비하여 온라인 도입 속도가 느린편이었다. 이는 온라인 도입여부를 각 조합의 자율적인 판단에 맡기면서 일부 영세한 조합에서는 고정비용 부담으로 인하여 과감한 전산화가 곤란한 여건에 있었기 때문이었다.

온라인 네트거래(대리취급)는 조합 영업점과 중앙회 영업점의 온라인 사무소를 하나로 연결하여 상호 간에 예(탁)금의 입·출금거래를 가능하게 하는 제도로서 고객이 중앙회 지점에서 조합통장으로 입·출금거래를 할 수 있도록 하는 것이다.

조합 온라인이 도입된 초창기에는 중앙회와 조합 간에 이러한 온라인 네트거래가 불가능하여 고객들로부터 많은 불만이 제기되었다. 이는 조합과 중앙회 간 예금상품 체계와 세제 등 업무와 상품 성격이 서로 달라 네트거래 전산개발 작업을 비롯하여 실무상 많은 어려움이 있어 단계적으로 실시하고 있었기 때문이다.

자기앞수표 발급과 지급은 중앙회와 조합의 상품성격이 동일하였기 때문에 비교적 빠른 1987년 7월부터 중앙회와 조합 간 네트거래가 이루어졌다. 그러나 보통예탁금 네트거래는 이보다 훨씬 늦은 1989년 3월에 조합의 정관개정으로 중앙회업무의 대리취급 근거를 확보하고, 1990년 3월 회장재결 제183호로 기본방침을 확정하여 1990년 12월에야 비로소 조합 보통예탁금과 중앙회 보통예금 간에 네트거래가 실시되었다. 이어서 1992년 7월에는 회장재결 제135호에 따라 조합 자유저축예탁금과 중앙회 자유저축예금 사이에 온라인 네트거래가 이루어졌다.

요구불예금의 성격을 가진 자기앞수표와 보통예탁금, 자유저축예탁금의 경우는 상호금융과 중앙회 신용사업 간에 별 의견차이가 없어 네트거래가 쉽게 이루어질 수 있었다. 그러나 저축예탁금 네트거래는 중앙회 관련 부서마다 의견을 달리하여 도입에 많은 어려움을 겪어야 했다. 자립예탁금과 저축예금은 비교적 고금리 예금으로 개인의 재산증식 수단으로 활용되는 저축상품인데 금리와 세제상의 혜택, 편리성(자동대출제도) 등에서 자립예탁금이 훨씬 유리하기 때문에 중앙회 저축예금이 조합의 자립예탁금으로 대거 이동할 수 있다는 우려를 가지고 있었던 것이다. 뿐만 아니라 예금 거래 대상이 실명의 개인으로 1인 1계좌만 가입이 가능하였기 때문에 조합과 중앙회 영업점 간의 경쟁을 우려하는 목소리도 있었다.

이러한 반대 의견에도 불구하고 상호금융부에서는 은행권이 이미 타행환을 취급하고 있고, 수협도 1991년 4월부터 입출금이 자유로운 모든 통장식 예금(자립예탁금 포함)의 네트거래를 실시하고 있어 다른 금융기관과의 형평을 유지하기 위해서도 저축예탁금의 네트거래가 불가피함을 강력히 주장하였다. 이에 따라 1992년 8월 회장재결 제395호로 기본방침을 확정하여 1992년 12월 10일 자립예탁금 온라인 네트거래를 실시하게 되었다.

이로써 중앙회의 보통·자유저축·저축예금과 조합의 보통·자유저축·자립예탁금 등 모든 통장식 예금의 입금·지급·무통장입금·통장기장 등의 거래가 전국 농협점포 어디서나 가능해짐으로써 4천여개의 온라인 네트워크가 하나로 연결되었다.

또한 농협 전체를 보면 조합과 중앙회를 이용하는 전체 고객에게 이용편의를 제공할뿐 아니라 전국 4천여개의 온라인점포를 하나로 연결함으로써 다른 금융기관에 대한 경쟁력이 한층 강화되어 농협 전체의 예금 규모 확대가 가능하였다.

<표 4-21> 저축예금과 자립예탁금 상품 비교

구 분		중앙회	조 합
명 칭		저축예금	자립예탁금
금 리		연 5.0%	연 6.0%
한 도		3,000만원	2,000만원
이자지급		3개월마다 원금에 가산	
가입대상		실명의 개인	
현황	좌수	3,371천좌	6,104천좌
	잔액	7,614억원 (총예금의 7.1%)	3조 6,383억원 (총예금의 22.2%)

통장식 예탁금의 네트거래에 이어 전화료 자동납부제도(1992.11)와 전기료 자동납부제도(1993.5)가 도입되었다. 1994년 6월에는 현금자동지급기에 의한 현금카드(협동 및 BC협동카드) 지급 대상예금이 보통·저축·자유저축예탁금으로 확대되고, 9월에는 기업자유예금과 가계당좌예금까지 확대 적용되어 조합 고객은 중앙회 영업점을, 중앙회 고객은 조합 영업점을 편리하게 이용할 수 있게 되었다. 또 1995년 11월에는 조합에서 전국 32개 시중은행과 지방은행에 송금이 가능하게 되었으며, 12월에는 조합에서 중앙회의 당좌예금, 가계당좌예금의 입금과 기업자유예금의 입금 및 지급이 가능하게 되었다.

<표 4-22> 온라인 사무소현황

(단위: 개, %)

구 분	총사무소	상호금융 취급 사무소		온라인 실시 사무소	
		사무소수	비율	사무소수	비율
본 소	1,403	1,403	100.0	1,403	100.0
지 소	1,372	1,331	97.0	1,317	98.9
계	2,775	2,734	98.5	2,720	99.5

(주) 1. 1994년 3월 10일 기준
　　 2. 1,359개 지역농협 중 비온라인 지소는 14개 사무소

1. 취급업무의 다변화

1990년대에 들어와 상호금융은 지속적인 예대마진 축소에 대비하여 수수료 수입 증대를 위한 새로운 사업개발과 제휴업무 도입, 취급업무 다변화 등에 노력하면서 공과금 수납, 금융전산망 가입과 국고수납 대행 등 다양한 금융부대업무를 개발하였다.

1) 공과금자동이체 개시

조합에서 금융부대업무로 1992년 11월 15일 한국전기 통신공사와 전화료 자동이체 계약을 맺고 1993년 5월 11일에는 한국전력공사와 전기료 자동이체 계약을 체결하여 공과금 자동이체서비스를 개시하였다. 공과금(전화료, 전기료, 할부금 등)계좌 자동이체는 고객에 대한 서비스자동이체란 전화료, 전기료 등 정기적, 계속적으로 납부해야 하는 각종 대금을 수납기관(수취인), 납부자(지급인) 및 농협 간 사전 약정에 의하여 납부자가 거래농협에 자동납부신청을 하면 해당 납기일에 농협이 납부자의 지정된 예금계좌에서 결제

대금을 출금하여 수납기관의 예금계좌로 자동이체 해주는 대량수납 제도이다. 조합이 금융공동전산망에 가입하기 전에는 금융결제원을 통한 결제방식이 아닌 수납기관과의 직접 결제방식(전화료, 할부금) 또는 중앙회가 대리 처리하여 주는 방식(전기료)으로 제공뿐만 아니라 금융기관의 경영에도 직·간접적으로 많은 도움을 주는 제도이다. 은행권에서는 금융자율화와 함께 소매금융을 확대하기 위한 전략으로 자동이체계좌 확대를 통한 고정고객 확보에 주력하고 있었으며, 조합은 1995년 6월 금융공동전산망에 우체국과 함께 가입하면서 농촌지역을 중심으로 자동이체계좌 선점경쟁을 펼쳤다.

자동이체란 전화료, 전기료 등 정기적, 계속적으로 납부해야 하는 각종 대금을 수납기관(수취인), 납부자(지급인) 및 농협 간 사전 약정에 의하여 납부자가 거래농협에 자동납부신청을 하면 해당 납기일에 농협이 납부자의 지정된 예금계좌에서 결제대금을 출금하여 수납기관의 예금계좌로 자동이체 해주는 대량수납제도이다. 조합이 금융공동전산망에 가입하기 전에는 금융결제원을 통한 결제방식이 아닌 수납기관과의 직접 결제방식(전화료, 할부금) 또는 중앙회가 대리 처리하여 주는 방식(전기료)으로 자동이체업무를 실시하여 왔다.

<표 4-23> 자동이체 개시현황

구 분		개 시 일 자	비 고
공 과 금	전 화 료	1992년 11월 15일	한국전기통신공사
	전 기 료	1993년 5월 11일	한국전력공사
	농업인연금	1995년 8월 1일	국민연금관리공단
할 부 금	현 대 자 동 차	1994년 6월 17일	
	삼 성 전 자	1994년 11월 28일	
	금성사(LG전자)	1995년 1월 12일	

농촌금융시장에서 경쟁관계에 있는 조합과 우체국은 금융공동전산망에 가입하면 계좌이체업무를 훨씬 다양하게 취급할 수가 있어 고객에 대한 폭 넓은 서비스 제공이 가능해짐에 따라 기존고객 관리 및 신규고객 확보에 유리할 것으로 기대하였다. 이에 따라 우체국이 먼저 금융공동전산망 가입에 대비하여 자동이체계좌 확대를 추진하였고, 농협이 이에 적극적으로 대처하지 않을 경우 단기적인 고객 이탈은 물론 장기적으로 상호금융의 고객저변이 약화될 우려가 있었다.

또한 공동전산망 이용에 따른 금융기관 간 CD・ATM 공동이용, 타행환 실시 및 홈뱅킹(Home-Banking), 펌뱅킹(FirmBanking) 서비스 등이 개시되면 고객의 금융거래는 점차 하나의 금융기관을 전속거래하는 형태를 띠게 될 것으로 예상됨에 따라 조합에서는 자동이체 예금계좌 선점으로 단골 고객을 최대한 확보하기 위하여 자동이체계좌 확대운동에 나서게 되었다.

자동이체업무 도입으로 농협 이용고객은 공과금 납부를 위하여 금융기관 창구에 나올 필요가 없어 시간과 경비를 절약할 수 있었으며, 현금소지에 따른 분실・도난의 위험과 납부고지서 및 영수증 관리의 불편을 피할 수 있게 되었다. 또한 납기경과로 인한 연체가산금 부담을 덜어 주었다. 특히 농촌지역 주민에게는 도시수준의 금융서비스를 향유한다는 심리적 만족감을 제공할 수 있었다.

한편 농협의 입장에서는 창구업무 간소화로 업무의 효율화・능률화에 따른 생산성 향상과 더불어 고객서비스 개선효과를 거둘 수 있었고, 예금계좌 확대로 저리 유동자금 흡수를 통한 저축증대와 취급 수수료 수입으로 조합 경영개선 효과도 얻을 수 있었다. 또한 자동이체 고객은 특별한 이유가 없는 한 계좌개설 금융기관을 자주 이용하기 때문에 상호금융 추진기반을 확대하는 효과도 있었다.

농협은 농업인을 주 고객으로 하는 농업금융과 지역에 뿌리를 둔 지역금융기관으로서 예금·대출·금융 부대서비스 및 각종 생활정보까지도 제공하는 지역종합금융기관으로 발전해 나가야 할 과제를 안고 있다. 이를 위해서는 지역밀착화 전략을 추진함과 동시에 농협의 장점인 지역성, 연고성을 기반으로 한 가계 소매금융의 확대에 주력해야 하며, 그 출발점은 가계거래의 지속성이 보장되는 공과금 자동이체 결제계좌를 많이 확보하는 것이다.

2) 지방세 수납지역 전국 확대

정부는 지방세 수납지역 제한에 따른 문제점을 개선하고 관외 거주자의 납세편의를 증진시키기 위하여 우체국으로 한정되어 있던 '전국망 지방세 세입금수납 대행점'을 농협중앙회와 추가 계약하여 1994년 4월 1일부터 조합에서도 지역에 관계없이 전국의 지방세를 수납할 수 있게 되었다. 이로써 농협이 정부기관인 우체국과 동일한 금융 서비스를 제공하게 되어 공공 금융기관과의 경쟁에서 우위를 확보할 수 있게 되었다. 또한 고객에게 "편리한 은행"의 이미지를 심어 주어 타 금융기관과의 차별화 전략 추진과 저원가성 예금자원 확보에 힘을 실어 주었다.

▶ 수납대상 지방세 ◀

＊ 시도세 : 취득세, 등록세, 면허세, 마권세, 공동시설세, 지역개발세
＊ 시군세 : 주민세, 재산세, 종합토지세, 자동차세, 농지세, 담배소비세, 도축세, 도시계획세, 사업소세

---

3) 농어민연금보험료 수납대행

농협과 국민연금관리공단이 농어민연금보험료 수납대행계약을 체결하여 1995년 8월 1일부터 조합에서 농어민연금보험료를 수납하게 되었다. 이에 따라 농어업인 고객들은 농어민연금 가입, 자격변동 신고, 보험료자동이체, 연금수령 등의 민원업무를 농협창구에서 일괄적으로 치리할 수 있게 되었으며, 보험료가 부족한 경우에도 자립예탁금대출을 이용하여 대납할 수 있게 되었다. 조합의 입장에서는 정책사업에 적극 협조함으로써 농어업인에게 신뢰감을 높이는 한편 연금관련 정보를 저축추진 정보로 활용하거나 농협상품과 연계추진도 할 수 있게 되었다. 또한 앞으로 농어업인의 고령화 추세에 따라 연금소득의 비중이 높아지게 되면 농어민연금이 농어촌지역에서 최대의 저축기반이 될 것으로 전망되었다.

4) 국고 취급

지방화시대를 맞이하여 지역주민과 지방자치단체 등 지역경제를 구성하는 경제주체의 소득개발 활동이 활발해져 부가가치세 등 국세 납부자가 늘어날 뿐만 아니라 농촌지역의 자동차 증가로 교통 범칙금 납부자가 증가하여 국세 납부제도 개선에 대한 농촌지역 주민들의 여론이 고조되었다. 이에 따라 농협은 조합에서도 국고금 수납업무를 취급할 수 있도록 관계당국에 수차례에 걸쳐 건의 하였는데, 당시 다음과 같은 논리로 정부당국을 설득하였다.

또한 조합의 국고금 수납능력에 대하여 우려하는 정부와 한국은행측 실무자들에게 조합이 이미 1994년 금융전산망에 가입하여 지로수납업무를 하고 있으며, 1994년부터 취득세와 등록세 등 각종 지방세 수납업무를 수행하고 있고, 1995년 농업인 연금보험료 수납대행기관으로 지정된 사실을 들어 설득하였다.

농협의 끈질긴 농정활동으로 1996년 4월 17일 「한국은행국고금 취급규칙(총리령제568호)제3조 제1항」이 개정되어 마침내 조합이 국고금을 수납할 수 있게 되었다.

가. 농업협동조합법에 의하여 설립된 농업협동조합
나. 수산업협동조합법에 의하여 설립된 수산업협동조합
다. 축산업협동조합법에 의하여 설립된 축산업협동조합

이와 관련하여 상호금융부에서는 지역농협의 국고수납업무사무준칙 세부절차를 한국은행측과 3개월에 걸쳐 협의한 끝에 「한국은행국고금취급규칙제3조제1항」, 「국고대리점및국고수납대리점운영규정(한은규정)제6조제2항」에 의거하여 계약을 체결하였다. 농협중앙회와 한국은행이 국고수납대리점 추가계약을 체결하고, 다시 농협중앙회와 지역농협 간에 국고수납사무 재위탁계약을 맺어 사업을 실시하게 된 것이다. 이 계약에 따라 1996년 7월 1일부터 전국 1,351개 지역농협 본소에서 국고금수납점 간판을 걸고 국고금 수납업무를 개시하였다.

도입 첫 해인 1996년에는 6개월간 47만 9천건에 2,642억원의 국고금을 수납했으며, 1997년에는 136만건 7,960억원의 국고금을 수납하여 농촌주민들의 국세납부에 따른 불편을 해소하였다. 이것으로 조합의 금융서비스 기능을 획기적으로 개선하고 국가예금 취급기관으로서 대외적인 공신력을 높일 수 있게 되었다. 그러나 국고금 수납점이 지역농협 본소로 한정됨에 따라 지소와 전문농협에서 직접 국고금을 수납하지 못하는 불편이 있었다. 이후 지역농협의 지소와 전문농협에서도 국고금을 수납할 수 있도록 농정활동을 꾸준하게 전개하였으나 지역농협 본소 합병으로 지소가 되는 경우에 국고금 수납점 자격을 유지하는 정도에 그쳤다.

5) 행정민원서류 발급

행정민원서류 발급대행을 위하여
행정자치부와 금융연합회 사이에
여러 차례 업무협의가 있었으나 금
융기관에 돌아가는 경제적 실익이
없다는 이유로 무산되었다. 그러나
조합은 농업인조합원과 지역주민에 대한 봉사를 위하여 민원서류
발급대행을 계속 추진할 필요가 있었다. 그래서 상호금융부에서 그
책임을 맡아 1996년 농업인실익사업의 과제로 선정하여 적극적으
로 추진하였다.

타 금융기관을 배제한 농협과의 단독 계약 체결은 곤란하다는 행
정자치부 실무진들을 설득하고 정부 관계당국에 여러 차례에 걸쳐
건의한 결과 「민원사무처리에관한법률」제5369호가 1997년 8월 22
일 제정 공포되었으며, 1997년 12월 31일 「민원사무처리에관한법
률시행령및시행규칙」이 제정·공포 되었다. 이 시행령에 조합을 행
정민원서류 발급대행기관으로 지정하는 조항이 신설되었다. 이어서
1998년 3월 6일 대법원 호적예규 개정으로 관계 법령 개정작업이
마무리됨에 따라 1998년 3월 21일 행정자치부와 농협 간에 행정민
원서류발급대행협약을 체결하여 마침내 1998년 4월 1일 농협에서
행정 민원서류발급 서비스를 개시하게 되었다.

＊ 취급근거 → 「민원사무처리에관한법률제5조제1항」
＊ 「민원사무처리에관한법률시행령제11조제1항법제5조제1항」의 '대통령령이 정
　하는 법인'이라 함은 농업협동 조합법에 의거 설립된 농업협동조합중앙회와
　농업협동조합을 말한다.

상호금융부는 협약체결을 위한 대외활동을 전개하면서 내부적으로 사업시행에 대비하여 전국 지역 농협 3,184개 본·지소에 행정민원 전용 PC와 행정민원서류 발급대행기관이라는 보조간판을 조제 보급하였다. 원활한 업무개시를 위하여 지역본부 담당책임자의 업무연수를 실시하여 지역본부 단위로 관내 조합의 민원업무 담당자를 교육하도록 하였으며, 행정자치부 실무자 및 전산 프로그램 담당자를 초빙하여 실질적인 강의가 이루어지도록 지원하였다. 또한 조합에서 행정민원서류 발급 업무를 처음 취급하는 점을 감안하여 연수교재와 전국 조합 사무소와 행정관서 코드집을 조제 배부하는 등 사업준비에 만전을 기하였다.

이와 함께 농협의 민원업무 취급을 알리는 대내적인 홍보활동을 통하여 농협의 공익성을 집중 부각시킴으로서 경쟁금융기관인 우체국과 새마을금고, 신용협동조합 등과의 차별화 전략을 구사하여 지역 금융기관으로서 상호금융의 위상을 높였다.

농협의 행정민원업무 발급과정을 설명하면 다음과 같다. 민원인으로부터 민원 발급신청을 받은 조합 (지소 포함)에서는 접수된 신청사항을 해당 증명기관에 FAX로 통보하고, 농협으로부터 신청서를 송부 받은 증명기관(행정기관)은 해당 민원서류를 발급하여 신청받은 농협에 FAX로 송부하게 된다. 증명 기관(행정기관)으로부터 해당 민원서류를 송부받은 농협은 수입증지를 붙이고 사무소장의 직인을 날인하여 민원 신청인에게 교부한다. 즉 조합의 사무소장이 행정관서장의 위치에서 민원서류를 발급하는 것이나 마찬가지의 효력을 가지는 것이다. 물론 조합은 행정관서와 마찬가지로 발급수수료와 증명비용을 민원서류 발급신청인에게서 받는다.

당초 농업인조합원에게 봉사한다는 도입 취지를 살려 농업인 조합원(배우자 포함)이 소속농협에 본인서류를 직접 신청하는 경우에는 수수료를 면제하였다. 수수료 면제에 대한 비용부담은 상호금융특별회계에서 예산을 편성하여 지원하였다.

FAX를 통하여 민원서류를 발급하기 때문에 직접 행정관서를 방문하여 발급받는 것보다는 다소 시간이 걸리는 문제가 있기는 했으나 민원처리시간은 접수 후 최장 4시간 이내(단, 토지이용 계획확인원은 접수 후 8시간 이내)를 원칙으로 하였다. 행정관서와 이웃하고 있는 일부 사무소의 경우 구태여 행정민원을 취급할 필요가 없다는 의견이 제시되기도 했으나 행정관서와 거리가 먼 농촌지역의 특성상 조합원들과 지역주민들로부터 많은 호응이 있었으며, 감사의 표시가 각 언론사로 전달되었다.

행정민원서류 발급대행은 농촌과 산간오지의 농업인조합원들에 대한 민원편익을 증대시켰으며, 재택신청 재택교부를 통하여 조합원과 고객에 대한 무한봉사 정신을 구현하였다. 농업인 본위사업으로 농업인에게 직접적인 수혜를 제공했을 뿐만 아니라 지역밀착 금융기관으로서 조합의 위상을 강화하고 행정민원서류 발급기관으로서 대외 공신력을 높이는 효과를 거두게 되었다.

6) 조합 카드업무 개시

1987년 5월 신용카드업법 제정 당시부터 조합의 신용카드업무 취급을 검토하여 이를 꾸준히 추진하여 오다가 1989년 5월 상호금융부에 "농촌카드개발반"을 설치하여 조합원의 소속조합 거래만을 위한 조합이용카드(농촌형종합카드)를 검토하였다. 이후 1992년 5월 "농촌카드개발반"의 업무를 인수한 카드사업단은 여기에 카드의 범용성, 가맹점을 통한 수익원 확보 등의 기능을 추가하여 조합 간 제휴방식에 의한 제휴카드(비씨협동카드)를 개발하였고, 1993년 4월 3일 재무부의 인가를 받아 1993년 11월 22일 협동카드와 비씨협동카드를 발급하면서 대리취급 형태를 취하기는 하였지만 조합도 본격적으로 신용카드업무를 시작하게 되었다.

조합이 카드사업을 취급하게 됨으로써 조합원과 준조합원의 거래를 간소화하고, 이용 편의를 제공한 것은 물론 농촌지역으로 신용카드 보급을 확대할 수 있게 되었으며, 조합 신용사업의 대외 경쟁력이 한층 강화되는 계기가 되었다.

또한 농협 카드사업 측면에서도 그 의미는 매우 컸다. 첫째, 제2금융권 가운데 국내 최초로 조합이 신용카드업무를 취급하게 되었고, 신용사업상품의 경쟁력을 향상시켜 종합농협의 위상을 높일 수 있었다. 이로써 조합은 제1금융권과 거의 동등한 위치에 설 수 있게 되었으며, 당시 농어촌 지역에서 경합하고 있던 우체국과의 경쟁에서도 앞설 수 있는 기회가 되었다. 둘째, 농업인 조합원에게 보다 선진화된 금융서비스를 제공하게 되었다. 당시만 하여도 조합에서 카드회원 모집은 할 수 있었지만 중앙회를 통해서만 발급할 수 있도록 되어 있어 조합원들은 카드발급과 이용에 불편을 겪었으며, 카드보급은 활성화되지 못했다. 하지만 어려운 여건 속에서도 전임직원의 꾸준한 노력으로 조합도 신용카드를 취급할 수 있게 됨으로써 조합이 지역성을 극복하고 농촌사회에 선진 금융상품을 제공할 수 있게 된 것이다. 셋째, 조합원의 조합 거래방식에 획기적인 변화를 가져다주었다. 당시 조합에서의 모든 거래는 인감(도장)과 증서에 의해 이루어지고 있었다. 하지만 조합의 신용카드업무 취급을 계기로 금융 및 영농자재 외상거래 등이 카드와 연계되어 이루어짐으로써 조합원과 조합 사이의 거래가 훨씬 간편해진 것이다. 넷째, 농협과 비씨카드사의 정책적인 입장에서도 그 의미는 상당히 큰 것이었다. 농어촌지역에 점포가 없는 전문계 카드사들이 우체국을 통해 카드시장을 점차 확대해 나가려는 움직임에 대해 전국적인 영업망과 조직력을 가진 조합의 카드사업 참여가 확실한 대응방안이 되었던 것이었다.

또한 주로 도시지역 위주의 결재수단으로 여겨지고 있던 기존의 신용카드 이미지를 불식시키는 계기도 되었다. 농어촌지역 가맹점을 선점하고 농어촌지역까지 카드이용에 불편이 없도록 하여 조합원 및 도시민 회원 모두에게 이용편의를 제공함으로써 지역적 편차 없는 대고객 서비스가 가능해진 것이다. 이는 곧 농협 카드사업의 활성화와 비씨카드의 시장방어 및 확대전략으로 이어졌다.

이후, 조합의 원활한 카드사업 수행을 위하여 카드발급부터 카드수령까지 20일~30일이 소요되던 협동카드 발급 및 발송시스템을 개선하기 위해 1994년 12월 당시 국내 카드사 중 일부에서만 보유하고 있던 최첨단 카드발급기(모델명 DC9000)를 도입하여 신속한 카드발급과 발송을 위한 자동화시스템을 구축하였다.

1994년 2월에는 조합원을 대상으로 발급하던 비씨협동카드를 준조합원까지 확대하였으며, 1995년 5월부터는 비씨카드 회원자격기준과 동일하게 일반인도 가입할 수 있도록 하여 조합의 카드사업은 더욱 확대되기 시작하였다.

1990년대 중반 이후 카드업계는 국내경기 침체 영향으로 카드연체 증가에 따른 관리비용의 증가 등으로 수익성이 악화되기 시작하였으며 회원 자격기준을 강화하였다. 여기에 1997년 카드시장 개방으로 대규모 자본과 선진 금융기법으로 무장한 외국계 은행인 씨티

(Citi)은행, HSBC의 국내 진출과 현대, 롯데, SK 등 대기업의 카드시장 진출 시도 및 비씨카드 회원은행 간 복수발급 허용 등 카드사 간 경쟁은 더욱 치열해져 갔다.

1997년 말에는 그 동안 경험해 보지 못한 IMF금융위기를 맞아 1998년부터 IMF지원체제로 전환 되었다. IMF지원체제는 환율과 금리상승, 투자위축, 소비억제, 기업 및 금융기관 구조조정 등으로 실업률 증가와 개인의 실질소득 감소를 낳았고, 사회적·심리적 요인에 의해 카드사용 자제분위기가 확산되었다. 이는 결국 이용액 감소와 카드연체 증가로 이어졌다. 또 부실 금융기관으로 판정받은 5개 은행(대동, 동남, 동화, 경기, 충청)이 퇴출되는 상황까지 발생하기도 하였다. 농협은 IMF지원체제 하에서도 카드사업의 어려움을 극복하고 내실 있는 사업추진을 위하여 최선을 다했다.

먼저 신규·갱신회원에 대한 자격기준을 강화하였다. 부도업체 근무자에 대한 카드발급을 억제하는 등 우량회원 위주로 카드를 추진하는 한편, 개인·기업회원에 대한 이용한도 축소, 할부기간 단축, 이용한도가 최고 5천만원인 특별회원제도 중지 등 부실발생을 최소화하기 위한 조치들을 취했다. 또한 카드론 운영기준을 강화하였으며 채권회수 비상대책반 운영 등 총체적인 연체관리 체계를 구축하였다.

7) 상호금융예금자보호제도 도입

예금자보호제도란 불특정 다수의 일반인으로부터 예금을 수입하는 금융기관이 모여 특정한 보험 기구를 만들고, 일정 요율의 보험료를 징수하여 적립해 두었다가 가입 금융기관이 경영부실 등으로 파산하였을 때 금융기관을 대신하여 예금자의 예금액을 일정 한도까지 변제하여 주는 제도를 말한다.

상호금융예금자보호제도는 금융개혁으로 인한 금리위험과 신용위험, 경영 부실화에 따른 조합의 예금지급 불능사태에 사전 대비하여 조합 예탁금의 환급을 보장하고 예금자의 재산을 보호하기 위하여 1998년 1월에 도입되었다. 이 제도의 도입으로 상호금융은 금융위기에 따른 예금의 대량인출 사태를 예방하여 전체 금융시스템의 안정성을 유지하고, 농협예금에 대한 공신력과 상호금융의 경쟁력을 확보하게 되었다.

특히 신용협동조합과 새마을금고에 이어 은행권이 예금자보호제도를 이미 실시함에 따라 상호 금융의 대외 신용도 향상을 위해서도 예금자보호제도 도입이 무엇보다 절실하였다.

1995년 8월 31일 재정경제원에서 공고한 예금자보호법안에 대하여 농협의 의견을 제출하면서 본격적으로 예금자보호제도 도입이 거론되었다. 그리고 1996년 10월 상호금융예금자보호제도 도입 방안을 수립하고 실무협의를 거쳐 1997년 6월에 임원회의와 이사회에 보고하였으나 추후 검토하기로 하였다. 그러나 IMF 경제위기에 따른 금융불안과 함께 금융기관의 안전성에 대한 고객의 관심이 집중 되어 1997년 11월 11일 조기도입을 결정하고, 농협 자체적으로 상호금융예금자보호규정을 제정하여 1998년 1월 1일부터 상호금융예금자보호제도를 시행하게 되었다.

상호금융을 실시하는 조합은 의무적으로 예금자보호기금에 가입하여야 하며, 조합이 납입하는 보험료는 은행권과 동일한 수준인 0.03%로써, 보장한도 역시 은행권과 동일하게 2천만원까지로 하되

2000년 말까지 한시적으로 전액 보장하고, 조합에서 취급하는 모든 예금을 보호대상으로 정하였다.

보험한도를 전액보장으로 결정한 것은 상호금융 예수금 분포로 볼 때 원리금 전액 보장이 한정보장 (2천만원)과 크게 차이가 나지 않았고, 상호금융의 신뢰 제고와 이미지 개선에 유리하다고 판단하였기 때문이다. 당시 예수금의 분포를 살펴보면, 전체 예금 중에서 2천만원 이하의 예금계좌수가 96.64%, 3천만원 초과 계좌수는 0.19%에 지나지 않았으며, 예금액 기준으로 2천만원 이하의 예금이 90.04%를 차지하고 3천만원 초과 예금은 7.55%에 불과한 형태를 보였다.

▶ 상호금융예금자보호제도 주요 내용 ◀

* 가입대상 및 방법
 - 가입대상 : 상호금융을 실시하는 조합
 - 가입방법 : 의무가입
* 보험요율과 한도
 - 보험요율 : 0.03%(은행권과 동일)
 - 보험한도 : 2천만원(은행권과 동일)
       2000년까지 원금과 이자 전액 보장
* 보호대상 예금 및 보호기준
 - 보호대상 예금 : 조합에서 취급하는 모든 예금
 - 보호기준 : 개인별 총 보호대상에서 차입금을 공제한 순예금
* 기금설치
 - 상호금융예금자보호안전기금을 상호금융특별회계 내에 설치
 - 공정성을 기하기 위해 기금관리위원회 구성
  ·위원장 : 상호금융담당 부회장, 위원 : 11인(조합장 이사 5명 포함)
  ·의결사항 : 기금조성, 보험금 지급 등 주요사항
* 기금의 운용
 - 조합의 예금지급 불능사태시 예금자 대위변제
 - 경영정상화를 위한 기금의 대출
 - 농협법상 여유자금 운용 및 기금관리 규정에 준하여 상호금융특별회계에서 운용

또 조합에서 납입하는 보험료를 관리하기 위하여 상호금융특별회계 내에 상호금융예금자보호안전기금과 사무국을 설치하고, 관리의 공정성을 기하기 위해 상호금융담당 부회장을 위원장으로 하고, 조합장 이사 5명을 포함하여 1인으로 기금관리위원회를 구성하여 기금조성과 보험금의 지급 등 중요 사항을 의결하도록 하였다.

다른 예금보호기관의 보험요율과 관련하여 1997년 동향을 살펴보겠다. 먼저 예금보험공사는 시행령을 개정하여 은행권의 보험요율을 0.02%에서 0.03%로 증액하기로 결정하였다. 신용관리기금 역시 종합금융회사의 보험요율을 0.08%에서 0.12%로 증액하였고, 신용금고의 보험요율은 상대적으로 높아 0.15%를 그대로 유지하기로 하였다. 한편 신용협동조합 역시 보험요율을 0.06%에서 0.18%로 인상하는 방안을 검토하고 있었다(신협은 나중에 예금보험공사에 가입). 이러한 다른 보험기관의 동향을 고려하여 상호금융부에서는 보험요율과 보험한도, 기금운용방법 등에 대하여 조합의 여론을 조사하였다.

1997년 5월 상호금융제도개혁협의회에서 조합의 의견을 수렴한 결과, 보험요율은 은행권(농협중앙회 포함)과 신협권의 중간 수준인 0.04% 수준이 적당하다는 의견이 많았으며, 보험한도는 국내 금융기관 중 최고수준인 3천만원까지 보장하자는 의견이 많았다.

반면에 대의원 조합장 설문조사 결과를 보면 165명의 응답자 중 상호금융의 경쟁력 확보를 위하여 예금자보호제도를 최대한 빠른 시기에 실시하자는 의견이 86명으로 52.4%였으며, 일정기간 경과 후 실시하자는 의견은 71명으로 43.3%였다. 보험요율에 관한 의견은 최소 수준인 0.03%가 좋다는 응답자가 124명으로 전체의

75.6%를 차지했으며, 보험한도는 2천만원 이하가 84명으로 51.2%였으며, 3천만원이 좋다는 응답자는 58명으로 35.4%에 그쳤다.

한편 상호금융은 예금보험공사 가입의 타당성을 검토하기 위하여 예금보험공사의 입장을 타진한 결과 농협 상호금융이 가입할 경우 보험요율은 상호신용금고 수준(0.15%)이나 자체 운용하는 새마을금고 수준(0.1%)을 요구할 가능성이 큰 것으로 판단되었다. 신용협동조합 역시 당시의 보험요율이 0.06%였으나 상호신용금고 수준을 적용할 것으로 예상하고 있었다. 예금보험공사에서 상호금융에 은행권보다 높은 보험요율을 요구하는 이유는 은행권은 은행 전체가 하나의 법인으로서 지점의 파산 위험이 없지만 상호금융권은 각각이 독립법인으로서 도산의 위험이 많다는 판단 때문이었다.

내부적인 검토 결과 예금보험공사에 가입하여 새마을금고나 신용금고와 동일한 보험요율을 부담할 경우 조합의 경영부담이 매우 클 것으로 판단되었다. 1996년 말을 기준으로 새마을금고의 보험요율을 적용하면 전체 조합의 20%, 신용금고 수준을 적용하면 무려 40%의 조합이 적자를 볼 것으로 예상 되었다. 이러한 판단에 따라 우선 자체적으로 예금자보호제도를 시행하고 추후 금융시장의 동향을 면밀히 검토하여 예금보험공사 가입을 검토하기로 하였다

<표 4-24> 예금보험료 납부 시 조합 부담

(단위: %, 백만원, 억원)

구 분	단독실시	새마을금고수준	신용금고수준
보 험 요 율	0.03 (은행수준)	0.10	0.15
조합당 연간 부담액	9	30	45
전 체 보 험 료	130	440	660

2. 농업인 실익사업 추진

1) 자립예탁금대출 확대

자립예탁금은 수시로 입출금이 자유로운 통장식 예금이고, 자립예탁금 거래자가 농협과 추가로 대출약정을 체결하는 것이 자립예탁금대출제도이다. 이 자립예탁금대출은 예탁금잔액이 없더라도 약정한도까지 수시로 대출 또는 상환이 가능하여 고객에게 아주 편리한 대출제도이며 은행권의 당좌 대출과 유사한 대출상품이다.

<표 4-25> 자립예탁금대출의 내용

구 분	내 용
거래대상	·자립예탁금 가입 후 1개월 이상 경과하여 거래실적이 양호한 자 다만, 자산과 신용이 확실한 자에 대하여는 가입과 동시 약정 가능
약정한도	·동일인에 대한 대출한도 이내 - 조합원 및 준조합원 : 5,000만원 이내 - 비조합원 : 3,000만원 이내
약정금리	·연 12.0% ~12.5% (조합별 자율금리)
약정기간	·2년이내 (다만, 2년마다 계속하여 연장 가능)
회전기간	·1년
채권보전	·신용 또는 담보
대출실행	·통장과 청구서만으로 대출 및 상환(조합 및 중앙회 사무소) ·카드(현금카드 또는 협동카드) 소지자는 조합 및 중앙회 CD기에서 500만원까지 대출

<표 4-26> 일반대출과 자립예탁금대출 제도의 비교

구 분	일반대출금	자립예탁금대출
대 출 사 무 소	해당 조합	전국 조합과 중앙회사무소 (단, 최초약정시 해당 농협)
대 출 기 간	2년 이내 (기한연장시 3년)	2년 이내 (계속해서 2년씩 연장가능)
재대출시 받는서류	신규대출시와 동일	추가약정서만 받음

재대출시 인지세부담	농업인: 3천만원 초과시 계급 정액세 (500만원 이하는 인지세 면제)	없음
대 출 절 차	신규대출시 최고책임자 결재 후 융자	통장과 도장 또는 서명만으로 융자
이 자 납 입 방 법	창구에서 직접 납입 및 출장 회수	전산으로 예탁금잔액에서 차감하거나 대출잔액에 가산

자립예탁금대출은 조합의 자금관리와 대출부실의 위험성이 다소 있으나 조합과 고객 모두에게 편리한 점이 많은 제도이다. 고객 입장에서 보면, 한번 약정으로 수시로 통장이나 카드로 융자를 받을 수 있고, 상환도 수시로 가능하였기 때문에 편리하고 신속하게 이용할 수 있는 장점이 있었다. 전국 어디서나 조합과 중앙회점포에서 융자가 가능하며, 카드 소지자는 CD기(현금지급기)가 설치된 곳이면 어디서나 대출을 받을 수 있었다. 그리고 계속하여 2년씩 연장이 가능하므로 재약정 시 대출 관련 서류가 불필요하여 인지세 등 대출 관련 비용이 절감되었다. 뿐만 아니라 대출금이자 납입이 전산으로 자동 처리되어 이자지연에 대한 부담감을 덜수 있고, 이자 납입에 소요되는 시간을 아낄 수 있었다.

조합 측면에서 살펴보면, 조합원의 편의를 증진시키는 제도를 시행함으로써 농협이미지를 개선시킬 수 있었다. 이것은 조합원의 적극적인 농협 이용을 유도하여 농협사업을 활성화할 수 있었다. 또한 대출시마다 이행해야 했던 대출절차가 생략되고, 대출금이자 납입이 자동으로 전산 처리되어 창구 입금 조작 및 연말 회수출장이 불필요하게 되었다. 이로써 직원의 업무량을 감소시키고 대출관련 서류를 간소화하여 경비절감의 효과도 있었다.

이와 같이 자립예탁금대출이 여러 가지 면에서 고객에게 편리한 제도임에도 불구하고 고객들의 인식 부족과 조합의 소극적 추진으로 인하여 1993년 말 기준 상호금융대출의 73.6%를 일반대출이 차지하고 있는데 비하여 자립예탁금대출 비중은 11.8%에 지나지 않았다.

<표 4-27> 상호금융대출금 종류별 잔액·점유비 추이

(단위: 억원, %)

구 분	1990년		1991년		1992년		1993년	
	금 액	점유비	금 액	점유비	금 액	점유비	금 액	점유비
일 반 대 출 금	59,395	70.1	77,538	71.4	93,687	72.1	115,225	73.6
적금관계대출금	7,567	8.9	9,516	8.8	11,316	8.7	12,994	8.3
자립예탁금대출금	5,235	6.2	9,643	8.9	13,722	10.6	18,515	11.8
목 돈 대 출 금	1,622	1.9	1,622	1.5	1,423	1.1	873	0.6
단기농사대출금	1,847	2.2	1,188	1.1	879	0.7	1,080	0.7
중 기 대 출 금	485	0.6	479	0.4	425	0.3	346	0.2
특별장기대출금	8,577	10.1	8,559	7.9	8,489	6.5	7,557	4.8
상 호 급 부 금	28	-	3	-	3	-	2	-
계	84,756	100.0	108,548	100.0	129,943	100.0	156,592	100.0

<표 4-28> 자립예탁금대출 약정현황

(단위: 천명, %)

조합원수 (A)	자립예탁금 가입자수(B)	대 출 약 정 가입자수(C)	비 율		
			B/A	C/A	C/B
2,001	6,373	209	318.5	10.4	3.3

(주) 1993년 12월 31일 기준

자립예탁금대출 약정률이 이렇게 부진하고 특히 농업인조합원의 자립예탁금대출 비중이 낮은 이유는 대출의 회전기간이 1년으로 되어 있어 1년에 한 번씩 대출금을 상환하기 위해 다시 일반대출금으로 융자를 받아야 하는 불편이 있었기 때문이었다. 또한 농업인 조합원의 경우 대부분 정책자금 대출을 받고 있는 실정이었으므로 신용대출 한도부족으로 추가적인 신용대출이 어려웠다(1993년 당시 상호금융대출과 정책자금대출을 합산한 신용대출 한도가 1천만 원에 불과하였다). 더구나 신용보증부 대출도 근보증기간이 1년으로 제한되고 용도도 농업인의 농업자금으로 제한되었기 때문에 용도 확인 등 번거로움이 있었다. 한편 조합의 입장에서는 한번 약정으로 비교적 장기간 대출약정을 지속하는 자립예탁금대출은 위험부담이 높다고 판단하여 적극적으로 추진하지 않았다. 그러나 고객만족·고객감동의 시대를 맞아 고객에게 편의를 제공하고, 새로운 고객을 창출한다는 측면과 업무의 효율성을 위해서도 자립예탁금대출을 확대할 필요가 있었다.

따라서 조합에서도 고객편의 제공과 농업인 실익증진을 위하여 1994년 4월부터 지속적으로 자립예탁금대출 확대를 추진하였다. 추진기간 동안 자립예탁금대출제도의 편리성을 널리 홍보하여 농업인과 고객에 대한 편의 제공을 통해 「복잡하고 불편한 농협대출」에서 「간편하고 신속한 농협대출」로 이미지를 쇄신하였다.

<표 4-29> 자립예탁금대출 확대추진 결과

(단위: 천좌, 억원, %)

구 분	1994년	1995년	1996년	1997년	1998년	1999년
약 정 건 수	1,186	1,389	1,521	1,678	1,521	1,678
약 정 금 액	83,037	118,185	176,132	249,860	258,608	265,563
대 출 잔 액	48,045	73,509	108,265	164,676	173,330	174,298
약정액대비 대출실행률	57.9	62.2	61.5	65.9	67.0	65.6

<표 4-30> 조합원 자립예탁금대출 현황

(단위: 천좌, 억원)

구 분		조합원	준조합원	비조합원	계
1994년	약정좌수	934	134	106	1,185
	약정금액	57,677	13,859	11,493	83,029
	대출잔액	29,822	9,681	8,541	48,044
1995년	약정좌수	1,073	172	144	1,389
	약정금액	83,096	19,256	15,833	118,185
	대출잔액	48,137	13,562	11,810	73,509
1996년	약정좌수	1,067	252	202	1,521
	약정금액	115,396	34,273	26,463	176,132
	대출잔액	65,118	23,845	16,302	108,265
1997년	약정좌수	1,044	346	288	1,678
	약정금액	148,155	56,625	45,080	249,860
	대출잔액	88,823	41,358	34,495	164,676
1998년	약정좌수	981	349	288	1,618
	약정금액	154,565	58,139	45,904	258,608
	대출잔액	96,264	42,082	34,984	173,330
1999년	약정좌수	878	369	286	1,533
	약정금액	157,573	62,938	45,052	265,563
	대출잔액	95,156	45,125	34,017	174,298

그리고 1994년 5월부터 10월까지 중점 추진기간을 설정하여 '1 조합원·1대출약정·1협동카드 약정운동'을 전개하며 약정확대에 노력하였다. 또한 자립예탁금대출제도를 개선하여 농업인조합원의 경우 1회전기간을 1년에서 2년으로 연장하였으며, 신용대출한도를 1천만원에서 2천만원으로 인상하였다. 그 결과 1994년 10월말에는 전국 121개 농협이 10% 약정을 기록하였고, 1994년 말에는 전체 약정률이 56%에 달하였으며 약정자수는 백만명을 돌파하는 성과를 거두었다.

이러한 제도 개선과 조합의 적극적인 추진은 효과를 거두어 약정 건수와 대출실적이 크게 증가하였다. 자립예탁금대출로 조합원은 필요한 자금을 언제 어디서나 손쉽게 이용할 수 있게 되었고, 대출 및 상환이 자유로워 대출금이자 부담액이 감소하였다. 향후 이 자립예탁금대출제도는 농업인 고객 위주의 대출제도 운용의 기틀을 다지게 되었다.

2) 조합원 대출금리 우대

상호금융대출금리 운용방법을 개선하여 1995년 5월부터 조합원별 차등금리제를 채택하여 조합에서 자율적으로 적용하였다. 과거에는 고정금리제도를 채택하였으나 시장여건의 변화로 변동금리제도를 채택할 수 있게 되었다. 또한 동일금리제도를 차등금리제도로 변경하여 조합의 자율로 조합원에게 우대금리를 적용하도록 함으로써 조합원들의 이자부담을 경감시켰다.

대부분의 농협에서 대출금리를 조합원·비조합원 또는 조합원·준조합원·비조합원으로 구분 적용하였으며, 특히 농업인조합원에 대하여는 대출금리의 우대 적용 뿐만 아니라 이자 납입주기를 최장 6개월로 정하여 조합원에게 실질적인 혜택을 주었다.

```
▶ 조합원 상호금융대출금리 우대 ◀

* 대출금리 운용방법 개선 내용
 ·고정금리 → 변동금리
 (기존) : 고정금리제 + 기간별 가산금리
 (개선) : 변동금리제(고정금리제) + 기간별 가산금리
```

- 동일금리 → 차등금리
  (기존) : 조합원별 동일금리제
  (개선) : 조합원별 차등금리 또는 동일금리
* 실시일자
  - 1단계 : 1995년 5월 1일(계좌별 개별관리)
  - 2단계 : 1995년 9월 11일(사무소단위 일괄관리)
* 실시방법 : 농협에서 자율적으로 선택 적용
* 추진효과
  - 농업인조합원의 자금부담 경감 및 실익 제공
  - 효과적인 금리운용시스템 구축

3) 출장금융서비스 제공

영농기에 조합원의 시간과 경비를 절약하기 위하여 현지 출장금융서비스제도를 도입하여 농업인 조합원에 대한 밀착 금융서비스를 강화함으로써 농업인조합원과 함께 하는 고객만족·고객감동을 실천하였다.

농협은 농산물 순회수집과 영농자재 주문 배달 등의 경제사업과 지도사업 수행시 금융서비스를 제공함으로써 경제사업·신용사업 겸영의 시너지효과를 높이기 위해서 「수신업무규정제10조」에 관련 근기를 명문화하여 조합원 출장금융서비스를 강화하였다.

조합에서 영농기 일손부족을 돕기 위하여 부락 출장 등 조합원을 대상으로 현지에서 대출 및 예금을 추진하는 경우가 많아짐에 따라 1995년 4월 8억원의 예산을 들여 신분증 복사에 필요한 소형 휴대용 복사기 1,508대를 조합에 지원하여 출장금융서비스를 활성화 하였다.

농산물 순회수집·영농자재 주문배달·생활물자 이동판매 등 지도 경제사업 수행시 예금 및 공과금 수납 등 간단한 수납업무를 병행할 수 있도록 추진하였으나 1996년부터 이동금고를 운영함으로써 단말기를 통한 예금지급 업무까지 가능하게 되어 더욱 차원 높은 금융서비스를 제공할 수 있게 되었다. 이동금고를 운영하는 조합에 대해서는 상호금융특별회계에서 비용의 상당부분을 지원하였다.

이와 같이 출장금융서비스 제도를 도입하여 농업인조합원들의 시간과 경비를 절감함으로써 농업인 조합원에게 고품질 서비스를 제공하고, 조합원 고객과의 밀착화를 통하여 농업인 본위의 농협 위상을 정립하는 데 이바지하였다. 또한 찾아가서 봉사하는 편리한 금융서비스를 제공함으로써 농업인의 농협으로서 대외적인 이미지를 한층 높이게 되었다.

4) 농업인 재산 찾아주기 운동

농업인과 거래고객에게 실익을 줌으로써 고객만족을 실현하기 위하여 해마다 2~3개월간 특별추진기간을 설정하여 조합원(고객) 재산 찾아주기 운동을 전개하였다. 이 운동으로 농협의 대외 이미지를 높이고, 휴면계좌 정비로 조합의 비용절감 및 업무능률 향상을 도모하였다. 특별추진기간 중에는 직원별로 담당고객을 지정하여 관리하되 조합원예금은 조합원 명부와 일일이 대조하여 100% 환급이 되도록 노력하였다. 조합원(고객)의 관심을 끌기 위하여 안내문을 우송하고 직원이 직접 방문하는 등 적극적으로 추진한 결과 휴면계좌가 눈에 띄게 감소하였다.

<표 4-31> 휴면예금 현황

구 분	전체		조합평균		1좌당
	좌수(천좌)	금액(백만원)	좌수(좌)	금액(천원)	평균금액(원)
1996년	4,809	20,363	3,447	14,597	4,234
1997년	3,536	14,602	2,633	10,871	4,129
1998년	2,761	10,905	2,295	9,060	3,950

<표 4-32> 농업인(고객) 재산 찾아주기 추진실적

(단위: 천좌, 억원)

구 분	1994년	1995년	1996년	1997년	1998년
좌 수	182	215	1,301	1,273	775
금 액	1	11	56	58	37

3. 고객중심의 마케팅

1) 고객만족운동 추진

금융의 개방화와 국제화에 따라 국내외 금융기관 간에 무한경쟁이 전개되면서 "고객에게 만족을 주는 길만이 살아 남는 길이다"라는 위기의식을 바탕으로 금융기관 사이에 「고객만족·고객감동」경쟁이 전개되었다. 고객만족 경쟁의 배경에는 금융자율화와 금리자유화의 단계적 확대에도 불구하고 상품·금리 등 물적 서비스의 차등화가 고객만족의 절대변수가 아니며, 서비스에 만족한 고객은 상품이나 금리조건이 다소 불리하더라도 그 은행을 다시 찾게 된다는 경험적인 인식이 깔려 있었다.

농협에서의 고객만족운동도 바로 이러한 인식에서 출발하였으며 당시의 농협은 다른 금융기관보다 고객만족운동이 더욱 절실한 상황이었다. 고객들은 "농협은 관료적이다. 불친절하다."는 고정관념을 가지고 있었고, 조합의 경우에는 다양한 사업을 함께 수행함으로써 친절한 금융기관이라기보다는 농업정책의 대행기관이라는 인식이 강하였다. 또한 농촌이라는 지역적인 환경 때문에 농협 임직원들의 의식에는 고객만족운동에 대한 절실함이 다른 금융기관에 비하여 다소 부족한 상태였다.

농협에서의 고객만족이란 농협을 찾는 고객에 대하여 창구직원이 최상의 서비스, 최고의 상품을 제공한 결과 고객이 만족과 기쁨을 느끼고 "농협과 거래하기를 참 잘했구나" 하는 마음을 갖도록 만드는 것이라고 할 수 있다.

만족감을 가지게 된 고객은 무형의 자산이 되어 자신도 계속해서 농협을 거래하며 단골고객·평생고객이 됨은 물론 농협에 대한 적극적인 구전홍보에 자발적으로 나서게 되어 무한대의 잠재고객을 개발하는 바탕이 된다. 고객만족은 "창구직원에서 시작하여 창구직원에서 끝난다"는 말이 있을 만큼 창구직원의 역할이 중요하다. 창구직원이 고객과 접촉하는 순간, 고객은 그 직원의 말씨와 복장, 태도, 따뜻함, 친절함, 배려 그리고 전문적인 지식 등에 대해 어떠한 인상을 갖게 된다. 그 직원이 고객에게 좋은 인상을 주었다면 고객은 우리 농협 전체에 대하여 좋은 인상을 가지게 되는 것이다.

금융서비스에서 창구응대가 차지하는 비중이 이렇게 높아지면서 농협에서는 대고객서비스 수준 향상을 통하여 비교우위의 경쟁력을 확보하기 위해서 '맵시창구'를 추진하게 되었다. 새로운 사고(mind reformation)로 적극적 행동(active behavior)을 하는 프로텔러(pro-teller)를 육성하여 혁신된 서비스(service innovation)를 제공함으로써 농협 이미지를 높이고(image up) 고객에게 감동을 주는 농협 특유의 창구를 「맵시(MAPSI)창구」라고 명명하였다.

맵시는 Mind reformation, Active behavior, Pro-teller, Service innovation, Image up의 두음을 딴 것인 동시에 우리말로는 「곱게 매만진 모양으로 짜임새 있게 잘 다듬어진 모습」의 의미를 지니고 있다.

창구응대, 환경개선 등을 통한 농협 금융서비스의 경쟁력 강화를 위한 맵시창구는 1994년 11월부터 전국 조합 영업점에서 지속적으로 추진되었다.

1994년은 1차년도인 만큼 맵시창구 주요 실천사항으로 맵시창구 추진위원회 구성과 운영, 맵시창구 성공다짐대회 개최, 창구응대와 환경개선, 조합 직원을 대상으로 하는 토론회 개최 등 맵시창구 추진 기반 확보와 분위기 조성에 중점을 두었다. 또한 전국 단위의 맵시창구 추진교육과 전문 교육단 운영, 고객만족사례 보급에 힘을 쏟았다.

1995년에는 1994년의 조합 맵시창구 추진결과 직원의 인지도 부족으로 중앙회에 비해 추진 붐 조성이 미흡하다는 반성을 바탕으로 취약하거나 미흡한 부문을 보완 개선하는데 중점을 두었다. 맵시창구의 추진목표로 1994년에는 Hardware 서비스(사무소구조, 객장 분위기, 자동화기기 등) 개선에 주력하였으나 1995년에는 Software 서비스(직원에 의해 직접 만들어지는 서비스) 개선에 주안점을 두었다.

맵시창구 캐치 프레이즈를 「조합원을 부모처럼 고객을 애인처럼」으로 정하고 맵시창구 추진방향을 잡았다. 맵시창구 분위기 확산을 위해 조합에서는 맵시창구추진위원회 활동을 강화하였으며 ACE농협인 비디오를 활용한 교육, 친절한 고객응대를 위한 자기진단서 등을 활용하여 창구응대 개선에 노력하였다. 특히 전국 조합에서 동시에 열리는 맵시창구 개점식에서는 건전가요 제창, 친절체조 실시, 고객만족을 위한 「우리의 다짐」을 낭독하며 맵시창구 조기정착에 노력하였다.

뿐만 아니라 1994년 고객진단 결과 취약부문에 대한 교육을 강화하고, 분기별로 서비스 질 향상 중점 포인트를 적극 추진하였다. 그리고 고객 대기시간 단축과 사무자동화기기 이용의 편리성 제고에 힘을 쏟았다. 조합원(고객) 중심의 적극적인 서비스 개선을 위하여 하나로텔러 운영, ONLY ONCE시스템 구축(고객의 1회 방문으로 대출업무처리), ONE STOP 창구 운영, 고객의견 청취제도를 도입하였다. 이와 함께 조합임직원들의 맵시창구 인식제고 및 자발적인 서비스개선 노력을 유도하기 위하여 고객서비스 시범농협을 선정하여 CI창구 및 인테리어 설치비용을 지원하였다.

이러한 노력의 결과 맵시창구에 대한 기반조성이 어느 정도 이루어졌다고 판단되어 1995년 6월말을 기준으로 외부기관에 의한 조합원(고객) 서비스 진단을 최초로 실시하였다.

맵시창구 추진에 창구직원의 자발적인 참여 분위기를 조성하기 위해 맵시창구 우수조합 직원에게는 회장표창 및 부상 수여 등 다양한 인센티브 제도를 도입하였다. 또한 사무소장의 솔선수범과 관심도 제고를 위하여 맵시창구 평가결과 하위 사무소에 대하여 저리자금 지원대상에서 제외하고, 회장명의의 경고장을 발송하는 등 제재조치를 취하기도 하였다.

1996년에는 맵시창구 서비스 진단을 더욱 강화하여 두 차례에 걸친 외부 서비스 진단과 지역본부와 시군지부에서 두 차례에 걸쳐 내부 진단을 실시하는 등 맵시창구 서비스 진단을 정례화하여 맵시 창구 서비스 수준을 크게 향상시켰다. 1997년부터 본격적으로 실시된 서비스 진단결과를 보면 60점 대 중반이던 서비스 수준이 불과 3년 사이에 70점대 후반으로 향상된 것으로 나타나고 있다.

<표 4-33> 맵시창구 서비스 수준

(단위: 점)

구 분	1/4분기	2/4분기	3/4분기	4/4분기
1997년	66.3	68.3	69.2	69.6
1998년	73.9	74.1	76.1	77.2
1999년	75.8	76.4	66.7	69.3

2) 고객만족(CS) 구현

「고객만족」은 영리를 추구하는 기업뿐만 아니라 비영리 기업에서도 최근 들어 가장 많이 활용되고 있는 경영전략 중의 하나로서, 요즈음은 「고객만족」이라는 용어가 「고객감동」, 「고객환희」, 심지어는 「고객졸도」라는 단어로 확대되어 일반 대중에게 널리 회자되고 있다.

금융업에 있어서 「고객만족」이란 고객이 상품이나 서비스를 이용하고 느끼는 만족의 정도라고 할 수 있다. 좀더 구체적으로 말하면 고객이 자기의 욕구 충족을 위해 특정 시기에 예금·적금 및 기타 다양한 서비스를 경험하고 그 결과 기대했던 것보다 비용대비 효과 즉, 가치가 더 우수하게 나타났을 때 느끼는 심리적인 포만감이라고 볼 수 있다.

고객을 만족시키기 위한 방법으로서 아침마다 직원들이 모여 「고객을 왕처럼 모시자」라고 구호를 외치며 친절을 생활화하거나 고객의 불만 전화를 아무 내색 없이 공손하게 받는 것도 하나의 방법이다. 그렇지만 무엇보다 가장 중요한 고객만족의 요체는 서비스를 제공하는 은행 그 자체가 시장에서 많은 사람들로부터 「그 은행은 상품도 좋고 서비스도 훌륭해서 계속 이용하고 싶다」고 느낄 만큼 오랫동안 신뢰를 받을 수 있어야 한다는 것이다.

이에 농협에서는 급변하는 시장의 변화를 신속하게 감지하고 그에 상응하는 장기적인 전략과 단기적인 전술을 정교하게 수립하여 시장과 고객의 욕구에 얼마나 밀착 대응할 수 있는가에 따라 고객 만족의 수준이 결정된다고 보고 고객으로부터 총체적 신뢰를 얻기 위해 노력하고 있다. 그러한 노력 중에 하나가 바로 「맵시스타」제도이다

「맵시스타」는 고객으로부터 수익을 창출하고 장기적인 관점에서 고객관계를 유지하면서 「한 번 고객은 평생고객」이 될 수 있는 기회를 만들어 '평생고객화'를 통해 농협의 영속적 발전과 수익을 창출하는 역할을 하고 있는 친절서비스의 리더라고 할 수 있다.

이러한 훌륭한 인재들을 선발하여 조합원에 대한 품격 높은 서비스 제공과 아울러 농협 직원이라는 자부심과 사명감을 불어 넣어 모든 직원들이 항상 활기차고 자신감 넘치는 사업추진을 전개하기 위하여 매년 「맵시스타 전진대회」를 개최하고 있다.

「맵시스타 전진대회」는 최초 1994년 중앙회를 시작으로 이듬해인 1995년에 상호금융까지 확대 되었다. 실시 초기부터 2002년까지는 20명 내외의 맵시스타를 선발하여 전진대회를 개최하였으나 고객들의 다양한 서비스 욕구에 부응하고 직원들의 의식변화 및 시

대적 상황에 발맞추어 2003년도 부터는 30명, 2007년에 들어서면서 50명으로 확대하여 개최하고 있다. 또한 2006년 이전에는 중앙회와 조합을 통합하여 행사를 하다가, 2006년부터 CS전반에 대한 업무가 중앙회에서 상호금융 부서로 이관됨에 따라 상호금융 단독으로 행사로 진행하게 되었다.

▶ **맵시스타 (MAPSI STAR)란?** ◀

맵시(Mind reformation, Active behavior, Pro nonghyupman, Service Innovation) 스타는 고객만족서비스를 적극적으로 실천하여 고객만족서비스에 앞장서는 직원을 칭하는 말로 서비스 실천에 따라 부여된 마일리지에 의해 매월 칭찬 직원을 선발하고 월 칭찬 직원 중 그 마일리지의 누적에 따라 매 분기 「분기스타」를 선정한다. 이 중에서 연도 말에 가장 많은 마일리지를 부여받아 최우수 직원으로 선정된 직원을 「맵시스타」라 한다.

이러한 시대적인 상황과 전 임직원의 노력으로 조합의 서비스 수준 및 CS컨설팅 평가 점수가 크게 향상되었다. 지역농협의 CS컨설팅은 1995년 최초 실시(66.01점) 후 2009년까지 지속적으로 실시하고 있으며 2009년 7월 현재 86.00점 수준에 이르게 되었다. 또한 실시 원년인 1995년 실시대상 사무소가 572개였던 것에 반해 2009년 현재 3,250개 사무소로 대폭 확대되어 신용점포 사무소는 대부분 CS 컨설팅에 참여하고 있다.

CS컨설팅 실시 이후 2006년까지는 경쟁은행 대비 최하위 수준으로 점수 편차가 매우 심하였지만, 2007년부터는 CS수준이 향상되어 경쟁은행 평균 수준으로 도약하게 되었다. 이는 그 동안 CS컨설팅의 실시로 직원들의 서비스에 대한 기본마인드 향상과 무한

경쟁시대에 살아남기 위한 치열한 경쟁구도 속에서 전 직원들이 이루어 낸 값진 성과라 할 수 있다.

지금도 시시각각 변화하고 있는 무한경쟁의 금융환경 속에서 상품이나 금리만으로는 고객의 높은 욕구를 충족시킬 수 없기 때문에 가장 기본이 되는 친절서비스의 역할이 커지고 있다는 것은 의심할 여지가 없다.

매년 실시하고 있는 「맵시스타 전진대회」가 일회성 행사에 그치지 않고 그들에 대한 지속적인 관리 및 교육 등을 통하여 지역농협을 이용하는 조합원과 고객들에게 보다 차별화된 서비스를 제공하고 그와 더불어 맵시스타를 통해 다른 직원들에게 긍정적인 동기부여를 하여 시너지 효과의 극대화를 이루도록 해야 할 것이다.

우리의 경쟁은행들은 고객만족 경영에 한층 더 박차를 가하고 고객의 니즈를 파악해 더욱 밀착된 고객관리를 하고 있음을 볼 때, 「맵시스타」와 같은 훌륭한 직원들의 몫이 그 어느 때보다 크고 소중함은 두말할 나위가 없으며 상호금융 백년대계의 주인공으로서 더 많은 역할을 기대해 본다.

3) 금융전산망 가입으로 고객편의 도모

시중은행과 마찬가지로 자기앞수표를 발급한 이래 조합은 상호신용금고나 신용협동조합, 새마을금고 등의 서민금융기관보다는 상대적으로 공신력 있는 금융기관으로 인정을 받아왔다. 그러나 금융기관에 온라인시스템이 도입되고 시중은행 간에는 금융전산망 공동이용체제가 갖추어졌으나 조합은 제외됨으로써 고객의 불편과 업무상의 비효율은 물론 금융기관으로서의 공신력에도 문제가 생기게 되었다.

따라서 농업인조합원과 고객의 금융기관 이용의 불편을 해소하고 도시지역과 동등한 수준의 금융서비스 제공, 지역금융기관으로서의 성장기반 구축, 그리고 은행권의 농촌지역 진출 방지를 위해서 조합의 금융전산망 가입이 절실한 문제로 대두되었다.

이러한 필요성에 따라 1991년 5월에 조합의 금융전산망업무 이용신청서를 금융결제원에 제출하였으나 조합의 거대한 온라인 네트워크에 경계심을 가진 은행권의 반대로 무산되었다. 한편 우체국도 농협과 마찬가지로 금융전산망 가입을 위하여 많은 노력을 기울여 1993년 6월 우체국의 금융전산망 이용방안이 행정쇄신위원회를 통과하고 금융전산망조정위원회에서 우체국 전산망과 금융전산망을 연결하기로 결정하였다.

이에 따라 농협에서는 한국은행 금융전산망추진위원회 사무국을 방문하여 우체국 단독으로 금융전산망에 가입하는 것을 반대한다는 입장을 전달하고 우체국이 금융전산망에 가입할 경우에는 조합을 우선 가입시켜 줄 것을 요청하였다. 이에 따라 한국은행 금융전산망추진위원회 사무국에서 조합과 우체국의 금융전산망 동시가입을 반대하는 은행권을 설득하여 1993년 12월 31일 조합 금융전산망 가입신청서를 금융전산망 추진위원회에 제출하게 되었다.

그러나 실무협의 과정에서 금융전산망 가입에 대한 조합 가입금 부담액이 과다하게 책정되는 문제가 발생하였다. 대상 기관별 참가금 시산규모는 농협이 473억원, 축협 114억원, 수협 73억원, 우체국은 318억원이었다. 농협에서는 1994년 1월 금융전산망 참가금 시산규모에 대해 부당성을 제기하고 금액 경감을 요청하는 한편 업무종류별로 참가실익을 검토하여 선별적으로 참여하는 방안을 검토하였다.

은행연합회에서는 1994년 3월 24일 한국은행에 정부나 공적 기관이 금융전산망운영에 관여하는 것은 부적절한 뿐 아니라 민간 금융기관의 업무영역을 잠식하여 경쟁을 저하시킬 우려가 있다는 이유를 들어 우체국의 금융전산망 참여에 대하여 반대의견을 제시하는 등 참가금 조정협상이 결코 쉽지 않을 것임을 예고하였다. 농협은 1994년 5월 30일에 열린 한국은행 금융전산망추진위원회에서 열린 금융전산망 참가금 산정기준 조정 검토회의에 참가하여 참가금 규모 과다에 대한 농협의 입장을 개진하는 등 공식적인 활동 이외에도 다양한 경로를 통하여 참가금 인하를 위해 노력하였다. 그 결과 1994년 11월 2일 금융결제원에서 참가금을 411억원으로 다소 완화하는 수준으로 통보하여 왔다.

<표 4-34> 금융전산망 업무

구 분	업무내용	비 고
금융전산 망업무	타행환	· 조합에서 타은행 계좌로 송금 · 타은행에서 조합 예탁금계좌로 송금
	CD	· 조합 및 타은행에서 CD기를 이용한 잔액조회, 계좌이체, 예금인출
	ARS	· 전화나 PC로 예탁금계좌의 잔액조회 및 예금인출
지로(GIRO)업무		· 대량입금, 대량지급, 일반지로 (각종 공과금, 보험료, 할부금 등 자동납부)

이에 농협에서는 1994년 12월 6일 대통령 비서실 국가경쟁력강화기획단에 조합의 금융전산망 가입에 대한 의견을 제출하면서 참가금 인하 필요성을 제기하였다. 12월 12일 조합 금융전산망 참가 회의가 개최되어 사업개시는 1995년 6월 1일로 하되 참가금은 적정한 선에서 조정하도록 최종 결정을 내렸다.

이에 따라 조합 금융전산망 참여 작업이 급격하게 진전되어 1994년 12월 20일 금융결제원에 조합의 금융전산망 및 은행 지로사업 특별참가 신청서를 제출하였으며, 1994년 12월 27일 조합의 금융전산망업무 참가가 최종 확정되어 1995년 6월 1일부터 업무를 개시하기로 결정되었다. 또 그동안 논란을 거듭하던 참가금도 당초 산정금액의 절반 정도인 218억원(타행환·CD·ARS 부문 : 181억원, 지로부문 : 38억원)으로 인하되었으며, 조합의 부담을 덜기 위하여 1994년 12월부터 1998년 2월까지 5회로 나누어 납입하기로 하였다.

조합의 금융전산망 가입이 결정되면서 상호금융부에서는 금융결제원과 업무절차 협의, 업무처리방법 전산개발, 실무교육 실시, 각종 장표 조제 및 배부, 점외CD기 이용계약체결 등 업무 준비태세를 완비하고 1995년 6월 1일부터 전국 조합 영업점에서 타행환·CD·ARS 업무를 개시하였으며, 1995년 6월 24일에는 지로업무를 취급하였다.

조합이 금융전산망 업무에 참여함으로써 농촌지역에 도시와 동일한 수준의 금융서비스를 제공할 수 있게 되었으며, 조합도 일반 은행 수준의 금융인프라 구축으로 금융서비스기능이 획기적으로 강화되었다. 또한 조합의 수수료 수입 증가에 따른 경영개선의 효과와 함께 조합과 경쟁관계에 있는 새마을금고와 신용협동조합은 금융전산망 가입기관에서 제외됨으로써 상대적인 경쟁력 강화가 이루어지게 되었다. 한편 조합의 수수료 수입 증가에 따른 경영개선 효과는 참가금을 부담하고도 실시 후 3년간 약 260억원의 수수료 순수입을 올릴 것으로 예측되었으며, 실제로 기대 이상의 경영개선 효과를 거두었다.

<표 4-35> 금융전산망 업무 추진실적

(단위: 천건, 억원, 백만원)

구 분	1995년		1996년		1997년		계	
	전체	조합당	전체	조합당	전체	조합당	전체	조합당
건 수	28,250	20	109,115	78	150,888	113	288,253	217
금 액	116,831	83	419,674	301	647,491	486	1,183,996	890
수수료	7,160	5	22,693	16	31,111	23	60,964	46

(주) 조합의 수수료 수입 증가에 따른 경영개선 효과

☞ 3년간 약 390억원(조합당 29백만원)의 수수료 순수입 (390억원 = 수수료 609억원-
참가금 219억원)

4. 지역금융 중심기관으로 위상확립

1) 농어가목돈마련저축 한도상향

농어가목돈마련저축은 농어가의 재산형성을 지원하기 위해 정부
에서 저축장려금을 보조하는 정기적금 형태의 저축제도로서, 1976
년 3월 재무부와 농수산부가 합의하여 시행하였으나 시행 초기에
는 별다른 효과를 거두지 못하였다. 1986년 1월 「농어가목돈마련저
축에관한법률(제3797호) 및 동 시행령」이 제정·발효되어 법적인
취급 근거가 마련되면서 가입자 수가 급격하게 증가하기 시작하여
1989년도에는 최고 73만 2천 농가가 가입하여 가입률이 41.3%에
이르렀다.

정부에서는 농어촌지역의 저축심 앙양과 농어가의 재산형성을
지원하기 위해 지난1976년부터 농어가목돈마련저축제도를 시행하
여 농가들이 영농에 필요한 목돈을 마련할 수 있도록 하였다. 농가
는 이 목돈을 재원으로 하여 영농규모 확대, 영농시설 확충, 각종

농기계 구입 등을 손쉽게 할 수 있었으며, 이는 농촌 근대화를 촉진하는 계기가 되었다.

그러나 경제 발전과 더불어 농촌의 경제규모도 크게 성장했으며, 농어가목돈마련저축의 이자율 하락으로 일반농가의 경우 저축 유인효과가 없어졌다. 영농규모의 증가로 저소득 가입대상 농가가 점차 감소하는 등 농촌경제의 여건변화와 제도상의 문제점으로 인하여 1990년 이후 농어가목돈마련저축 가입자 수가 계속 감소하여 농어가의 재산형성을 정부가 지원한다는 당초의 도입취지가 무색하게 되었다.

<표 4-36> 농가소득과 도시근로자 가구소득 비교

(단위: 천원, %)

구 분		1976년	1992년
도시근로자 가구소득(A)		786	16,273
농가소득	1ha 미만(B)	776	12,785
	(B/A)	(98.7)	(78.6)
	1.5~2ha(C)	1,254	16,761
	(C/A)	(159.5)	(103.0)

따라서 이용 대상자인 농업인들로부터 저축제도 자체를 개선해 줄 것을 요구하는 여론이 높아졌다. 또한 UR협정 이후 어려움을 겪고 있는 농업인들에게 저축을 통한 실질적인 재산형성이 가능하도록 지원하여 영농의욕을 고취시키고 농업 경쟁력을 높여 농업·농촌을 회생시키겠다는 정부의 확고한 의지를 농업인들이 인식할 수 있도록 하기 위해서라도 정부 차원에서 적극적으로 이 제도를 개선하여야 한다는 주장이 제기 되었다. 농어가목돈마련저축의 제도개선이 필요했던 이유는 다음과 같다.

먼저 물가상승 및 화폐가치의 하락으로 당초의 농가 목돈마련 지원의 의미가 크게 퇴색 되었다. 시행초기와 비교할 때 물가는 4.7배 인상되었으나, 월 납입한도액이 너무 낮아 저소득 농가가 3년 동안 납입하여 수령하는 270만원으로는 경운기를 1.5대 밖에 구입할 수 없으며, 중형 농기계는 1대도 구입할 수 없는 실정이었다.

그리고 금리하락으로 일반농가의 경우 유리함이 거의 없어졌다는 점을 들 수 있다. 저소득 농가만이 농어가목돈마련저축 가입 시에 다른 상품보다 다소 높은 금리를 받을 수 있었으며, 일반농가는 농어가목돈마련저축에 가입하여도 유리한 점이 별로 없게 되었다.

또한 도시 근로자에 비해 농업인들이 금융기관의 저축상품을 이용하는 것이 크게 불리한 실정이었다. 도시 근로자들은 목돈마련을 위해 금리·세제상에서 유리한 저축상품인 근로자 장기저축, 공모주청약예금, 금전신탁, 주택청약예금, 장기주택마련저축 등 다양한 금융상품을 이용할 수 있었으나 농업인들은 농촌지역의 특성상 이와 같은 상품을 이용할 수 없거나, 이용자격의 제한으로 이용이 불가능하였기 때문에 농업인들이 실질적으로 이용할 수 있는 저축상품은 농어가목돈마련저축 뿐이었다.

마지막으로, 이 제도는 1976년 시행 이후 한 번도 가입자격과 납입 한도액이 조정되지 않았기 때문에 현실에 맞지 않았다. 그동안의 엄청난 경제발전과 더불어 물가·소득·지출수준이 크게 높아졌음에도 불구하고 18년 동안 가입대상과 저축한도액이 조정되지 않았을 뿐만 아니라 농어가목돈마련저축 제도를 대신해 농업인들이 이용할 수 있는 저축상품은 하나도 시행되지 않았던 것이다.

<표 4-37> 농어가목돈마련저축 개선사항

구 분	기 존		개 선	
	저소득농가	일반농가	저소득농가	일반농가
가입자격 확대	1ha 이하 농가	2ha 이하 농가	1ha 이하 농가	2ha 이하 농가
가입한도 확대	월 6만원	월 12만원	월 20만원	월 40만원
취급기관 확대	지역조합		지역조합·전문조합	

농협은 이러한 농업인조합원의 의견을 수렴하여 1993년부터 줄기
차게 농어가목돈마련저축의 제도개선을 요구하였으며, 농협의 개선의
견은 농가목돈마련저축의 가입자격 확대와 가입한도 확대에 초점을
맞추었다. 이러한 개선의견을 관철하기 위해 농협은 언론 홍보활동은
물론 관계 당국을 상대로 강력한 농정활동을 전개하였다. 하지만 법
개정이 수반되는 사항이었고 관련 정책부서마다 그 의견이 달랐기 때
문에 쉽사리 결정을 보지 못하였다. 당시의 농어가목돈마련저축에 대
한 정책 관련부서는 경제기획원, 재무부, 한국은행 등이었다.

농협에서는 제도개선 건의를 관철시키기 위하여 총력을 쏟았으나
관계 당국은 농어가목돈마련저축의 제도개선은 저축에 관한 장려금
지급과 세제혜택 등을 축소한다는 정책방향에 배치될 뿐 아니라
근로자재산형성저축과의 형평성 문제(근로자재산형성저축은 1995년
1월부터 비과세 혜택 및 장려금 지급이 중단되었다)와 장려금 지원
에 따른 재정부담 가중 등을 이유로 들어 난색을 표명하였다. 관계
당국의 이러한 반대에도 불구하고 농협은 1994년 2월 15일부터 경
제기획원, 재무부, 농림부, 청와대, 정당, 국회 등 관계 기관에 어림
잡아 100여 회가 넘는 끈질긴 농정활동을 전개하였다.

　이러한 농정활동의 결과, 1994년 8월 30일 재무당정협의회에서 재무부차관이 농어가목돈마련저축 제도개선에 관하여 언급하였으며, 이 내용이 언론에 보도됨으로써 제도개선의 물꼬를 트게 되었다. 한편 정부에서는 「농어촌지원대책 7대 과제」중 '농업인의 지출을 줄이는 보호수단' 에 대한 정책대안으로 저소득 농어가에 대한 저축한도 확대를 추진하였으며, 재정경제원은 저소득 농가의 저축한도를 연간 72만원에서 연간 120만원으로 하되, 일반농가의 저축한도는 그대로 유지하는 방향으로 시행령 개정안을 결정하여 장관의 재가를 받았다. 12월에는 세법소위원회에서 정부측이 농어가목돈마련저축 제도를 개선하겠다는 약속을 하였으며, 이러한 정부측의 약속사항을 세법소위원장이 국회재무위원회에 보고하고 관련 법 개정을 거쳐 1995년 6월 17일자로 농어가목돈마련저축 제도개선을 통하여 저소득농가의 납입액 한도가 월 6만원(연간 72만원)에서 10만원(연간 120만원)으로 인상되었다.

　이러한 제도개선에 따라 영농규모 확대 및 시설 현대화를 위한 목돈마련이 가능해졌으며, 만기 수령액이 저소득 농가 3년제의 경우 270만원에서 452만원으로, 5년제의 경우 544만원에서 906만원으로 늘어남으로써 이자 및 장려금 지급 확대로 농가 금융소득이 증대하게 되었다. 납입한도 인상에 따른 저소득 농가의 연간 추가 수혜 금액은 총 2,161억원에 달하였다.

2) 비과세제도 기한연장

서민금융기관의 예탁금에 대한 비과세제도는 농업인과 영세서민의 소득증대와 농업자금의 원활한 조달·공급을 위하여 1973년 12월에 6개월간 6천원 이하의 예탁금이자에 대한 소득세 면제제도가 도입되면서 시작되었다. 그 후 1976년 4월 100만원 이하의 예탁금에 대한 비과세 한도가 신설되었고, 국민소득의 증가와 경제여건의 변화에 따라 그 한도를 인상하며 제도를 정비하게 되었다. 정부는 1992년 6월 조감법 시행규칙 개정으로 비과세종합통장제도를 도입하여 비과세한도를 2천만원으로 인상하였으며, 2년을 주기로 하여 서민금융기관의 예탁금에 대한 이자소득세 비과세 기한을 계속 연장하고 있다.

비과세예탁금을 취급하는 금융기관은 농·수·축·임·인삼협동조합과 신용협동조합, 새마을금고 등이며 거래대상은 이들 기관의 조합원(회원)과 준조합원이다. 비과세예탁금의 가입한도는 저축원금 기준으로 2천만원이며 거래대상예금에 대한 별도의 제한은 없으나 정기예탁금, 정기적금, 통장식 예금 중 1인 1계좌로 제한된다.

비과세제도는 상호금융예탁금 이자소득에 대한 비과세로 높은 실질 수익률을 보장함으로써 농업인조합원과 지역주민의 재산형성을 간접 지원하는 역할을 하여 농촌주민들의 저축심 고취와 농촌 신용사회 정착에 기여하였다.

또한 농촌의 사채금리를 인하하고 사채 의존도를 낮추었으며, 준조합원에 대한 비과세 조치로 지역주민들에게도 실질적인 금융혜택을 제공하였다. 농협의 입장에서 보면 비과세제도는 상호금융자금의 확대 조성에 크게 기여하여 농협이 지역금융기관으로 발전할 수 있는 기반을 마련할 수 있게 해주었다. 농협은 확대된 상호금융자금을 재원으로 농업부문의 원활한 자금공급과 농산물 유통 등 경제사업의 기반을 확충할 수 있었다.

<표 4-38> 농가사채 이율 및 사채 의존도 추이

(단위: 연%)

구 분	1980년	1985년	1992년
농가사채 이율	46.8	26.4	20.8
농가사채 의존도	49.0	28.9	12.2

▶ 비과세제도 내용 (1999년 12월 31일 당시) ◀

* 비과세한도 : 1인당 2천만원
* 비과세시한
  · 2000년말까지 발생한 이자소득에 대하여 비과세
  · 2001년 1월 1일~12월 31일 사이에 발생한 이자에 대하여 5% 과세
  · 2002년 1월 1일~12월 31일 사이에 발생한 이자에 대하여 10% 과세

▶ 예탁금 이자소득세 비과세제도 변천 ◀

1973년 12월 * 예탁금 이자소득세 면제제도 신설(구조감법 제3조)
　　　　　　　· 면제대상 : 6개월 간 6천원 이하인 예탁금이자
1976년 4월 * 예탁금 이자소득세 비과세 한도 신설(구조감법 제3조
　　　　　　　· 면제대상 : 100만원 이하의 예탁금
1978년 2월 * 이자소득세 비과세 한도 인상(구조감법 제3조)
　　　　　　　· 100만원 이하 → 500만원 이하
1981년 12월 * 이자소득세 비과세제도 관련 조감법 전면 개정
　　　　　　　· 예탁금 500만원 이하 이자소득세 비과세

1986년 12월 ＊ 조감법을 개정하여 비과세 한도 인상(조감법 제4조)
· 500만원 이하 → 1천만원 이하
1989년 2월 ＊ 조감법 시행규칙을 개정하여 면제 대상자에 준조합원 포함
1991년 12월 ＊ 조감법을 개정하여 비과세한도 인상
· 조합원·준조합원 500만원 이하 → 1천만원 이하
1992년 6월 ＊ 비과세예탁금종합통장 거래예탁금 이자소득세 면제를 위한 조
감법 시행규칙을 개정하여 비과세 한도를 2,000만원으로 인상
· 거래대상 : 조합원 (준조합원 포함)
· 거래한도 : 1인 1통장, 2,000만원

▶ 세금우대예탁금의 개요 ◀

＊ 취급금융기관 : 농·수·축·임·인삼협동조합, 신용협동조합, 새마을금고
＊ 가입대상 : 1인1통장
· 농·수·축·임·인삼협동조합 : 조합원·준조합원
· 신용협동조합·새마을금고 : 조합원(회원)
＊ 가입한도 : 저축원금 기준 2천만원
＊ 절세효과 : 이자소득세(20%), 주민세 면제

<표 4-39> 비과세예탁금 현황

(단위: 천원, %)

구 분		거래좌수		잔 액	
		좌 수	점유비	금 액	점유비
비과세	비과세예탁금(2천만원)	5,709	21.6	363,614	62.7
	농어가목돈마련 저축	835	3.2	19,776	3.4
	기 타	1,526	5.8	16,705	2.9
	소 계	8,070	30.6	400,095	69.0
과 세		18,343	69.4	179,848	31.0
계		26,413	100.0	579,944	100.0

5. 금융권 구조조정과 상호금융

1) 금융권 구조조정

정부는 대기업의 연쇄부도에 따라 저하된 대외 신인도를 높이기 위해 1997년 11월 금융시장 안정대책을 마련하는 등 다각적인 노력을 기울였으나, 외환부족에 따른 시장안정을 위해 IMF에 570억 달러의 구제금융 지원을 요청하게 되었고 1997년 12월 3일 IMF자금지원에 따른 이행각서에 합의하였다. IMF 이행각서의 주요내용은 은행 및 증권 등 외국 금융기업의 국내자회사 설립 허용, 외국 금융기업의 국내 금융기업에 대한 우호적인 M&A 허용, 외국인에 대한 주식 투자한도 확대, 한국은행법 개정 및 통합금융감독기구 설치에 관한 금융개혁법 처리 등 금융부문의 구조조정이 핵심이었다.

<표 4-40> IMF 이행각서 중 금융개혁 관련 주요내용

구분	금융개혁 관련 주요내용
금융개혁법 처리	○ 한국은행의 독립성 보장 ○ 통합금융감독기구 설립
구조조정	○ 부실금융기업 퇴출제도 마련 ○ 외국 금융기업의 국내은행 M&A 허용 인가기준 마련 ○ 부실종금사 업무정지
금융시장 개방	○ 종목당·1인당 외국인 주식 투자한도 확대 (1997년 : 26% → 50%, 1998년 : 50% → 55%) ○ 1998년 중반까지 외국인의 은행 현지법인과 증권사 설립 허용
투명성 제고	○ 국제기준에 부합하도록 공시규칙 강화 ○ 결합재무제표 작성 의무화 ○ 건전성 감독기준을 BIS 기준에 맞추어 상향 조정
예금자보호	○ 예금보험기금의 10조원 이상 확충 ○ 부실채권 정리기금 20조원 확충

금융산업은 기본적으로 자금잉여 주체로부터 자금을 조달하여 자금부족 주체에 공급하는 역할을 효율적으로 수행하는 기능을 가지고 있다. 이 과정에서 금융기관은 여신심사를 통해 생산성이 높은 부문으로 자금을 배분함으로써 경제성장을 촉진하게 된다.

이와 같은 기능은 개별 금융기관은 물론 전체 금융산업이 건전한 상태에 있어야 제대로 수행될 수 있는 것이다. 금융산업이 건전하다는 것은 금융기관들이 보유하고 있는 자산의 시장가치가 부채의 시장가치를 초과하여 순자산가치가 정(正)의 수치를 나타내고 있어 현 상태에서 청산이 이루어지더라도 채무를 충분히 상환할 능력이 있으며, 이러한 채무상환능력(solvency)이 미래에도 유지될 것으로 예상되는 상태에 있음을 의미한다. 채무상환능력이 미래에도 유지되기 위해서는 순자산 가치가 단순히 정(正)의 수치를 나타내는 것만으로는 불충분하고 자산가치의 급격한 변동, 예상치 못한 채무자의 파산 등 돌발적인 외부충격을 흡수할 수 있을 만큼 충실해야 한다.

부실채권의 누적 등으로 수익성이 악화되어 순자산 규모가 충실하지 못하거나 부(負)의 상태에 있는 불건전 금융기관은 부실상태가 노출될 경우 신인도 저하로 자금조달이 어려워지고 감독당국으로부터 제재를 받게 될 것을 우려하여 차입자가 만기에 차입금을 상환하지 못하는 경우 이를 부도처리하지 못하고 원금에 이자까지 가산하여 부실대출을 계속 늘려가는 악순환을 되풀이하게 된다. 이러한 과정에서 이들은 부족한 영업자금을 조달하기 위하여 경쟁 금융기관보다 높은 금리를 제시하고 수익악화를 만회하기 위하여 고위험·고수익 부문에 대한 투자를 증가시키게 된다.

이러한 불건전 금융기관의 무리한 영업행태는 언제까지나 지속될 수 없으며 거래기업의 부도, 고객의 예금인출 등으로 유동성 부족을 겪게 되고 결국은 지급불능 사태에 빠지게 된다. 불건전 금융기관의 지급불능 사태는 전염효과에 의해 다른 불건전 금융기관은 물론 건전한 금융기관에 대한 일반의 신뢰까지도 무너뜨려 예금인출 사태를 확산시킴으로써 금융중개기능이 마비되는 금융위기로 연결될 수 있다.

따라서 금융산업이 경제발전에 필요한 금융서비스를 효율적으로 제공할 수 있도록 하기 위해서는 불건전 금융기관 중 회생 가능성이 없는 금융기관은 퇴출시키고 회생 가능한 금융기관은 건전성을 회복하기 위한 대책을 강구하는 것이 중요하다.

정부는 금융기관의 건전성 여부를 기준으로 회생이 불가능한 것으로 판단되는 금융기관은 시장에서 과감히 퇴출 조치하는 한편 회생이 가능하다고 판단되는 금융기관에 대해서는 증자, 합병, 경영진 교체 및 조직·인력 축소 등 강력한 자구노력을 전제로 자본금 확충 및 부실채권 정리를 지원함으로써 금융기관 경영의 조기 정상화를 유도하였다.

먼저 은행의 경우 정부와 예금자보험공사가 자본금을 출자한 서울·제일은행을 제외한 24개 일반은행 중 1997년말 현재 BIS기준 자기자본비율이 8% 미만인 12개 은행의 자산·부채 심사결과와 이들 은행이 제출한 경영 정상화계획 평가결과를 토대로 경영정상화 가능성이 희박하다고 판단된 대동·동남·동화·경기·충청은행 등 5개 은행에 대해서는 우량자산과 부채를 우량은행에 이전(P&A : Purchase and Assumption)하도록 계약이전 명령을 내림으로써 1998년 6월 29일에 퇴출시켰다.

종합금융회사는 30개 종금사 전체를 대상으로 경영 정상화계획을 평가하여 16개 부실종금사를 인가 취소하고, 이들 종금사의 자산부채를 가교 종금사인 한아름종금사로 이관하도록 하였다.

1997년말 기준으로 34개였던 증권회사는 1997년 12월 영업정지된 고려증권 및 동서증권이 1998년 6월 1일에 인가 취소된 데 이어 부실이 심해 회생 가능성이 없는 것으로 평가된 동방페레그린증권, 장은증권 및 한남투자증권도 인가가 취소되었다. 또한 모기업인 산업은행의 자회사 정리방침에 따라 1998년말 기준으로 한국산업증권도 청산되었다.

1997년말 기준으로 생명보험회사 33개사와 손해보험회사 17개사가 영업 중인 보험회사는 18개 생보사와 4개 손보사의 경영 정상화계획을 평가하여 4개 생보사에 대해서는1998년 8월에 영업정지 조치를 취하고 우량 생보사에 보험계약을 이전하도록 하였다.

한편 한국·대한 등 2개 보증보험사는 경영 정상화가 어려운 것으로 판단되었으나 이들이 보증한 회사채 규모가 커서 이들을 퇴출시킬 경우 적지 않은 파장을 미칠 것으로 우려되었기 때문에 양사를 합병하고, 자구노력을 통한 경영 정상화를 추진할 수 있도록 하였다.

1997년말 기준으로 투신사 8개사와 신설 투신운용회사 23개사가 영업 중인 투자신탁회사는 1997년 12월 영업 정지된 신세기투신의 인가를 1998년 2월에 취소하였다. 이밖에 상호신용금고와 신용협동조합의 경우 1998년 중 각각 22개 금고와 69개 조합이 퇴출되었다.

반면 정부는 회생 가능하다고 판단되는 금융기관에 대해서는 합병, 증자, 경영진 교체, 조직 및 인력의 대폭감축 등 강력한 자구노력을 전제로 출자지원 등을 통해 경영의 조기 정상화를 유도하였다. 이에 따라 조흥·상업·한일·외환·평화·충북·강원은행 등 7개 조건부 승인은행의 자구노력이 활발히 이루어져 상업·한일은행이 합병하여 1998년말 한빛은행으로 출범하였으며, 조흥 및 강원은행도 현대종금과 3자 합병을 하였다. 또한 외환은행은 독일계 코메르츠와 합작으로 3,500억원을 1998년 7월 28일에 납입 완료하여 증자하였으며, 평화은행은 국제업무를 포기하고 국내업무에만 전념하기로 하였다. 이러한 자구노력을 감안하여 정부는 합병을 선언한 상업·한일은행에 1998년 9월 중 예금보험채권으로 3조 2,642억원을 출자하였다. 이와 함께 정부는 부실은행을 인수한 은행의 BIS비율 하락을 방지하기 위하여 1998년 12월, 5개 인수은행에 대하여 1조 5,218억원을 출자하여 BIS 비율의 제고를 도모하였다.

또한 정부는 금융기관의 거액 부실채권 문제를 해결하기 위하여 1997년 11월 부실채권정리기금을 성업공사 내에 설치하고 동 기금으로 하여금 금융기관의 부실채권을 인수하도록 하였다. 이에 따라 동 기금은 1998년 2월까지 은행, 종금사, 보증보험사 등으로부터 13조 8,607억원의 부실채권을 7조 5,522억원에 할인 매입하였다. 그러나 1998년 5월 IMF와의 합의에 따라 동 기금의 부실채권 매입은 자본확충 또는 인수합병을 금융감독위원회가 승인한 경우와 청산절차의 일환으로 추진되는 경우로 제한되었다.

이러한 방침 전환에 따라 정부는 1998년 9월말 금융기관 구조조정을 1차로 마무리하면서 5개 정리은행 및 인수은행, 합병 및 자체 정상화 은행, 2개 보증보험사 등의 부실채권 22조 9,769억원을 9조 665억원에 할인 매입하였으며, 1998년 11월과 12월에도 일반은행, 특수은행, 비은행금융기관 등의 부실채권을 추가로 매입하였다. 그 결과 1998년말까지 부실채권 정리기금은 19조 9,072억원을 투입하여 44조 756억원 상당의 금융기관 부실채권을 정리하였다.

금융구조조정은 과거 우리 금융권에 만연된 도덕적 해이(moral hazard)를 제거하고 금융부실과 기업부실이 반복되는 악순환을 차단하기 위하여 자생적 경쟁능력이 없는 부실 금융기업 정리로 부터 시작되었다. 1998년 한 해 동안 온 나라를 휩쓴 금융 구조조정의 태풍은 은행과 종금사, 보험사 등 금융권 전반에 엄청난 지각변동을 일으켰다. 부실 금융기업의 정리과정에서는 경쟁에서 뒤쳐진 금융기업은 도태되고, 그 책임도 주주, 경영진, 직원, 거래고객 등 이해관계자가 분담한다는 원칙을 유지함으로써 우리 금융시장에서도 자율과 책임이 함께 하는 시장규율의 틀이 구체적으로 형성되기 시작하였다.

이와 아울러 새로운 금융환경에 적응하고 국제 경쟁력을 유지하기 위하여 남은 금융기업들도 생존을 위한 합종연횡의 필사적인 노력을 기울였다. 은행권에 불어 닥친 구조조정은 은행종사자들의 대규모 실직과 물갈이로 이어졌다. 정부의 지원을 받은 은행들은 1997년말 대비 32%나 되는 인원과 조직을 줄였고, 상당수의 경영진들도 세대교체가 되었다. 과거의 불합리와 비능률에서 벗어나 「강하고 내실 있는 은행」으로 거듭 태어나기 위한 많은 노력과 함께 연봉제와 계약직 채용 등 새로운 제도가 자연스럽게 자리를 잡았으며, 전문가들이 중용되고 직급을 파괴하는 파격적인 인사도 이루어졌다. 정부주도 금융구조조정은 지금까지 구태에 물들어 있던 금융권의 하드웨어적 교체작업이었으며, 금융고객에 있어서도 금융기업의 건전성을 먼저 고려하여 거래기업을 선정하고, 금융상품도 보호 여부에 따라 선택하게 되는 새로운 관행이 심어진 변혁의 과정이라고 할 수 있다.

<표 4-41> 금융권별 부실금융기관 정리내역

(단위: 개)

금융기관별	구조조정전 기관수(A)	구조조정 내역			신규설립 (C)	영업중인 기관수 (A-B+C)
		퇴출	합병	계(B)		
은행	31	5	3	8	-	23
종금사	30	16	-	16	-	14
증권사	36	6	-	6	1	31
투신사	31(8)	7(2)		7(2)	-	24(6)
보험사	50	4	1	5	-	45
리스사	25	10	-	10	-	15
신용금고	231	22	2	24	4	211
신협	1,666	69	14	83	9	1,592
계	2,100	139	20	159	14	1,955

(주) 1998년 12월 31일 기준

2) 농업인우선대출 실시

1998년 4월 6일부터 실시한 농업인우선대출은 상호금융특별회계에서 유동성 자금이 부족한 조합에 대출자원을 지원하고 조합에서는 IMF로 인하여 금융 사각지대에 있는 농업인에게 우선적으로 대출하는 제도이다. 조합에서는 상호금융특별회계에서 자금을 차입하여 마진을 붙이지 않고 농업인들에게 대출을 시행하였다.

즉 농업인우선대출제도는 영농자금이 절대 부족한 농업인을 우선 지원하기 위하여 신탁자금대출과 유사한 상품을 개발한 것으로서, 그 대상자는 농업인이어야 하며, 용도는 농업부문에 소요되는 자금으로 제한되었다. 농업인우선대출금은 고금리로 조성된 슈퍼예치금 금리와 연동되어 있어 대출금리가 상대적으로 높은 18.5%였으나 조성된 자금규모가 1조 7천억원으로 IMF로 인하여 급전이 필요한 농업인에게는 많은 도움이 되었다.

3) 농업인대출금 특별연기·대환

IMF 위기상황으로 인하여 경제적으로 어려움을 겪고 있는 농업인의 이자 및 자금부담을 경감시키기 위하여 조합의 여신업무방법의 적용을 한시적으로 배제하여 농업인의대출금 상환을 연기 또는 재대출하고, 농업인 등 채무자의 연체이자 차액 징수를 유예하는 농업인 대출금 특별연기·대환제도를 1998년 6월 15일부터 2000년 말까지 한시적으로 실시하였다. 특별연기·대환의 기간은 조합원(영농조합인 및 농업회사법인 포함)대출계좌의 경우는 신청일로부터 연기·대환 각각 2년으로 하고(단, 자립예탁금 대출의 특별연기는 1년으로 함), 준·비조합원의 대출계좌는 연기 6월, 대환 1년으로 하여 조합원과 준·비조합원에 차등을 두었다.

농업인 대출금 특별연기·대환으로 농업인의 농협, 농업인을 위한 농협으로서의 이미지를 높이는 한편, 자금이 부족한 농업인의 연체이자 부담을 경감시켜 농업인에게 실익을 제공하고 대출금 대환(재대출)으로 경제적 어려움을 겪고 있는 농업인에게 자금운용의 여력을 제공하였다. 1999년까지 추진실적은 총 85,186건에 금액은 14,543억원이었다.

4) 농가부채 경감대책 추진

IMF 관리체제에 따른 경영악화로 인하여 어려움에 처한 농업인 조합원의 부담 경감을 위하여 1998년 8월 농림부에 농가부채대책위원회가 구성되자 농협에서는 1998년 10월 13일 농가부채 경감에 관한 건의안을 정부에 제출하였다. 1998년 10월 27일 제7차 임시대의원회에서 심각한 위기상황에 처한 농업인조합원의 고통분담에 농협 임직원이 솔선하여 동참하고, 최근의 시중금리 하향추세를 반영하여 조합원 대출금에 대한 상환연기와 금리인하를 적극적으로 추진하기로 결의하였다. 대의원회에서는 농업인조합원 대출금 19조 6천억원 중에서 1999년말까지 상환기일이 도래하는 분에 대하여 2년간 상환을 연기하고, 조합원 대출금리를 2%p (평균 16.5→14.5%) 만큼 자율적으로 인하하되 금리인하 부담은 자체 구조조정 등을 통하여 흡수하기로 하였다.

정부와 농협은 IMF 이후에도 경영이 악화된 농업인의 부채상환 능력을 제고하고 농어촌경제의 안정을 도모하기 위하여 농가부채 경감대책을 계속적으로 실시하였다. 농협 상호금융은 농업인이 일선 조합에서 대출받고 있는 상호금융자금을 저리의 자금으로 대체해 주거나 농업경영 목적의 대출금을 연체하고 있는 농업인에 대하여 연체이자 등을 감면해 주고, 경영회생이 가능한 경우 연대보증을 농신보 보증으로 전환하는 등의 방법으로 농가부채 경감을 지원하였다.

농가부채 경감대책 시행 초기인 1999년에는 특별경영자금으로 1조 4,532억원을 지원하였고, 다음 해인 2000년에는 금액을 2배 이상 늘려 3조 6,430억원을 지원하였다. 2001년에는 우루과이라운드, 세계무역기구의 출범과 부채증가로 어려움을 겪고 있는 농어업인의 금융부담을 완화함으로써 농어가 경영안정과 농어업의 안정적인 발전을 도모하기 위하여 「농어업인부채경감에관한특별조치법」이 2001년 1월 8일 공포되어 시행되었다. 이에 따라 농어가 부채경감 지원자금을 크게 늘려 8조 531억원을 지원하게 되었다. 또한 2004년에는 2001년 지원된 대체자금의 금리를 인하하는 등 상호금융대체자금으로 3조 7,722억원을 지원하였고, 2006년에는 3조 5,234억원을 지원하였다.

2009년도에는 미국발 금융위기로 인한 세계적인 경제침체로 농수산물의 소비위축과 한·미 FTA(자유무역협정) 등 농수산물 시장 개방 확대 및 원자재가격 상승 등으로 어려움을 겪고 있는 농어업인의 당면한 금융부담을 완화하기 위하여 황영철 외 9명의 국회의원이 「농어업인부채경감에관한특별조치법」의 개정안을 발의하였다. 2009년 5월 27일 개정안이 공포 시행됨에 따라 2004년에 지원한 상호금융대체자금 3조 7,722억원 중 아직 상환이 되지 않은 1조 9천억원에 대하여 농업인들이 5%의 동일한 금리로 5년간 분할 상환할 수 있는 길이 열렸다.

한편 2009년 6월 26일부터는 2004년 상호금융대체자금의 기간만료에 따라 대환대출을 실시하여 7월 31일 현재 7,749건에 768억 82백만원이 지원되었으며, 2010년 말까지 전체 대상금액에 대한 대환대출을 완료하기 위하여 안내에 전력을 다하고 있다.

<표 4-42> 상호금융 저리대체자금 대출 지원현황

(단위: 좌수, 백만원)

구 분	계좌수	금 액
2004년 대체자금	223,991	3,772,185
2006년 대체자금	225,730	3,523,382

<표 4-43> 2004년 상호금융 저리대체자금 상환 및 잔액현황

(단위: 건, 백만원, %)

구 분	좌 수	대출잔액	상환액	상환비율	연체액	연체비율
2005년말	207,683	3,202,490	569,695	15.10	4,198	0.13
2006년말	195,491	2,762,228	1,009,957	26.77	46,900	1.70
2007년말	180,769	2,337,103	1,435,082	38.04	51,446	2.20
2008년말	165,867	1,969,974	1,802,211	47.78	38,407	1.95
2009년3월말	162,431	1,922,061	1,850,124	49.05	39,519	2.06

<표 4-44> 2006년 상호금융 저리대체자금 상환 및 잔액현황

(단위: 건, 백만원, %)

구 분	좌 수	대출잔액	상환액	상환비율	연체액	연체비율
2006년말	214,225	3,341,466	181,916	5.16	354	0.01
2007년말	214,852	2,702,788	820,594	23.29	60,578	2.24
2008년말	202,720	1,874,820	1,648,562	46.79	96,691	5.16
2009년3월말	199,635	1,776,125	1,747,257	49.59	87,567	4.93

03
성숙단계

1. 2000년대 금융시장의 변화

1) 자본시장법 제정

주식시장을 통한 자금조달은 2007년의 증시호황을 제외하고는 1999년 이후 뚜렷한 증가세를 보이지 못하고 있었고, 외환위기 이후 국채, 금융채 등 우량채권 발행규모는 큰 폭으로 증가하고 있으나 회사채는 축소되어 채권시장이 보수화 되는 경향이었다. 결국 기업의 자본시장을 통한 자본 조달이 위축되어 자본시장이 자금공급 기능을 수행하지 못하는 실정에 이르렀다.

또한 증권, 선물, 자산운용 등 자본시장 관련 금융산업의 발전이 미흡하여 금융시장 발전이 진전되지 못하고 산업 간 불균형도 심화되었으며 증권사의 수익구조는 위탁매매에 치중된 취약한 형태로써 수익의 안정성이 낮은 상황이었다.

이러한 배경에서 2009년 2월 4일 자본시장을 규율하는 14개 법률 중 절반 정도를 통합하여「자본시장과금융투자업에관한법률」(이하「자본시장법」이라 한다)이 제정 시행되었다.「자본시장법」이 시행됨으로써 6개 금융투자업무(증권, 선물, 자산운용, 신탁업 등)의 겸영이 허용되었고, 증권사에 지급결제권한을 부여하여 준(準)은행화 되는 계기가 되었다.

「자본시장법」제정의 기본방향은 다음과 같다. 첫째, 기존 자본시장 관련 금융법은 금융투자상품의 범위를 사전적으로 열거하여 제한하는 방식이어서 신종 금융상품을 설계하거나 매매 등을 할 수 있는지 여부가 사전적으로 불확실하여 금융혁신을 제한하고 투자자 보호에도 취약하였다. 이에 새로운 「자본시장법」은 금융투자상품에 대하여 원본손실 가능성을 부담하면서 이익을 얻거나 손실을 회피할 목적으로 거래상대방에게 현재 또는 장래의 특정시점에 금전 등을 이전하기로 약정함으로써 갖게 되는 권리로 정의하였다. 둘째, 기존 자본시장 관련 법령체제는 금융회사를 중심으로 규율하는 기관별 규율체제이어서 금융회사별로 상이한 규율이 적용되었다. 이에 「자본시장법」은 기존 기관별 규율 체제를 경제적 실질이 동일한 금융기능을 동일하게 규율하는 기능별 규율체제로 전환하도록 개정하였다. 셋째, 기존 법령체계가 금융투자업 상호 간에는 겸영을 금지하고 있으나 「자본시장법」은 기능별로 분류된 6개 금융투자업(투자매매, 투자중개, 집합투자, 투자자문, 투자일임, 신탁업)에 대해 상호 간 겸영을 허용하고 있다. 또한 기존 금융법은 금융업자가 영위할 수 있는 부수업무를 사전에 열거하고 있으나 「자본시장법」에서는 원칙적으로 모든 부수업무의 취급을 허용하되 예외적으로 제한하는 네거티브 체제로 전환하였다. 그리고 금융투자회사가 결제·송금·수시입출금 등 부가서비스 제공이 가능하도록 법적 근거를 마련하였고 투자자가 금융투자상품에 대해 보다 다양한 경로로 접근 할 수 있도록 투자권유대행자 제도를 도입하였다. 그 외 업무범위 확대 사항으로 집합투자기구 범위 확대, 투자대상 자산 확대, 사모펀드 규제 완화, 운용방법 확대 등 집합투자업에 대해 대폭적인 규제완화가 「자본시장법」에 포함되었다. 넷째, 「자본시장법」상 장외파생상품 매매·중개업이 금융투자업에 속함에 따라 투자자 보호를 위한 진입규제·영업행위규제·건전성규제가 적용되고 모든 형태의 집합투자기구에 자산운용업법상 투자자 보호규제를 적용하였다. 또한 설명의무, 적합성 원칙, 요청 하지 않은 투자권유의 규제를 도입하였고, 금융투자회사의 광고가 무분별하게 이루어지는 것을 방지하기 위해 광고규제를 도입하여 금융투자업자가 아닌 자가 금융투자업 광고를 하는 것을 금지시켰다. 복수의 금융투자업 겸영시 이해상충 발생 가능성이 높아짐에 따라 이해상충 방지체제를 마련하였고 발행공시 규제(유가증권신고서 제출)의 적용 대상 증권을 투자자 보호의 필요성이 있는 모든 증권으로 확대하였다. 다섯째, 은행법, 보험업법 등을 제외한 자본시장을 규율하는 모든 법률(16개 법률) 중 7개 법률을 통합하고 나머지는 관련 규정을 정비하였다. 기존 규율법제가 없는 영역인 비정형 간접투자, 파생금융상품도 「자본시장법」의 규율 대상으로 하여 규제 공백을 제거하였다.

이렇게 「자본시장법」제정으로 금융투자업의 겸영이 허용됨에 따라 국내 금융투자회사도 선진 투자 은행과 같이 종합적인 업무영위가 가능해졌다. 금융상품 측면에서도 모든 신종 증권과 기초자산에 근거한 신종파생상품을 설계하고 취급할 수 있게 되었다. 다양한 신종금융상품의 취급이 가능해짐에 따라 영업시 필요한 금융투자품을 설계·운용할 수 있게 되어 금융투자회사의 경쟁력이 높아질 수 있게 되었다.

또한 금융투자회사의 전문화와 함께 일부 금융투자회사의 경우 대형화가 가능해져 규모의 경제를 통한 경쟁력이 제고되고 은행 중심에서 자본시장 중심의 시스템 체계를 강화하고 업종 내 경쟁구도에서 업종 간 경쟁체제로 전환될 것으로 전망된다.

한편 자본시장 관련 법률이 자본시장과 관련 금융산업의 획기적인 발전을 뒷받침하지 못하고 있다는 지적도 있다. 그 이유로 첫째는 증권사, 선물회사, 자산운용사, 신탁회사 등 금융회사별로 각각 별도의 법률이 존재하여 동일한 금융기능을 수행하여도 금융회사별로 상이한 규제가 적용되므로 규제차익과 투자자보호의 공백이 발생한다는 것이고, 둘째는 금융회사가 취급할 수 있는 유가증권과 파생상품의 종류가 법령에 제한적으로 열거되어 창의적인 신종 금융투자상품을 설계하거나 취급하는데 제약요인으로 작용한다는 것이고, 셋째는 증권업, 자산운용법, 선물업, 신탁업 등 자본시장 관련 금융업 간 겸영이 엄격하게 제한되어 다양한 금융투자서비스를 제공하는 선진투자은행에 비해 시너지 효과를 통한 경쟁력 제고에 한계가 있고, 넷째 선진화되고 체계적인 투자자 보호제도가 미흡하여 금융투자 상품의 불완전 판매와 불공정 거래에 대한 적절한 대응이 어려움에 따라 자본시장에 대한 투자자의 신뢰가 저하되는 문제점이 있다는 것이다.

「자본시장법」의 시행으로 농협 상호금융에 미치는 영향은 적지 않을 것으로 예상된다. 최근 은행의 저원가성예금이 증권사의 CMA 상품으로 이동하는 가운데 「자본시장법」의 시행으로 은행 및 상호금융 기관의 수신기반 약화에 따른 수익성 악화의 가능성이 있다. 특히 금융투자회사의 지급결제시스템 참가 및 신투자상품 개발로 은행과 상호금융기관의 수신기반은 위축되어 이자부문 수익성 악화가 예상되고 예금에서 투자로 시중자금이 이동할 가능성이 높아져 금융회사 간 특판 금리 경쟁이 발생할 경우 순이자 마진율 하락에 따른 수익성 악화 가능성이 있다.

이에 대한 대비책으로 농협 상호금융은 수익구조의 다변화를 위해 예대마진 중심의 수익구조를 개선하고 수익증권 판매, 외국환업무 확대 등 업무영역을 확대하여 종국적으로는 은행권 수준과 어깨를 나란히 해 나가야 할 것이다. 또한 향후에는 리스크 관리 능력이 중요한 경쟁력의 하나로 자리 잡을 것으로 전망되므로 조합의 리스크 관리에 대한 인식이 성숙될 필요가 있다.

금융상품의 범위가 기존의 열거주의에서 포괄주의로 바뀜에 따라 증권사 및 시중은행 중심으로 신종 금융상품이 출현할 것으로 예상되므로 수익증권, 보험, 경제사업 등을 활용한 다양한 상품개발과 종합자산관리계좌(CMA)로의 자금이탈을 방지하기 위해 CMA에 견줄 수 있는 복합상품 및 다양한 금융서비스 개발이 절실하다. 이를 위해 투자금융 관련 자격증 취득 기회를 확대하고 신용사업 종사 직원에 대한 금융관련 자격증 보유를 의무화 하는 등 투자금융 관련 전문인력을 육성할 필요가 있다. 더불어 정책 당국과 지속적인 농정활동을 추진하여 정부의 서민금융활성화 대책을 적극 활용하고, 일선 영업점은 증권사의 소액지급결제 허용을 대비하여 결제성 계좌에 대한 특별관리와 고객관리에 철저를 기하며 직원들의 마케팅 역량 강화를 위하여 판매상품 내용 습득, 금융교육 강화 등에 힘써야 할 것이다.

2) 금융시장의 경쟁 가속화

(1) 국내 금융시장의 변화

외환위기 이후 국내 금융시장은 자본시장 활성화 정책 등으로 은행 중심형 금융시스템에서 시장 중심형 시스템으로 전환되고 있고 금융의 증권화 및 글로벌화가 진전되어 외국 금융기관의 국내진입이 활발해지면서 직접금융 및 국제금융의 활용도가 증가하는 추세이다.

1999년 하반기 대우사태로 회사채시장이 크게 위축된 이후 민간 경제주체들의 위험회피 성향으로 시중자금은 안전한 은행예금으로 몰렸으며, 이로 인해 은행예금의 수신비중은 급격히 상승하였다. 2000년 이후 은행예금은 전체 수신의 50%에 근접했으며, 2003년 말에는 53.1%로 확대되었다.

2007년에는 주식시장 활황 등으로 은행예금이 주식형 펀드, CMA 등으로 이탈하는 머니무브(money move) 현상이 나타나 은행예금의 수신비중은 49.5%로 하락하여 전년 50.7%에 비해 1.2%p 하락하였다. 반면 증권사 및 자산운용사의 수신비중은 각각 전년 대비 0.7%p, 1.8%p 상승하였다. 2009년 시행된 「자본시장법」은 금융투자회사에 소액 지급결제 업무를 허용하여 은행예금 이탈이 가속화될 가능성이 있다.

또한 외환위기 이후 금융기관 총수신 중 단기수신 비중이 지속적으로 상승하였으나 최근에는 단기수신 비중이 하락세에 있다. 고령화에 따른 개인연금 및 기업연금 수요 증대와 더불어 모기지론 및 MBS 발행과 장기국채의 발행 확대 등으로 향후 중장기적으로 금융권 자금의 단기화 현상은 점차 완화될 것으로 예상된다. 지금까지 우리나라 금융산업의 가장 큰 취약점으로 지적되어온 장기 금융시장의 미발달 문제도 국공채시장, 주택금융시장, 연금시장, 역모기지시장 등이 활성화되면서 점차 해소될 가능성이 있다.

한편 국내 은행 및 비은행금융기관의 총 여신규모는 1999년 506조원에서 2007년 1,171조원으로 131.2% 증가하였다. 전체 금융권 여신 중 은행권 대출(신탁계정 포함)이 차지하는 비중은 1999년말 71.9%에서 2007년에는 75.5%로 확대되었고, 비은행금융기관의 경우 2002년 이후부터 상호금융이 여신시장에서 차지하는 비중이 증가하는 추세를 보였으나 2006년부터 하락세로 반전되었다.

국내 은행권의 총 대출규모는 2002년 471조원에서 2007년에는 803조원으로 70.4% 증가하였다. 은행권 총대출 가운데 기업대출이 차지하는 비중은 2002년 47.5%에서 2007년에는 48.7%로 소폭 확대되었는데, 이는 중소기업 대출이 증가한데 주로 기인한다. 가계대출이 차지하는 비중은 2002년 47.1%에서 2005년 및 2006년 주택담보대출 확대에 힘입어 49%를 초과하였으나 2007년에는 정부의 부동산 관련 규제로 45.2%로 축소되었다. 가계대출은 부동산시장의 상황 및 정부의 규제에 따라 총 여신에서 차지하는 비중이 변하고 있고 최근에는 정부의 주택담보대출 규제로 증가세가 크게 둔화 되었다. 외환위기 이후 구조조정과 은행 간 합병추세로 인해 대출시장에서 국내 상위은행의 시장집중도는 지속적으로 증가하였다. 상위 4대 은행이 전체 대출시장에서 차지하는 비중이 1999년 20.8%에서 2007년에는 38.7%로 크게 확대되었다. 향후에도 국책은행 민영화와 은행 간 추가 합병 가능성 등 금융기관의 대형화 추세가 계속될 것으로 보여 국내은행의 시장집중도 상승추세는 당분간 지속될 전망이다.

2007년말 현재 국내 주식시장의 시가총액은 총 1,051조원으로 1999년말의 448조원에 비해 2.3배 이상 증가하였다. 벤처버블의 붕괴로 2000년대 초반 주식시장의 시가총액이 크게 감소하였으나 이후 회복세를 보였다. 특히 2007년 들어 주식시장이 활황세를 보임에 따라 주식시장 시가총액은 전년 대비 35.4% 상승하였다.

외국인의 국내 주식투자도 지속적으로 증가하여 외국인 투자자의 국내 주식시장에 대한 영향력이 증가하는 추세에 있었으나 2005년부터 비중이 축소되는 추세이다. 외국인의 국내주식 보유액은 1999년말 76조원에서 2007년말 308조원으로 규모 면에서 4배 급증하였으나, 외국인의 이익실현 등으로 외국인 보유비중은 2003년 40.1%를 기록한 이후 감소 추세를 보이며 2007년말 32.4%를 기록 하였다.

한편 자산운용사의 자산운용액(설정잔고액)도 1999년 193조원에서 2007년에는 263조원으로 36% 증가하였다. 특히 2004년 들어 적립식 펀드로의 자금유입이 크게 확대된 이후 간접투자에 대한 관심이 고조되면서 자산운용사의 자산운용액은 지속적으로 증가 추세이다.

2007년말 현재 채권시장의 주요 채권 발행잔액은 총 601조원으로 2000년말 296조원에 비해 2배 증가하는 등 지속적인 성장세를 시현하고 있다. 외환위기 이후 정부는 국채시장 육성을 위해 국채전문딜러제도, 국채추가발행제도 등을 도입하고, 국채발행의 정례화와 사전공시 제도를 시행하는 등 채권시장 선진화 작업을 추진하여 왔다. 전체 채권발행 잔액 중 국채가 차지하는 비중이 2000년

24.0%에서 2007년에는 45.5%로 확대되었다.

국내 ABS시장은 1998년말 자산유동화제도가 도입된 이후 1999년부터 본격적으로 채권이 발행되기 시작하여 2000년에 급성장하였으나 이후 시장이 확대되지 않고 있는 상황이다. CBO, P-CBO 등 다양한 형태의 자산담보부채권(ABS)제도가 도입되면서 기업과 금융기관의 자금조달 창구가 다양화 되었지만, 2002년 이후 카드사의 ABS 발행을 통한 자금조달이 급격히 축소됨에 따라 전체 ABS 발행 규모는 다소 축소되었고 여전히 회복세를 보이지 못하고 있는 실정이다.

향후 금융시장은 자본시장의 발전과 더불어 금융회사들은 다양한 상품을 개발하여 고객 확보라는 무한경쟁에 뛰어들 것으로 전망된다. 이를 위해 금융회사 간 업무 제휴, 직·간접금융시장 연계상품 또는 금융권 간 상품의 교차판매 등 겸업화, 상품의 다양화 현상이 나타날 것으로 예상된다.

또한 2009년 「자본시장법」의 시행은 자본시장을 활용한 다양한 금융투자 상품의 출현을 촉진하는 등 자본시장의 역할을 더욱 확대할 것이다. 금융투자회사는 자본시장을 활용한 금융투자상품 개발 능력이 중요한 경쟁력 요인으로 작용하고 은행의 경우에도 금융투자회사와의 연계를 통해 금융투자 상품 판매경쟁이 심화될 것이다.

(2) 국내 금융산업의 여건 변화

① 대형화

외환위기 이후 정부 주도의 금융산업 구조조정 과정에서 은행권을 중심으로 대형화가 빠르게 진전 되면서 은행업에서 자산규모 상위 3사가 차지하는 비중이 1999년 38.9%에서 2007년 60.0%로 크게 증가하였고 최근에는 은행 간 리딩뱅크(leading bank)를 추구하는 자산 확대 경쟁으로 시장집중도는 더욱 높아진 상황이다.

최근 은행들은 신규 성장기반 확보와 수익성 개선을 위해 이자수익 위주의 사업구조에서 자산운용, 증권, 보험 등 비은행 업무로의 사업다각화를 확대하면서 종합금융그룹으로 성장을 추구하고 있다. 은행들의 사업다각화는 업종별 다양한 요인에 의해 촉발되고 있으며 주로 대형사를 중심으로 진행되고 있다. 자산운용업의 경우 자산운용시장의 성장에 대한 기대감과 고객들의 투자수요 증대로 대형은행들의 자산운용사 인수가 가시화 되고 있다. 대형은행을 중심으로 보험자회사의 설립이나 인수 등이 이루어졌으며, 2003년 9월 도입된 방카슈랑스의 활성화로 은행권의 보험관련 수익비중이 전반적으로 상승하였다.

국내은행의 성장성이 성숙단계에 이르렀고, 비은행업무의 수익기여도가 상대적으로 낮은 수준에 머물고 있는 상황임을 감안하면 은행의 비은행업무 확대는 앞으로도 지속될 전망이다.

증권사는 자발적인 구조조정이 지연됨에 따라 대형사의 시장집중도가 낮은 편이고 수익구조도 위탁매매수수료에 대한 의존도가 높은 실정이어서 향후 수수료 인하 경쟁 등에 따른 구조조정 가능성이 있다.

상호저축은행도 자산규모 상위사들의 시장점유율이 상승하면서 차별화가 진행되고 있다. 자산 5,000억원 이상의 중대형 저축은행이 시장 전체의 약 74.4%를 차지하고 있는 반면 1,000억원 미만의 소규모 저축은행의 수는 전체의 약 9.3%를 차지하고 있고 시장점유율은 1.1%에 불과하다.

② 겸업화

금융수요의 다양화와 국제적인 겸업화 추세에 부응하여 금융회사 간 업무제휴가 활성화될 수 있도록 금감위가 2001년 1월「금융기관의 업무위탁 등에 관한 규정」을 제정하면서 겸업화가 본격적으로 진행 되었다. 금융권별 핵심업무를 최소화하고 부수업무에 대하여 네거티브시스템을 적용하는 등 겸업화의 기본방향이 설정됨에 따라 이종업종 간 제휴가 빈번해지고 있는 실정이다.

핵심업무를 제외한 부수업무의 이종업종 간 겸업을 허용한 금융정책으로 방카슈랑스가 대표적이다. 정부는 금융업종 간 경쟁촉진을 통한 금융서비스의 개선, 금융소비자의 편익 증진, 금융부문의 경쟁력 강화를 목표로 2003년 9월 방카슈랑스 제도를 시행하였다. 방카슈랑스는 금융소비자 뿐만 아니라 은행, 증권, 보험 등 금융회사의 수익성 또는 생산성 개선에 기여하였다. 은행 및 증권사 등 타 금융권은 기존 고객에 대한 보험상품의 추가 판매를 통해 새로운 수익원 및 업무다각화를 도모하였고 보험사는 타 금융권의 지점을 통해 저렴한 비용으로 보험상품을 판매함으로써 사업비 절감 및 생산성 향상을 추구하였다. 보험모집 비용의 절감과 판매채널의 효율적 개선 등은 궁극적으로 보험료의 인하를 통해 신규 보험수요를 창출하게 되었다.

한편 과거 증권사만이 취급하였던 수익증권 판매가 은행에도 허용되었고 은행의 판매규모는 확대 추세에 있다. 2008년 5월 기준

총펀드 판매액에서 은행의 판매액이 차지하는 비중은 41.4%를 차지하여 2005년 3월 28.6%에 비해 12.8% 증가하였다.

증권사의 경우 신탁업 겸영, 부수업무영역 확대 등을 주 내용으로 하는 규제완화 방안이 2005년 2월부터 시행되었다. 과거 은행·보험·종금사에만 허용된 신탁업을 자기자본 250억원(금전신탁) 또는 100억원(재산신탁) 등 신탁업법상 인가기준을 충족하는 증권사에게도 허용하였다. 또한 부수 업무의 범위를 확대하여 자신이 보유한 부동산에 대한 임대뿐만 아니라 투자은행 업무과정에서 재무구조 개선 등 구조조정과 관련된 부동산 매매나 임대, 중개, 자문업무가 가능하게 되었다.

겸업화의 진전은 신규업무 진출 확대 등을 수반하여 금융권별로 복합금융상품 판매가 확대되면서 업종 간 유사상품 판매가 증가하고 이에 따라 은행예금과 CMA와 같은 비은행권 유사예금 간 수신 경쟁 등 업권 간의 경쟁은 앞으로 더욱 치열해질 전망이다.

③ 금융의 증권화

외환위기 이후 금융회사의 부실채권 정리와 회사채 발행이 어려워진 기업의 유동성 확보를 위해 1998년 「자산유동화에관한법률」이 제정됨에 따라 자산유동화증권(ABS)제도가 도입되었다. 제도 도입 초기에는 금융회사의 부실채권 정리를 위한 수단으로 ABS를 발행하였다. 2000년의 경우 NPL 대상의 ABS가 약 20%, 정크본드 대상의 CBO가 약 56%로 부실채권을 대상으로 발행된 ABS가 전체 시장에서 76%를 차지하였다. 구조조정이 일단락되면서 부실채권을 대상으로 한 금융회사의 ABS 발행규모가 축소됨에 따라

2002년부터 ABS시장이 위축되었다. 2000년과 2001년에 40조원을 상회하였던 금융회사의 ABS 발행규모가 2002년부터 감소하여 2007년의 경우 11조원 수준으로 감소하였다.

한편 2001년부터 일반기업의 자금조달 수단으로서 ABS의 중요성이 부각되었다. 2000년 9,278억원 이었던 일반기업의 ABS 발행규모는 2001년 이후 대폭 증가하여 2004년까지 4~6조원 대를 유지하다 2006년 들어 8.8조원으로 대폭 증가하였다. 그러나 2007년 부동산 개발사업의 자금조달 목적으로 발행된 부동산 PF ABS 실적은 전년 5.9조원 대비 크게 감소한 1.2조원에 불과하여 일반기업 ABS 발행규모는 크게 감소하였다.

한편 2004년 3월 한국주택금융공사의 설립으로 MBS의 공신력과 자금 조달능력이 제고되어 주택 저당채권의 유동화가 본격화될 것으로 예상하였으나 당시 MBS 발행은 부진했다. 2006년 주택담보대출에 대한 시중은행들의 경쟁 및 낮은 대출금리에 따라 수요자들이 대출금리가 낮은 시중 은행의 변동금리대출을 선호하였기 때문이다.

그러나 향후 자산유동화법 개정으로 자산유동화증권 발행가능 기업의 범위가 확대되고 신용파생 계약(CDS)을 기초로 합성담보부증권의 발행이 가능하게 되면 다양한 유동화증권의 발행과 더불어 발행규모도 증가할 것으로 전망된다.

④ 개방화 확대

외환위기 이후 적극적인 외자유치 과정에서 외국계 자본의 국내 금융업 진출이 활발히 이루어져 외국계 금융회사의 금융시장 점유율이 빠르게 증가하였다.

2007년 외국계인 제일·외환·한국씨티은행 및 외국은행 국내지점의 은행산업 시장점유율은 총자산 기준으로 21.3%를 기록하여 2001년 8.2%에서 13.1%p 증가하였다.

외국자본의 국내 금융산업 진출 확대는 산업내 경쟁 촉진을 통해 국내 금융회사의 경영효율성 증진 및 금융소비자에 대한 금융서비스 개선에 기여하였다. 또한 외국계 금융회사의 선진금융기법 확대는 이를 감독하기 위한 감독당국의 금융감독기법 선진화를 촉진하는 한편 각종 금융관련 법규, 제도 및 인프라 등의 선진화에도 기여하였다.

반면 외국계 금융회사의 철저한 수익성·건전성 중시 경영이 은행산업의 공공적 역할을 약화시키고 중소기업금융 등을 위축시킬 수 있으며, 외국계 은행이 집중하는 소매금융 분야를 중심으로 국내 은행의 수익성은 악화될 가능성도 상존하고 있다.

⑤ 전자금융의 확대

비현금 지급수단에 의한 지급결제는 금액 및 건수 모두 꾸준히 증가하는 추세이다. 지급결제수단 별로는 건수 기준으로 어음수표의 사용은 2002년 일평균 405만 건에서 계속 감소하는 반면 자금이체 및 카드를 이용한 지급결제 건수는 꾸준히 증가하고 있다. 지급결제 금액 역시 어음수표의 이용금액은 꾸준히 감소하고 있는 반면 결제시스템을 이용한 금액은 카드를 제외하면 지속적으로 증가하고 있다.

특히 인터넷뱅킹은 1999년 처음 도입된 후 모든 은행에서 취급하기 시작한 2000년 이후 등록 고객수가 대폭 증가하여 2007년말 개인의 등록수가 4,240만명을 기록하였다. 전자금융의 발달로 금융서비스 전달창구로서 점포 텔러의 비중은 감소하고 있는 반면 인터넷뱅킹을 중심으로 비대면 채널의 비중이 큰 폭으로 증가하고 있는 상황이다. CD/ATM 등 자동화기기는 입출금 위주로 업무가 제한되어 있으나 인터넷뱅킹은 비즈니스업무까지 연계할 수 있어 채널의 역할이 크게 확대되었다.

앞으로 은행들이 CRM 기반의 통합채널 전략을 수립하면서 점포의 저부가가치 업무는 전자금융을 이용한 비대면채널로 이관되고 일선점포는 고부가가치 채널로 특화될 가능성이 있다.

(3) 미국발 금융위기

IT버블 붕괴, 9·11 테러 등에 따른 실물 및 금융경제 위축을 막기 위해 미국은 감세정책과 함께 저금리정책을 시행하였고 부동산시장이 호황을 보이자 신용등급이 낮은 사람들에게 집을 담보로 대출을 제공하는 서브프라임 모기지가 급증하여 이것이 주택가격의 버블을 형성하였다.

또한 금융기법의 발달 등으로 2000년대 들어 부채담보부증권(CDO), 신용 디폴트스와프(CDS) 등 파생상품시장이 급격하게 확대되어 CDS 시장규모는 2000년 9,000억 달러에서 2007년 45조 5,000억 달러로 팽창되었고 2007년 12월 말 현재 파생상품 거래규모는 세계 총GDP의 10%가 넘는 약 681조 달러에 이르렀다.

2004년, 증권거래위원회(SEC)가 투자은행 지주회사에 대해 마련한 통합감독 프로그램(Consolidated Supervised Entities : CSE)은 대표적 금융규제 완화 정책으로 총부채가 순자본의 15배 이내여야 한다는 레버리지 규제를 철폐하여 투자은행들은 단기금융시장에서 순자본의 20~30배까지 자금 차입이 가능하였다. 하지만 리스크 관리를 위한 감독체계는 미흡하여 자산유동화의 위험성과 규모를 제대로 파악하지 못하였다. 자산유동화는 불특정 다수의 투자자에게 위험을 분산하므로 금융당국의 감독강화 유인을 악화시키고 CDS는 대출 부실에 대한 일종의 보험성 계약인데도 일반적 보험과는 달리 준비금 요구조건이나 한도를 규제하지 않았다.

글로벌 금융위기는 2004년 이후 미국 연방준비은행(FRB)의 금리인상에서 촉발됐다고 할 수 있다. FRB는 1990년 이후 대규모 경상수지 적자가 지속되고, 이 적자는 동아시아와 산유국으로부터의 자본유입으로 메워지는 이른바 "세계적 불균형"에 따른 달러화 하락과 인플레 압력에 대응하기 위해 2004년 하반기부터 불가피하게 이자율을 인상하였다. 금리인상은 주택가격 급락의 결과를 가져왔고 서브프라임 모기지를 비롯한 파생상품 손실을 확산시켰으며 관련 금융기관들을 중심으로 유동성 위기가 발생하였다. 금융위기에 따른 안전자산(달러) 선호 확산으로 대부분 국가의 통화가치가 단기간에 급락하였고 각국의 주가지수도 단기간 큰 폭으로 하락하였다. 실물경기 침체가 선진국은 물론 신흥공업국으로까지 확산되어 일본, 유로지역은 2008년 2분기 연속 마이너스 성장을 하였고, 미국은 2008년 3/4분기 중 전기 대비 △0.5%p 성장하였으며 중국은 한 자릿수로 성장률이 둔화되었다.

글로벌 수요위축으로 국제유가가 하락하면서 인플레이션 압력도 크게 약화되었다. 국제유가 하락, 경기침체 등의 영향으로 2008년 상반기까지 세계경제의 주요 위험요인이었던 글로벌 인플레이션 압력이 크게 하락하였고 각국의 소비자 물가상승률도 빠르게 둔화되었다.

글로벌 금융위기 및 실물경제 침체에 대한 우려가 확산되면서 국내증시도 급락하였다. 2008년 들어 외국인 순매도는 약 340억 달러로 2007년보다 확대되었으며 이것은 주요 아시아 국가들에 비해 보다 큰 폭이었다.

경상수지가 2008년 들어 적자 추세로 전환된 데다 글로벌 금융 위기로 자본수지마저 적자로 전환되면서 환율이 급등하였다. 원/달 러 환율의 변동폭은 주요국들에 비해 가장 높게 급등하였다. 시장 금리는 신용경색 등을 반영하여 상승세를 나타냈다. 한국은행이 2008년 10월 이후 기준금리를 인하하면서 안전자산인 국고채 금리 는 하락 하였고, CD · CP · 회사채 수익률 등의 상승세가 지속되는 등 크레디트물 경색은 지속되었다.

<표 4-45> 아시아 주요국 외국인 주식 순매수 추이

(단위: 백만달러)

구 분	2007년	2008년 8월	2008년 9월	2008년10월	2008년11월	2008년1월~11
한 국	△29,417	△2,847	△2,371	△3,533	△1,221	△34,012
대 만	2,594	△1,009	△2,839	△3,509	△1,818	△15,609
인 도	17,236	△300	△2,052	△3,805	△644	△13,576
태 국	1,570	△336	△802	△381	△273	△4,446
필 리 핀	1,253	△112	△148	△202	59	△795
인도네시아	3,581	50	9	240	521	1,173

생산 · 소비 · 투자는 급격한 하강국면에 진입하여 2008년 3/4분 기 실질 GDP 증가율이 0.5%로 2/4분기 0.8%에 비해 낮아졌으며 2004년 3/4분기 이후 가장 낮은 증가율을 나타냈다. 소비는 고용 불안, 자산가격 하락 등 소비심리 위축으로 소비재 판매가 2개월 연속 감소하였고, 투자는 3/4분기까지 증가세를 유지하던 설비투자 추계가 10월 중에 큰 폭으로 하락 반전하였다. 생산은 수출증가세 가 둔화되면서 광공업생산 증가율이 10월 중에 하락세로 반전하였

고, 고용은 경기침체 등으로 취업자 증가율이 급감하였다. 수출은 주요국 경기침체의 영향으로 감소세로 전환하여 수출증가율이 2008년 3/4분기 27.1% 증가에서 10~11월 중에는 5.1%p 감소하였다. 특히 2008년 11월 중에는 중국, ASEAN, 일본, 미국, EU 등 주요 수출시장에서 모두 마이너스 증가율을 기록하였다.

<표 4-46> 실물지표 증감 추이

(단위: %, 전년동기대비)

구 분	2007년	2008년						
	연간	1/4	2/4	3/4	7월	8월	9월	10월
G D P	5.0	0.8	0.8	0.5	-	-	-	-
소비자판매	5.3	3.9	2.5	1.0	3.9	1.4	△1.8	△3.7
설비투자추계	8.6	△0.9	0.1	6.2	9.9	1.5	7.1	△7.7
광공업생산	6.8	10.6	8.6	5.6	8.7	1.9	6.2	△2.4

2. 농축인삼협 통합

1) 농축인삼협 통합 과정

1998년 2월 새롭게 출범한 국민의 정부는 IMF시대를 맞아 농산물가격 폭락 등으로 심각한 위기에 처해 있는 농업·농촌문제를 해결하기 위해 협동조합 개혁을 「국정개혁 100대 과제」의 하나로 선정 하여 정부 주도로 「협동조합개혁위원회」를 구성하여 협동조합 개혁을 총체적으로 논의하기 시작했다. 정부·농업인단체·학계 등으로 구성된 협동조합개혁위원회는 1994년 당시 「농어촌발전위원회」가 검토한 협동조합개혁방안을 토대로 3개월간 논의를 통해

1998년 7월말 중앙회 조직개편, 조합 합병 방안 등이 포함된 강도 높은 협동조합 개혁방안을 마련하여 정부에 건의하였다.

한편 농협 등 각 협동조합도 IMF체제에 맞추어 자체적으로 구조개혁 추진에 노력하였으나, 당시 사회전반에 걸쳐 진행되었던 강도 높은 구조조정의 개혁분위기에는 미흡하다는 비판이 뒤따랐다. 이에 따라 김성훈 농림부장관은 각 중앙회에 강도 높은 자체 구조조정계획 수립과 중앙회 통합을 포함한 획기적인 공동개혁방안 마련을 요구하였으며, 이러한 장관의 요구에 따라 농·축·임·인삼협 중앙회는 공동개혁방안 마련을 위해 「협동조합공동개혁추진위원회」를 구성하고 1999년 9월말까지 중앙회 통합 등 개혁방안에 대한 합의안 마련을 시도하였다.

그러나 협동조합 간 첨예한 의견대립으로 합의안 도출은 실패하고 1999년 2월까지 시한을 연장하며 재차 합의도출에 들어갔으나 끝내 중앙회 조직체제 등 쟁점사항에 대한 합의점을 찾지 못하고 회의는 마무리 되고 말았다. 때를 같이 하여 농·축협에 대한 감사원의 감사결과가 발표되고 협동조합에 대한 비난여론이 확산되자 농림부는 협동조합의 자율적인 공동개혁작업 실패를 이유로 정부가 나설 수밖에 없다는 입장을 밝히고 1999년 3월 8일 중앙회 통합을 골자로 하는 「협동조합 개혁방안」을 발표하기에 이르렀다.

정부의 개혁방안이 발표되자 농협은 국민의 정부 출범 이후 약 1년여 동안 끌어 온 협동조합 개혁 작업의 마무리 차원에서 정부의 개혁방안을 적극 수용하여 검토하였으며, 개혁법안의 입법과정에도 적극적으로 참여하여 많은 부분에 걸쳐 농협의 의견이 반영되도록 노력하였다. 그러나 축협은 농협에 흡수통합 될 것을 우려하여 정부의 개혁방안에 대해 원칙적으로 반대의사를 표명하고 개혁방안을 원점에서부터 재논의 할 것을 주장하며 통합농협법의 입법추진을 결사적으로 반대하였다. 결국 통합 농협법은 정부와 농협, 그리고 수많은 농업인 단체의 지지 속에 1999년 8월 13일 국회 본회의를 통과하였다.

통합농협법이 제정·공포됨에 따라 농림부는 통합중앙회 설립을 위한 설립위원회 등 설립추진 기구를 구성하고 통합중앙회의 설립 작업에 착수하였다. 농협도 부회장과 이사를 설립위원회에 위원으로 참여시키고 130여명에 이르는 중앙회 직원을 설립사무국과 실무작업단에 파견하는 등 통합 중앙회의 원활한 출범을 위해 적극적인 활동을 전개하였다.

통합추진 과정에서 축협의 부실이 예상보다 심각한 것으로 드러나는 등 일부 예기치 못한 문제가 발생되기도 했으나, 일단 통합작업 이외의 부차적인 문제들은 통합 이후 처리해 나가기로 하고 통합에 전념함으로써 수많은 난관 속에 통합중앙회는 2000년 7월 1일 예정대로 차질없이 출범하였다. 농·축·인삼협 중앙회의 통합은 50년 한국 농업사에 한 획을 긋는 획기적인 사건으로 통합농협의 출범은 종전의 협동조합 체제를 구조적으로 개혁하여 새롭게 탈바꿈시켰다는 점에서 큰 의의를 찾아 볼 수 있다. 농협중앙회·축협중앙회·인삼협중앙회로 분리 운영되어 오던 3개의 중앙회를 하나로 통합하여 새로운 '농업협동조합중앙회'를 탄생시켰으며 기존 중앙회의 각 조합 즉, 지역농협·전문 농협·지역축협·전문축협·인삼조합 등은 그 자격이 그대로 유지되도록 하였다.

새로운 통합농협은 기존 농·축·인삼협의 통합을 통하여 중복되던 기능과 인력, 시설 등을 감축함으로써 많은 경영관리비를 절감할 수 있게 되었고, 불필요한 고정자산의 매각을 통해 보다 많은 여유 자금을 확보함으로써 일선 조합의 육성과 조합원의 경제적 실익 향상에 보다 많은 지원을 할 수 있게 되었다.

또한 중앙회의 통합으로 전국의 농협과 축협의 3,000여개 소매 유통시설을 하나로 묶어 통합 유통 망을 구축함으로써 협동조합의 시장지배력과 가격 주도력을 높이고 농가소득 증대와 소비자의 편익 증대에도 크게 기여할 수 있게 되었다. 아울러 각 중앙회가 운영해오던 물류센터와 사료공장 등 경제 사업장을 조합에 이관하거나 자회사화 또는 공동출자방식으로 전환함으로써 일선 조합의 경영합리화와 기능 확대에도 많은 도움이 되었다.

한편 통합농협법은 조합에 대한 책임경영체제 도입과 조합원의 조합운영참여가 강화됨으로써 일선 조합의 건전한 발전과 조합원의 주인의식을 높일 수 있는 제도적 장치가 마련되었고, 조합별로 조합장직을 상임 또는 비상임으로 자율 결정하여 그에 따른 경영책임도 차별화하도록 함으로써 조합 임직원들의 경영의식 제고와 조합의 경영건전성 확보에도 도움이 되었다. 아울러 조합원과 외부전문가로 구성된 「운영평가자문회의」를 설치·운영, 조합의 경영상태를 평가하도록 함으로써 조합원의 뜻이 조합경영에 반영될 수 있도록 하였으며, 중앙회에 별도의 조합감사위원회를 둠으로써 조합에 대한 지도 감사의 객관성과 전문성을 높이고 조합의 부실예방과 건전경영의 유도를 꾀하였다.

2000년 7월 1일 협동조합 중앙회 간의 역사적인 통합에 따라 새로이 탄생한 농업협동조합은 「21세기 세계일류 농업협동조합 구현」이라는 비전을 가지고 새 출발의 첫걸음을 내딛었던 것이다.

2) 농축인삼협 통합 및 효과

(1) 상호금융의 비약적 성장

① 상호금융 예수금 성장

2009년 7월말 상호금융예수금은 169조 7,232억원으로 농·축협 통합 당시인 2000년 6월말 61조 2,241억원 대비 108조 4,991억원 이 증가하여 연평균 19.7% 성장하였다. 이는 IMF 금융위기 이후 지역농협의 상호금융은 상대적으로 안전하다는 인식에 따른 반사이 익과 고객의 니즈 및 시장의 트랜드를 반영한 신상품의 개발, 인터 넷뱅킹의 도입 및 활성화, 대학등록금 수납업무 취급 등 대행업무 영역 확대, 세금우대예금의 기한연장 및 한도 확대, 세금우대종합 저축·장기주택마련저축 판매 등 경쟁력 확보를 위한 지속적인 노 력으로 얻어진 결실이라 할 수 있다.

또한 우량고객 확보 및 효율적인 고객관리를 위한 우수고객관리 제도(하나로가족제도)도입, CRM 시스템 개발, 고객만족도 제고를 위한 CS 실시 및 마케팅능력 향상을 위한 임직원 대상의 각종 직 무·틈새교육 실시 등도 상호금융예수금 성장에 큰 도움이 되었다. 한편 정부의 전 국토 균형발전을 위한 신도시·혁신도시·행정복합 도시·산업단지 등 지역개발 추진에 따른 토지보상금 유치도 사업 성장에 기여하였다.

하지만 이러한 상호금융예수금의 비약적 성장에도 불구하고 세 부적으로 살펴보면 구조적인 문제점을 안고 있다. 조합 경영에 기 여도가 큰 입출식예금 및 적립식예금의 구성비가 지속적으로 감소 되는 반면, 거치식예금의 비중은 점차 높아지고 있기 때문이다. 또한 도·농 간의 격차는 더욱 심화되어 예수금성장률이 7대 도시는 12.7%, 중소지역은 8.6%, 농촌지역은 6.4%로 나타나고 있다. 2008년말 기준으로 읍면지역의 조합당 예수금 규모는 758억원으로 7대 도시 4,118억원 대비 18.4% 수준에 그친다. 농촌인구의 탈농 및 고령화로 인한 조합원 수 감소로 준·비조합원의 사업이용 비중이 증가 하고 있으며 비과세예금이 총예금의 43.2%를 점유하고 있는 예금 구조는 비과세혜택이 폐지될 경우 심각한 타격을 초래할 우려도 내포하고 있다.

<표 4-47> 상호금융예수금의 성장 현황

(단위: 억원, %)

구 분	2000년 말	2001년 말	2002년 말	2003년 말	2004년 말	2005년 말	2006년 말	2007년 말	2008년 말	2009년 7월말
잔 액	769,877	838,912	940,722	1,031,157	1,134,737	1,269,071	1,433,274	1,454,793	1,580,452	1,697,232
성장률	-	9.0	12.1	9.6	10.0	11.8	12.9	1.5	8.6	7.4

(주) 성장률은 전년 대비 성장률을 말함

IMF 금융위기 이후 농협 상호금융은 타 금융기관과 달리 외부적인 도움 없이 안정적인 성장을 거듭해 왔으나 앞으로의 상황은 그리 농협 상호금융에 유리하지만은 않게 되었다. 미국 주택산업 침체로 야기된 서브프라임 부실 사태는 금융기관의 부실화로 이어졌고 실물경제로 전이되면서 전 세계적인 경기침체가 발생되었다. 각국 정부의 과감한 지원책에도 불구하고 국제 금융시장의 신용 경색은 상당기간 지속될 것으로 전망되고 있다. 국내경제는 글로벌 경기침체에 따라 수출과 내수가 동반 부진을 나타낼 것으로 예상된다.

또한 2009년 2월 시행된 「자본시장과금융투자업에관한법률」(이하 「자본시장법」으로 한다)은2009년 2월 시행된 「자본시장과금융

Chapter 04 협동조합상호금융의 발전 297

투자업에관한법률」(이하 「자본시장법」으로 한다)은 금융기관 간의 장벽을 없애는 계기가 되었으며 농협 상호금융의 입장에서는 비과세예탁금 등의 정부 지원 혜택 폐지 또는 축소가 우려되는 등 사업 성장에 커다란 도전이 되고 있다.

<표 4-48> 상호금융 예수금 과목별 현황

(단위: 억원)

구 분		2003년	2004년	2005년	2006년	2007년	2008년
요구불	별 단 예 탁 금	23,438	22,316	25,240	30,174	25,678	21,943
	보 통 예 탁 금	48,282	57,727	69,046	81,411	82,361	87,344
	자 립 예 탁 금	157,480	162,525	171,872	174,573	155,286	151,117
	자유저축예탁금	93,045	111,649	140,559	179,798	161,151	155,514
	기업 자유예탁금	4,954	6,914	9,456	12,601	14,561	16,215
	소 계	327,199	361,131	416,173	478,557	439,037	432,133
저축성	정 기 예 탁 금	607,875	667,505	745,034	844,288	906,700	1,037,317
	정 기 적 금	39,576	45,122	49,517	52,364	52,427	54,647
	자 유 적 립 적 금	24,951	28,589	28,841	32,501	31,850	34,426
	농어가목돈마련	20,844	20,698	17,853	15,837	15,980	14,839
	기 타	10,712	11,692	11,653	9,727	8,798	7,090
	소 계	703,958	773,606	852,898	954,717	1,015,755	1,148,319
계		1,031,157	1,134,737	1,269,071	1,433,274	1,454,793	1,580,452

② 상호금융대출금 성장

당시 농협 상호금융대출은 가히 「비약」이란 표현이 어울릴 정도로 눈부신 성장을 이루어 냈다. 상호금융대출금은 1999년 12월말 36조 9,574억원을 시작으로 농·축·인삼협 통합을 이룬 2000년 말에는 49조 418억원을 기록한 이후 2001년에 50조원 대를 돌파하여 6년 만인 2007년에는 드디어 상호금융여신 100조원 시대를 맞이하였다. 그 이후로도 상호금융 여신사업은 지속적으로 성장하여 2008년말 123조원 대를 기록하였다.

2000년 통합 이후 상호금융대출금 성장률은 평균 10%이상을 꾸준히 기록하면서 외형적으로는 국내 대형은행과 견줄 만한 규모로 성장을 하였고, 질적인 면에서도 새로운 여신심사기법과 심사시스템을 도입하여 자산건전성이 상당 수준 높아졌다. 사후관리면에서도 지속적인 교육실시와 채권종합관리시스템을 활용한 업무처리로 양적인 성장뿐만 아니라 질적인 성장을 동시에 달성하여 제2금융권에서 단연 독보적인 서민금융기관으로 자리매김 하였다.

이렇게 농협 상호금융 여신사업은 지난 10년간 양과 질적인 면에서 괄목할 만한 성장을 이루었으나 대출내역을 세부적으로 살펴보면 일부 개선할 부분도 발견된다. 대출과목별 내역을 연도별로 보면 일부 과목에 치중되어 성장한 측면이 있고, 읍·면지역 인구의 노령화와 열악한 사업여건으로 인하여 7대 도시와 중소도시를 중심으로 성장이 편중되어 있다.

<표 4-49> 상호금융대출금의 성장 현황

(단위: 억원, %)

구 분	2000년 6월말	2000년 말	2001년 말	2002년 말	2003년 말	2004년 말	2005년 말	2006년 말	2007년 말	2008년 말	2009년 7월말
잔 액	463,739	490,418	522,339	588,747	695,141	800,805	890,403	962,064	1,086,029	1,230,440	1,233,535
성장률	-	-	6.88	12.71	18.07	15.20	11.19	8.05	12.89	13.30	0.25

(주) 성장률은 전년 대비 성장률을 말함

한편 과거에는 담보 만능주의식 심사와 차주보다는 연대보증인의 신용으로 취급되는 대출관행이 있었으나, 근래에 이르러서는 선진 심사기법 등의 도입으로 타 금융기관과 비교하여 손색없는 수준으로 발전하여 연대보증인대출 추세가 감소하고 무입보대출의 비중이 높아졌다.

<표 4-50> 상호금융대출금 과목별 현황

(단위: 억원, %)

구 분	2004년	2005년	2006년	2007년	2008년
일 반 대 출 금	454,847	543,614	626,898	738,868	867,749
(성장률)		19.52	15.32	17.86	17.44
자 립 예 탁 대 출 금	164,686	169,215	176,975	194,255	212,102
(성장률)		2.75	4.59	9.76	9.19
상호금융단기농사대출금	10,293	11,312	11,399	10,631	10,393
(성장률)		9.90	0.77	△6.74	△2.24
상호금융중기자금대출금	36,738	36,381	35,539	43,670	45,603
(성장률)		△0.97	△2.31	22.88	4.43
상호금융특별장기대출금	29,679	29,309	28,187	27,625	31,888
(성장률)		△1.25	△3.83	△1.99	15.43
저리대체자금대출금	96,443	87,912	67,976	51,876	38,874
(성장률)		△8.85	△22.68	△23.68	△25.06
기 타	8,119	12,660	15,090	19,104	23,831
(성장률)		55.93	19.19	26.60	24.74
계	800,805	890,403	962,064	1,086,029	1,230,440

(주) 성장률은 전년 대비 성장률을 말함

<표 4-51> 상호금융대출금 지역형태별 현황

(단위: 억원, %)

구 분	2004년	2005년	2006년	2007년	2008년
7대도시	195,361	226,671	255,298	290,880	334,490
(성장률)	-	16.03	12.63	13.94	14.99
중소도시	248,050	279,940	303,072	352,048	400,579
(성장률)	-	12.86	8.26	16.16	13.79
읍지역	149,755	160,668	169,617	185,639	208,053
(성장률)	-	7.29	5.57	9.45	12.07

면지역	207,639	223,124	234,077	257,462	287,318
(성장률)	-	7.46	4.91	9.99	11.60
계	800,805	890,403	962,064	1,086,029	1,230,440

③ 카드사업 성장

통합농협의 카드사업은 통합 당시 국민카드사 가맹점 네트워크와 제휴한 VISA카드사의 정회원(principal member) 자격을 가지고 있던 축협비자카드를 승계해, 명칭을 농협비자카드로 변경하고, 통합에 따른 대고객 민원방지와 카드시스템의 안정화를 꾀하기 위해 통합시스템 개발에 착수하였다. 하지만 회원은행 이탈을 우려한 비씨카드사의 비협조 등 우여곡절 끝에 2000년 12월 26일 농협비자카드 업무만을 적용하였다.

통합 후의 카드사업은 기존 비씨카드 회원은행 형태의 농협비씨카드와 농·축협 통합으로 농협 브랜드가 된 농협비자카드를 발행하는 듀얼브랜드 체계로 현재까지 카드사업을 운영하고 있다.

1999년 정부는 현금서비스 한도철폐 등 카드정책에 대한 규제를 완화하고 신용카드사용 근로자에 대한 세제상 우대 및 기업의 접대비 지출액 카드사용에 대한 세제지원을 확대하는 등 신용카드 관련 각종 우대 정책을 실시하였다.

이에 각 카드사는 회원 및 이용액 확대전략을 펼치기 시작하였으며, 특히 업계 선두를 유지하며 라이벌 관계에 있던 삼성카드와 엘지카드는 설계사를 통한 대대적인 길거리 회원모집과 성장위주의 공격적인 마케팅전략 구사 등으로 시장지배력을 확대해 나갔다.

또한 2000년 1월 1일부터는 자영업자의 과세표준 양성화를 위한 카드사용 장려정책의 일환으로 국세청이 신용카드 영수증 복권제도를 시행함으로써 카드시장의 사업추진여건은 더욱 호전되어 갔고 카드사 간 경쟁은 더욱 심화되었다. 당시 은행권은 예대마진 폭이 계속 축소되는 등 경영여건이 매우 어려워지는 상황에 처해 있어서 수입원의 다변화를 가져다 줄 수익사업이 필요했고, 카드사업을 소매금융의 핵심사업으로 전략화하는 추세였다.

반면 농협은 통합준비 관계로 2000년 초반에는 적극적으로 카드를 추진하지 못하였다. 하지만 2000년 7월 1일 통합농협 출범 후 타 카드사와의 경쟁에서 뒤지지 않기 위한 시장점유(market share) 확대정책 및 수익증대를 통한 핵심사업으로서의 역량강화 전략으로 카드추진 붐을 조성하였다.

그리고 원활한 카드추진을 위해 영업점 지원체제를 강화하는 방안으로 카드부문 종합업적평가 배점과 카드권유비 및 관리비집행 한도를 상향 조정하고 특별추진을 위한 예산도 지원하였다. 카드추진 우수직원에 대해서는 표창을 대폭 확대하고 해외연수 기회를 부여하는 등 내부 지원도 병행하였다.

이에 같이 영업점 카드추진 및 마케팅활동 지원 결과 카드 회원 수(2000년 9월, 회원 300만명 달성 후 2001년 8월, 은행계 카드사 중 최초로 농협이 회원 500만명 달성)가 급격하게 증가하는 성과를 얻을 수 있었다.

2002~2003년 농협의 카드사업은 정부의 카드시장 감독강화와 사회전반에 걸친 카드시장에 대한 부정적인 시각 및 카드연체의 증가 등 위기를 극복하고 카드사업의 질적성장을 이룰 수 있도록 체질개선과 내실화에 노력을 경주하였다.

또한 무분별한 카드발급을 방지하기 위한 감독기관의 정책에 부응하고 체질개선을 통한 카드사업 내실화를 다지기 위해 미성년자 카드발급기준 마련, 무분별한 회원모집자제, 본인 여부 및 소득에 대한 확인 철저, 연체대금의 강압적인 회수 금지 및 가두모집 자제 등으로 체제를 재정비하고, 1년 이상 장기 무거래회원(휴면회원) 80여만명을 일괄 탈회시키기도 하였다.

그리고 연체채권 감축과 리스크 관리를 강화하기 위하여 행동평점시스템(BSS)에 의 한 매월별 한도 조정과 현금서비스 최저한도제를 도입하였으며, 불량회원 진입방지를 위한 비씨회원은행 간 정보공유시스템을 구축하고 회원의 월 소득 한도 내 이용한도 부여제도를 도입하였다.

(2) 상호금융특별회계 운영 성과

① 상호금융특별회계 운영방향

1969년 7월 상호금융사업 도입 이후 조합의 지급준비금 예치를 통해 수신고객을 보호하고 조합 간 자금수급 조정을 도모함과 동시에, 여유자금 운용을 통해 조합 수익에 기여하고자 「신용협동조합법」에 의거 1973년 1월 상호금융특별회계와 상호금융사무국이 설치되었다. 상호금융특별회계는 농협중앙회 특별회계의 하나로서 상호금융자금의 독립된 운용과 경리를 통한 자금운용의 효율화를 도모하기 위하여 중앙회의 일반회계와는 구별되는 독립된 회계단위이다. 「상호금융업감독규정」에 의해 수지 예산을 중앙회의 일반회계와 구분하여 편성, 운영함으로써 자금운용수익은 상호금융의 육성·지원을 위한 사업비와 특별회계 운영을 위한 판매관리비, 특별회계

손실발생에 충당하기 위하여 적립하는 특별유보금을 제외하고는 전액 상환준비금과 정기예치금에 대한 이자로 지급하고 있다. 또한 상호금융특별회계는 「농협법」, 「신협법」, 「상호금융업감독규정」의 적용을 받고 있으며, 이와 더불어 특별회계 관리를 위한 준칙 및 업무방법을 제정함으로써 전반적인 상호금융 자금의 건전한 운용을 도모하고 있다.

상호금융특별회계는 조합이 예치한 상환준비금과 여유자금을 집중하여 운영함으로써 지역 간, 조합 간 자금수급을 적기에 조정하고 개별조합의 자금운용에 수반되는 위험을 분산하여 농협 상호금융의 안전판 역할을 수행함은 물론 최대한 고수익으로 운영하여 조합에 환원함으로써 조합 경영기반 확충에 기여하고 있다.

또한 상호금융특별회계는 자본시장통합, 금융기관 간 경쟁심화 등 급변하는 금융환경 하에서 금융 전산시스템 및 창구환경 개선, 신상품 개발, 상호금융 홍보활동, 경영약체조합에 대한 자금지원 우대 등을 통하여 조합 경영개선 및 경쟁력강화를 위하여 노력하고 있다.

② 상호금융특별회계 자금조달과 운용

상호금융특별회계는 은행 지급준비금 성격의 상환준비예수금과 조합에서 조합원 및 비조합원에 대한 대출·타사업 부문에의 자금공급 후 여유자금을 예수하는 정기예수금으로 자금을 조달한다.

1998년 IMF 경제위기 시기에는 금융기관 구조조정의 여파로 고객들이 금융기관의 안정성을 중시 하면서 상호금융 예수금이 크게 유입되는 반면, 경기불황에 따른 대출수요 감소로 조합의 여유자금이 증가하여 상호금융특별회계 예치금 규모는 급증하였다.

　IMF 경제위기에 따른 금융기관 및 기업 구조조정이 마무리되고 시장금리가 하락세를 유지하는 등 금융시스템이 안정화되어 2006년까지 조합의 여·수신이 안정적으로 증가하고 상호금융특별회계의 자금조달 규모도 안정적으로 성장하였다.

　조합과 상호금융특별회계로 유입되는 자금의 증가세가 지속됨에 따라 조합 여신의 확대, 특별회계 예치자금의 효율적인 투자 등 자금운용 업무가 상호금융사업의 주요과제로 부각되었다.

　IMF 경제위기가 지나고 경기가 회복되면서 상호금융특별회계와 조합의 경영은 안정적인 성장세를 보였다. 상호금융특별회계는 조합에 대한 지원을 위하여 상환준비예치금 금리를 일정 수준이상으로 유지하고 연도 말 결산결과 특별회계 손익에 대하여는 추가정산을 실시하였다.

　2007년에는 주식시장 활황으로 예금에서 펀드로의 자금이동, 금융기관 간 경쟁심화, 유동성 확보를 위한 은행권의 연중 고금리예금 특판으로 조합 상호금융대출금 대비 예수금 성장이 정체되어 2008년 하반기까지 상호금융특별회계예수금이 급감하여 유동성 확보에 어려움을 겪었다. 그러나 2008년 하반기부터 시장금리가 하락하기 시작하면서 특별회계 예치금은 증가세로 반전하였다.

　상호금융특별회계는 조합에서 조성한 자금을 안정성·유동성·수익성을 고려하여 운용하고 있다. 정기예수금의 운용대상은 조합에 대한 대출, 한국은행 또는 금융기관에의 예치, 금융기관에 대한 대출, 정부투자기관에 대한 대출, 「자본시장법」 제4조에 따른 증권의 매입 등이다. 상환준비예수금의 운용대상은 자금의 성격을 고려하여 법인대출, 중앙회의 타 사업부문에 운용으로 제한하고 있으며, 정부투자기관이나 금융기관의 대출은 단기대출로 한정함으로써 자금운용의 안정성을 도모하고 있다.

상호금융특별회계는 조합 자금수급, 시장금리 및 경기의 변동에 따르는 유동성 및 리스크 관리의 어려움에도 불구하고 안정성과 수익성을 동시에 고려하는 자금운용으로 비교적 양호한 실적을 달성할 수 있었다. 그러나 2008년에는 2007년말 발생한 미국발 서브프라임 사태에 따른 신용경색, 환율 및 시장금리 급등, 주가 급락 등 글로벌 금융위기 및 자본시장 침체의 영향으로 자금운용수익률이 악화되었다.

상호금융특별회계의 유가증권 운용현황을 보면 투자채권 비중이 90% 이상을 점유하고 있다. 그 당시 운용수익률 제고를 위하여 주식, 수익증권, 외화증권 등 대체투자 비중을 확대하였으나 자금운용수익률은 2008년 자본시장 침체로 오히려 하락하였다. 이러한 결과로 안정성이 충분히 확보된 이후에 자금운용이 이루어져야 한다는 교훈을 얻었다.

상호금융특별회계의 자금운용 성과로는 조합 예치금에 대하여 시장금리 이상의 이자를 지급함으로써 조합 경영수지에 기여하고 있다는 점을 들 수 있다. 과거 10년(1999년~2008년) 동안 상호금융특별회계는 국고채 3년 수익률보다 평균 0.97%p 높은 자금운용수익률을 달성함으로써 조합이 예치한 자금에 대하여 정기예금 금리보다 평균 0.57%p 높은 이자를 지급하였다.

또한 동 기간 상호금융특별회계는 총 1조 3,342억원의 흑자를 달성하여 조합 예치금이자로 8,357 억원을 추가로 지급하였으며, 향후

발생할 수 있는 상호금융특별회계 손실에 대비하기 위하여 4,985
억원을 내부유보금으로 적립하였다.

<표 4-52> 상호금융특별회계 결산현황

(단위: 억원)

구 분	1999년	2000년	2001년	2002년	2003년	2004년	2005년	2006년	2007년	2008년	계
손 익	773	801	217	862	2,082	3,253	3,711	1,756	1,664	△1,777	13,342
추가정산	773	801	217	862	754	900	1,950	1,100	1,000	-	8,357
내부유보	-	-	-	-	1,328	2,353	1,761	656	664	△1,777	4,985

<표 4-53> 상호금융 결산금리 현황

(단위: 억원)

구 분		1999년	2000년	2001년	2002년	2003년	2004년	2005년	2006년	2007년	2008년	평균
특별회계	수익률(A)	10.34	8.96	7.56	6.14	6.19	5.76	5.34	4.99	5.34	4.77	6.54
	예치금리(B)	9.82	8.48	7.28	6.11	5.63	4.88	4.74	4.79	5.03	5.13	6.19
조합예금	정기예금(C)	9.31	8.01	6.86	5.10	4.71	4.27	3.82	4.17	4.59	5.38	5.62
	총 예 금	8.21	6.87	5.67	4.02	3.62	3.21	2.85	3.06	3.38	3.99	4.49
국고3년수익률(D)		7.70	8.29	5.68	5.81	4.55	4.09	4.27	4.83	5.23	5.27	5.57
대비	수익률/국고3년 (A-D)	2.64	0.67	1.88	0.33	1.64	1.67	1.07	0.16	0.11	-0.50	0.97
	예치금/정기예금 (B-C)	0.51	0.47	0.42	1.01	0.92	0.61	0.92	0.62	0.44	-0.25	0.57

③ 저리자금 지원

상호금융특별회계에서는 유통·가공시설이나 농업인편익시설을
설치·운영하는 조합에 경영개선 자금을 지원하고 유통·가공사업
활성화를 위한 유통우대자금 및 유통운전자금, 저축추진 우수농협
에 저축추진자금을 저금리로 지원함으로써 조합의 사업활성화 및
경영개선에 크게 기여하였다. 특히, 이러한 저금리자금은 1990년대

중반부터 농산물 수입개방에 대응하고 농업경쟁력을 강화하기 위하여 농산물유통 부문으로 상당부분 지원되었다.

또한 상호금융특별회계에서는 자금이 필요한 조합에 수시로 운전자금을 지원하고 있으며, 특히 IMF 경제위기와 2007년 하반기 이후 저축에서 펀드로의 자금이동 및 시장금리 상승으로 일부 조합이 유동성 부족사태에 직면했을 때 상호금융특별회계의 운전자금 지원이 위기극복에 크게 기여하였다.

<표 4-54> 저리자금 지원 현황

(단위: 억원)

구 분	경영활성화자금	시설지원자금	유통우대자금	유통운전자금	상호금융추진자금	농업경쟁력강화자금	계
2001년	8	-	204	-	103	182	497
2000년	437	8	445	-	289	510	1,689
1999년	918	64	770	-	428	722	2,902
1998년	1,090	75	1,053	-	572	1,136	3,926
1997년	1,050	146	849	1,177	546	845	4,613
1996년	1,079	-	1,171	1,787	590	555	5,182
1995년	1,100	-	900	1,000	2,100	300	5,400
1994년	1,100	-	500	2,000	1,100	-	4,700
1993년	1,100	-	500	1,400	1,100	4,100	8,200
1992년	1,100	-	500	1,100	1,100	-	3,800
1991년	710	797	113	419	-	-	2,039
1990년	300	558	20	-	-	-	878

특히, IMF 경제위기와 2007년 하반기 이후 저축에서 펀드로의 자금이동 및 시장금리 상승으로 일부 조합이 유동성 부족사태에 직면했을 때 상호금융특별회계의 운전자금 지원이 위기극복에 크게 기여하였다.

(3) 자산건전성 제고

금융기관의 대출금(보유자산)이 부실화 되는 경우 일차적으로는 이자수익이 감소되어 수익성이 악화됨은 물론 운용자금이 고정화됨에 따라 유동성 문제를 야기하며, 나아가 원금의 회수불능 규모가 커지고 연체기간이 장기화될 경우 해당 금융기관은 거래고객에게 약속한 원리금 지급을 제대로 이행하지 못하는 지급불능 사태에 직면하게 될 수도 있다.

따라서 금융기관이 보유자산의 건전성 정도를 상시 평가하고 분석하는 것은 금융기관 자체의 수익성 및 유동성 확보를 위하여 가장 기초적이면서도 필수 불가결한 업무이며, 건전경영 제고 측면에서도 매우 중요하다고 할 수 있다.

농협 상호금융의 자산건전성의 척도인 연체율은 IMF 금융위기 직후이자 농·축·인삼협 통합 원년인 2000년 9.2%(농협 8.1%, 축협 15.1%)였지만, 이후 건전성 제고를 위한 전사적인 채권관리로 2002년 5.84%까지 연체율이 낮아졌다.

2003년 신용카드업계의 부실로 인한 간접영향으로 연체율이 5.99%로 소폭 증가하였으나, 2003년 11월부터 본격적으로 개발 적용한 채권종합관리시스템의 활용과 함께 전 임직원의 노력으로 자산 건전성이 지속적으로 개선되어 왔다.

2000년 채권관리시스템의 본격 적용으로 연체채권 관리의 기본 절차인「사후관리-ACS(Auto Call System) 관리시스템-법적절차 및 여신성가지급금 관리-대손상각 및 특수채권 회수위임-매각」까지 채권관리에 필요한 정보 취합 및 일련의 채권관리업무 전산자동화로 업무 효율성이 크게 증대되었다.

또한 채권관리로부터 파생된 업무인 개인신용회복, 개인 회생·파산, 대손보전 등 추가 전산개발을 적용하여 업무의 생력화 및 자동화에 기여하였다.

2004년 이후 채권종합관리시스템의 본격 적용 및 일선 조합의 사후관리와 ACS활용도 증대, 추정 손실 채권에 대한 적극적인 대손상각과 농협자산관리회사를 활용한 회수위임 증대 등 일선 조합의 자산건전성 제고 인식에 따른 적극적인 채권관리로 2007년말 연체율이 2.85%로서 상호금융 역사상 최초로 연체율 2%대를 달성하는 업적을 이루기도 하였다.

(4) 신성장동력 발굴

① 외국환 업무개시

예대마진 위주의 단조로운 사업구조를 극복하고 새로운 수익원 확보를 통한 비이자이익 증대와 농어민자녀 해외유학, 다문화 가정 등의 증가에 따른 농촌지역의 외환수요 급증에 능동적으로 대처하여 지역금융을 선도하는 상호금융을 만들고자 2007년 11월 12일 상호금융총본부에 T/F팀을 구성하여 본격적으로 외국환사업을 추진하게 되었다.

그 동안에는 농촌지역의 외환수요가 그리 많지 않아 한국은행에 환전영업자 등록을 하여 고객으로 부터 매입한 외국통화를 지정거래 중앙회 영업점에 매각하여 환가하는 방식의 제한된 업무에 국한하였으나, 정부의 외환자유화 계획에 편승한 적극적인 대 정부 농정활동을 전개하여 2007년 12월 17일 「외국환거래규정(기획재정부)」이 개정됨으로써 상호금융권의 외국환업무 범위가 기존의 「외국통화 및 여행자수표의 매입」에서 「외국통화 및 여행자수표의 매매」로 한 단계 확대되는 성과를 거두었다. 이를 계기로 2008년 1월 상호금융총본부에 「신사업팀」을 구성하여 좀더 체계적으로 외국환사업을 추진할 수 있는 여건을 조성하였고 외국환관련 법령 및 외국환업무 등록요건 검토 등을 통해 외국환 업무 취급기관 등록 프로세스를 정립하여 2008년 8월 21일 경서농협, 관악농협, 부평농협, 서대구농협, 송파농협, 의왕농협 등 6개 조합을 시작으로 상호금융권 최초로 외국환업무를 취급하게 되는 쾌거를 이룩하였다.

이러한 과정을 통해 상호금융이 외국환업무를 취급하게 됨으로써 신규 수익사업 영역을 확보함과 동시에 농협 전체의 외국환 브랜드 이미지를 강화할 수 있었다. 전국 모든 농협 영업점에서 외국환 취급이 가능해 짐에 따라 농협 전체 외국환 사업이 한 단계 Level-Up이 되는 계기가 되었다. 또한 외국환업무 미취급으로 타행으로 이탈했던 고객을 재유치 하는 등 신규 고객 확보에 기여하였으며, 농촌지역의 고객들도 보다 광범위한 외국환업무의 혜택을 받을 수 있게 되었다.

한편 지역농협에서 외국환업무를 취급하기 위해서는 정부기관의 엄격한 등록심사 과정을 거쳐야 하였다. 기획재정부는 지역농협에서 2년 이상 외국환 경력자를 영업점별로 2명 이상 배치하였는지 심사하고, 금융감독원은 지역농협의 재무건전성 즉 납입출자금(지역조합 5억원 이상, 품목조합 3억원 이상) 및 순자본비율(2% 이상) 충족 여부를 심사하였다. 한국은행은 외국환업무 수행에 필요한 전산 설비 구축 및 외환전산망 연결 여부를 확인하기 위하여 등록신청 조합에 각종 조사표를 작성토록 하여 작성 내용과 실제 설비를 대조 확인하는 복잡한 절차를 수행하였다. 이렇게 하여 기획재정부에서 등록상 하자가 없음을 확인한 후 「외국환업무등록증」을 발급·교부하였으며, 최종적으로 한국은행의 외국환 기관코드 부여 후 비로소 지역농협에서 외국환업무를 할 수 있게 되었다.

여기서 외국환경력자 확보 조건은 외국환업무 취급 조합 확대의 큰 걸림돌로 작용할 수 있었다. 동 조건을 충족하기 위해서는 외국환업무 취급기관(은행, 종금사 등)에서 다수의 외환전문가를 영입할 수밖에 없으나, 전문가 확보에 따른 비용과다 발생이 예상되어 현실성이 없었기 때문이다. 그래서 집합교육, 통신연수, 사이버연수 등 다양한 교육 방법을 통해 경력자 요건을 충족할 수 있는 방법을 기획재정부에 지속적으로 건의한 결과 2009년 2월 4일 결국 「외국환거래법시행령」이 개정되어 기존의 경력자요건에 추가하여 기획재정부장관 인정 교육을 이수한 자도 경력자로 인정받게 되어 전 지역농협에서 외국환업무를 할 수 있는 토대가 마련되었다.

또한 한국은행의 위임을 받아 전산설비 확인업무 대부분을 상호금융총본부에서 수행하게 되어 전산 설비 실사기간을 단축하는 성과를 거둬 외국환업무 취급 조합 확대의 교두보를 확보하게 되었다. 이렇게 외국환 취급 조합을 확대할 수 있는 여건은 마련되었으나 점점 증가하는 고객들의 외국환 수요를 충족하기에는 아직 미미하였다.

이에 상호금융총본부는 외국환업무를 지속적으로 확대하기 위해 노력하였다. 그 동안에는 외국환 전용 전산설비의 미비로 USD, JPY, EUR, CNY 4종의 외국통화만을 취급하였으나, 2009년 7월 13일에 시중은행의 외환시스템과 견주어 손색이 없는 지역농협 외국환전용시스템을 본격 가동하게 되어 기존 4개 통화를 포함하여 총 24개의 외국통화를 취급하게 되었을 뿐만 아니라 여행자수표의 판매 및 매입(추심), 인터넷 환전서비스, 더모아외환서비스 등 다양한 환전업무를 실시하게 되었다.

여행자수표는 고객이 해외여행 시 외국통화 분실, 도난에 따른 위험을 방지하고자 고안된 상품으로 지역농협에서는 중앙회에서 판매하고 있는 AMEX사의 여행자수표를 판매하고 있으며, 국내외 에서 발행된 모든 여행자수표를 매입할 수 있어 고객의 다양한 환전 수요에 부응하고 있다.

인터넷 환전은 지역농협 이용고객이 영업점을 방문하지 않고 인터넷을 통해 환전신청을 하고 원하는 때에 영업점을 방문하여 외국통화를 찾아 갈 수 있게 고안된 상품으로서 환율우대 혜택이 매우 높다.

더모아외환서비스는 고객의 외국통화 환전거래시 환율 차액의 일부를 거래 고객에게 환원하여 수수료 수익을 극대화하기 위한 고객 본위의 상품으로 고객이 미화기준 500불 이상 매입시 환율우대 외에 대한항공마일리지, 농산물상품권 포인트, 여행자보험 가입 등 다양한 우대서비스 혜택을 제공하고 있다.

이와 같이 지역농협의 외국환업무는 지속적으로 확대되고 있으나 아직은 환전수준의 미미한 업무범위로 인하여 조합 경영에 보탬이 되는 효자사업으로 자리 잡지는 못하고 있다.

이러한 문제점을 해결하기 위해서 단시일 내에 모든 조합에서 외국환업무를 할 수 있도록 외국환업무 취급조합 수를 확대하는 데에 역점을 두고 있다.

또한 외국환업무 범위를 현재의 환전수준에서 외화예금, 외화수표 등 무역외 업무까지 확대되도록 대 정부 정책건의를 적극 전개하여 외국환업무가 지역농협 신용사업의 한 축이 되도록 노력하고 있다.

② 수익증권사업 추진

조합에서 펀드업무를 취급해야 하는 필요성은 크게 세 가지로 나누어 볼 수 있다. 먼저 금융서비스의 상대적 소외지역인 농촌지역의 농업인 등 거주주민에 대한 건전한 투자분위기 조성과 자산운용의 최적화를 위하여 다양한 금융상품을 이용할 수 있는 기회를 제공하는 것이 필요하였다. 또한 조합의 경영적인 측면에서도 예대마진 위주의 수익구조 개선을 위해 수익증권 등 금융투자상품 판매를 통한 수수료수익 확대가 시급한 실정이었다. 뿐만 아니라 「자본시장법」시행으로 현행 은행권 위주의 금융 산업 구조를 서민금융기관도 동반 성장할 수 있는 열린 구조로 전환하기 위하여 서로 동등한 시장 기회를 부여해야 한다는 점에서 정책적인 필요성도 있었다. 즉 금융시장의 균형있는 발전을 위해서는 상호금융기관의 업무영역 확대를 통한 경쟁력 강화와 시장기반 구축을 위한 정책적 지원이 필요하였다. 이와 같은 필요성으로 상호금융총본부에서는 관련법령 개정에 힘쓰며 수익증권 사업 추진에 박차를 가하였다. 마침내 「자본시장법」및 동법 시행령에서 위임한 세부사항에 대한 「금융투자업규정」제정으로 조합에서도 수익증권을 판매할 수 있는 법적 근거가 마련되었다.

대외적으로 법적 근거 마련을 위한 노력을 하면서 내부적으로 각 조합에서는 펀드 판매를 위하여 금융위원회 인가요건을 기준으로 철저한 준비를 하였다. 그 결과 2009년 6월말 기준 전체 조합(1,181개소)의 90.9%인 1,074개 조합이 관련법상 기본 인가요건인 15억원 이상 자기자본과 5명 이상 판매 인력을 확보하였으며, 1년여 기간에 걸쳐 전산시스템 구축도 완료하였다. 또한 불완전판매 방지를 위한 직원교육도 47회에 걸쳐 총 8,000여명을 대상으로 NH-CA자산운용과 공동으로 실시하였다.

＜금융위원회 인가요건＞

＊ 자기자본 15억원 이상을 갖출 것
＊ 수익증권 판매 전문인력 5인 이상 확보
＊ 투자자보호를 위한 인력, 전산설비 등 물적 설비 완비
＊ 자본적정성, 수익성, 위험관리, 내부통제시스템 등

특히 수익증권 판매 전문인력을 확보하는 과정에서 전 조합 임직원의 적극적인 참여가 돋보였다. 무려 35,520명의 직원이 펀드판매 사이버교육을 이수하였고 자격시험에 22,030명이 합격하여 농협 상호금융은 응시 금융기관 중 최고의 성적을 거두는 쾌거를 이룩할 수 있었으며 금융기관 중 최다 판매인력을 확보하게 되었다.

처음 접하는 생소한 펀드관련 용어 위주의 사이버교육은 임직원들에게 큰 부담이었지만 여름휴가도 미루고 출퇴근 버스와 지하철에서, 휴일에는 도서관에서 피곤함도 잊은 채 학습에 매진하였고 사무 소장과 직원들이 함께 그룹을 결성하고 서로를 독려하며 시험을 준비한 결과였다.

농협 상호금융은 은행권과 펀드판매를 주 영업으로 하는 증권회사보다도 훨씬 높은 합격률을 보였고, 이전까지 없었던 100점 만점으로 전체 수석의 영예를 3회에 걸쳐 차지하는 등 임직원의 높은 역량을 대외적으로 알리는 등 농협의 위상을 한껏 드높일 수 있는 계기가 되었다.

그러나 자본시장이 침체되면서 당시의 경제여건이 「자본시장법」 제정 당시와는 다르고 금융투자업의 수익기반도 악화되었다는 이유로 금융당국이 수익증권의 신규 인가를 단계적이고 신중하게 추진하겠다는 입장을 발표(2009년 3월 9일)함에 따라 인가 시기가 지연되었다. 이에 상호금융총 본부에서는 다양한 채널을 통하여 펀드판매업무를 조기에 취급할 수 있도록 노력하였으며, 업무 수행에 차질이 없도록 사전 준비에 철저를 기하였다.

펀드판매는 조합의 숙원사업이었으나, 2008년 금융기관의 펀드 대란 사태가 보여 주었듯이 많은 위험요인을 내포하고 있는 것도 사실이었다. 하지만 우여곡절 끝에 마침내 2017년 6월14일 북서울 농협이 상호금융권 1호로 펀드판매업 인가를 받았다.

펀드는 우리나라 금융의 화두가 된지 오래되었으나, 농협 상호금융은 그 동안 이로부터 소외되어 왔다. 이제 그 동안 꿈꾸었던 새로운 기회의 문이 열렸다. 단순한 장밋빛 전망에 취할 필요는 없으나 펀드판매는 지역농협 신용사업에 획기적인 변화를 몰고 올 것이고, 고객에게 완전한 자산관리 서비스를 제공할 수 있게 되어 상호금융의 위상을 한층 높일 수 있는 기반이 될 것이다.

이러한 꿈을 현실로 만들기 위하여 성과 지향적 펀드판매가 아닌 고객의 입장에서 고객을 위한 서비스 제공이라는 근본적 자세를 견지하여야 하며 이를 통하여 더 큰 세계를 향해 한 걸음 나아가야 할 것이다.

③ 상호금융 투자업무 영역확대

2000년대 중반 저금리시대를 맞이하여 채권 등 전통적인 자금운용 방법에 한계를 느끼게 되었고 선진 금융기법으로 무장한 금융경쟁에서 살아남기 위해 IB업무의 필요성이 부각되었다. 또한 상호금융특별회계의 운용규모는 매년 급성장하여 조합의 특별회계에 대한 의존도가 심화되고 있었으나 운용수익률은 하락하는 추세였다.

이러한 상황에서 선진 금융기법 도입으로 전문성 강화와 자금운용 다변화를 통한 상호금융특별회계 수익률 향상을 위해 2005년 상호금융총본부에 「대체투자팀」을 신설하여 대체투자 및 해외투자 업무를 수행하도록 하였다. 더 나아가 2007년 초에는 기획심사팀, 법인금융팀, 해외투자팀으로 하는 「상호금융투자부(부장 안준섭)」를 신설하여 업무영역을 확대하게 되었다. 2008년에는 상호금융총본부내에 「상호금융자금운용본부」를 신설하고 「상호금융투자부」를 「상호금융투자단」으로 개편하였다.

상호금융투자단은 기존 대체투자팀에서 프로젝트 파이낸싱, 해외 부동산 투자 등 부동산금융, M&A 인수금융, 사모펀드 등 투자금융, 해외투자 업무로 업무영역을 확대하여 2006년 말 투자잔액이 5,704억원에서 2007년 약 1조 3,000억원, 2008년 약 2조 1천억원이라는 실적을 달성하였다. 이는 전문지식과 경험이 풍부한 전문 운용인력을 외부에서 충원하여 짧은 기간 동안 투자금융, 부동산금융 및 해외투자 운용 수익 및 각종 금융 수수료 수입 등을 통해 눈부신 성장을 이룩한 결과이다.

그러나 2008년 들어 미국 서브프라임 모기지에서 시작된 글로벌 금융위기로 인해 국내·외 금융시장은 그 동안 경험하지 못한 혹독한 시련을 맞이하게 되었고, 상호금융투자단도 많은 어려움에 직면하게 되었다. 이를 계기로 투자자산에 대한 분산투자 및 리스크관리의 중요성을 깨닫게 되었다. 2009년 부터 시행된 「자본시장법」은 우리에게 새로운 기회로 다가오고 있다. 「자본시장법」의 시행으로 다양한 금융투자 상품이 늘어날 것이며, 투자금융 시장은 지속적인 성장을 거듭할 것으로 예상된다. 이에 상호금융투자단은 글로벌 금융시장의 위기를 통해 얻은 소중한 경험을 바탕으로 금융투자 분석, 안정적인 투자자산 발굴 및 지속적인 투자로 투자금융 부문의 성장을 이끌 것으로 기대된다.

<표 4-55> 상호금융투자단 투자 현황

(단위: 억원)

구 분		2007년말	2008년말	2009.6월말
대출금	부 동 산	2,376	5,905	5,788
	인수금융	458	2,681	2,937
	소 계	2,834	8,586	8,725
수 익 증 권	부 동 산	2,108	3,406	3,483
	선박/NPL	483	1,015	854
	PEF/벤처	399	625	928
	소 계	2,990	5,046	5,265
해 외 투 자	외화채권	3,318	3,767	3,835
	외화펀드	3,671	3,687	2,736
	소 계	6,989	7,454	6,571
주식	매도가능주식	12	32	32
계		12,825	21,118	20,593

3. 선진 금융시스템 구축

1) 조합에 대한 리스크관리

(1) 리스크관리체제 구축

국내 금융회사들은 1990년대 들어 금리자유화와 금융시장 개방, 1997년 IMF 구제금융과 기업구조 조정을 거치면서 자체 생존을 위하여 리스크관리를 강화하게 되었다. 조합도 상호금융업무를 영위함에 있어 발생하는 리스크의 사전 예방과 효율적 관리의 필요성을 느끼고, 리스크를 인식·측정·감시·통제할 수 있는 종합적인 리스크관리체제를 2001년부터 구축하여 운영하고 있다.

조합 「리스크관리규정」은 「상호금융업감독규정」제16조, 제16조

의2, 제16조의3에 근거하여 상호금융총본부에서 「상호금융리스크
관리규정(예)」와 「상호금융리스크관리업무방법(예)」를 제정하여 시
달 하고, 이를 근기로 조합 자체 리스크관리규정 및 리스크관리업
무방법을 제정하여 이사회 승인 후 업무에 적용하고 있다.

조합의 리스크관리체제 정착 및 업무 지도·지원을 위해 상호금
융총본부는 1997년부터 리스크 관리팀을 구성하여 리스크관리 기
획 및 리스크시스템 개발을 시작하였고, 지속적으로 인원과 조직을
확대하여 리스크관리 지도를 강화하였으며, 2009년 부터는 조합리
스크지도팀과 상호금융특별회계 리스크관리팀을 운영하고 있다.

조합은 2001년 상호금융리스크관리규정을 제정한 이후 리스크관
리체제 구축의 일환으로 종전의 여수신금리조정위원회를 폐지하고
리스크관리위원회를 설치하여 리스크관리 주요 전략을 승인·의결
하도록 하고 있다. 시행 초기에는 자산총액 300억원 이상인 조합은
의무적으로 리스크관리위원회를 구성하도록 하였으나, 2001년 말
까지 신용사업을 하는 모든 조합에 대하여 리스크관리위원회를 구
성 하도록 조직체계를 강화하였으며, 2008년부터는 리스크관리업
무의 효율성과 신속성을 기하기 위하여 리스크관리협의회를 신설하
여 운영하고 있다. 또한, 리스크관리 실무조직으로서 상임이사 운
영조합은 리스크관리팀을, 상임이사 미운영조합은 리스크관리실무
협의회를 구성하여 제반 사무처리를 하도록 하고 있다.

(2) 리스크관리시스템 선진화

조합이 상호금융업무를 영위함으로써 발생하는 리스크를 효율적
으로 관리하기 위해 상호금융총본 부는 리스크관리시스템을 개발하

여 보급해왔다. 1999년 ALM시스템·조기경보시스템(EWS)을 시작으로 2007년 신용리스크관리시스템, 2008년 시장리스크관리시스템을 구축하여 조합에 보급하였다. 또한 2008년에는 기존 ALM과 EWS를 업그레이드한 신ALM, 신EWS를 구축하여 리스크관리업무에 적용하고 있다.

① ALM(Asset & Liability Management)시스템

ALM시스템은 금리자유화에 따른 금융기관 간 금리 경쟁 격화로 각종 리스크가 증대되면서 효율적인 금리 리스크·유동성리스크관리를 통한 순이자이익을 극대화하기 위해 도입한 자산부채종합관리시스템이다. 1999년 갭분석과 손익시뮬레이션, 금리조회 기능으로 시작하여 2002년에는 리스크관리보고서 및 한도관리 기능을 추가하였고, 2005년에는 금리EAR 등 고급기법을 도입하는 등 시스템 업그레이드를 지속적으로 실시하였고, 2008년에는 금리VAR 등 측정방법의 고도화, 유동성리스크 측정주기 단축 등 리스크 측정의 정교화를 반영한 신ALM시스템을 구축하여 조합 업무에 적용하고 있다.

② 조기경보시스템(Early Warning System)

조합이 규모화되면서 대규모 손실에 대비한 사전 부실예측시스템에 대한 필요성이 대두되어 1999년 상호금융조기경보시스템을 개발하여 업무에 적용하였다. 조기경보시스템은 CAMELS 기법에 의한 경영실태 평가 및 부실확률모형을 통한 부도예측등급을 산출하여 조합의 부실화를 사전에 차단함으로써 건전경영을 도모할 수

있도록 지원하는 시스템이다. 1999년 개발 초기에는 중앙본부에서
조합 경영현황 분석 및 지도를 위한 용도로 사용하였으나, 2001년
부터는 조합별 접근이 가능하도록 하여 조합이 자체 경영진단을 통
하여 건전경영 달성을 위한 전략수립이 가능하도록 하였다. 2008년
에는 평가지표의 단순화, 절대평가방식 도입, 다양한 부실예측모형
적용, 부실예측기간을 6개월~1년으로 확장하여 시스템을 업그레이
드하였다.

③ 신용리스크관리시스템

금융기관의 합병, 업무제휴 등에 의한 경쟁력 강화로 상호금융의
주 영업기반인 소매금융시장의 잠식 가능성이 대두되면서 체계적이
고 과학적인 리스크측정 및 관리가 매우 중요해졌다. 특히, 상호금
융 자산의 대부분이 대출채권이기 때문에 신용리스크 측정과 관리
는 무엇보다도 중요하였다. 종전 연체비율과 충당금적립으로 관리
하던 신용리스크는 2007년 신용리스크관리시스템 독자 모델을 개
발하여 업무에 적용함으로써 진일보하게 되었다. 신용리스크관리시
스템은 바젤Ⅱ 표준방법·내부등급법에 의한 위험자본산출과 Credit
VAR 모형에 의한 신용리스크 측정, 통합리스크 한도관리 등의 업
무를 수행하고 있다.

④ 시장리스크관리시스템

조합의 주요 수익원인 예대마진이 축소되면서 조합의 외부운용
이 지속적으로 증가하고 있으나, 외부운용자산에 대한 시장리스크

측정은 수기처리 방식으로 정확성이 미흡하였다. 2008년 개발하여 업무에 적용하고 있는 시장리스크관리시스템은 조합 외부운용자산에 대한 위험량(시장VAR)을 정교하게 측정하여 위험자본을 관리할 수 있도록 하였고, 스트레스테스트, 편중리스크관리, 손익관리, 수익증권 편입정보 입수 등의 기능을 제공하여 조합 외부운용자산에 대한 리스크관리를 강화하고 있다.

(3) 리스크관리 강화를 위한 주요 제도개선

① 금리제도 개선

2001년 조합의 리스크관리체제가 구축되면서 종전의 조합 여수신금리조정위원회는 폐지되고 금리결정 업무를 리스크관리위원회에서 흡수하여 운영하였다. 대표적인 금리제도 개선사항으로는 보통예탁금금리 조합 자율화(2000년), 상호금융 기준금리 운용 체계 도입(2001년), 시장 실세연동 기준금리 도입(2002년), 상호금융 연체금리 하한체계 개편(2003년), 요구불 소액예금 무이자제도 시행(2003년), 상호금융 여수신금리 공시제도 도입(2004년), 농업인 상호금융대출금리인하 일괄추진 (2004년), 상호금융대출금리인하 요구제 시행(2005년)등이 있다. 금리지도 업무는 2007년 여・수신 추진부서로 이관되어 2009년부터 상호금융여신단에서 대출금리를, 상호금융지원부에서 수신금리 지도를 담당하고 있다.

② 상호금융 예금자보호기금제도 도입

조합이 파산 등의 이유로 예금 등 채권을 지급할 수 없는 상황에 대처하기 위하여 고객예금 등 채권의 환급을 보장하고, 조합의 건전한 육성을 도모하는 제도로 1998년 1월 상호금융 단독으로 예금자보호기금제도를 도입하였다. 같은 해 4월에는 상호금융예금자보호안전기금사무국을 설치하여 규정 및 회계처리준칙을 마련하고 2000년 통합농협법 시행 이후에는 농·축·인삼협 기금을 통합하여 관리하였다. 현재는 농협중앙회 예금자보호기금사무국에서 기금 관련 제반업무를 취급하고 있다

③ 대규모조합 리스크관리 강화

사업규모가 큰 대규모조합은 금융환경 변화에 따른 리스크관리가 소홀할 경우 대규모 부실화 등으로 농협 상호금융 전체에 미치는 영향이 큰 만큼 중점 지도가 요구되었다. 따라서, 기존 회원지원부 주관의 총자산규모 기준 대규모조합과는 별도로 상호금융 규모 기준 대규모조합을 재설정하고 상호 금융총본부가 직접 관리하였다. 2006년 시행 초기에는 총자산 3,000억원 이상인 조합(118개소)을 대 규모조합으로 정하여 매월 리스크모니터링을 실시하였고, 2007년에는 조달·운용규모가 1조원 이상인 조합(50개소)을 초대형조합으로 선정하여 분기별 리스크모니터링을 실시하고 지역본부와 병행하여 관리를 강화하였다.

④ 리스크관리 우수조합 평가 실시

ALM시스템과 조기경보시스템(EWS)의 활용촉진으로 조합 직원들의 리스크관리 업무능력 향상을 제고하기 위해 2003년부터 리스크관

리평가를 실시하여 우수조합에 표창을 실시하였다. 평가제도 도입 초기에는 ALM시스템 활용도와 EWS경영실태등급 위주로 평가하였으나, 2007년부터는 통합·신용·유동성·금리 등 리스크 부문별로 세분화하여 평가를 실시하였고, 비계량부문에 리스크관리보고서 평가도 반영하였다. 또한, 2006년부터는 상호금융대상에 리스크관리 평가결과를 반영하여 조합의 리스크관리에 대한 관심도를 제고하였다.

⑤ 통합리스크관리체제 정착

종전 ALM리스크(금리·유동성) 위주의 부문적 리스크관리에서 2007년 신용리스크, 시장리스크, 운영리스크를 추가하여 통합리스크관리체제로 개선하면서 리스크의 효율적 관리를 통한 자본관리 강화에 역점을 두게 되었다. 통합리스크관리는 리스크관리를 체계적이고 종합적으로 수행함으로써 상호금융의 안정적 수익 확보와 경영건전성 제고 및 금융감독당국의 리스크중심 감독에 대비하는 효과가 있다. 2009년 7월 기준 상호금융 취급 1,180개 조합이 통합리스크 허용한도를 설정하고 리스크 부문별 한도를 관리하는 등 통합리스크관리체제 정착단계에 있으며, 통합리스크 감축 및 자본 확충을 위한 지도를 강화하고 있다.

⑥ 맞춤형 리스크관리 지도

2009년 3월에는 기존 획일적인 리스크관리 지도 방식을 벗어나 리스크 취약조합을 선정하여 집중 관리하도록 지도방식을 개선하였다. 통합리스크과다조합, EWS위험조합, 리스크주지표(예대비율·

연체비율·차입비율·예대금리차) 취약조합 등을 매월 모니터링한 후 리스크관리대책수립 지도 및 현지 출장점검을 실시하고 있다.

(4) 리스크관리 교육

조합 임직원들의 리스크관리교육은 금리자유화에 따른 상호금융의 금리변동위험 및 유동성위험에 대응하기 위한 ALM시스템 개발계획이 수립되면서 시작되었다. 1998년~1999년 2년간 금융연수원의 ALM통신연수 수강지도를 시작으로 1999년부터 농협 자체교육을 본격적으로 실시하였다.

① 외부교육

금융연수원 ALM통신연수 수강(1998년 634명, 1999년 168명)

② 농협 자체교육

농협 자체 리스크관리교육은 1999년 ALM교육을 시작(217개 지역농협 및 11개 지역본부 상호금융 담당자)으로 본격화되었다. 3박 4일 교육원 집합교육 형태로 실시되었으며 ALM시스템 실습 위주로 진행되었다. 이후 매년 200명~500명을 교육하여 2009년 기준 3,800여 명이 리스크관리 교육을 수료 하였다. 특히, 2007년은 신용리스크관리시스템 구축과 통합리스크관리체제 도입으로 바젤Ⅱ에 의한 신용리스크측정 및 관리방법, 통합리스크 관리방법에 대한 교육을 실시하였고, 2008년부터는 新리스크관리시스템(신ALM, 신EWS, 시장리스크시스템)을 활용한 실습 및 사례 위주의 리스크관리전문 과정 교육을 실시하여 명실상부한 조합 리스크관리 전문가를 육성하고 있다.

또한, 리스크관리 틈새교육의 일환으로 2005년부터 매년 초 당해 리스크관리 주요 추진전략 및 리스크 한도관리 방법에 대하여 리스크관리 담당자를 대상으로 지역본부별 순회교육을 실시하였다.

<표 4-56> 조합 리스크관리 교육 현황

구 분	1999년~2001년	2002년~2006년	2007년	2008년~2009년
교육과정명	ALM과정	ALM전문과정	리스크관리과정	리스크관리전문과정
교육 인원	933명	1,828명	505명	561명

③ 리스크관리 교육개선

금융환경의 급변으로 상호금융에 대한 리스크관리 중요성이 커지면서 조합 직원들의 리스크관리에 대한 관심과 교육 수요가 급증하였다. 또한, 업무경력에 따른 직원별 리스크관리지식 수준차의 심화로 기존 교육방법에 대한 개선이 필요하게 되어, 2009년 리스크관리 교육기회 확대 및 수준별 교육을 위한 대안으로 리스크관리 사이버과정을 개설하였다. 리스크관리 기초이론 중심의 사이버교육과 사이버교육 수료자에 대한 시스템 활용 및 사례 위주 심화학습(집합교육)의 2단계 교육으로 리스크관리 교육 수요 충족과 리스크관리 담당자에 대한 전문성 향상을 기하였다. 사이버교육은 2009년 상반기에 실시한 1,253명을 포함하여 총 2,000명에 대하여 실시하였고, 매년 리스크관리 신규담당자에 대하여 사이버교육을 실시하였다.

2) 상호금융특별회계에 대한 리스크관리

(1) 리스크관리체제 구축

상호금융특별회계의 리스크관리는 사업경영 전반에서 발생할 수 있는 각종 리스크를 효율적으로 관리하는 데 필요한 사항을 정함으로써 경영의 건전성 및 안정성을 도모함을 목적으로 한다.

상호금융특별회계는 「상호금융업감독규정」 제16조의3(리스크규정)과 「상호금융사업규정」 제4조의1(사업의 범위)을 근거로 자체적으로 리스크관리준칙 및 리스크관리업무방법을 제정하여 관리하고 있다.

조직체계는 1996년 준비단계를 거쳐 1997년부터 상호금융총본부 내 리스크관리팀(6명)을 구성하여 특별회계 담당자 1명을 지정하였으나, 2008년부터는 리스크관리업무의 중요성이 부각되어 상호금융기획부 리스크관리단을 신설하여 조합리스크지도팀(7명)과 특별회계 리스크관리팀(8명)으로 확대·개편하였다. 주요 협의체로 리스크관리위원회, 리스크관리협의회, 리스크관리실무협의회를 두었다.

(2) 리스크관리시스템 선진화

상호금융특별회계는 리스크를 효율적으로 관리하기 위해 여러 가지 리스크관리시스템을 개발하여 업그레이드 해왔다. 1998년 ALM시스템을 개발하여 2001년부터 중앙회(신용회계)와 시스템을 공동으로 사용해오다가 2008년에는 시장리스크관리시스템을 구축하였고, 2004년에는 신용리스크관리 시스템을 구축하였다. 또한 2009년에는 포트폴리오관리시스템을 구축하였으며 RAPM시스템을 업그레이드하여 국내외 선진은행에 버금가는 리스크관리시스템을 구현하였다.

① ALM(Asset & Liability Management)시스템

ALM이란 자산·부채의 금리만기 불일치로 인하여 금리변동 시 이자수익이 감소하거나 손실이 발생할 가능성(금리위험)과 자산·부채의 만기가 불일치하거나 예상하지 못한 자금유출 등에 대응하지 못함에 따라 발생하는 리스크(유동성위험)를 측정하는 시스템이다.

주요 기능으로는 금리기일 불일치로 인한 손실을 최소화하고 안정적인 수익을 확보함과 자산·부채의 만기 불일치를 적정하게 관리하여 자산·부채 구조개선을 통한 적정수준의 유동성 확보를 목적으로 한다.

1998년 시스템개발을 시작으로 2006년에는 금리VAR 등 고급기법을 도입하는 등 시스템 업그레이드를 지속적으로 실시하였고, 2009년에는 RAPM관점에서의 필요한 정보를 추가적으로 반영하는 등 시스템을 고도화하는 작업에 최선을 다하였다.

② 신용리스크관리시스템

신용리스크란 거래상대방의 채무불이행으로 대출금, 유가증권 등 채권의 원리금을 회수하지 못함에 따른 손실 가능성을 말한다. 신용리스크관리시스템은 신용리스크 허용한도를 설정·관리하고 각종 포트폴리오를 적정하게 운영함으로써 신용리스크의 발생가능성을 최소화하여 자산의 건전성 제고와 수익의 안정적 확보를 목적으로 한다.

2004년에 e*DF(주가를 이용해 산출되는 기업별 도산 확률)와 IDR(회사채 수익률을 이용해 산출되는 기업별 도산확률)을 이용해 개별자산의 신용위험을 측정하고 개별기업의 e*DF상관관계를 이용하여 포트폴리오신용위험을 측정 관리하는 시스템인 CRONACF시

스템을 개발하였다. 그 후 몇 차례 업그레이드를 통하여 현실에 적합하도록 시스템을 정교화하였다.

③ 시장리스크관리시스템

시장리스크란 주어진 허용수준 하에서 목표기간에 걸쳐 주가, 환율, 금리 등의 변화에 의해 금융 기관이 입을 수 있는 최대 손실예상액을 말한다. 시장리스크관리시스템의 주요 기능은 시장성 자산에 대한 시장VAR측정과 스트레스테스트, 편중리스크관리 등 시장성 자산에 대한 리스크를 측정하는 것이다.

2001년부터 중앙회(신용회계)개발시스템을 공동으로 사용해 오다가 2008년에는 지역농협과 상호 금융특별회계 모두 사용 가능하도록 시장리스크관리시스템을 개발하여 사용하고 있다.

④ 포트폴리오관리시스템

기관투자가의 장기 운용성과 요인을 분석한 선진자료를 보면 여러 요인 중 전략적 자산배분이 거의 90% 이상을 차지하고 있다. 이는 포트폴리오관리가 얼마나 중요한가를 절실히 보여 준다고 하겠다. 따라서 상호금융특별회계는 2003년도 농협중앙회 투자전략 컨설팅과 2007년도 효율적인 자금운용을 위한 컨설팅을 바탕으로 2009년도에 포트폴리오관리를 시스템화하였다. 이것은 전략적 자산배분, 최적만기자산배분의 토대를 구축하는 계기가 되었다. 특히 상호금융특별회계의 자산배분(assert allocation) 절차의 합리적 개선과 자금운용의 체계화를 이루는 데 큰 도움을 줄 수 있게 되었다

⑤ RAPM시스템

위험조정성과측정(RAPM : risk-adjusted performance measurement)은 운용 성과의 위험을 감안(조정)하는 일련의 경영관리 과정으로 위험자산에 투하된 위험자본의 수익성 측정과 한도관리 등 위험관리 핵심기능을 수행하는 금융기관 위험관리의 최종 목표라 할 수 있다. 이는 운용수익을 단순히 운용수입에서 조달비용을 차감하여 재무관리를 하던 기존의 방식에서 원가부문과 운용자의 기여도로 구분하여 평가함으로써, 부담하는 위험이 다르면 수익률도 다르게 평가 되어야 한다는 취지에 입각한 시스템이다. 특히 운용수익률이 높은 것과 운용성과가 좋은 것은 구분되어야 하며 수익이 어디에서 창출되는지에 따라 선택과 집중을 해야 한다는 의미에서 RAPM시스템은 매우 중요하다.

(3) 주요 제도개선

① 리스크관리협의체

상호금융리스크관리위원회는 리스크관리 기본방침을 수립하고 리스크 허용수준의 결정과 리스크를 감안한 위험자본 배분 등의 기본 방침 등을 결정하기 위하여 1998년부터 설립되었다. 연 3회 이상 회의를 개최하고 위원장은 상호금융총본부장이며 위원은 조합장 5인, 상호금융자금운용본부장, 상호 금융리스크관리담당 부서장, 중앙회 리스크관리전담 부서장으로 구성되어 있다. 상호금융리스크관리협의회는 위원회가 정한 기본방향 및 주요 정책에 부합하는 세부 리스크관리방안 수립, 각종 리스크의 현상분석 및 리스크관리대책 수립, 각종 리스크의 측정기준 및 측정기법의 결정 및 변경, 각종 한도의 설정에 관한 사항을 처리하기 위하여 2007년부터 설립되었다. 회의는 심의·의결사항의 부의시 개최하는 것을 원칙으로 하며(월 1회 이상), 의장은 상호금융리스크관리 담당 부서장이며, 위원은 상호금융총본부 소속 부서(단)장과 부부장, 중앙회 리스크관리부 부부장으로 구성되어 있다. 그 외 리스크관리 실무처리를 위하여 상호금융리스크관리단장을 의장으로 하며 상호금융총본부 주요 팀장이 위원인 상호금융리스크관리실무협의회가 있다.

② 특별유보금제도 도입

대내외적 금융환경 변화와 이로 인한 리스크 증가, 자금조달 및 운용의 한계, 결산체제의 한계, 상호금융특별회계 손실금의 조합 전가 차단 필요성 등으로 상호금융특별회계는 자금운용손실에 대비한 자본성격의 완충장치 마련이 시급하였다. 이에 2002년도부터 농림부, 금감원, 회계법인 등 외부 기관들과 협의를 통하여 2003년말 자본계정이 아니라 부채계정에 "특별유보금" 항목을 신설하여 그해 1,329억원을 적립하였고 2008년말까지 총 4,985억원(누적)이 적립되었다. 부채계정의 항목에 신설한 것은 법인세 문제와 손실에 대비할 수 있는 두 가지 문제를 한꺼번에 해결한 상호금융 특별회계의 쾌거라 할 수 있다.

<표 4-57> 특별유보금 적립 현황

(단위: 억원)

구 분	2003년	2004년	2005년	2006년	2007년	2008년
적립금액(당해)	1,329	2,352	1,762	656	663	-1,777
적립금액(누적)	1,329	3,681	5,443	6,099	6,762	4,985

③ RAPM 제도 토대 마련

상호금융특별회계는 RAPM시스템을 구축함으로써 위험중심의 경영관리체제 확립과 성과평가 및 한도배분 체제를 확립할 수 있게 되었다. 이는 리스크관리의 핵심사항으로 상호금융특별회계가 선진 리스크관리를 할 수 있는 큰 획을 그은 매우 중요한 일이다. 물론 성공적인 제도 정착을 위해서는 자금운용 부서뿐만 아니라 상호금융 관련 부서의 협조와 공감대가 절대 필요하다.

3) 여신심사시스템 개발

농협 상호금융업무 중에서 제일 복잡한 업무절차를 가지고 있는 여신업무는 숙련된 수준에 이르기까지 많은 시간과 비용이 소요되는 분야이다. 다양한 사업을 영위하는 농협의 특성상 인력의 전문화가 현실적으로 어려운 상황에서 복잡한 여신업무를 체계적으로 시스템화하고, 고객의 신용을 계량적으로 평가하여 의사결정을 지원하는 여신심사시스템의 정착은 대출자산의 건전성을 강화하여 조합의 수익을 극대화함으로써 농협 지속성장의 초석을 다졌다는데 그 의의가 있다. 따라서 「여신종합시스템」은 단순히 업무의 자동화를 위한 수단이 아니라 대출심사 업무의 경험을 집적한 전략적 도구라고 할 수 있다.

IMF이후 한국의 금융기관들은 기존 여신심사자의 경험적 판단에 의한 대출가부 결정의 위험성을 인식하게 되었고, 이러한 위험성을 줄이기 위해 계량화되고 체계화된 시스템에 의한 심사기법을 앞 다투어 도입하였다. 농협에서도 여신심사시스템 개발에 뛰어들게 되었고, 드디어 2000년 12월 11일「여신종합시스템」을 업무에 적용하기에 이르렀다.

또한 업무 프로세스의 전산화에 이어 고객의 상환능력을 객관적으로 평가하기 위한「신용평가시스템 (CSS : Credit Scoring System)」을 1차(2002년 4월 15일), 2차(2005년 4월 2일), 3차(2008년 4월 23일)에 걸쳐 개발하여 시스템에 적용하였다.

2002년 신용평가시스템을 처음 개발할 당시에는 고객 및 계좌에 대한 자료부족으로 상당한 어려움이 있었다. 무엇보다 일반 은행과 달리 지역에 기반을 두고 고객 친화를 우선으로 하는 농협에서 전산시스템에 의해 고객을 평가하게 되자 고객들의 거부감이 상대적으로 크게 나타났다. 시스템에 의해 대출이 거절된 고객의 불만이 다수의 민원으로 이어져 이를 해결하기 위해 많은 시간과 비용이 소요되는 등 시스템 운용에 어려움을 겪기도 하였다. 그러나 세 차례에 걸친 신용평가시스템을 개발하여 성공적으로 적용하였고 농협 상호금융은 국내 어느 금융기관에 견주어도 뒤지지 않을 만큼의 여신 IT인프라를 구축하게 되었다.

여신종합시스템 도입은 체계적인 심사업무 지원을 통한 업무효율 제고와 사전적 부실예방으로 건전한 자금운용에 기여한 바가 크다. 하지만 계량화시킬 수 없는 고객의 가치에 대한 평가부분은 아직 보완해야 할 과제로 남아 있다.

또한 상호금융 여신의 경쟁력 강화를 위하여 시스템을 이용하는 직원들은 계량화 할 수 없는 고객 평가 및 관리방식과 시스템화된 업무절차와의 유기적 관계를 이해하여 이상적인 여신 의사결정을 할 수 있는 업무능력을 습득하는 것이 무엇보다 중요하다고 할 수 있다.

① 여신종합시스템 개발

여신종합시스템은 1999년부터 1년 6개월의 개발기간을 거쳐 2000년 12월 11일에 실무에 적용됨에 따라 기존 「수기심사」부분이 「시스템심사」로 변경되었다. 시스템 도입 초기에는 직원들이 수기 업무에 익숙하여 시스템 사용을 꺼리는 경우도 있었고, 전국의 모든 사무소에 종합통신망이 설치되지 않아 수기심사와 시스템심사를 병행하기도 했지만 점차 적용범위가 확대되었다.

<표 4-58> 대출실행 시 온라인단말기와 여신종합시스템 비교

온라인단말기	여신종합시스템	비 고

· 채무자(보증/담보)등록
  - 1001번 화면 이용
· 대출실행
  - 1002번 화면
	· 여신종합시스템에 의거 대출
	  지원결정
	· 대출실행
	  - 1002번 화면
		· 종합통신망 미구축사무소
		  일소 후 대출화면
		  (1002번 화면) 입력항목
		  간소화

② 신용평가시스템(CSS:Credit Scoring System) 개발

디지털 경쟁의 급속한 확대에 따른 사업영역의 붕괴와 제2금융권의 약진으로 농협의 입지 확보가 어느 때보다 중요한 시점에서 효율적인 위험관리를 위해 여신업무 절차의 자동화에 이어 2002년 4월 15일에 고객 신용평가의 계량화가 이루어짐으로써 농협 상호금융은 명실공히 금융기관의 면모를 갖추게 되었다.

신용평가시스템 적용으로 수기로 작성하던 「개인신용조사평가표」가 전산으로 출력됨에 따라 대출 심사방식에 일대 변혁이 일어났다. 이로 인해 고객과 창구직원 간, 영업점 직원과 지원부서 직원 간, 이해부족으로 인해 잦은 마찰이 발생하기도 하였으나, 이는 곧

안정화 기간을 거쳐 정착기에 들어섰다.

<표 4-59> 신용대출 심사기준 변경 내용

구 분	CSS 적용 전	CSS 적용 후	
채무자 자격심사	· 개인신용조사 평가표	· 농업인	농업인CSS모델
		· 자영업자	자영업자 CSS모델
		· 급여생활자	급여생활자 CSS모델
	· 직업평가 기준표	계속 적용	
	· 거래실적	한시적 운용	
	· 부동산 평가액		

1차 신용평가시스템 개발 시에는 데이터 부족 등을 이유로 고객 세분화에 어려움이 많아 3가지 신용평가모형(농업인, 자영업자, 급여생활자)으로 개발되었다.

2002년 1차 신용평가시스템 적용 후 농업인조합원을 우대할 수 있는 농업인전용 평가모델의 필요성이 대두되었고 지역별 특색을 반영한 시스템 개선 요구가 있어 2차 개발을 진행하였으며, 농업인과 비농업인, 지역별 특색을 감안하여 새로운 신용평가시스템이 2005년 4월 2일 적용되었다. 2차 시스템 개발시에는 1차 적용 시와는 달리 직원들의 신용평가시스템에 대한 이해도가 제고되어 별다른 어려움 없이 안정화 단계에 진입하였다.

신용평가시스템 3차 개발은 2008년 4월 23일 적용되어 외부신용평가회사(CB:Credit Bureau) 정보활용도를 높여 타 금융기관과 거래하는 고객에 대한 신용평가를 가능하게 하여 우량고객 흡수를 위한 시스템으로 진일보하는 계기가 되었다. 세부 내용으로는 평가모형을 5개에서 부동산 담보모형과 개인사업자 모형을 신규 개발하여 7개로 세분화하였고 CSS등급에 NICE CB등급을 반영한 Cut-Of (승인구간) 방법을 도입하였다. 또한 부동산 담보대출 및 모든 신용대출 신청 건에 대하여 CSS 심사 및 신용등급을 산출하도록 하였고 승인전략 및 한도전략 운용에 대하여 실시간 모니터링을 실시하였다.

③ 신담보관리시스템 개발

기존 여신종합시스템의 감정·담보시스템을 개선하여 2007년 2월 5일에 신담보관리시스템을 구축하였다. 주요 개선사항으로는 채무자 및 계좌중심의 담보관리 체계에서 물건중심의 담보관리 체계로 전환하여 담보물건 중복등록을 방지하였고 감정번호와 담보번호의 일원화된 관리를 통하여 효과적인 담보물건 관리체계의 구축이 가능해졌다.

4) CRM(컨설팅)시스템 구축

(1) OLAP시스템 개발

고객특성의 다차원 분석으로 급변하는 금융환경에 신속히 대처하고 고객의 다양한 니즈를 반영한 마케팅 실시로 고객의 욕구 총족 및 조합 경쟁력 강화로 수익 극대화를 도모하기 위해 CRM 도입 1단계인 DW/OLAP시스템을 구축하였다.

OLAP시스템(On Line Analytical Processing System, 비정형분석시스템)이란 다차원적으로 데이터를 재구성해 놓고 이용자가 다각도로 현상을 분석할 수 있는 시스템을 말하며 CRM시스템의 핵심기반이다.

이 시스템은 일반적인 분석업무에 대해 모든 직원들이 쉽게 데이터에 접근하여 분석하고자 하는 정보획득이 가능하고 DW(Data Warehouse)에 저장된 데이터를 다차원 관점에서 다양한 계측정보 및 시계열 정보로 제공해 줄 수 있다. 또한 예측, 경향분석 등을 비롯한 각종 통계적 분석 지원과 대화식 처리, 사용자 질의에 대한 신속한 응대가 가능하다는 특징이 있다.

OLAP시스템은 CRM시스템의 핵심기반으로 리스크 및 시행착오를 최소화하기 위해 연도별 단계적으로 개발을 추진하였다. 2003년~2004년은 ODS(Operational Data Store), EDW(Enterprise Data Warehouse) 등 기반시스템 구축에 집중하였고 2005년 이후에는 캠페인관리시스템 등 운영 CRM 개발에 착수하였다. 또한 CSS, 리스크관리 등 타 기반시스템과 연계하여 개발함으로써 사업부서 및 영업점 업무활용도가 극대화 되도록 하였다.

<표 4-60> 단계별 추진 현황

개 발 과 제		2003년	2004년	2005년	2006년이후
DW/ OLAP 개 발		○			
O D S			○		
통합고객정보시스템			○		
운영CRM	캠페인관리시스템			○	
	영업자동화시스템			○	
	채 널 통 합			○	
영업력/성과 향상 프로그램					○

(2) 경영정보 신시스템

금융구조조정, 겸업화, 대형화, 금융의 디지털화 및 감독정책의 변화 등 금융환경의 급속한 변화에 따라 농협은 타행과 비교하여 경쟁 우위를 확보하고 생존할 수 있는 새로운 경영 비전의 수립이 필요하였다.

또한 고객에게 친근하고 안전한 금융기관으로 도약하기 위해서는 고객중심의 영업전략이 수반되어야 하며, 이를 실현하기 위해서는 고도의 고객관계전략의 수립이 필요하였다.

(3) 新고객정보시스템

신고객정보시스템의 기본방향은 기존의 수신, 여신, 카드, 공제, 외환 등 업무별로 관리되고 있는 고객원장 및 등록 거래를 단일 화면에서 일괄 등록·변경·조회가 가능하도록 하는 것이었다. 또한 다양한 수집경로로부터 수집된 정보를 고객 중심으로 통합하고 모든 채널을 통하여 고객에 대한 일관된 데이터 제공이 가능하도록 하는 것이었다.

즉 신고객정보시스템은 고객 마케팅을 위한 고객관리 기능을 강화하는 것이 주요 개발내용이었으며 고객중심의 통합 마케팅 체제의 기반을 조성하기 위해 고객정보의 통합을 추진하였다. 하나로가족, 세대주, 주요고객 관리, 영업점 창구 마케팅 기능을 강화하였으며 채널별로 일관된 마케팅 메시지를 제공하여 고객중심의 영업활동도 지원하였다.

고객정보의 정합성을 유지하기 위해 다양한 고객 접점 경로에서 수집되는 정보를 취득하여 관리 하도록 하였으며 업무별로 상이한 각종 항목 및 코드를 표준화하였다.

이에 대한 효과로는 모든 채널에 고객에 대한 일관된 데이터 제공이 가능하고 고객관련 데이터의 수집, 통합 및 정합성이 개선될 수 있다는 점이다. 또한 고객 분석, 마케팅, 세일즈, 고객서비스 센터, 채널관리 및 신상품 개발 등에도 많은 도움이 되었다.

(4) 실적관리

업무시스템 재편, 사용자조작 화면 통일 등 정보계 재개발에 따른 프로세스 개선으로 업무효율을 극대화 하였다. 업무별 표준화를 통한 업무 생산성을 향상시켰으며 고객관리의 계좌정보와 실적관리 업무를 통합하여 자료를 제공할 수 있도록 하였다.

(5) CRM시스템(고객관리시스템) 구축

CRM(Customer Relationship Management, 고객관계관리)이란 고객관리 및 마케팅 활동을 과학화, 효율화함으로써 고객 만족 및 수익 극대화를 추구하는 통합적인 고객관계관리 프로세스를 말한다.

CRM시스템의 주요 개발내용으로는 영업지원자동화시스템과 캠페인관리시스템이 있다. 이 중에서 영업지원자동화시스템은 단순 업무를 자동화하고 고객 분석을 통한 마케팅을 실행하여 영업점의 고부가 가치를 창출하는 것이 목적이다. 이를 위해 고객을 보유상품, 실적(수익 포함) 등을 기준으로 세분화 하여 관리하고 우수고객은 전담관리자를 통해 체계적으로 관리하고, 이탈·우수가망고객은 선별하여 집중 관리할 수 있도록 시스템을 구축하였다.

캠페인관리시스템은 캠페인 추진부터 결과까지의 전 과정을 자동화하여 적극적인 영업활동을 지원하는 시스템이다. 이를 통해 고객이 선호하는 상품과 거래경로를 분석하여 지정된 고객에게 타겟

마케팅을 수행하거나 고객 반응정보의 실시간 통합관리, 캠페인 반응과 그 효과에 대한 다각도 분석을 수행할 수 있다.

이러한 CRM시스템의 구축으로 인하여 고객중심의 선진 마케팅 기법을 통한 수익을 제고할 수 있고 체계화된 고객 응대 프로세스에 따른 고객 만족도를 향상시킬 수 있다. 또한 금융환경 변화에 대한 능동적인 대응과 관리로 경쟁력 강화가 가능할 것이다.

(6) 신용新시스템 시행

농협 신용신시스템은 2007년부터 2년여에 걸친 개발과 적용을 거쳐 설 연휴인 2009년 1월 24일부터 28일까지 시스템을 교체, 완벽한 시스템으로 오픈하였다. 신용신시스템은 폐쇄적인 시스템에서 범용(유닉스)환경으로 전환된 국내 최대 규모로 1초당 최대 5,000건의 처리가 가능하며 3중 백업 시스템을 갖추고 있다. 이를 통해 24시간 365일 중단없는 영업체계를 구축했을 뿐만 아니라 더욱 편리하고 안전한 금융서비스 제공으로 차원이 전혀 다른 대고객 서비스를 제공하게 되었다. 또한 주 (메인)시스템에 장애가 발생했을 때에도 1초당 3,000건 이상을 처리할 수 있을 뿐만 아니라 자동이체 시스템도 고객중심으로 처리되도록 기능을 개선했다.

특히 업무처리가 신속해져 업무의 자동화율이 크게 개선되고, 고객의 평생계좌번호를 도입하는 등 고객관계관리(CRM)도 강화되었다. 또 거래주체별로 고객식별번호 체계를 갖추게 되어 개인정보 보호와 보안성이 크게 보강됨은 물론 인터넷뱅킹 · 텔레뱅킹 · 자동화기기(CD/ATM)시스템 등 고객의 네트워크 환경에 맞는 서비스의 범위도 대폭 늘어났다. 이와 함께 일선 영업점의 단말기 화면을 표준화·통합화하여 창구직원의 조작이 편리하도록 개선하였다. 그 밖에도 농협의 업무 특성을 살려 금융과 카드, 보험, 농산물 유통 및 경제사업 등 사업부문별 연계를 통한 복합금융상품 개발을 손쉽게 할 수 있도록 하였다. 그 결과 내부적인 측면에서도 금융거래의 기능별 프로그램 구축으로 고도화된 품질 유지 및 재사용성을 증대시켜 유지비용을 크게 절감하는 효과를 기대할 수 있게 되었다.

(7) 자동화기기서비스 선진화

① 옥외CD기 예금인출서비스

2000년 3월 17일부터 농협과 한국컴퓨터는 전략적 업무제휴를 통해 상호 간에 전산시스템을 연결하고 농협 고객이 한국컴퓨터의 옥외CD기를 이용하여 예금지급 및 잔액조회를 할 수 있는 서비스를 개시하였다. 한국컴퓨터 측은 운영자금 공급, CD기 설치 및 관리를 담당하고, 농협은 자금정산 및 수수료 징구를 담당하였다.

옥외CD기는 서울지하철역 240대를 포함하여 총 638대를 설치하였다. 이용시간은 공휴일을 포함하여 08:00~22:00까지이며, 이용한도는 1회 30만원, 1일 1천만원(휴일은 100만원)이었다.

② 자동화기기 무통장/무카드서비스

자동화기기에서 통장 또는 카드없이 실명번호, 계좌번호, 계좌비밀번호에 의하여 해당 계좌의 잔액을 조회할 수 있는 무통장/무카드서비스가 2001년 8월 15일부터 개시되었다. 사용방법은 자동화기기 화면의 지시에 따라 주민등록번호, 보안카드 코드, 자금이체

비밀번호, 통장비밀번호, 계좌번호를 입력하고 필요한 서비스를 처리하면 된다.

동 서비스는 개인고객이 텔레뱅킹서비스에 출금등록한 계좌에 대하여는 현금인출도 가능하도록 하였다. 다만 법인고객 계좌는 사고의 개연성을 미연에 방지하고자 본 서비스 대상에서 제외되었다. 지급한도는 1일 100만원, 1회 70만원 이하였으며 수표지급은 불가하도록 하였다.

③ CD공동망 운영시간 연장

2001년 11월 19일부터 CD공동망 운영시간을 08:00~22:00에서 08:00~23:30으로 1시간 30분 연장하였다. 「CD공동망」이란 점내외에 설치되어 있는 각 금융기관의 자동화기기를 연결하여 거래 은행에 관계없이 현금인출, 잔액조회, 계좌이체를 할 수 있는 서비스를 말한다. CD공동망 운영시간에는 자동화기기에서 타행 거래가 가능하다.

④ 365코너 장애관리시스템

장애관리시스템이란 중앙본부상황실(콜센터)에 설치된 PC와 조합에서 설치·운영하고 있는 365 코너를 전산 연결하여 자동화기기 장애 시 콜센터 모니터를 통해 장애발생 상황을 자동으로 파악, 무인경비업체에 연락하여 장애를 복구할 수 있는 시스템을 말한다.

그 이전에는 감시시스템 부재로 즉각적이고 능동적인 장애 복구가 미흡하였고 장애 발생시 고객이 신고하지 않으면 장시간 장애상태를 방치해야 하는 문제가 있었다. 하지만 2002년 6월 10일부터 장애관리시스템을 도입하여 중앙본부콜센터에서 모니터를 통하여 전국 자동화기기의 가동상황을 세부적으로 파악할 수 있어 즉각적이고 능동적으로 장애복구가 가능하게 되었다.

⑤ 입금장애관리시스템

2003년 1월 13일에 「자동화기기 입금장애관리시스템」을 전 조합에 시행하였다. 「자동화기기 입금장애관리시스템」은 ATM 입금거래시 회선장애 또는 기기장애 발생으로 인해 출납과잉금 발생이 예상되는 거래에 대해 정상거래 여부를 영업점에서 단말기로 즉시 조회할 수 있는 시스템을 말한다.

⑥ 무인수반기에 의한 공과금셀프서비스

공과금셀프서비스란 현금카드 또는 통장을 소지하고 있는 고객이 창구를 통할 필요 없이 공과금 수납기를 이용하여 공과금을 납부하는 제도를 말한다. 그 과정은 고객이 공과금 수납기에 카드 또는 통장을 통과시키고 공과금 고지서를 투입하면 기기에 장착된 스캐너가 공과금 고지서상의 각종 부호 (OCR정보 등)를 인식하여 공과금 종류, 납부금액, 수납기관 등의 공과금 납부 정보를 읽은 후 납부해당금액을 고객의 계좌에서 자동 출금하여 수납점 해당 계정으로 입금처리하는 방식으로 이루어진다. 특히 아파트 관리비의 경우, 고객이 카드나 통장을 이용하여 그 비밀번호를 입력하면 아파트관리비 입금계좌가 농협인 경우에 한하여 관리사무소 계좌번호, 납부금액, 동, 호수 등을 입력하여 관리사무소 계좌로 즉시 이체가 가능하다.

한번 이용시에 고지서 10장까지 처리 가능하고 금액한도는 1,000만원이다. 2003년 8월 28일에 동 서비스가 도입됨으로써 창구납부고객이 줄어들어 업무부담이 감소되고 대기시간 단축으로 고객 불만을 해소할 수 있었을 뿐만 아니라 공과금 납부내역 관리 및 집계가 훨씬 쉬워졌다.

⑦ 자동화기기 종합관리시스템 확대 적용

농협은 2004년 12월 9일부터 자동화기기 종합관리시스템을 순차적으로 영업점에 확대 적용하였다.

「자동화기기 종합관리시스템」이란 현재 부분적으로 적용하고 있는 자동화기기 관리업무를 운영에서 장애조치까지 통합 관리하여 일원화된 모니터링과 원격조회가 가능하도록 한 시스템을 말한다. 관리·웹 업무의 조작화면을 거래내역, 종합관리(ari-TAMS), 통계 등의 화면으로 개편하여 자동화기기의 모든 지원업무를 일원화된 관리단말로 처리가 가능하게 만든 시스템이다.

<표 4-61> 자동화기기 종합관리시스템 주요내용

구 분		업 무	비 고
	거래내역	○ 거래확인 ○ 필수 출력자료 ○ 자금부 자료 ○ 창구 단말거래(타행환)	
	마감처리	○ 개국·합계 ○ 마감절차	마감처리의 프로세스화
종합 관리	운 영	○ 운영시간/수표입금제한시간 ○ 합계/폐국 예약 ○ 자동화기기 설치현황 ○ 자동화기기 시재현황	등록현황/운영현황

	○ 자동화기기 자금운영	평일/휴일/말일
보 안	○ 백신정보 ○ 백신설치 현황	
장 애	○ 장애상황 ○ 장애통보 현황 ○ 영업점 원격조치 현황 ○ 자동화기기 장애명세표 조회 ○ 장애 알림기능 설정 ○ CD공동망 장애은행 조회	보수업체/경비업체 초기화면 팝업
통 계	○ 거래량, 수수료, 장애현황 ○ 가동률, 운영현황, 출동현황	
게 시 판	○ 영업점 정보·업무연락 등	

⑧ 공과금수납기 은행공동이용 확대 시행

상호금융은 2008년 3월 11일부터 공과금수납기 은행공동이용을 확대하여 시행하였다. 「공과금 수납기 은행공동이용」이란 타행 현금카드 등을 소지하고 있는 고객도 공과금 수납기를 이용하여 공과금을 납부할 수 있는 제도를 말한다. 공과금의 종류로는 지로제도에 의해 발행된 지로장표와 지방세(지방자치단체 발행)OCR장표 모두 취급이 가능하다.

이로써 공과금수납기 이용활성화 및 창구납부건수 감축으로 창구업무 효율화가 가능하였으며 신규 취급수수료(공과금수납기 이용수수료) 추가를 통한 영업점 수익 증대를 기대할 수 있게 되었다.

(8) 종합자금관리시스템 구축

조합의 경영능력 및 경쟁력 강화를 위해 여유자금의 운용과 관련한 상호금융예치금 및 차입금, 외부 운용(유가증권 등) 및 내국환업무를 통합관리할 필요성이 있어 2005년 6월부터 10개월간의 개

발 기간을 거쳐 2006년 4월부터 「종합자금관리시스템」을 운용하게
되었다.

　종합자금관리시스템은 상호금융예치금 및 차입금, 외부운용, 내
국환 등 자금관리 업무를 통합하고, 회계처리는 물론 조합자금 관
련 데이터, 실무자료, 금융시장 동향 등 각종 정보제공이 가능하도
록 구축되었다.

　종합자금관리시스템의 구축으로 효율적인 업무처리 및 자료관리,
보다 합리적인 의결정이 가능해져 조합자금의 운용수익률 제고는
물론 내부통제 및 리스크관리 역량을 할 수 있게 되었다.

<표 4-62> 종합자금관리시스템 주요내용

구 분	주 요 항 목	주 요 내 용
공통 부문	· 공통업무관리	· 자금관련 정보공유방 · 원장변경 · 전표 및 거래내역서 재인자 · 단말기저널조회 · 계좌관리 등
예치, 차입 내국환 부문	· 상환준비금/정기예치금 · 운전/담보차입금 · 일시 예치금/차입금	· 계좌관리 · 입금, 지급 등 거래관리 · 결산 및 가결산 지원 · 한도배정/회수 관리
외부운용 부문	· 투자한도 관리 · 유가증권 투자관리 · 대내외예치금 관리	· 매입, 매도, 이자수령 등 각종거래 지원 · 결산 및 가결산 지원 · 투자가능 신용등급 관리 · 유가증권 발행 정보 및 시장정보 관리

4. 인터넷뱅킹 확대와 공익형 상품 개발

1) e-뱅킹 확대

(1) e-금융 시대의 도래

1996년 e-금융 최초 서비스인 텔레뱅킹 서비스의 도입은 고객에게 금융기관 접근성을 용이하게 하고 거래의 편리성을 제공하였다. 또한 창구 직원들에게는 일선 창구 업무 중 가장 많은 비중을 차지하던 단순업무(조회, 이체 등)에 대한 획기적인 효율성 향상을 가져다 주었다.

1999년 8월 PC뱅킹 서비스의 시작은 본격적인 전자금융을 통한 비대면 금융업무의 기반을 조성 하였고, 이듬해 8월 인터넷뱅킹(농협 독자시스템)서비스의 도입은 30년 역사의 창구 대면 업무가 셀프 서비스 시대로의 전환점을 맞으며 본격적인 디지털 금융시대로의 서막을 올리는 계기가 되었다. 다음은 농협 상호금융 부문에 있어 e-금융이 걸어온 길을 살펴보도록 하겠다.

① PC뱅킹 서비스 시행(1999년 8월 1일)

PC뱅킹이란 고객이 가정이나 회사에서 PC를 전화선에 연결, 농협 자체망 또는 PC통신망(하이텔, 유니텔 등)에 접속하여 조회, 이체 등의 금융업무를 이용할 수 있는 서비스를 말한다. 2001년 3월 26일 에는 인터넷뱅킹과 똑같이 PC뱅킹에서도 「인터넷예금」을 가입할 수 있도록 개발하여 판매를 개시하였다.

② 인터넷뱅킹 서비스 시행(2000년 8월 1일)

농협 인터넷뱅킹은 독자적으로 구축·개발되어 2000년 8월 1일부터 시범 실시하다가 2000년 9월 1일 본격적으로 서비스를 시행하였다. 이로써 급변하는 금융환경 변화에 능동적으로 대처 하고 인터넷뱅킹 이용고객을 확대하여 디지털 금융시대에 타행과의 경쟁력을 높일 수 있는 계기를 마련하였다.

③ IC칩 모바일뱅킹 서비스 시행(2004년 7월 26일)

국내 모바일 인프라 및 IC칩 기반 결제산업이 성장하면서 IC칩 기반의 모바일뱅킹서비스 도입의 필요성이 대두되고 모바일금융서비스 채널 확대를 통한 고객 확보를 위해 농협은 2004년 7월 26일 IC칩 모바일뱅킹서비스를 개시하였다.

IC칩 모바일뱅킹이란 은행 고객 정보가 내장된 IC칩을 휴대폰에 장착하여 예금조회, 이체, CD 현금인출 등 간편하게 금융거래를 할 수 있는 서비스를 말한다.

④ TV뱅킹 서비스(케이블) 시행(2006년 5월 24일)

농협은 국내 최초로 케이블 방송망을 통한 TV뱅킹서비스를 개시하였다. TV뱅킹이란 TV를 통해 계좌이체, 조회, 공과금납부 등 각종 금융업무를 간편히 볼 수 있는 서비스를 말한다. 이용대상 고객으로는 농협 인터넷뱅킹 가입고객으로서 서비스 지역의 양방향 셋톱박스(Set-top Box) 보유고객으로 한정되었다.

⑤ TV뱅킹 서비스(IPTV) 시행(2007년 12월 14일)

IT분야의 신성장 동력으로 떠오르는 IPTV뱅킹이란 초고속 인터넷회선을 TV와 연결하여 계좌이체, 조회, 공과금납부 등 각종 금융업무를 간편히 볼 수 있는 서비스를 말한다. 최초 서비스 가능지역은 서울, 경기, 인천이며 이용대상 고객은 농협 인터넷뱅킹 가입고객으로서 KT 메가TV시청고객이었다. 그 이후 2008년 11월 7일에 서비스 가능지역을 전국으로 확대함으로써 본격적인 TV뱅킹서비스 시대를 열게 되었다

⑥ VM 모바일뱅킹 서비스 시행(2007년 12월 21일)

휴대폰을 통한 생활밀착형 개인 금융서비스 「손안의 뱅킹」에 대한 관심이 날로 증가하는 시점에 IC칩이 필요없는 「VM모바일뱅킹」서비스를 실시하였다. VM모바일뱅킹이란 휴대폰의 모바일 IC칩 장착 가능 여부와 관계없이 전용프로그램(VM)을 휴대폰에 다운로드 받아 각종 은행업무를 이용할 수 있는 새로운 모바일뱅킹서비스를 말한다.

⑦ 포켓뱅킹 서비스 시행(2009년 2월 4일)

IC칩과 메모리가 결합된 USB형 매체를 이용하여 보안토큰(HSM), 인터넷뱅킹, NH증권거래 (HTS), 현금/신용/후불교통 카드, SMS 등 온·오프라인상 각종 서비스를 이용할 수 있는 국내 최초 종합 e-금융서비스를 말한다. 20대~40대의 대학생, 직장인 등 젊은 미래우량고객과 하나로가족고객, NH증권거래통장 신규고객이 주요 추진대상이었다.

2) e-금융의 역할

위와 같이 농협 상호금융의 e-금융은 미개척 분야에 대한 업무영역 확대 및 新 수익원 창출을 위하여 숨가쁘게 달려 왔고, 드디어 2002년 10월에는 금융권 사상 최초인 인터넷뱅킹 고객 100만명(가입고객수 기준)시대를 열었을 뿐만 아니라 2003년 7월 「제3회 e-금융 페스티벌」에서 'e-금융상' 수상의 영예를 안았다.

또한 2004년 7월 금융기관 최초로 이동통신 3사 모두를 대상으로 모바일뱅킹 서비스를 동시에 개시하여 금융기관 모바일뱅킹의 표준모델이 되기도 하였다.

2004년 6월에는 「제12회 대한민국 마케팅대상」에서 '베스트명품상'을 수상하였으며, 2006년과 2007년 케이블TV 및 IPTV 방식을 이용한 TV뱅킹을 개발, 일명 "소파뱅킹"서비스 도입으로 고객 니즈와 편의성을 극대화하는 한편, 다양한 멀티채널 발굴 및 지원으로 사이버고객에 대한 마케팅 창구를 지원하였고, 온라인 영업의 활성화를 위한 장을 마련하였다.

2006년 7월에는 「제6회 대한민국 e-금융상」에서 'e-금융상'을 수상하고, 2007년 7월 「제7회 대한민국 e-금융상」에서는 '서비스 혁신상'을 수상하기도 하였으며, 최근 2008년 7월에는 X뱅킹, 뱅크미, 뱅크젯서비스로 「제8회 대한민국 e-금융상」에서 '대상'의 영광을 안았다. 2009년 6월에는 포켓뱅킹서비스로 「제9회 대한민국 e-금융상」에서 '최우수상'을 수상하였고, 6년 연속 e-금융부문 'AAA'를 획득하였다. 아울러 농협 상호금융이 지역 생활은행으로서의 위상과 역할을 강화할 수 있도록 e-금융은 영업점 마케팅 지원을 더욱 공고히 하는 역할을 충실히 수행하였다.

3) 공익형 상품 개발

(1) 보리밭 사잇길 예금 등 공익형 상품개발 확대

① 나눔경영 현황

「나눔경영」이라 함은 기업본연의 사업목적인 이윤추구와 직접적인 관계가 없는 분야에 기업의 인적·물적 경영자원을 활용하여 기업가치를 제고하는 경영활동이며, 일반적으로 「사회공헌활동」을 말한다. 즉 기업의 사회적 책임이행의 한 부분이라고 할 수 있다.

일반적으로 「사회공헌활동」은 자선적 기부를 중심으로 한 사회봉사활동을 의미하며, 「나눔경영」은 협력사와의 상생까지도 고려하기 때문에 나눔경영이 사회공헌활동보다 범위가 넓다고 하겠으나, 사회공헌활동이라는 표현보다 나눔경영이 일반인의 이해가 빠르기 때문에 기업에서 많이 사용하고 있다.

사회공헌활동의 주요 활동내용으로는 장학재단운영, 사회봉사활동, 봉사단체의 운영 및 지원, 장애인 지원, 소외계층 지원, 소년소녀 가장돕기, 결식아동 돕기, 문화·복지, 재해구원 등이 있다.

기업이 사회공헌활동에 관심을 갖고 많은 투자를 하는 이유는 사회공헌활동으로 얻을 수 있는 여러가지 효과를 기대할 수 있으며 기업이 존속하기 위해서는 경제적 이익뿐만 아니라 기업과 다양한 관계를 맺고 있는 이해관계자들은 물론, 기업이 속해 있는 사회·국가·더 나아가 인류를 위해서도 노력해야 한다는 생각 때문이다. 이러한 인식에 바탕을 두고 기업가치를 제고하려는 전략적 경영활동을 「지속가능경영」이라고 한다.

한편 사회공헌활동으로 기업이 누릴 수 있는 효과는 다양한 것으로 조사되고 있다. 첫째, 사회공헌 활동과 생산성 사이에는 명백한 긍정적 상관관계가 있다. 기업의 사회공헌활동으로 인하여 직원들의 생산성 향상의 효과를 볼 수 있다는 것이다. 둘째, 임직원들의 사회공헌활동 참여는 임직원들의 사기를 높이는 효과가 있다. 사회공헌활동을 하는 것이 하지 않는 경우보다 임직원의 사기가 3배 이상 높다는 조사결과가 있다. 셋째, 일반대중과의 관계를 긍정적으로 만들어 주며 기업의 홍보효과를 높일 수 있다. 넷째, 가족 참여를 장려하면 직장과 가정 사이의 장벽이 무너지게 되고 가족 간의 결속에도 도움이 된다. 다섯째, 자녀들과 함께 하면 어버이로서 좋은 역할 모델을 보여 주게 되고 청소년 비행문제를 예방할 수 있다. 여섯째, 임직원들의 자아실현·개발에 도움이 된다. 일곱째, 기업시민의 이미지를 통해 지방자치단체와의 관계를 개선시켜 줄 수 있다. 여덟째, 임직원들이 지역사회에 대해 더 잘 이해할 수 있으며 업무 밖에서 쓸 수 있는 기술습득이 가능하다. 그 밖에 사회공헌활동을 하면 임직원에게는 창의성, 고객에게는 신뢰감 등을 갖게 해 주고 지역민들을 위한 새로운 자원으로 지역사회 문제 해결에 도움을 줄 수 있다.

농협에서도 지속적 성장을 위한 사회공헌활동 측면에서 소년소녀가장·독거노인 등 소외계층 지원, 우수인재 육성을 위한 농업인 자녀 학자금 지원, 환경지킴이 활동 실시, 지역사회 발전기금 지원 등 다양한 활동을 실시하고 있다. 사회공헌활동은 농협이 지역발전을 선도하는 지역종합생활센터로 확고히 자리매김 하는데 필요한 사업의 밑천으로 볼 수 있다.

2006년부터 상호금융총본부에 전담 담당자를 지정하여 체계적인 관리를 하여 2008년 농협 상호금융의 사회공헌활동 추진실적은 2,026건에 15,476백만원으로 비약적으로 증가하였다.

상호금융총본부는 사회공헌사업 활성화를 통한 상호금융 위상 제고를 위해 사회공헌형 상품을 개발·판매하였다. 상품 판매로 조성된 적립 기금은 소년소녀가장·독거노인 등 소외계층에 쌀·연탄·김치 지원, 농업인자녀 학자금 지원, 지역사회 발전을 위한 발전기금지원 등으로 사용하고 있다.

또한 공공서비스에서 상대적으로 소외된 농업인의 편리한 민원발급 지원을 위해 「농업인 어디서나 민원발급대행업무」를 실시하고 있다. 「어디서나 민원발급대행업무」란 농협이 농업인 조합원의 민원서류를 행정기관(증명기관)으로부터 인터넷이나 팩스를 통해 대행 발급해 주는 제도로서 조합원에 대한 발급수수료는 상호금융특별회계에서 지원하고 있다

기업의 경영패러다임은 1970년대 「대량생산경영」, 1980년대 「전통적 경영」, 1990년대 「환경경영」, 2000년대 「지속가능경영」으로 시대별로 변화해 왔다. 「환경경영」은 경제성, 환경성 통합접근, 제품 및 공정의 그린화를 중시하는 반면, 「지속가능경영」은 경제·환경·사회적 가치, 투명성 및 윤리성, 이해관계자 참여 및 커뮤니케이션을 고려하는 개념이다.

이러한 경영패러다임의 변화에 발맞추고 향후 농업인 조합원과 지역민의 실익제고라는 지역 금융 기관의 이미지로 지속가능 경영을 위해 앞으로도 농협의 사회공헌활동은 더욱 확대되고 있다.

<표 4-63> 사회공헌형 상품 현황

상 품 명	특 징	판매기간	판매실적	기금적립
서 해 안 살리기통장	· 연평잔 0.1%를 출연, 충남 태안 원유유출사고 지역 복구 지원에 사용(충남지역 관내만 판매)	2008년 2월 1일 ~ 2008년 9월30일	19백억원	146백만원
보 리 밭 사잇길예금	· 식량자급기반 확보 및 농가소득 증대 기여, 식량안보에 대한 범국민 공감대 형성 (연평잔의 0.05% 적립)	2008년 5월13일 ~ 2009년 6월 30일	1,209백억원	2,504백만원
다 함 께 사랑으로예금	· 연탄·김장김치를 불우이웃에게 지원하는 사회공헌 상품 (연평잔의 0.1% 이웃사랑기금 조성)	2008년 9월 1일 ~ 2008년 11월30일	234백억원	2,449백만원
지역사랑예금	· 농업농촌발전·소외계층 등을 지원 (연평잔의 0.1% 기금 조성)	2006년 4월19일 ~	153백억원	8,231백만원

(2) 어린이 경제캠프

농협 상호금융은 농촌지역 어린이를 대상으로 하는 체험식 금융·경제교육 개최를 통하여 지역 금융기관으로서의 선도적 역할을 수행하기 위해 2004년부터 「어린이경제캠프」를 실시하였다. 「어린이경제캠프」는 전국의 15개~20개 초등학교 4~6학년 학생을 대상으로 선정하였고, 총 인원은 1,800명 내외로 1학교당 100명 내외로 선발하였다. 행사장소는 해당 학교 강당 또는 지역농·축협 교육장을 원칙으로 하였으나, 학교 및 조합과 적정하게 협의하여 정하였다. 참가자에 대하여는 우수학교 또는 학생에게 표창 및 시상, 체험학습 수료증 수여, 각종 기념품(농협통장, 홍보물 등) 제공, 대상학교를 온라인으로 소개하는 등의 혜택을 주도록 하였다.

이와 같은 프로그램으로 2004년부터 2006년까지 3개년간 51회에 걸쳐 6,020명의 교육을 실시하였다. 45개 초등학교에 대하여 학교방문캠프를 실시하였고 지역별캠프 4회, 여름방학캠프 2회를 실시했다. 기존 금융기관에서의 금융교육은 일회성 이벤트에 그쳤으나 「어린이경제캠프」는 단일 법인으로서는 최대 인원, 최장기간 사업을 실시한 것으로 기록되었다.

<표 4-64> 연도별 추진실적

구 분	2004년	2005년	2006년	계
교 육 대 상	초등학교			
학교방문캠프	15개교	20개교	10개교	45개교
방 학 캠 프	-	204명	201명	405명
지역별 집합캠프	-	-	4개 지역	4개 지역
교육수혜 학생	1,581명	2,426명	2,013명	6,020명

이러한 활동을 통하여 유관기관과의 협력체제 구축으로 우호적인 사업추진 여건을 조성할 수 있게 되었고, 소외된 농촌지역 학생들을 대상으로 함으로써 농촌사랑운동을 몸소 실천하여 「변화하는 농협」·「함께 하는 농협」으로서의 상호금융 이미지 제고가 가능하였다. 또한 국내에서 가장 오랜 기간 최다 인원 실시로 '어린이경제교육 지원 기관'이라는 긍정적 이미지가 형성되었으며, 언론·인터넷 매체에 의한 홍보효과로 인하여 농협 전체의 이미지 홍보가 가능하였다.

2007년도부터는 어린이경제캠프를 상호금융총본부 주체에서 지역농협 주체로 변경하였다. 과거 3개년간 지속적인 사업추진으로 경제교육 수행기관으로서의 전국적 이미지 구축 목적이 달성되었고, 상호금융총본부 차원에서 전국적으로 실시하던 사업을 지역농협이 주체가 되어 지역사회 공헌사업 차원에서 추진하기 위해 방향을 전환한 것이다.

1. 정체성 재확립

개별협동조합은 지역적 특색으로 서로 다른 경영여건을 갖고 있으며 당면과제들이 서로 다르므로 조합 특성에 적합한 발전방향 정립이 필요하다. 특히 경제사업 비중, 지역적 특성 등을 고려한 발전방향을 마련하여 추진하는 것이 효과적이다. 예들 들어 예수금 규모 100억원 수준 조합과 1조원대 조합은 사업규모를 고려하여 서로 다른 발전방향을 추진해야 할 것이다.

또한 조합은 지역적 기반을 기초로 하기 때문에 릴레이션쉽 뱅킹(relationship banking)9) 강화로 협동조합금융의 지속적 발전 기반을 구축할 필요가 있다. 예전과 비교하여 협동조합의 개념과 원칙이 희석되고 1차산업 비중이 낮아져 고객(조합원)에게 협동조합금융 존재의미가 축소되고 있는 위기 상황에서 협동조합의 정체성 강화는 필수적인 사항이다.

---

9) 「고객과의 인간관계를 기초로 하는 은행경영」을 의미함. 경영학의 마케팅 신이론으로서 릴레이션쉽 마케팅론에서 출발하였으며, 미국의 커뮤니티은행(총자산 10억불 이하 은행, 신용금고, 신협 등의 금융기관)을 중심으로 발달함.

지역주민에게 다양한 금융투자기회를 제공하여 금융소득 증대 등으로 지역발전에 기여하고 지역 공헌상품, 지역개발프로젝트, 주말농장 등 지방자치화와 웰빙문화에 적합한 서비스를 지속적으로 개발하여 「지역종합금융센터」로서의 이미지를 부각시켜야 할 것이다. 그리고 지역공헌 등으로 상업금융과의 차별성을 적극 부각시키고 지역사회·주민과 협동조합이 함께하는 사회·경제적 동질감 조성에 노력하는 등 지역사회에 대한 공헌활동 전개와 홍보가 필요하다. 더불어 금융서비스 기반확대가 절실하다. 즉 고객서비스 확충과 수익기반 강화를 위해 중장기적으로 일반은행과 경쟁할 수 있는 수익다변화를 추진하되 단기에 있어서는 조합의 리스크를 수반하지 않는 업무영역 확대를 모색하는 것이 바람직하다. 협동조합금융은 총자산 측면에서 일반은행과 유사한 업무기반을 유지할 수 있는 규모의 경제를 확보하고 있는 상황이나 개별조합 기준으로는 자산규모가 작고 인력 등 내부역량 또한 다양한 업무를 수행하기에는 미흡하여 정책당국이 리스크 증가를 수반하는 업무영역 확대를 허용할 가능성이 낮다. 이를 감안하여 단기에 있어서는 리스크를 크게 수반하지 않는 업무부터 취급하는 방안을 추진해야 할 것이다.

　　또한 수익증권의 판매를 통해 수수료수익 기반을 강화하고 「자본시장법」시행과 이에 따른 금융투자 수요 확대에 적극적으로 대응해야 할 것이다. 수익증권의 판매는 협동조합금융의 고객기반 특성과 「자본시장법」이후 판매자의 책임강화 추세를 고려하여 점진적이고·안정적인 형태로 확대해 나가는 것이 바람직하다. 즉, 단기투자상품 또는 채권형 중심의 상품, 연금형 상품 위주로 확대함으로써 자산보호 위주의 서비스를 강화해 나가야 할 것이다. 그리고 수수료 다변화, 외환매매수익 증대, 해외투자의 효율화 등을 위해 외환업무를 확대함과 동시에 도시지역 주민 증가에 따른 주거복지 지원을 고려하여 주택서비스와 관련된 수신기반을 강화해야 한다.

예금 및 대출에서 비조합원의 비중확대 추세를 감안할 때 비조합원에 대한 사업이용 제한은 협동조합금융의 경쟁력 확보에 제약요인으로 작용하고 있다. 현재 비조합원 사업이용량이 각 사업별로 사업량의 1/2을 초과할 수 없도록 되어 있는 반면 크레디아그리꼴, 라보뱅크 등 해외 협동조합들은 조합원의 범위를 확대하여 경쟁력을 확보하고 있는 추세이다. 이에 따라 협동조합금융의 경쟁력 확보를 위한 기반을 확대하기 위해 협동조합 상호금융사업에 대한 비조합원의 이용제한 규정을 단계적으로 완화하는 것이 필요하다.

한편 조합의 대형화가 이루어지지 않는다면 협동조합금융의 경쟁력 확보가 어려워질 뿐만 아니라 업무 영역 확대에도 차질이 생기므로 협동조합금융의 생존을 위해 전 임직원들의 대형화에 대한 의지가 필요 하다. 현재 자율합병 위주로 합병이 추진되고 있기 때문에 자신의 이해관계를 초월하여 대형화에 대한 강한 의지를 갖는 것이 무엇보다 중요하다.

지역조합의 대형화가 이루어진다면 신협, 새마을금고 등 여타 상호금융기관과 차별화된 감독체계가 필요할 것이다. 예를 들어 자산 수천억원 대의 대형 상호금융기관에 대해서 정책당국이 현재와 같은 규제수준을 유지하는 것은 현실성이 결여되며, 이는 또한 이들 기관의 성장경로를 막는 것이다. 따라서 정부는 일정 수준 이상의 자산건전성과 자본적정성을 갖춘 대형 지역조합에 대해서는 지배구조 개선과 협동조합금융부문의 리스크 통합관리 강화를 전제로 업무영역을 대폭 확대할 필요가 있다. 국공채 판매 및 중개, 양도성 예금증서 발행, 지급보증 등의 업무를 허용하고 궁극적으로 대형

지역조합의 업무를 지방은행 수준으로 확대하여 이를 통해 지역금융 활성화를 도모해야 할 것이다. 이러한 대형화와 규제완화에 따른 협동조합금융의 수익성 개선은 조합 경제사업에 대한 지원 확대로 연결되면서 조합원의 경제력 향상에도 기여할 것으로 예상된다.

2. 자본금 확충

협동조합이 직면한 도전과제 중 가장 중요한 것이 자본금 확충의 문제일 것이다. 자기자본이 충분하지 않으면 협동조합은 외부의 도전과제에도 대응할 수 없으며, 조합원과 고객이 필요로 하는 서비스도 계속해서 확대하여 제공할 수 없다.

자본금 확충의 문제가 표출되는 정도는 협동조합의 유형에 따라 다르다. 교섭협동조합(bargaining cooperative)은 조합원을 위해 판매가격과 기타 거래 조건을 교섭하는 역할만을 하기 때문에 자본의 필요성이 가장 적다. 충분한 자본금을 투자하지 않고 소득을 향상시키기 위해 생산자들이 교섭력을 활용할 수 있다는 사실은 교섭조합이 가진 장점중 하나이다. 그러나 일반적인 농업협동조합이 제조업이나 유통업에 참여하게 되면 자본금의 필요성은 더욱 증대된다.

자본금의 필요성이 증대되면 농업인 들은 필요한 자금을 투자하는데 더욱 꺼리거나 할 수 없을지도 모른다. 협동조합의 지도자들은 조합원에게 투자를 호소하거나 외부의 타인 자본금에 의존할 수밖에 없다. 협동조합은 자본금 관리전략(equity management strategy)을 개선하고 자본금의 원활한 운용을 위하여 조직체계의 변화를 고려해야 할 필요가 있을 것이다.

1) 협동조합의 자본조달 방식

(1) 직접투자(Direct Investment)

직접투자는 보통주 혹은 우선주, 조합원 자격증명서 등의 현금구입을 통해 이루어진다. 조합 설립 시 최초의 자본(납입출자)은 이 방식으로 조합원 고객으로부터 조달된다. 기존 조합도 지속적 자본 증대를 위해 이러한 직접 투자방법을 이용하고 있다. 이 방식의 이점은 조합 설립 시 자본 확보를 위해 필요할 뿐만 아니라 조합원의 조합에의 관심정도를 판별할 수 있는 척도로서 이용될 수 있다는 점이다. 직접투자는 이것이 조합의 이용과 직접적으로 연계되어 있을 때 가장 성공적인 방법이 될 수 있다.

그러나 직접투자는 출자배당 수익이 제한되어 있기 때문에 조합원들은 이를 회피하고자 한다. 더욱이 소유권은 자본가치상승(capital appreciation)의 기회가 거의 없을 뿐만 아니라, 지분의 양도 또한 제한되므로 현금을 크게 필요로 하는 농민들은 이 방식을 외면하게 된다. 따라서 조합이 조합원들로부터 직접투자를 유도하는 것은 '이용고배당 유보방법'이나 '단위이용고당 유보방법'보다 훨씬 어려우며, 직접투자 증대를 위해서는 경영층은 매번 조합원을 설득하는 교육적 노력이 뒤따라야 한다.

(2) 이용고 배당의 유보(Retained Patronage Refunds)

이용고 배당의 유보는 조합원에게 할당된 순소득의 일정부분을 조합이 유보하는 것을 말한다. 이용고 배당액의 유보는 오늘날 농업협동조합의 자기자본의 대부분을 차지하고 있다. 이용고 배당 유보방식은 자본증대를 위한 간편하면서도 체계적인 방법이기 때문에 오늘날 보편적으로 많이 이용되고 있다. 이 방식은 '단위 이용고당 자본유보 방식'이 잘 작동되지 않는 서비스협동조합에 대해 적합하다. 배당의 유보는 비조합원 고객을 조합원으로 유치하는데 효과적으로 이용 될 수 있는데, 그 이유는 이들의 조합원 자격 획득을 위한 출자를 이 유보 배당액으로 대신 할 수 있기 때문이다.

그러나 자본축적 수단으로서의 이용고 배당 유보방식의 문제는 이 유보 액의 크기가 조합의 경영성과에 따른 순소득 수준에 달려 있다는 것이다. 예컨대, 경영손실이 발생하게 되면 이용고 배당을 할 수 없게 되고 따라서 이를 유보시킬 수도 없기 때문이다. 또한 배당 액의 유보로 축적된 자본은 조합원에게 오해를 불러일으킬 수 있다. 즉, 조합원들은 이용고배당의 유보액을 조합에의 투자라기보다 조합이 자신들에게 진 빚으로 간주할 수도 있는데, 만약 이들이 이것을 부채로 간주한다면 이 유보액은 조만간 상환되기를 기대할 것이다. 이러한 이유로 인해 일부 협동조합은 자본축적의 방식으로 이용고 배당의 유보방법과 함께 단위 이용고당 자본유보방법을 병행 사용하고 있다.

(3) 단위 이용고당 자본유보(Per-unit Capital Retains)

이 방식은 각 고객의 거래액에 근거한 고객투자 방식이다. 일반적으로 판매협동조합은 자본축적방식으로 이 방법을 많이 사용하는데 조합원의 판매수익에서 일정액을 공제하는 방식으로 이루어진다. 이 방식의 장점은 조합의 경영성과에 따른 순소득 수준에 영향을 받지 않고 이용고배당의 유보방식보다 안정적으로 자본을 축적해 나갈 수 있다는 것이다. 그러나 이 방법은 판매조합의 경우 조합원의 실질 수취가격을 감소시키며, 구매 및 서비스 조합의 경우에는 가격인상의 결과를 초래하게 되므로 조합원의 반발을 초래할 소지가 있다.

만약 조합이 이 방식을 채택하면 이사회가 유보수준을 결정해야 하는데, 이때 고려해야 할 사항은 유보액의 정도, 지분상환율, 조합의 경쟁적 경영환경, 조합원의 이해정도 등을 들 수 있을 것이다.

(4) 비 배분자본(Unallocated Equity)

조합의 자기자본은 조합원에게 출자지분화 되지 않는 비 배분(unallocated)자본으로 축적될 수 있다. 이 자본은 회계상 조합원 자본으로 나타나지만 실제로는 비 배분계정(unallocated account)에 속해 있다. 원래 이것은 비조합원과의 거래로 인한 순소득, 임차료, 지대 등의 비영업소득, 구입가격이 자산의 장부가격보다 낮은 사업부문 인수 등으로부터 조달된다. 또한 이것은 자산의 시장가격이 장부가격보다 높은 경우 매각 차익으로 조성되기도 한다. 그러나 한국농협의 경우 비 배분자본은 순익의 원천에 관계없이 총 순익의 일정비율 이상을 법정적립금, 법정이월금 등의 이름으로 적립하고 있다.

조합의 재무구조의 건전화를 위해서는 조합원에게 지분화된 자본보다 조합원에게 배분되지 않는 이러한 영구자본의 비중이 높아지는 것이 바람직할 수 있다. 이렇게 되면 출자지분의 상환 압박으로부터 어느 정도 벗어날 수 있기 때문이다. 또한 인플레이션 기간 중에는 현금유출을 방지하기 위해 비배분 유보수익을 증가시킬 필요가 있다. 실제 이 기간에는 재고 및 자본자산의 대체비용(replacement cost)이 과소평가되기 때문에 순소득은 상대적으로 과대평가 된다.

자본축적 방식의 하나로 비 배분자본의 방식은 그것의 간편성과 단순성에도 불구하고 많은 문제점이 있다.

첫째, 조합이 조합원과의 거래로 인한 순소득을 비 배분 잉여로 유보한다면 이것은 원가경영원칙(principle of service at cost)에 위배된다. 더욱이 비 배분 유보액에 대한 개별조합원의 소유권은 불분명하기 때문에 조합과 조합원 간의 유대관계도 손상을 입게 된다. 비 배분 유보액의 비중이 커지게 되면 조합원들은 조합의 소유권을 상실할지도 모른다(미국의 경우 농협이 정부의 농산물 가격지지프로그램의 혜택을 보기 위해서는 조합 총 자본 중 조합원에게 지분 화된 자본이 50% 이상이 되어야 함).

둘째, 조합 청산의 경우 비 배분 유보액의 공정한 분배가 불가능하다. 일반적으로 조합 청산시 비 배분 유보액을 과거 이용고에 따라 조합원에게 공정분배 하도록 하고 있으나, 과거 기록 등의 보존 미비로 현실적으로 이러한 계산이 불가능하다. 따라서 협동조합은 정관 규정에 의거, 잔여 유보액에 대한 청구권을 현재의 조합원에게 배분한다(한국농협의 경우 조합원의 출자지분에 비례하여 배분).

비 배분 유보수익이 커지게 되면 경영층은 조합원에 의한 통제로부터 좀더 독립적이게 된다. 경영층은 조합원에게의 책임감이 떨어지게 되고 개인별로 지분화된 출자가 적은 조합원들은 조합에 대해 그 만큼 관심이 줄게 된다. 결국 조합의 경영은 경영층의 통제에 들어가게 되는 것이다. 또한 비 배분 유보수익의 비중이 높게 되면 극단적인 경우 이를 취득하기 위해 일부 조합원들은 조합의 청산을 요구할 수도 있으며, 자신들의 몫을 챙기기 위해 신규조합원의 가입을 억제할 수도 있다.

(5) 비조합원으로부터의 자본조달

상기 여러 문제를 회피하는 한 방법으로 비조합원으로부터 자본을 조달하는 방법이 있다. 이용고배당 및 유보를 비조합원에게도 실시할 경우 비조합원이 조합의 출자지분을 보유하는 결과를 유도할 수 있다. 또한 우선주(협동조합에서는 우선출자증권이라 명명 : preferred stock)의 일반인에게의 매각을 고려해 볼 수 있다. 이는 조합에 영구자본(permanent capital)을 제공하는 역할을 한다. 우선주는 투표권이나 조합원으로서의 특권을 부여받지 않으나 조합의 순소득을 조합원에 우선하여 분배받을 권리가 주어진다. 또한 조합이 청산될 경우 조합재산의 처분에 있어서 보통주 소유자(조합원)보다 우선권이 주어진다. 한국 지역농협의 경우 자기자본 증대를 위하여 우선주(우선출자증권) 발행이 법적으로 허용되면 그 대상은 출향인사나 농협 거래업체가 될 수 있을 것이다. 또한 우선주 발행제도는 조합의 경영이 부실화하여 비조합원인 정부로부터 공적자금을 출자 받을 경우 법적인 근거가 된다.

(6) 지분의 교환(양도매각)

구미의 일부조합은 조합원 간에 출자지분의 양도매각을 허용하는 곳이 있다(미국, 벨기에, 네덜란드, 핀란드 등의 일부 조합). 이 경우 매매가격은 액면가격, 할인가격, 프리미엄가격 등을 사적교섭에 의해 결정된다. 거래는 보통 조합 이사회의 동의를 받아야 가능하며 지분의 매각이동 경로는 조합에 의해 기록된다. 이처럼 투표권이 수반되는 보통주 또는 조합원 자격증명서의 양도는 많은 제약이 뒤따른다. 그러나 일반인에게 매각된 우선주는 제약없이 양도

가능하다. 실제로 구미조합의 경우 지분의 양도매각은 기본 자본계획(base capital plan)과 회전출자의 지분상환프로그램을 갖는 조합에서 가끔 허용된다. 회전출자상환 방식을 사용하는 조합의 조합원들은 조합이 일관된 회전정책(revolving policy)을 갖는다면 지분가액을 평가하여 양도가액을 결정할 수 있게 된다. 그러나 이러한 지분상환계획이 없는 조합에서는 구매자와 매각자 간에 상호 동의할 수 있는 가액을 결정하기란 쉽지 않다. 설령 동의가 이루어진다 해도 경영환경 변화로 인해 회전정책을 변경할 가능성이 있기 때문에 구매자는 항상 위험을 떠안게 된다.

일반적으로 출자지분을 구입하는 조합원들은 할인가액으로 구입하여 나중에 액면가액으로 이를 상환 받을 수 있으며, 반면 지분을 매각하는 조합원은 미래의 액면가보다 현재 할인된 현금가액을 더 선호할 수도 있기 때문에 지분 교환이 가능해진다. 조합원 간의 지분교환은 과잉투자 조합원으로부터 과소투자 조합원으로 지분을 이동시키기 때문에 조합원 간의 투자형평성 측면에서 오늘날 많은 관심을 끌고 있다.

2) 농업협동조합의 출자 지분 상환모델

협동조합의 출자지분상환 방식에는 유보된 이용고 배당액의 체계적 상환이라 할 수 있는 회전출자상환 방식(revolving fund), 출자지분의 일정률 상환방식(percentage of all equities plan), 출자지분의 일정률 상환방식(percentage of all equities plan), 비체계적(특수)방식(nonsystematic or adhoc method), 그리고 기본자본 방식(base capetal method)이 있다.

(1) 비체계 방식(Nonsystematic Method)

많은 협동조합은 조합원의 사망, 은퇴 이외의 경우에는 조합원의 유보수익 상환을 위한 체계적 프로그램을 갖고 있지 않다. 이런 경우에 조합원들은 조합을 탈퇴할 때만이 출자지분을 상환 받는다. 협동조합의 자산축적 능력은 이러한 형태의 출자 지분 상환계획 아래서 훨씬 제고될 것은 명백하다.

그러나 이 계획이 제대로 시행되기 위해서는 조합원에 대해 조합 탈퇴시 그동안 계속된 조합이용에 대해 충분한 보상을 받게 될 수 있을 것을 설득할 수 있어야만 한다. 일반적으로 만약 조합의 자산이 조합원의 할인율(members' discount rate)보다 큰 비율로 증가한다면 조합원들은 자신들의 자본이 은퇴할 때까지 조합에 유보되는 것을 선호하게 될 것이다 그러나 협동조합의 자산이 조합원들의 할인율보다 낮게 증가한다면 조합원들은 조합에의 투자를 외면하게 된다.

그러므로 만약 조합이 경쟁적 성장률을 보일 수 있다면 조합원에 대한 환원수익률은 증가할 것이므로 조합원들은 비체계적 출자지분 상환계획을 선호할 것이다. 그러나 이 계획의 실시에는 많은 제약요인이 있다.

첫째, 미래의 성장률에 대해 완전한 확실성(perfect certainty)이 존재하지 않는다는 것이다. 불확실하고 가변적인 성장률에 직면하게 되면 조합원들은 자신들의 출자지분의 일부가 주기적으로 일정한 간격으로 상환되기를 원할 것이다. 이를 수행하는 한 방법은 체계적(systematic) 출자지분상환을 통해서만 가능하다.

둘째, 조합원들은 개인적인 현금흐름의 목적상 순수익의 일정부분이 현금으로 상환되거나 출자지분의 일부가 상환되기를 원한다. 이러한 이유로 조합원들은 체계적 출자지분 상환방법을 선호하게 된다.

셋째, 조합원의 이용고가 시간에 걸쳐 일정하지 않다는 것이다. 조합원들은 조합을 이용할 때 비로소 조합원으로서의 이득을 얻기 때문에 체계적인 조합원의 출자지분 상환방식만이 조합이용으로 인한 이득을 조합에의 투자(출자)와 연계시킬 수 있다. 그러나 비체계적 계획은 출자지분과 이용고의 균형을 유지할 수 없다. 특히 조합원의 조합이용고는 은퇴가 가까울수록, 즉 출자지분계정이 극대 값에 도달할수록 감소하는 경향이 있다. 따라서 체계적 출자지분 상환계획은 조합원 자격보유 기간 중 일정주기로 지분을 상환함으로써 이용고의 출자지분에 대한 비율을 좀 더 균형 있게 할 수 있다.

(2) 출자지분 상환계획(Revolving Fund Plan)

회전출자상환 모델은 가장 일반화된 체계적 출자 지분 상환모델이다. 이 계획 하에서는 자본이 일정수준에 도달한 이후에는 조합에 의해 유보된 순서대로 자본이 상환된다. 즉, 선입선출(first-in-first-out: FIFO)방식에 의해 상환된다. 예컨대 t년도에 수익을 유보한 조합원은 이 유보수익을 t+n년도에 조합원들의 수익이 유보되기 전에 상환 받게 된다.

협동조합이 조합원의 유보수익을 상환해 주는 횟수를 회전싸이클(revolving cycle)이라 부른다. 예컨대, 회전 사이클이 5년이라면 15년차에 조합에 의해 유보된 수익은 20년차에 조합원에게 상환될 것이다. 21년차에 유보된 수익은 26년차에 조합원에게 상환된다.

회전출자상환제도의 운영방법을 예로 든 것이 <표 4-65>이다. 예컨대, 조합의 목적이 1,500만원의 조합원 자본을 축적하는 것이

라 하면 1차 년도에 500만원의 유보로 시작하여 3차년도 말에 목
표수준에 도달하게 된다. 조합은 4년차에 500만원의 새로운 자본을
유보하기 때문에 1차 년도에 유보되었던 자본 500만원을 상환하게
된다. 5년차에는 1,000만원을 유보함으로써 2년차 및 3년차의 500
만원을 각각 상환하게 된다.

<표 4-65> 회전출자상환(revolving fund)제도의 운영(예)

연도	연초자본	이용고배당의 유보액	상환자본액	상환지불연도
조합수준				
1	0	500	0	-
2	500	500	0	-
3	1,000	500	0	-
4	1,500	500	500	1
5	1,500	1,000	1,000	2.3
6	1,500	500	500	4
조합원 A				
1	0	50	0	-
2	50	100	0	-
3	150	150	0	-
4	300	200	50	1
5	450	200	250	2.3
6	400	200	200	4

조합원 A는 조합에의 이용고 정도에 따라 매년 유보 이용액이
달라진다. 4년차의 초에 A의 출자지분은 300만원이며 4년차에 조
합이 1년차에 유보된 자본을 상환하기로 결정할 때 A는 50만원을
상환 받는다. 5년차에 조합이 2년차 및 3년차에 유보된 자본을 상
환할 때 A는 250만원을 상환 받는다.

회전 사이클의 정상적 기간이 10년이라고 주장하는 학자도 있지
만 일반적으로 서구 협동조합이 채택하고 있는 최적 사이클 기간은

5~7년이다. 5~7년 기간은 조합원의 투자(출자)를 이용고에 비례하여 유지 가능케 하기 때문에 최적기간이라고 일컬어지고 있다. 동시에 이 기간은 은퇴조합원의 대규모 출자지분 상환문제를 완화시킬 수 있게 된다. 그러나 회전 사이클을 단축시키려면 높은 수익을 위해 조합원에게 높은 가격을 부담시키거나 혹은 고비용의 자금을 조달해야만 할 것이다.

(3) 기본자본 계획(Based Capital Plan)

협동조합은 조합의 필요 자본량과 조합원의 조합이용에 근거하여 매년 조합원의 출자의무액을 결정한다. 과소투자 조합원은 과소투자액에 대해 이자를 지불하여야 하며, 과잉투자 조합원은 초과투자액의 일부분을 상환 받게 된다. 즉, 조합원 투자필요량을 직접적으로 기본기간(base period) 동안의 이용고와 연계시키는 방법이다.

<표 4-66>에서 6명의 조합원의 초기 총출자액은 18,250천원이며 5년 후 250천원의 추가자본이 필요하다고 가정하자. 조합의 총 사업 량에 대한 개별 조합원의 이용고 비율에 의해 출자의무액이 결정된다. 표에서 A조합원은 이용고 비율이 11%이며 조합의 총 출자의무 액이 18,250천원이므로 A의 출자의무액은 2,035천원이 된다. 초기 출자액 1,685천원에 비해 350천원이 부족하므로 A는 350천원을 추가 출자해야 한다. 조합원 C는 215천원이 과잉되기 때문에 조합으로부터 이를 상환 받는다. 이 경우 과소투자 조합원이 출자의무액의 부족분만큼 추가 출자하지 않는다면 과잉투자 조합원이 초과투자액을 상환 받지 못하게 된다. 이 방법은 출자자본과 이용고를 직접적으로 연계시키는 방법이다.

<표 4-66> 기본자본계획 운영(예)

조합원	초기자본	5년간총이용고	이용고비율	출자의무액	과부족투자액
A	1,685천원	120,208천원	11%	2,035천원	-350천원
B	3,345	207,631	19%	3,515	-170
C	2,805	152,991	14%	2,590	+215
D	5,515	327,839	30%	5,590	-35
E	4,550	284,127	26%	4,810	-260
F	350	-	-	-	+350
총계	18,250	1,092,796	100%	18,500	-250

이 방식에 의하면 조합이 과소 투자한 조합원들에게 과대투자 조합원들이 보충한 자본의 이자를 지급하도록 요청할 수 있다. 그러나 이 방식은 과소투자 조합원들이 부족분을 즉각 출자하지 않을 가능성이 높다는 단점이 있다. 더욱이 조합 이사회는 조합원에게 부담이 되는 필요자본량 증대 결정을 망설이게 되며, 이를 회전출자상환 제도에서 회전 사이클을 연장하는 것만큼이나 어렵게 생각할 수 있다.

(4) 지분의 일정률 상환모델(Percentage Equities Redemption Model)

출자 지분 일정률 상환모델은 조합원들의 조합기여 정도나 조합 가입 시기에 불문하고 출자지분의 일정률을 상환하는 방식이다. 즉, 연초의 조합원의 출자지분 계정의 잔고에 기초하여 유보수익의 일정비율을 상환하게 된다.

예컨대, <표 4-67>에서 연초에 5명의 조합원의 출자 지분액이 2,000천원이고 연도 중 이용고 배당의 유보액이 500천원일 때, 필요자본량이 2,300천원이라면 상환 가능한 자본액은 200천원이 된다. 5명의 개별 조합원에게 연초 출자액의 10%(200천원/2,000천원)를 상환하게 된다.

<표 4-67> 지분의 일정률 상환모델 운영(예)

조합 수준	
항　　목	금　　액
연초 조합원 지분출자액	2,000천원
이용고배당의 유보액	500
연말 이용 가능한 자본	2,500
필요자본량	2,300
상환 가능한 자본	200

조합원 수준			
조합원	연초자본	상환가능한 자본비율	상환가능액
A	750	10	75
B	250	10	25
C	250	10	25
D	500	10	50
E	250	10	25
총 계	2,000	10	200

이 방식은 조합원 수와 조합원의 이용고가 안정적인 조합의 경우 효과적으로 작동하며 신규 조합원고객에게 신속하게 자본을 상환해 줄 수 있다는 장점이 있다. 그러나 이것은 과잉투자 조합원으로부터 현재의 고객에게로 소유권이 이전되는 방식을 취하기 때문에 조합의 지속적 운영이 어려울 수 있다.

3) 자본조달 방식과 출자 지분 상환방식의 합리적 결합

상기 언급한 자본조달방식과 출자 지분 상환방식은 다음과 방법으로 결합이 가능하다.

자본조달 방식	출자지분 상환방식
단위이용고당 자본유보방법 순이익의 유보 납입출자(original paid in capital) 외부로부터의 조달	기본자본계획 회전출자방법 비체계적(특수)방식 지분의 일정률 상환방식

　이러한 결합방식을 고려할 때 유의해야 할 중요사항은 첫째, 조합원의 출자지분은 조합원의 현재의 이용고에 비례하여 증가되도록 해야 한다는 것이다. 둘째, 지분상환계획은 조합원들이 쉽게 이해할 수 있어야 한다는 것이다. 조합원들은 자신들이 이해하기 어렵거나 이익이 없을 것으로 판단하는 프로그램은 열성적으로 지지하지 않는다.

　한국농협의 경우 자본조달 방식은 가입시 납입자본, 추가출자, 조합순이익의 유보(법정적립금, 법정이월금 형태의 조합자체 자본과 사업 준비금 등 조합원에게 지분화된 조합원자본), 단위 이용고당 자본유보 등이 있다. 단위 이용고당 자본유보 방법은 조합원들의 반발로 대부분의 조합에서는 오늘날 실시하지 않고 있다. 이에 반해 지분상환방법은 비체계적 특수방식으로 조합원의 사망 탈퇴 시에만 출자지분이 상환되고 있다. 즉, 자본조달방법은 다양하게 이루어지고 있는데 반해 출자 지분 상환방식은 비체계적 특수방식을 채택하고 있으므로 조합원의 출자지분과 이용고 실적이 비례하지 않고, 조합원의 조합사업 이용도 적극성을 띄지 않고 있다.

　한편, 현금을 필요로 하는 조합원들이 출자지분의 조기상환을 요구할 때 이를 수용한다는 것은 현실적으로 어려운데, 그것은 기존 조합원과의 형평성 문제뿐만 아니라 조합의 재정부담을 증가시킬지 모르기 때문이다. 그러나 조기상환의 협동조합에 대한 부정적 영향을 극소화하고 조합원을 위해 보다 유연성을 갖기 위한 방안으로 조합원 간의 출자 지분 양도매각, 출자지분의 할인 상환, 출자의 부채 및 우선주 형태로의 전환 등을 강구해 볼 수도 있을 것이다.

4) 잉여 유보방식

협동조합에서는 순이익(혹은 이윤)은 조합원 소유로서 이용고에 따라 배분되며 IOFs에서의 이윤은 주주소유이며 투자지분에 따라 배분된다. 협동조합원칙은 조합원의 출자지분에 대해 제한적인 고정된 반대급부를 지불하도록 하고 있다. 이처럼 조합원은 출자지분에 대해 이자를 수취하지만 지급된 이자율은 대체로 시간에 걸쳐 일정하며 협동조합의 이윤정도에 따라 변화하지는 않는다. 그리고 협동조합에서의 출자지분은 유통시장(secondary market)에서 거래되지 않으며 따라서 조합원이 지분가치 상승으로 인한 금전적 이득을 갖는 게 불가능하다.

협동조합의 소유권은 개별조합원에게 거의 경제적 편익을 가져다주지 않는다. 대신 조합원이 갖는 편익은 조합사업의 이용으로부터 발생한다. 이것은 개별조합원은 고객으로서 조직을 이용할 인센티브를 가질 수 있으나 소유자로서 협동조합에 투자할 욕구는 갖지 않을 것이란 것을 의미한다. 특정 개별조합원만이 이러한 행동을 개인적으로 취하게 되면 그 조합원은 편익을 얻을 수 있으나, 전체 조합원이 똑같이 행동하면 조합의 재무구조는 취약하게 되고 결국 모든 조합원의 이득은 감소하게 된다. 즉, 구성의 모순(fallacy of composition)이 발생하게 된다.

이런 문제를 극복하기 위해 협동조합은 매년 발생하는 수익의 일정부분을 유보하는 방법을 채택하고 있다. 이러한 수익은 조합원 소유이기 때문에 수익의 유보는 모든 조합원들로 하여금 조합에 재투자하도록 하는 것이 된다. 본질적으로 수익을 유보하는 결정은 조합원들로 하여금 현재의 이용고에 비례하여 조합에 재투자하도록 하는, 조합에 의한 집단적 행동이라 볼 수 있다. 결국 이는 조합원 자격 획득을 위한 최소한의 출자만 하고 조합사업의 이용을 통해 이득을 취하려는 무임승차자(free rider) 문제를 극복하는 방법이 될 수 있을 것이다.

물론 협동조합의 장래성과(performance)는 얼마나 많은 수익이 유보되어야 하는가를 결정하는 데 있어서 중요하다. 만약 협동조합이 현명하게 자본을 투자할 수 있다면 조합원은 장래에 많은 이득을 얻을 것이다. 그러나 동시에 이러한 투자는 조합원으로부터 현재의 현금 이용고 배당형태의 편익을 박탈하는 것을 의미한다. 다시 말하면, 협동조합은 조합원의 조합이용에 따른 즉각적 보답(immediate rewards)의 욕구와 장래수익을 증대시키기 위해 순수익의 일정부분을 유보시킬 필요성 간의 상반관계(trade off relation)에 직면한다. 이것은 조합원에게의 현금배당은 조합의 성장을 지체시킬 것이라는 것을 조합원이 인식하고 있다 하더라도 여전히 즉각적 보답과 미래의 보답(rewards in the future) 간에 갈등이 존재할 수 있음을 의미한다.

그러나 보다 복잡한 문제는 투자를 위해 유보된 이용고 배당액은 종국적으로 조합원에게 환원되어야만 한다는 것이다. 협동조합은 미래에 조합원에게 더 큰 편익을 보장하기 위한 자산에 투자함으로써 수익의 일정부분을 유보하는 것을 정당화시켜야 하며, 또한 미래의 일정 시점에 유보액을 환원하기 위한 준비를 갖추고 있어야만

한다. 이 결과 조합원의 유보수익은 조합원의 출자라기보다 부채성
격을 강하게 띈다.

유보수익과 출자지분이 조합의 자산증가와 개별 조합원에게의
수익환원에 어떻게 영향을 미치는가를 보기 위해 한국농협의 예를
들어 설명하면 다음과 같다.

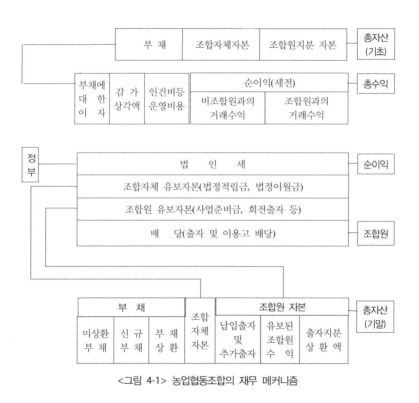

<그림 4-1> 농업협동조합의 재무 메커니즘

<그림 4-1>은 조합의 총자산이 회계기간 과정에 어떻게 변화하
는가를 나타낸다. 회계기간 초에 협동조합의 총자산은 조합원 자본
(members' equity), 조합자체 자본(cooperative equity), 그리고 부

채로 조달된다. 조합원 자본은 조합 가입시 납입출자와 조합에 의해 유보된 조합원 소유의 수익, 예컨대 사업준비금, 회전출자액 등으로 구성된다. 조합자체 자본은 조합원이 아닌 조합자체의 소유인 유보수익으로서 법정적립금, 법정이월금 등이 이에 포함된다. 부채는 협동조합이 차입한 액수의 현재잔고를 나타낸다.

조합의 총수익(gross earnings)은 총자산 수준과 직접적으로 관련된 것으로 가정되는데 이는 총자산의 성장은 보다 큰 총수익을 발생시킬 것이란 것을 의미한다. 총수익은 부채에 대한 이자, 자산의 감가상각, 인건비 등 운영비용, 순수익으로 구분된다. 부채에 대한 이자는 부채수준의 함수이며 협동조합의 고정 비용을 나타낸다. 감가상각액은 총수익을 발생시키는데 사용된 자산의 대체비용(replacement cost)으로 이것은 그림에서 총자산의 감소라기보다 총수익수준의 감소를 나타낸다.

순수익은 정(正)의 값이나 부(負)의 값을 가질 수 있으며, 총수익의 상대적 크기, 감가상각액, 인건비 등의 운영비용, 이자의 상대적 크기에 달려 있다. 그림에서 보듯 정(正)의 순수익은 조합과 조합원의 자본을 증가시키며 조합원에게의 현금배당액을 증가시킨다. 부(負)의 순수익은 반대의 효과를 갖는다.

순수익은 조합원수익(members' earnings)과 비조합원수익(nonmembers' earnings)으로 나누어 볼 수 있다. 전자는 조합원의 조합이용으로 발생한 수익이며, 후자는 비조합원과의 거래로 인해 발생한 수익으로 정의할 수 있다. 순수익을 이처럼 2개 범주로 구분하는 것은 조합의 성장에 대해 중요한 의미를 갖는다. 앞서 논의한 바와 같이 조합원과의 거래에서 발생한 조합원 수익은 궁극적으로 이용고 배당의 형태로 조합원에게 환원되어야 한다. 조합원수익 중 일부는 자산 증가를 위한 재원으로 사용하기 위해 조합에 유보할 수 있는데, 이 경우 유보액은 조합원으로부터 차입한 부채성격을 갖는다. 이에 반해 비조합원수익은 협동조합 조직의 소유로 가정되므로 조합원에게 상환할 필요가 없는 조합자체 자본으로 유보될 수 있을 것이다.

그러나 <그림 4-1>에서 보듯 한국농협의 경우 조합의 순익은 그 원천에 관계없이 일정부분이 법인세로 공제되고 잔여잉여는 조합자체 자본과 조합원 자본으로 임의 배분되고 있다. 즉, 조합의 당기순익에 대해 일정의 법인세를 납부하고 나머지를 법정적립금, 법정이월금, 사업준비금 등의 이름으로 강제 적립하고 있다. 이러한 강제적립금을 제외한 잔여수익이 조합원에게의 배당(출자배당 및 이용고배당) 자금으로 활용되고 있다.

앞으로 조합이 광역화될 경우 필연적으로 비조합원과의 사업거래 비중이 늘어나게 되고, 이에 따라 법인세 감면 등 정부로부터의 과세 혜택이 크게 축소될 것으로 예상된다. 만약 광역합병 조합에 대해 현재의 최저한 법인세율 대신 상대적으로 고율인 일반법인세율이 적용되면, 서구의 농협처럼 조합수익을 비조합원수익과 조합원수익으로 회계상 구분해야만 할 것이다. 그리고 비조합원수익에 대해서만 법인세를 납부하고, 조합원수익에 대해서는 법인세를 면제하되 현행처럼 일정조건에 해당하는 조합원 배당액에 대해서만 이자소득세를 납부토록 해야 할 것이다(현행은 출자금이 1,000만원 미만인 조합원의 출자 배당액 및 이용고 배당액에 대해서는 비과세).

한편, 협동조합과세 문제와는 별도로 현재와 같은 잉여유보 방식은 조합원의 '내 조합' 의식 고양에 부정적 영향을 미치게 된다. 즉, 현행 제도 하에서는 조합의 수익이 전적으로 조합원과의 거래로 인한 수익일지라도 이 중 일정부분은 조합원에게 지분화되지 않은 조합자체 자본으로 강제적으로 적립할 수밖에 없기 때문에, 조합원의 입장에서는 조합의 순익의 증대가 조합원의 이익증대와는 무관하다는 생각을 갖게 될 수 있을 것이다.

따라서 조합원과의 거래로 인해 발생한 순익을 조합에 유보시키고자 할 때에는 반드시 조합원별로 지분화시켜야 만 조합원들의 '내 조합' 의식이 제고될 수 있을 것이다. 이 경우 조합원들은 조합으로부터 재화 및 서비스구입에 대해 설령 높은 가격을 지불하더라도, 이로 인해 상대적으로 조합의 순익이 증가되고 자신의 배당이익 역시 증가될 것으로 생각하기 때문에 조합의 높은 공급가격에도 불만을 갖지 않게 된다.

3. 운영체계 개선

1) 리스크관리 강화

농협 상호금융특별회계의 경우, 리스크 관리를 위해 현재는 리스크관리협의회에서 위험허용한도를 신용위험, 시장위험 및 자산형태별로 배분하는데, 리스크관리부서와 자금운용부서 간의 협조체제를 구축하여 보다 효율적으로 전체 포트폴리오를 관리할 수 있는 기반을 마련할 필요가 있다.

리스크와 기대수익률을 동시에 고려하여 적정 포트폴리오를 구성할 수 있도록 유능한 전략가를 영입하여 리스크관리부서와 자금운용부서를 조율할 수 있는 권한을 부여하는 것도 한 방법일 것이다. 한편 조합의 리스크관리는 수익을 내는 사업이 아니므로 소홀히 하는 경향이 있으며 보직이 정기적으로 순환되어 전문성이 떨어지는 경향이 있으므로 순환보직이 적용되지 않도록 제도적인 장치를 마련할 필요가 있다. 실제 금리리스크 담당 책임자가 금리체계를 결정하는데 예대사업 위주의 협동조합금융에 있어 금리결정은 당기순이익에 크게 영향을 주므로 금리리스크 책임자의 전문성은 매우 중요하다.

본부에서는 리스크관리 전문가별로 담당 지역조합을 배정하여 조합의 전체적인 리스크를 관리하는 것이 효율적이며, 중개시장 구축 또는 파생상품 등을 활용하여 지역조합들 간에 리스크가 상호 분산될 수 있도록 할 필요가 있다.

대출이 잘 되지 않는 조합과 PF대출 등 대출이 많은 조합, 금리 상승 기대 조합과 금리하락 기대 조합을 중개하는 시스템을 개발하여 리스크가 시장에서 분산되도록 유도하는 한편 도시조합의 경우 파생상품을 통해 보유 리스크를 이전(transfer)시켜 노출된 리스크를 감소시킨다면 이에 따라 여신 한도가 상대적으로 증가하게 되어 신규여신 취급이 가능할 것이다. 반대로 농촌조합이 도시조합의 리스크를 수취(risk taking)할 경우 대출을 취급하지 않고도 기존에 거래가 없던 고객에게 투자하는 효과를 볼 수 있다.

2) 조합 대형화

지역조합의 대형화는 업무영역 확대의 필요조건이므로 협동조합 금융의 단기적인 생존 및 장기적인 발전을 위해 반드시 추진해야 할 과제이다. 조합의 대형화를 통해 규모의 경제와 자본력 확충을 이루고 수익기반 다변화를 위한 업무영역 확대의 토대를 마련하는 것은 협동조합금융의 발전을 위한 중장기 과제에 해당하지만 대형 화를 위한 기반마련은 당면 과제이다. 그동안 조합 간 합병은 부실 조합 정리 차원에서 추진되었으나 금융환경의 변화를 감안하면 전 략적 합병이 추진되어야 할 것이다.

프랑스 크레디아그리꼴의 광역협동조합은행이 경쟁력 제고 차원 에서 합병을 통해 대형화를 추진하였듯이 협동조합금융도 적정한 합병 추진원칙을 설정하여 조합 간 합병을 추진할 필요가 있다.

조합의 대형화를 유도하기 위해서는 현재 부실조합을 제외하고 는 자율합병이 원칙이므로 단기적으로 강제적인 수단을 동원하기보 다는 합병유인을 제공하고 장기적으로 건전성 기준을 강화하는 합 병원칙을 수립하는 것이 필요하다.

중앙회에서 조합의 성과와 보상, 비용부담을 연계시키는 방안을 활용하거나 자율합병의 경우 공동 조합장 제도를 통한 조합장 임기 보장, 부실조합에 대한 조건부 신용공여 등을 통해 대형화를 위한 제도적 기반을 마련하는 방안도 검토해 볼만하다.

또한 중장기적으로 부실조합에 대한 적기 시정조치 적용기준을 현재보다 강화하고 적용을 엄격히 하여 합병을 통한 대형화를 촉진 함과 동시에 조합 신용사업의 건전성을 강화하는 것도 한 방법이다.

3) 지배구조개선

협동조합금융부문에 전문성을 지닌 담당 전무 및 상무 중심으로 사업이 운영될 수 있도록 기존의 조합장중심의 책임경영체제에서 전문경영체제로 전환이 필요하다. 조합원은 출자액의 다소에 상관없이 1인 1표의 평등한 의결권 및 선거권을 가지며 1인당 출자금액이 소액인 경우가 많아 조합 경영감시보다 개별 영농과 관련된 이해관계를 더욱 중시할 여지가 크므로 조합원들이 조합의 경영에 대한 감시를 효과적으로 수행하기 어려운 것이 현실이다. 따라서 이사회의 전문성을 높이고 그 기능을 강화하여 조합 경영에 대한 감시기능을 수행해야 할 것이다. 이를 위해 도시조합을 중심으로 조합원 이사의 범위를 축소하고 사외이사의 이사회 참여를 확대함과 동시에 조합의 경영성과와 이사에 대한 보상을 연계시켜 이사회가 본연의 의무를 다 할 수 있는 여건을 마련하는 것이 시급하다.

4) 수익성 개선

협동조합 상호금융특별회계의 사업마진 축소에 대비하여 중장기 차원에서 특별회계의 재무안정성을 제고할 필요가 있다. 투자다변화를 위한 위험자본 확보와 안정성 제고를 위해 특별준비금을 도입하거나 일반잉여금 적립을 늘리고 중장기적으로 자본적정성 유지를 위한 내부잉여금의 목표기금제 도입을 고려해야 할 것이다.

협동조합금융부문이 중앙회 내부조직으로 자리하는 경우 중앙회의 법인격과 자본금을 활용하여 자산 운용대상의 대폭 확대가 필요하며, 현재 중앙회 전체 자본금이 신용사업부문의 자본금으로 인정되는 농협의 특수성을 원용하여 교육·지원부문 자본금의 일부를 특별회계 자본금으로 활용할 수 있을 것이다.

협동조합금융부문이 법인으로 전환되어 연합회 기능을 수행하거나 단일 금융체계를 구축하는 경우 내부 잉여금을 자본금으로 전환하고 중앙회와 조합의 출자를 받아 특별회계의 자기자본비율을 은행에 준하는 수준으로 확대할 수 있다.

최근의 조합 외부운용한도 확대는 일부 불가피한 측면이 있으나 특별회계 발전의 기본방향과 배치되는 측면이 있으므로 외부운용한도는 최소화되어야 하며 특별회계로 여유자금을 집중하고 이의 수익성을 높이는 방안을 강구하는 것이 바람직하다.

협동조합 상호금융특별회계의 수익성을 향상시키기 위해서 조합과 위험을 공유할 수 있도록 특별회계의 조달비용 구조를 개선하여, 조달금리를 시장평균 이하로 조정하고 조달기간 및 조달규모에 따른 금리 차등제를 적용하는 방안도 검토할 만하다.

또한 협동조합 상호금융특별회계의 자산구성에 있어 주식의 비중과 해외투자 비중을 현 수준보다 상향 조정할 필요가 있으며, 이를 위해 운용전문가 확충과 함께 투자의사결정과 관련한 분석 및 리서치 기능의 강화가 필요하다.

4. 조직체계 개선

1) 협동조합 상호금융사업 단일화 추진

개별 법인인 조합은 「금융실명거래및비밀보장에관한법률」에 의한 제한으로 조합 간 거래 고객정보의 공유가 불가하여 농업인, 조합원, 고객들의 심각한 불편이 초래되고 있다. 또한 조합 신용사업을 지도하는 중앙회의 일부 행위에 대해 공정거래위원회에서 담합으로 규정하는 사례가 발생하여 중앙회의 효율적인 업무지도가 많은 어려움에 처해 있다.

이러한 불합리한 사항을 개선하기 위해 개별 조합의 신용사업 부문이 동일 금융기관으로 기능할 수 있도록 조직 일체성을 강화하는 방안이 필요하다. 주요 해외 협동조합은행도 대부분 개별 조합은 모두 독립법인체이나 이러한 문제를 해결하기 위해 법상 단일 금융기관으로 인정받고 있다. 협동조합 상호금융사업 단일화 추진은 일시에 추진할 성격의 프로젝트가 아니고 단계를 정해서 점진적으로 추진해야 할 것이다. 제1단계로 협동조합 상호금융을 단일 금융기관으로 인정하도록 협동조합법 등을 개정 하여 법인격이 다른 데서 기인하는 감독기관의 제재 위험과 사업추진상 제약을 해소할 필요가 있다. 제2단계는 라보뱅크의 상호보증제도와 같은 제도적 장치를 구축하여 시장에서의 신용도 평가와 신뢰도를 높여야 한다.

2) 협동조합 상호금융본부 연합회기능 강화

협동조합 상호금융특별회계는 중앙은행으로서의 역할, 연합회로서의 역할, 기관투자가로서의 역할로 구분 할 수 있다. 협동조합 상호금융특별회계는 중앙은행으로서 상환준비금을 관리하고 전체적인 유동성을 조절한다. 연합회의 기능으로 사업지도·홍보를 담당하며 금융인프라 구축, 리스크관리 등의 업무를 수행한다. 또한 기관투자가로서 조합의 여유자금을 조달하여 유가증권투자, 조합에 대한 대출 등 자금운용을 수행한다.

협동조합 상호금융총본부에는 선진 금융기법이 도입되고 다양한 금융신상품이 봇물처럼 출시되는 현대의 금융환경에서 외부자금운용, 리스크관리, 전문인력 교육 등 다양한 형태의 지도관리 기능이 요구되고 있으며 이에 대한 제도적, 인적 기능 강화 대책이 절실히 필요하다. 또한 협동조합 상호금융총본부의 지도지원 기능에 있어 조합 경영여건에 따른 차별화 전략이 필요하다. 예를 들면 도시형 조합의 경우에는 PB, 기업여신, 리스크관리 등을 중심으로 지도가 필요하며, 농촌형 조합의 경우에는 규모화, 전문성 제고, 과잉설비 조정 등에 초점을 두어야 할 것이다.

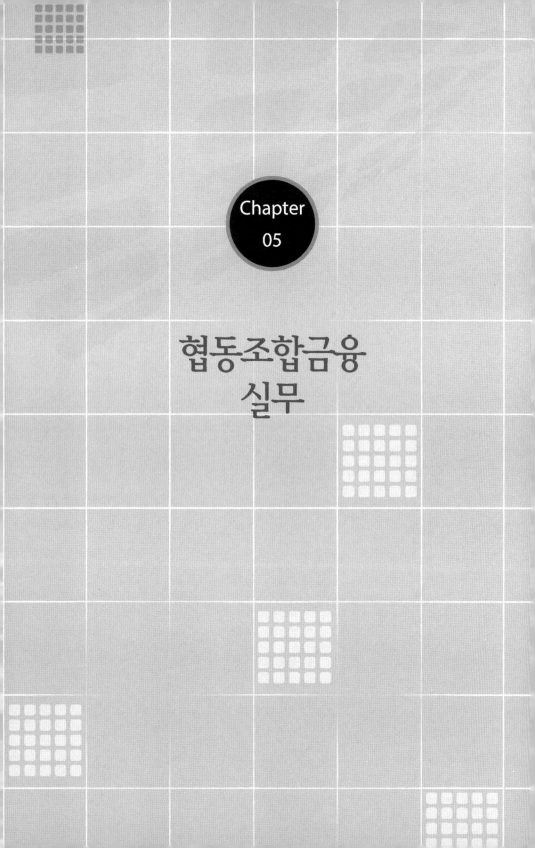

Chapter
05

협동조합금융
실무

01

<h1 align="center">협동조합 회계실무</h1>

1. 협동조합의 회계처리 기초

협동조합의 회계처리는 그 고유기준이 필요한데 우리나라의 경우 아직까지 고유 회계기준이 마련되어 있지 않다. 따라서 국제 회계기준, 일반 기업 회계기준, 중소기업 회계기준 중 기업의 실정에 맞게 선택을 하면 된다. 국제회계 기준은 주식회사로서 지금 상장되어 있는 유가증권 시장에는 코스닥 회사, 코스닥의 상장되어 있는 대상으로 하는 회계기준이 있으며 일반기업 회계기준의 경우 외부감사를 받기는 하지만 상장되지 않은 비상장 기업을 대상으로 하는 회계기준이 된다.

한마디로 협동조합의 회계란, "기업 활동을 행하면서 발생하는 수많은 거래들을 기록, 정리, 요약해 보고함으로써 의사결정을 하는 이해관계자들에게 유용한 정보를 제공하는 것을 목적으로 하는 정보시스템"이다. 협동조합 운영에서 회계는 조합원들의 참여를 이끌어 내고 신뢰를 쌓아가는데 중요한 역할을 한다.

1) 회계장부의 필요성

협동조합도 사업체이기 때문에 회계장부를 작성해야 한다. 그 이유는 세법상의 의무와 협동조합기본법상의 의무 등 두 가지 의무 때문이다. 우선 세법상의 일반 협동조합은 주식회사와 같은 법인으로서 매 회계 기간마다 얻은 소득인 일정 수입금액에 따라 과세표준액의 10~22%까지 법인세를 과세 기간 종료일부터 3개월 이내에 신고 납부해야 하는 의무가 있다.

반면에 사회적 협동조합은 공익을 목적으로 하는 비영리법인이므로 법인세를 신고 납부할 의무는 없다. 또한 협동조합에서 과세사업일 경우 판매하는 재화의 판매나 용역의 제공에 대한 부가가치의 10퍼센트의 부가가치세가 발생하므로 부가가치세에 따른 납부세액 또는 환급세액을 신고납부(환급)해야 한다. 그리고 재료비 등의 원재료를 제외한 비용중에서 가장 큰 부분을 차지하는 것이 바로 직원 또는 조합원의 급여 부분이다. 급여지급시 4대 보험과 원천세를 차감해서 지급하며, 협동조합은 다음 달 10일까지 원천세를 관할세무서에 신고납부해야 한다.

이처럼 세법상의 의무를 수행하기 위해서는 첫째, 모든 거래내역을 확인할 수 있도록 복식부기에 의해 회계장부를 비치하고 기장하며 관리해야 한다. 둘째, 소득금액을 확인할 수 있는 법적 증명서류를 비치·보관해야 한다. 일반적으로 이러한 회계장부는 5년간 회사에 비치·보관할 의무가 있다.

협동조합기본법의 회계상 의무는 다음과 같다. 먼저 협동조합은 매 회계 기간마다 회계결산 결과를 협동조합총회에 보고해야 하고, 관련된 결과보고 등 관련정보는 적극적으로 공개해야 한다. 또한 조합원이나 채권자가 자료를 요청할 경우에는 관련회계자료를 지체없이 제공해야 하는 의무가 있다. 특히 조합원 수가 200인이 넘거나 또는 자기자본이 30억원 이상인 협동조합은 설립신고서를 발급받은 당해 광역시·도 또는 연합회에 주요 경영 자료를 공개해야 한다.

모든 협동조합은 잉여금(이익)이 발생할 경우에 우선적으로 10% (단, 사회적 협동조합은 30%)의 금액을 법정적립금인 이익준비금으로 반드시 배정해서 적립해야 한다. 법정적립금 제도는 협동조합의 독특한 특징으로 이익 중 일부를 배당금으로 배당하지 못하도록 협동조합의 목적에 맞게 이익을 사용하기 위해 회사에 적립해야 하는 의무이기도 하다. 이를 위반할 경우 처벌대상이 될 수가 있다.

2) 회계장부의 작성

협동조합도 복식부기에 따른 회계장부를 작성해야한다. 만일 작성치 않을 경우, 각종 가산세와 세액의 감면, 공제를 받지 못하는 등의 불이익을 받을 수 있다.

현행 세법상 모든 사업자는 일정 기간 벌어드린 소득에 대해 세금을 신고 납부해야 한다. 그에 대한 증빙자료를 만들어 놓은 것이 바로 회계장부이다. 협동조합의 경우에도 사업의 규모에 상관없이 반드시 복식부기의 원리에 의한 증빙자료에 따라 회계장부를 작성해야 한다. 이처럼 회계장부를 작성하는 대상자를 세법상 '복식장부 대상자'라고 하는데 협동조합 또한 복식장부 대상자이다.

모든 법인은 복식장부 대상자임으로 협동조합도 복식장부를 작성해서 법인세를 계산하고 신고 납부해야 한다. 따라서 복식부기장부 대상자가 복식장부를 작성하지 않고, 법인세를 신고했을 경우에는 그에 응당한 불이익이 발생한다.

3) 복식부기란

단식부기와는 상대되는 개념으로 기업의 자산과 부채의 증감 및 변화하는 과정과 결과를 계정과목을 통해 대변과 차변으로 구분하여 이중기록 계산이 되도록 하는 부기형식을 의미하며, 수입, 비용 내역 뿐만 아니라 사업장에 대한 자산, 부채, 자본에 대한 내역까지 입력해야하는 장부의 한 종류이다.

복식부기를 하는 이유는 가장 쉽게 각 거래에 대한 사항이 둘 이상의 장부에 나타나므로 기업에서 일어나는 거래를 분석하고 종합하여 모든 사항을 합리적으로 파악할 수 있도록 하기 위해서다. 일부 간편장부 대상자를 제외한 모든 사업자는 복식부기 의무자라고 볼 수 있다. 물론, 간편장부 대상자는 신규로 사업을 개시한 사업자이거나 직전 과세기간의 수입금액이 업종별 기준금액에 미달할 경우에 가능하다.

4) 복식장부를 작성하지 않을 경우 받는 불이익

먼저 협동조합이 회계처리를 통한 복식장부를 작성하지 않고 세금을 신고하게 되면 무기장·무신고 가산세가 부과된다. 일반적인 무기장 가산세는 산출세액의 20%와 수입금액의 0.07%중 많은 금액으로 결정된다. 예를 들어 매출이 10억이고 산출세액이 1천만원인 경우, 무기장 가산세로만 200만원을 납부하게 된다. 200만원의 가산세는 영업이익률이 10%인 협동조합에서는 2천만원의 매출과 동일한 금액이므로 올바르게 장부를 작성해서 불이익을 받지 않도록 주의해야 한다.

둘째, 법인세뿐만 아니라 조세특례제한법 등은 법인의 규모와 투자 등에 따라 다양한 세액공제와 세액감면의 혜택을 부여한다. 만약 협동조합이 복식장부를 작성하지 않으면 이런 각종 세액공제와 세액감면의 혜택을 받을 수 없다. 세액공제와 세액감면은 산출한 세액에서 직접 차감해주는 것이므로 그 혜택이 비교적 작은 부분에 해당한다. 이를테면 협동조합운영과 관련해서 시설투자를 하게 되면 투자금액의 3%가량의 일정금액 세액공제를 해준다. 허나 협동조합이 장부를 작성하지 않으면 이런 혜택을 받을 수 없다.

셋째, 협동조합이 처음 시작할 때에는 사업의 초기단계이다 보니 수익을 내기보다는 적자인 경우가 많다. 그래서 적자를 보았기 때문에 납부할 세금이 없을 것이라고 생각하고 회계장부들을 포함해서 대충 간단히 세무신고를 마무리 하려는 경향이 있다. 그러나 이런 경우에도 복식장부를 작성하면 적자로 발생하는 결손금을 이후 연도에 유익하게 활용할 수 있다.

법인세법에서는 복식장부로 기록된 결손금은 향후 10년간 발생하는 과세소득에서 차감해서 법인세를 줄일 수 있다. 이를 결손금 이월공제라고 한다. 이를테면 홍길동협동조합이 2017년에 결손금 1천만 원이 발생해서 손실을 입었으므로 회계장부를 작성치 않았다고 가정해 보자. 다음 해인 2018년에 과세소득이 2천만원 발생했다면, 홍길동협동조합은 2018년 과세소득에 대해 200만원의 법인세와 주민세 20만원을 납부해야 한다. 하지만 2017년도에 발생한 결손금에 대해 회계장부를 제대로 작성해서 신고했다면, 2017년도의 과세소득 2천만원에서 2017년 결손금인 1천만원을 차감한 1천만원이 과세소득금액이 되고, 납부할 세금은 110만원이 되므로 110만원만큼 절세할 수 있다는 것이다.

중소기업에 한해서 결손금은 이월공제뿐만 아니라 소급공제도 할 수 있다. 일정한 조건의 경우, 당기에는 결손이 발생했고, 전기에는 법인세를 납부했다면, 당기에 법인세 결손을 신고하면서 일정한 산식에 의해 전기에 납부한 세금의 환급을 청구할 수 있다. 이것을 결손금 소급공제라고 부르며 중소기업에 한해서만 해당된다. 이런 결손금 이월공제와 소급공제는 회계장부 작성의 의무를 다한 경우에만 가능하다.

5) 협동조합의 복식부기 회계처리

복식부기 거래는 자산, 부채, 자본의 변동을 가져오는 거래로 항상 그 거래의 원인에 해당하는 거래요소와 결과에 해당하는 거래요서를 동시에 가지고 있다. 거래의 이러한 속성을 거래의 이중성이라고 한다. 거래의 이중성이란, 부기상의 거래는 자산과 부채 자본의 변동 및 손익의 발생에 있어서 반드시 2개 이상의 대립 관계로 나타나며 양면의 금액이 일치하게 되는데 이것을 거래의 이중성이라 한다. 예를 들면 10,000원의 상품을 현금으로 매입하며 현금이라는 자산의 감소와 상품이라는 자산의 증가가 동시에 동일금액으로 나타낸다. 아울러 거래는 자산 부채 자본의 증감 및 배용 수익 발생등과 같이 거래의 기본 요소로 결합되어 나타나는데 이것을 거래의 8요소라 한다.

2. 협동조합의 적립금과 배당금 처리

1) 협동조합의 적립금과 배당금

협동조합도 적립금과 배당금이 있다. 과거 금융위기로 많은 금융기관들이 부도로 도산했음에도 협동조합들이 버틸 수 있었던 이유는 바로 사내에 적립해두었던 법정적립금 제도 덕분이었다. 법정적립금 제도는 협동조합에만 있는 규정이다. 매 회계연도에 잉여금이 발생하게 되면 이 잉여금의 10%를 법정적립금으로 반드시 적립토록 하고 있다. 이러한 협동조합의 적립금에 대한 의무기간은 없으며 자본금의 3배 규모까지 적립할 수 있다. 이를테면 2017년 회계연도 결산 결과 3천만원의 잉여금이 발생했다고 가정해보자. 이 경우 일반협동조합의 경우, 잉여금의 10%인 300만원을 별도로 법정적립금으로 적립해야 한다. 자기자본금이 200만원이라면 600만원까지 법정적립금을 적립할 수 있다. 반면 사회적 협동조합의 경우는 잉여금의 30%인 900만원은 별도로 법정적립금으로 적립해야 한다. 자기자본금이 2천만원이라면 6천만원까지 법정적립금으로 적립할 수 있는 것으로 공익적 목적으로 하는 사회적 협동조합이 일반 협동조합보다 법정준비금이 더 엄격하게 적용되고 있다.

2) 사회적 협동조합의 잉여금의 처리

사회적 협동조합의 회계를 알아보기에 앞서 사회적 협동조합은 협동조합기본법 제96조에서 규정한 사항들을 공개하여야 한다. 공개 사항으로는 정관과 규약 또는 규정, 총회·이사회의 의사록, 조합원 명부, 회계장부, 그 밖에 정관으로 정하는 사항으로 규정되어 있다.

사회적 협동조합은 운영의 공개사항을 주된 사무소에 갖추어 두어야 하며, 협동조합의 채권자 및 조합원은 이를 열람하거나 그 사본을 청구할 수 있다. 이 경우 조합은 운영의 공개 사항 중 조합원의 개인정보는 사전에 정보주체의 동의를 받은 경우에만 제3자에게 제공할 수 있다.

사회적 협동조합의 임직원이나 청산인이 위에서 규정한 사항의 공개를 게을리 한 경우 100만 원이하의 과태료를 부과 받을 수 있다.

3) 사회적 협동조합의 법정적립금 및 임의적립금

(1) 법정적립금

"법정적립금"이란 법령에 의해 적립이 강제되어 있는 적립금을 말한다. 법정적립금은 매 회계연도 결산의 결과 잉여금이 있는 때에는 해당 회계연도 말 출자금 납입총액의 3개가 될 때까지 잉여금의 30% 이상을 적립하여야 한다. 사회적 협동조합은 손실의 보전에 충당하거나 해산하는 경우 외에는 법정적립금 사용이 금지되어 있다.

<표 5-1> 법정적립금 관련 용어

구 분	내 용
잉여금	순재산액이 법정자본금을 초과하는 부분으로 회계상 당기순이익
잉여금의 종류	자본잉여금 : 자본거래를 통해 발생
	이익잉여금 : 영업활동 등 손익거래를 통해 발생
순재산	총자산으로부터 총부채를 뺀 것으로, 자본준비금 / 이익준비금 / 이익잉여금 등의 합계액으로 자기자본(출자금, 자본잉여금, 이익잉여금, 자본조정 및 기타 포괄손익누계액)을 합산
법정 자본금	회사에 돈을 빌려준 채권자를 보호하기 위해 회사가 유지하여야 할 최소한의 자본으로 협동조합의 경우 출자금 총액을 법정자본금으로 간주

(2) 임의적립금

"임의적립금"이란 협동조합이 임의로 적립한 것으로 정관으로 정하는 바에 따라 적립이 가능하며, 사업준비, 시설확장, 사업활성화, 결손보전 등으로 사용이 가능하다. 손실금의 보전의 경우, "손실금(당기손실금)"이란 총수익이 총비용보다 적은 경우 발생하는 금액으로 회계연도의 결산 결과 당기손실금이 발생하면 미처분이월금, 임의적립금, 법정적립금의 순으로 이를 보전하고, 보전 후에도 부족이 있을 때에는 이를 다음 회계연도에 이월한다. 아울러 잉여금의 배당의 경우에는 사회적 협동조합이 손실금을 보전하고 법정적립금 등을 적립한 이후에 발생하는 잉여금은 임의적립금으로 적립하여야 하고, 이런 임의적립금은 조합원에게 배당할 수 없다.

4) 협동조합의 배당금 처리

(1) 배당의 의미

협동조합은 조합원의 필요를 충족하는 것을 목적으로 만들어진 영리법인이므로 사업의 성과에 따라 배당이 가능하다. 협동조합에서의 배당은 주식을 취득하는 중요한 목적으로서의 배당인 주식회사와 달리 사업의 결과에 따라 할 수도 있고, 안 할 수도 있는 임의적인 사항이다.

협동조합의 배당은 출자금에 대한 배당인 출자배당, 이용액에 대한 실적배당인 이용고배당으로 나누어진다. 출자배당은 배당을 하면 조합원 개인 이익으로 귀속되지만, 이용고배당은 사업 이용을 권장하여 조합원과 조합을 함께 성장시키는 동력이 된다.

(2) 주식회사 배당과의 차이점

주식회사는 주식 보유량에 비례하여 이익을 무제한 배당할 수 있고, 영업연도 중 1회에 한하여 이사회의 결의로 일정한 날을 정하여 중간배당을 할 수도 있는 반면, 협동조합은 배당을 법률 또는 정관으로 제한하며, 중간배당에 관한 법조항이 존재하지 않는다.

협동조합기본법은 원칙적으로 회계연도가 끝나고 결산 이후 잉여금에 대하여 법정적립금 10% 이상 및 임의적립금 등을 적립한 후에 정관으로 정하는 바에 따라 배당할 수 있도록 하고 있다.

(3) 배당금의 법적 순서

주식회사와 마찬가지로 협동조합도 조합원들에게 경영성과에서 얻은 이득을 돌려준다. 이러한 협동조합 배당금의 요건과 절차, 그리고 배당 방법에 대해 알아보고자 한다.

협동조합이 사업을 잘 운영했다면 이익이 발생할 수 있지만, 그렇지 않다면 손실이 발생할 수도 있다. 회계적 용어로 이익을 잉여금의 발생이라고 하고, 손실을 손실금의 발생이라 부른다.

(4) 협동조합의 잉여금과 배당

협동조합은 매 회계연도 사업 결산 결과 잉여금이 발생하는 경우, 조합원은 이 잉여금의 배분방법을 결정해야 하는 권리와 의무가 있다. 이 잉여금은 다음과 같이 사용될 수 있다.

① 임의적립금으로 보전

사업의 결과 잉여금이 발생하면 잉여금의 일부를 배당하지 않는 적립금으로 사용할 수 있다. 임의적립금은 협동조합의 발전을 위해 일정액을 적립하는 "유보금"의 성질이다. 협동조합의 장기적인 발전과 성장을 보장하는데 필수적인 요건이다.

② 이용실적배당

협동조합은 영리법인이므로 조합 사업이용실적에 비례하여 조합원에게 배당금을 지급할 수 있다. 이용실적배당은 협동조합의 사업에 더 많은 조합원들이 참여하도록 하고 기여하게 하는 요인이 된다.

③ 지역사회 봉사활동 지원

협동조합은 지역사회와 유기적인 관계에서 사회적 기여 공헌의 역할을 해야 하는 것이 협동조합의 기본원칙 중 하나다. 조합원의 동의를 얻은 지역사회를 위한 활동, 취약계층 지원활동 등을 지원하는 것은 협동조합을 발전시키기 위한 좋은 토대가 된다.

(5) 협동조합의 배당 방식

협동조합기본법 제51조는 손실금의 보전과 잉여금의 배당에 대해 규정하고 있다. 협동조합이 매 회계연도 사업을 종료했을 때 이익과 손해가 생길 수 있고, 손해가 생겨 손실금이 발생했을 때는 배당을 할 수 없다. 하지만 이익이 생기게 되면, 조합별로 정해져 있는 정관에 따라서 배당을 할 수 있다.

다음은 잉여금이 발생했을 때 처리절차이다.

① 손실금 보존 : 기존에 생긴 손실금을 먼저 채워 넣어 보전합니다.

② 법정적립금 보전 : 손실금을 보전하고 남은 잉여금은 법정적립금으로 적립해야 한다. 협동조합기본법은 잉여금의 10% 이상을 법정적립금으로 적립하도록 규정하고 있다.

③ 임의적립금 보전 : 법정적립금으로 적립하고 남은 잉여금은 임의적립금으로 적립한다. 임의적립금은 협동조합의 유보금으로 협동조합의 규모 확장 등에 사용되는 예비비이다.

④ 조합원 이용실적배당 : 손실금 보전, 법정적립금, 임의적립금 순서로 적립하고 남은 잉여금은 조합원의 사업이용실적에 따른 이용실적배당을 한다. 협동조합기본법은 50% 이상의 이용실적배당을 규정하고 있다. 이용실적배당 비율은 협동조합별 정관의 규정에 의한다.

⑤ 조합원 출자배당 : 이용실적배당을 하고 남은 잉여금은 출자배당으로 배당한다. 출자배당은 10% 미만으로 정관에 정해야 한다.

협동조합을 설립 시 정관에 잉여금 배당에 관한 사항은 조합원 합의로 규정해야 한다. 법정적립금은 잉여금의 10% 이상으로 정하고, 임의적립금은 합의에 따라 정한다. 이용실적배당은 50% 이상에서 규정하고 출자금배당은 10% 미만에서 정하면 된다. 정관상 구체적인 범위를 정하지 못한 경우에는 규약이나 규정을 통해 따로 정하면 된다.

(6) 이용실적 배당금과 납입출자배당금의 차이

협동조합은 사단법인이나 공입법인 등 다른 비영리 법인과 달리 배당이 가능하다는 특징이 있다. 협동조합은 주식회사와 같이 배당이 가능하지만 협동조합은 이용실적에 따른 배당과 납입출자에 따른 배당으로 구분되고 있다는 데 주의해야 한다. 다만 사회적 협동조합은 원칙상 배당을 할수 없다.

주식회사의 경우 주주는 각자의 여건에 따라 주식을 구매해 투자하면 매년 회사 경영실적에 따라 평가 후 주주총회에서 결정된 금액으로 배당금을 받게 된다. 즉 주식을 많이 가진 주주에게 더 많은 배당금을 주는 원리다.

반면에 협동조합은 납입출자 이외에도 이용실적에 따른 배당을 하도록 규정하고 있다. 이는 협동조합의 물건이나 서비스를 더 많이 이용한 조합원들에게는 더 많은 배당금을 부여하겠다는 것이다. 쉽게 말해 마일리지나 포인트 제도라고 생각하면 이해하기 쉬울 것이다. 즉 공동으로 물품을 구매하는 소비자 협동조합의 경우와 구매실적에 따라 노동력을 제공하는 직원 협동조합의 경우에는 조합원의 근로일수에 따라 배당 규모가 결정되는 것이다.

한편 협동조합은 납입출자에 대한 배당금보다 이용실적에 대한 배당금을 우선적으로 지급하도록 규정하고 있다. 배당금의 규모는 전체 배당가능 금액의 50% 이상이어야 한다.

3. 협동조합설립 준비과정에서 발생하는 비용

협동조합은 준비에서부터 설립, 세무적으로는 사업자등록증을 발급받는 날까지 짧게는 1달 길게는 6개월 이상이 걸릴 수 있다. 일반 주식회사의 설립과는 전혀 다른 형태의 법인설립이므로 준비기간과 준비비용을 많이 들어갈 수 있다. 협동조합을 준비 중인 곳이라면 미리부터 이에 대한 처리방안에 대하여 합의하고 준비해야 한다.

설립전 준비비용에 관한 회계와 세무는 동일하게 비용인정을 해준다. 설립 전 비용 지출문제를 고민할 때 크게 (1) 어떤 증빙을 챙길 것인지에 관한 문제 (2) 어떤 자금으로 지출하고 이를 어떻게 보상할 것인지에 관한 문제 (3) 지출과 관련하여 지급한 부가가치세는 환급이 가능한지에 관한 문제에 관한 문제 등으로 나누어 볼 수 있다.

먼저, 설립 전 지출과 관련하여 어떤 증빙을 챙길 것인지에 관한 문제다. 설립 전 지출은 크게 설립을 위한 비용지출, 자산의 취득, 부동산의 임대 등으로 구분될 수 있다. 설립을 위한 비용지출은 발기인들의 준비모임과 관련한 비용, 설립동의자들을 규합하기 위하여 지출된 비용, 컨설팅비용이나 교육비용 등 다양한 형태로 준비하는 과정에서 발생되는 비용이다. 또한 중요하게는 창립총회를 개최하는데 들어가는 비용도 포함된다. 법인의 운영을 위한 사무실을 임차하는 경우에 임차보증금과 공인중개사무소에 중개수수료도 지급된다. 그리고 법인의 운영을 위한 집기비품을 구입하기 위하여 자금이 지출된다. 모든 과정은 자금이 외부로 유출되는 과정이다. 따라서 이는 회계처리의 관점에서는 자산의 취득과정(임차보증금,

유형자산)이거나 비용지출의 과정이다. 모든 자금의 지출에는 반드시 증빙을 챙겨야 한다. 회계상으로는 관련한 지출을 확인할 수 있는 근거가 있으면 되지만 세무적으로 적격지출증빙서류를 반드시 수취해서 보관해야 한다. 적격지출증빙서류의 종류는 세금계산서, 계산서(부가가치세 면세품목의 구입시), 신용카드(직불카드와 현금영수증포함)영수증이다. 일반적으로 신용카드 등으로 결제하면 세금계산서를 따로 발급받을 수 없다. 따라서 현금 지급한 것은 증빙용 현금영수증이나 이사장후보의 주민등록번호로 세금계산서를 발급받아야 한다(실무적으로 큰 금액의 지출의 경우에). 그 외에는 발기인 또는 설립동의자 개인신용카드를 사용할 수 있다. 다시 강조하지만 모든 지출에 관하여 증빙을 꼭 챙겨야 한다.

둘째, 어떤 자금으로 지출하고 이를 어떻게 보상할 것인가이다. 설립동의자로 부터의 출자금은 창립총회이후에 이사장개인명의의 통장으로 수취하고 신고필증 교부 후 법인설립등기 때 출자금통장의 잔액증명서를 제출해야 한다. 따라서 법인설립등기 전까지는 출자금을 사용할 수 없다. 법인설립 전 자금지출은 설립동의자끼리 누가 어떻게 지출할 것인지, 법인설립 후 어떻게 보상할 것인지, 에 대하여 합의를 해야 한다. 아마도 발기인들이 나누어서 현금이나 개인신용카드로 지출해야 할 것이다. 지출한 동의자는 반드시 지출증빙을 수취해야 한다. 협동조합설립 후 각각의 지출자들은 지출결의서를 작성하고 지출증빙을 첨부하여 협동조합에 설립준비비용의 지출상환을 청구해야 한다. 이때 협동조합은 지출조합원에게 설립준비비용을 지급할 때도 결정할 사항이 있다. 해당 지출금액을 처리하는 방법은 크게 세가지이다. 1) 출자금에서 현금보상 해주는 가장 간단한 방법, 2) 협동조합의 자금사정을 고려하여 일정기간 후 상환하겠다고 처리하여 협동조합의 차입금으로 처리하는 방법 3) 금액이 크다면 끝전을 출자금으로 상환하고 나머지 금액을 출자금으로 하는 방법 등이다. 어느 방법을 선택할지는 결정해야한다.

셋째, 설립비용관련 부가세환급문제이다. 원칙상 사업자등록 전 지급한 부가가치세는 환급받을 수 없으나 일정한 조건의 경우에는 환급이 가능하다. 많은 협동조합이 법인설립과정에서 자금을 지출하였다. 총회와 관련하여 대관료나 회식비용, 법무사수수료, 컨설팅수수료, 인쇄비용, 부동산중개수수료, 비품 구입 등 모든 지출과 관련하여 지출금액의 10/110을 부가가치세로 납부하게 된다. 이렇게 납부한 부가가치세는 적격증빙을 수취한 경우와 기간문제가 충족될 경우에 한하여 부가가치세 환급이 가능하다.

구체적으로 살펴보면 다음과 같다. 먼저 재화와 용역을 구매한 공급시기가 속하는 과세기간이 끝난 후 20일 이내에 사업자등록을 신청한 경우 등록 신청일부터 공급시기가 속하는 과세기간 기산일까지 역산한 기간 내의 것을 환급받을 수 있다. 예전에는 사업자등록신청 20일 이내에 지급한 부가가치세만 환급이 가능했다. 이는 사업자등록 신청 전 부가가치세 환급가능기간이 상당히 길어진 셈이다. 이는 협동조합의 설립의 특징을 감안하면 유리한 세법변경이었다. 예를 들자면 7월 20일 이전에 사업자등록을 신청한 경우는 1월 1일부터 6월 30일까지 기간에 지급한 부가가치세 환급이 가능하다. 만약 부가가치세 과세기간이 10월 30일에 사업자등록을 신청했다면 7월 1일부터 지급한 부가가치세의 환급이 가능하다.

다음으로 해당기간의 요건만 충족한다고 부가가치세 환급이 가능한 것은 아니다. 더 중요한 것은 적격증빙의 수취이다. 세금계산서를 수취할 경우에는 이사장의 개인 주민등록번호를 기재하고 발급받아야 하고, 신용카드와 지출증빙용현금영수증은 부가가치세가 별도기재되어 있어야 한다.

가장 중요한 부분은 적격지출증빙의 수취이다. 특히 중개수수료, 법무사수수료, 컨설팅수수료, 집기비품의 구입 등 그래도 큰 금액의 지출은 부가가치세 환급을 고려하여 세금계산서, 부가가치세가 별도 기재된 신용카드와 지출증빙용현금영수증을 수취해야 한다. 이를 토대로 지출결의서를 작성하여 협동조합 설립 후 비용청구를 해야 한다.

02

협동조합의 재무제표 파악

1. 협동조합의 재무제표

1) 재무제표의 종류와 작성의 기본원칙

협동조합의 재무제표는 협동조합 회계의 최종적인 결과물이자, 협동조합 회계의 목적이다.

조합원이 협동조합의 전반적인 재무상태와 운영성, 현금 흐름 등을 알기 위해서 필수적인 정보를 요약해서 모아 놓은 것이 협동조합의 재무제표이다.

(1) 재무제표의 종류

① 재무상태표(대차대조표) : 특정시점의 협동조합의 자산과 부채, 자본 상태를 나타냄
② 손익계산서(운영성과표) : 일정기간 협동조합의 경영성과 또는 운영성과를 정리함
③ 이익잉여처분계산서(결손금 처리 계산서) : 일정 기간 동안 협동조합에 이익잉여금이나 결손금이 어떻게 처리되었나를 보여줌

④ 현금흐름표 : 일정기간 협동조합의 현금흐름을 정리한 재무제표
⑤ 재무제표에 대한 주석 : 이상의 협동조합 재무제표를 작성할 때 사용한 회계기준이나 협동조합의 회계정책 및 기타 필요한 재무정보를 정리한 문서

2) 재무제표 작성의 기본가정과 원칙

(1) 재무제표 작성의 기본가정

똑같은 거래에 대해서 누가 회계처리를 하더라도 같은 방식으로 처리할 수 있게끔 원칙을 두는 것

① 기업 실체의 가정 : 기업을 경제행위의 대상이 아닌 주체로 본다.
② 계속기업의 가정 : 재무제표를 작성할 때는 반증이 없는 한 기업이 예상 가능한 기간 동안 영업을 계속할 것이라고 가정 (청산기업과 반대되는 개념)
③ 기간별 보고의 가정 : 기업의 영업이란 지속적으로 일어나므로 기간이 구분되는 것은 아니다. 하지만 기업의 재무상태와 경영성과 등을 보고하고 평가하기 위해 인위적으로 기간을 구분하는데 이렇게 구분된 기간을 회계기간이라고 한다.
④ 발생기준의 가정
발생기준이란 거래나 사건이 발생한 시점에 곧바로 장부에 기록하고 그 결과를 재무제표에 반영하는 회계처리 방식을 말한다.

(2) 재무제표 작성의 원칙

① 재무제표의 작성 책임과 공정한 표시 : 재무제표는 경제적 사

실과 거래의 실질을 반영해 공정하게 작성해야 한다.

② 재무제표 항목의 구분과 통합표시 : 세부적인 항목을 모두 표시해야만 유용한 것은 아니다. 중요한 항복을 재무제표 본문이나 주석에 구분해 표시하되 그렇지 않은 항목은 성격이나 기능이 유사한 항목과 통합해서 표시할 수 있다.

③ 항목표시와 분류의 계속성 : 재무제표의 기간별 비교가능성을 높이기 위해 재무제표 각 항목의 표시와 분류는 원칙적으로 매기 동일해야 한다.

④ 이해하기 쉽도록 간단하고 명료하게 : 재무제표는 이용자가 이해하기 쉽도록 간단명료하게 작성해야 한다.

(3) 장부작성의 방법

협동조합의 회계장부는 거래발생부터 결산까지 다음 순서를 따른다. 거래의 발생과 식별 > 분계와 총계정원장에 전기 > 시산표작성과 기말수정분개 > 장부의 마감과 재무제표의 작성 순이다.

2. 협동조합의 재무상태표

1) 협동조합의 재무상태표란

일반적으로 결산일인 12월 31일 시점에 협동조합의 자산·부채·자본의 공정 가치로 경영상태를 나타내는 표를 말한다.

재무상태표는 일정한 시점에 현재 기업이 보유하고 있는 재무상태를 나타내는 회계보고서로 차변에 자산과 대변에 부채 및 자본으로 구성되어 있으며, 기업 활동에 필요한 자금을 어디서 얼마나 조달하여 투자했는지 등을 알 수 있게 해준다. 재무상태표는 정보이용자들이 기업의 유동성, 재무적 탄력성, 기업의 수익성과 위험도 등을 평가하는 데 유용한 정보를 제공하는 기본적인 회계자료로 상법에서는 기업에 대하여 의무적으로 작성하도록 하고 있다.

재무상태표는 일정 시점 현재 기업이 보유하고 있는 경제적 자원인 자산과 경제적 의무인 부채, 그리고 자본에 대한 정보를 제공하는 재무보고서로서 정보이용자들이 기업의 유동성, 재무적 탄력성, 수익성과 위험 등을 평가하는 데 유용한 정보를 제공한다.

회계의 가장 기본적인 등식의 형식을 갖고 있으며, 총자산(자산총계)의 합계는 항상 총부채(부채총계)와 총자본(자본총계)의 합계액과 정확하게 일치한다. 재무상태표는 차변과 대변으로 구성되어 있으며 차변의 자산은 자금이 어떻게 사용되고 얼마나 남아 있는지를 보여주며 대변의 부채와 자본항목은 자금이 어떻게 조달되었는지를 알 수 있게 해준다.

2) 협동조합의 재산인 자산

일반적으로 재산과 같은 뜻으로 쓰이며, 유형·무형의 물품·재화나 권리와 같은 가치의 구체적인 실체(實體)를 말한다. 기업회계상의 자산은 자본의 구체적인 존재형태(存在形態)를 말하는 것으로, 이연자산(移延資産)까지도 포함하고 있는 점에서 일반적인 재산개념보다도 넓다.

경제학에서 말하는 자본재는 거의 자산과 동일하다. 자산은 여러 기준에 따라서 분류가 가능하나 회계상으로는 유동자산·고정자산·이연자산으로 나누어진다.

유동자산은 기업과 시장 사이를 교류하며 1년 이내에 현금화되는 회전속도가 빠른 자산인데, 다시 당좌자산(當座資産)과 재고자산(在庫資産)으로 나누어진다.

당좌자산은 바로 현금화할 수 있는 자산으로 현금·예금·받을어음·외상매출금, 일시적 소유를 목적으로 한 유가증권 등으로 이루어진다.

재고자산은 제조·판매 등의 과정을 거쳐 현금화할 수 있는 것으로, 상품·원재료·재공품(在工品)·반제품 등으로 구성된다. 고정자산은 기업 내부에서 장기간 사용하며 원칙적으로 1년 이내에는 현금화되지 않는 회전속도가 느린 자산을 말한다. 이것은 다시 구체적인 형태의 유무(有無)에 따라 유형고정자산과 무형고정자산으로 나누어진다.

유형고정자산은 토지·건물·기계장치·선박 등으로 이루어지며, 무형고정자산은 영업권·특허권·지상권(地上權)·상표권·실용신안권(實用新案權)·의장권(意匠權)·광업권 등을 가리킨다.

이들 이외에, 출자금·투자유가증권·정기대부금 등을 포함하는 투자자산까지도 고정자산에 포함시켜야 한다는 견해가 유력하다. 고정자산의 회계처리에 있어서는 토지와 같은 예외를 제외하고, 감가상각(減價償却)을 통하여 그 가치의 일부분씩을 생산물에 이전하여 내용기간(耐用期間) 중에 전가치를 회수하는 방법이 취해진다. 상법은 고정자산의 평가에 있어서 원가주의(原價主義)를 채용하여 결산기마다 상당한 상각을 하도록 규정하고 있다(31·452조).

이연계정은 선급비용(先給費用:1년 이내에 상각되어 비용으로 되는 것은 제외)과 이연자산으로 이루어진다. 이연자산에는 창립비·개업비·신주발행비·사채할인발행차금·개발비·시험연구비·건설이자 등이 있다. 이들은 일정한 상각방법에 의하여 수년간에 걸쳐 상각하게 되는데, 그 동안의 미상각 잔액이 자산이 된다.

자산에 관해서 중요한 점은 자산구성과 자산평가이다. 자산구성 중에서도 유동자산과 고정자산의 비율, 총자산에 대한 유동자산(또는 고정자산)의 비율이 적정하지 않으면 수익성(收益性)이나 유동성(流動性:지급능력)이 악화된다.

3) 협동조합의 빚인 부채

기업에 투입된 총자본은 그 원천에 따라 타인자본인 부채와 자기자본으로 나뉜다. 부채란 자산을 취득하거나 각종 비용을 지출하기 위해 은행이나 다른 사람들로부터 돈을 조달 받는 등 미래에 갚아야 하는 상환의무가 있는 빚을 말한다. 부채는 1년 이내에 갚아야 하는 유동부채와 1년 이상의 기간 안에 갚아야 하는 비유동부채로 분류된다.

유동부채란, 대차대조표에 작성된 날로부터 기산하여 1년 이내에 상환기일이 도래하는 부채로, 지불어음, 단기차입금, 외상매입금, 선수금, 미불금, 예치금, 납세충당금 등이 이에 속한다. 반면, 1년 이내에 상환기일이 도래하지 않는 부채를 비유동부채(非流動負債) 또는 장기부채(長期負債)라 한다.

반면 비유동부채란, 유동부채에 대응되는 개념으로 기업의 부채

중 유동성을 충족하지 않는 모든 부채를 가리키며, 일반적으로 지불기한이 1년을 초과하는 부채를 가리킨다. 한국채택국제회계기준(이하 'K-IFRS') 도입 이전에 기업회계기준에서는 고정부채(fixed liabilities)라고 불리었다.

K-IFRS에 따르면 비유동부채는 유동부채로 분류되지 않는 그밖의 모든 부채를 의미하며, 유동부채는 재무상태표의 보고일 이후 12개월 또는 정상영업주기 내에 결제해야 하거나 결제될 것으로 예상하는 부채, 또는 재무상태표상 보고일 이후 12개월을 넘겨서까지 부채의 결제를 연기할 수 있더라도 그 권리가 무조건적이지 않은 부채로 정의한다. 이때 기업의 정상영업주기는 영업활동을 위한 자산의 취득시점부터 그 자산이 현금이나 현금성자산으로 실현되는 시점까지 소요되는 기간으로서, 명확한 정상영업주기를 정할 수 없는 경우에는 12개월인 것으로 가정하여 유동성 여부를 판단하며, 이때 비유동부채는 지불기한이 1년을 초과하는 부채이다.

비유동부채로는 차입금, 순확정급여부채, 기타충당부채 등을 예로 들 수 있다. 차입금은 자금의 조달로 인해 발생하는 부채로, 일반 대중으로부터 채권을 발행하는 사채(社債)와 은행 등 금융기관으로부터 조달하는 일반차입금으로 구분된다. 순확정급여부채는 종업원이 수행한 근무용역에 대하여 회사가 미래에 지급할 것으로 예상되는 퇴직급여의 현재가치를 부채로 인식한 것이며 기타충당부채 역시 복구충당부채나 반품충당부채 등 과거나 현재 일어난 매입, 매출로 인해 미래에 기업이 부담하여야 할 것으로 예상되는 부채 추정액이다.

유동·비유동의 구분 표시는 자산과 부채 모두에 대하여 적용하는데, 이는 재무제표 이용자로 하여금 정상영업주기 또는 12개월 이내에 실현될 것으로 예상되는 자산과 동 기간 내에 결제 기일이 도래하는 부채를 확인할 수 있게 하여, 향후 미래현금흐름에 대한 예측 및 재무건전성이나 운전자본을 검토하는 데 유용한 정보를 제공하기 위함이다.

4) 협동조합의 자본

자본은 재산인 자산총액에서 빚인 부채총액을 차감한 잔여액 또는 순자산으로 자산에 대한 소유주의 잔여청구권을 말한다. 이는 기업의 순자산으로 주주지분 또는 소유주지분이라 불리는 것으로 기업의 총자산에서 총부채를 차감하고 남은 잔여분을 말하며 자본금, 자본잉여금, 이익잉여금으로 구성된다. 자본금은 주주들이 직접 출자한 주식의 액면총액이며 자본잉여금은 주주들이 액면가액 이상으로 납입하거나 자본거래에서 발생한 잉여금이고, 이익잉여금은 손익거래에서 창출된 이익 중 유보된 금액을 말한다.

3. 협동조합의 포괄손익계산서

사업을 하면서 일상적인 영업활동이나 부수적인 경영활동 등을 통해 수익 과 비용 등의 손익이 발생한다. 이를 포괄손익계산서 또는 경영성과보고서라고도 한다. 포괄손익계산서란 일정기간 동안 사업의 경영성과를 나타내는 표인데, 그 기간에 속하는 모든 수익과 이에 대응하는 모든 비용을 적저하게 표시하고 그 내역에 관한

정보를 제공하는 동태적 재무보고서를 의미한다.

포괄손익계산서에서 경영성과는 다음과 같은 형태로 요약된다.

수익 - 비용 = 순이익(순손실)

포괄손익계산서는 동태적 재무제표로서, 일정기간(1월 1일~12월 31일) 동안의 경영성과를 나타내므로 여기에 표시되는 모든 금액은 당기의 누계액으로 보고된다.

반면에 재무상태표는 특정 시점의 재무상태를 나타내므로 모든 계정의 금액이 재무상태표 일 (12월 31일)기준의 잔액으로 표시되는 정태적 재무제표라는 사실에 유의해야 한다.

1) 협동조합의 수익이란

수익이란, 생산적 활동에 의한 가치의 형성 또는 증식을 뜻하며 생산적 급부(재화 또는 용역)의 제공에 의하여 기업이 받는 대가 (매출액)로 측정된다. 기업의 이익은 수익을 근원으로 한다. 즉, '수익 - 비용 = 이익'의 산식에 의하여 이익이 산정된다.

한 기간에 획득한 수익 중에서 그 기간에 소속되는 수익은 손익계산서의 대변에 기재되는 바, 이것은 영업수익과 영업외수익으로 구분된다. 영업수익은 기업의 경상적인 제조판매활동, 용역의 제공활동으로부터 얻어지는 수익이다.

그리고 영업외수익이란 그 밖의 원천으로부터 생기는 수익을 뜻하며, 주로 자본의 소유관계 등 금융상의 원천에서 생기는 수익이다. 수익은 기간귀속을 기준으로 하여 기간외수익과 기간수익으로 구분하기도 한다. 기간외수익은 당기업적주의의 입장에서 잉여금계산서에는 계상되나 손익계산서에는 계상되지 않는다.

2) 협동조합의 비용이란

비용이란 재화의 판매나 용역의 제공 등 영업활동을 수행하며 발생하는 자산의 유출이나 사용 또는 부채의 증가액을 말한다. 비용과 종종 혼용되어 사용하는 용어 중에 원가가 있다. 원가란 재화나 용역을 취득하기 위해 지급한 대가이지만, 비용은 수익을 얻기 위해 일정기간 소비된 재화 및 용역의 원가를 말한다. 다시 말해 재화와 용역을 취득하면 이를 취득하기 위해 지급한 가액인 원가를 모두 장부상에 자산으로 기록하고, 이러한 재화와 용역이 수익을 얻기위해 소비되었을 때 비용으로 처리한다는 것이다.

비용은 크게 매출원가, 판매비와 관리비, 영업외비용 및 법인세비용으로 구분할 수 있다. 매출원가는 제품이나 상품 등의 판매로 발생한 매출액에 대응하는 것으로 제품이나 상품 등에 배분된 제조원가 또는 매입원가를 말한다. 판매비와 관리비는 제품이나 제품에 대한 판매활동과 기업의 관리활동에서 발생하는 비용으로 매출원가에 속하지 않는 모든 영업비용을 포함한다. 판매원 및 관리사원의 급여, 감가상각비, 광고 선전비, 여비, 교통비 등이 여기에 속한다.

영업외비용은 영업활동 이외의 활동과 관련해서 발생하는 비용으로 이자비용, 단기매매증권처분손실, 매도가능증권처분손실, 유형자산처분손실, 전기오류수정손실 등이 있다. 마지막으로 법인세비용은 법인세비용 차감전순이익에서 과세될 세율을 곱한 법인세를 말한다.

이와 같이 기업은 수익과 비용을 발생 원천에 따라 구분한 후, 발생원천이 비슷한 유형의 수익과 비용을 상호 대응해 단계별로 이익을 산출하게 된다. 예를 들면 기업 운영에 있어 가장 중심적인 영업활동과 관련해 발생한 수익, 즉 매출액에 매출원가를 대응해 매출 총 이익을 계산하고, 이로부터 다시 매출 및 영업수익을 창출하기 위해 간접적으로 소비된 판매비와 관리비 차감해 영업이익을 산출한다. 여기에 다시 영업활동과 관련 없이 발생하는 영업외 수익과 영업외 비용을 각각 가감해 법인세비용차감전순이익을 산출하며, 여기서 법인세비용을 차감해 당기순이익을 산출한다.

총 수익에서 총 비용을 차감하는 방법에 의해 당기순이익을 계산하는 단일 이익의 개념이 아니라 몇 단계의 이익 개념으로 구분해서 작성하는 손익계산서를 일컬어 '구분식 손익계산서' 라고 한다. 구분식 손익계산서는 이익을 여러 유형으로 구분해서 회계정보 이용자들에게 제공함으로써 경제적 의사결정의 목적에 따라 그에 적합한 이익의 개념을 스스로 선택해서 사용할 수 있게 하는 장점이 있다. 회계가 이해관계들의 경제적 의사결정의 유용성을 강조하고 있다는 점에 비추어 볼때 기업회계기준에서 정하고 구분식 포괄손익계산서의 의의가 크다고 할 수 있다.

4. 협동조합의 제조원가명세서

협동조합에서 취급하는 제품의 생산과 관련된 원가로 재료비, 노무비, 각종 제조경비를 의미한다. 제조원가명세서는 제조회사에서 작성하고, 도·소매하는 상품이나 서비스업에서는 작성하지 않는다.

협동조합이 도·소매인 경우에는 좋은 상품을 저렴하게 판매하는 곳에서 사와서 적절한 가격으로 팔아 이윤을 남기지만 대부분의 협동조합은 이미 생산된 상품이 아니라 자체적으로 제품을 만들어 판매할 것이다. 즉 도·소매가 아닌 제조업 협동조합은 각종 원재료와 노동을 통해 제품을 만들어서 팔기 때문에 제조원가명세서를 추가로 작성해야 한다. 물건을 만들기 위한 원재료비와 노동력, 그리고 다양한 제조경비를 합한 당기총제조원가는 재공품으로 흘러간다. 이 제공품10)이 제품으로 완성되어 팔리면 매출원가로 기말에 재고자산으로 남아있으면 기말재고자산으로 구분한다.

제조원가명세서는 일정기간 동안 물건을 만드는데 든 비용을 재료비, 노무비 및 경비로 나누어 자세하게 정리한 표이다. 제품을 만드는 데 어느 부문의 원가가 얼마나 소요되는지를 파악함으로써 제조과정상의 개선점을 찾아내는 데에 유용하게 쓰인다. 즉, 당기 총제조비용 중 재료비의 구성비가 같은 업종이 다른 회사보다 높을 경우에는 원재료나 부품의 구매 관리를 개선해야 할 필요가 있음을 알 수 있고 노무비나 경비의 구성비가 다른 회사보다 크다면, 생산직 종업원의 생산능력 관리측면이나 전기, 수도 등 물자의 소비측면에서 개선할 점이 있는 것이다. 그리고 재무제표의 정보가 정확한지 확인하기 위해 제조원가명세서상의 기말원재료와 기말재공품이 대차대조표의 재고자산내용과 일치하는지 검토하고, 제조원가명세서상 당기제품제조원가가 손익계산서의 매출원가와 일치하는지 검토하면 된다.

---

10) 제조하는 과정에 있는 물품.

5. 협동조합의 이익잉여금처분계산서

협동조합이 얻은 이익 중에서 출자자등에 의한 배당금이나 적립금등을 나타내는 것이다. 이익 중 일정부분을 조합원들의 배당금으로 사용하거나, 협동조합에 재투자하거나, 사업자금으로 운용하는 등 적립금으로 회사에 쌓아두기 위해 작성하는 표가 이익잉여금처분계산서[11]이다. 이익잉여금처분계산서는 기업의 이월이익잉여금의 수정사항과 당기이익잉여금의 처분사항 등을 명확히 보고하기 위하여 작성한 재무제표이다. 이월이익잉여금의 변동사항을 전부 표시하여야 하는 이익잉여금처분계산서는 주주총회의 승인을 거쳐 확정된 처분방침에 따라 작성하는 것이 원칙이다. 이익잉여금처분계산서의 주요항목은 ① 당기말 미처분이익잉여금 ② 임의적립금 이입액 ③ 이익잉여금 처분액 ④ 차기이월이익잉여금 등이다. 미처분이익잉여금처분계산서의 내용은 다음과 같다.

1) 미처분이익잉여금

기업이 영업활동을 한 결과 얻게 된 순이익금 중에서 임원의 상여금이나 주식배당 등의 형태로 처분되지 않은 부분이다. 따라서 이것은 사용도가 정해져 있지 않은 이익잉여금이므로, 프리 서플러스라고도 한다. 이 잉여금의 결산일 현재의 금액은 당기 미처분 이익잉여금이라 하며, 이익처분 후의 이월 이익잉여금에 그 기간 중의 증감을 가감한 기말잔액과 손익계산서에 나타나 있는 당기순손익을 가감함으로써 산출된다. 또 이 금액은 당기 미처분이익이라고도 하

---

11) 협동조합에 결손 발생 시에는 결손금처리계산서임.

며, 기업이 처분할 수 있는 이익의 전액을 나타낸다. 미처분 이익잉여금은 잉여금의 개념을 도입한 근대 회계이론의 소산이며, 미처분 이익잉여금의 이동은 잉여금계산서의 일부로서 기재되어 있다.

2) 임의적립금 등의 이입액

임의적립금은 회사가 법률의 규정에 의하지 않고 정관 또는 주주총회의 결의에 의하여 이익을 유보한 것으로 그 이용목적과 방법은 회사의 자유이다. 임의적립금은 그 이용목적에 따라 사업의 영구적 확장을 목적으로 하는 것(감채적립금, 신축적립금, 사업확장적립금), 장래의 손실에 대비하는 것(임원퇴직적립금, 우발손실적립금, 진부화적립금), 그리고 배당의 평균을 목적으로 하는 것(배당평균적립금)과 목적을 한정하지 않는 것으로서의 별도적립금이 있다. 또한 임의적립금은 그 설정목적을 달성하였을 때 장부상의 대체에 의하여 소멸하느냐 안하느냐에 따라 적극적 적립금과 소극적 적립금으로 구분된다.

기업이 임의적립금을 설정하게 된 이유는 본래의 기업경영의 목적을 달성했거나 또는 적립금에 대한 회사 정책이 변경되는 경우가 있을 수 있기 때문이다. 이 경우에는 과거에 유보된 임의적립금을 제거해 미처분이익잉여금으로 환원하게 되는데, 이를 임의적립금이입액이라고 한다.

3) 이익잉여금처분액

처분전이익잉여금과 임의적립금이입액의 합계액을 원천으로 하여 이를 법정적립금 및 임의 적립금으로 적립하거나 배당금으로 처분한 금액을 말한다. 이익잉여금 처분액으로 가재되어 있는 있는 금액은 모두 당기의 처분예정액을 기준으로 표시한다. 이익잉여금의 처분순서는 이익준비금 및 기타 법정적립금의 순서이며, 그 다음은 배당금 혹은 임의적립금 등으로 주주총회의 결의에 의해 임의로 처분하게 된다. 또한 주식할인발생차금의 당기상각분 등도 이익잉여금처분액으로 표시한다.

4) 차기이월 미처분이익잉여금

차기이월 미처분이익잉여금은 미처분이익잉여금에 임의적립금 등의 이입액을 합한 뒤, 이익잉여금처분액을 차감한 금액이다.

협동조합 세무실무

1. 협동조합의 세무의 기초

협동조합도 기업의 한 형태로서 그 주목적이 조합원들 간의 상생과 협동에있지만 기업으로서의 세무과 관련된 신고를 적법하게 해야 한다. 협동조합의 경우 법인이 얻은 소득에 대해 법인세를 신고납부해야한다. 과세업자의 경우에는 10%인 부가가치세를 신고 납부해야하며, 의료법인 등 면세사업자의 경우에도 면세사업장현황신고를 해야 한다. 반면에 공익을 목적으로 하는 사회적 협동조합의 경우에는 법인이 얻은 소득이 있다고 하더라도 고유목적 사업준비금으로 비용화해 법인세를 신고납부 할 의무에서 제외하고 있다. 따라서 운영하는 협동조합이 어떤 협동조합인지에 따라서 관련세무신고가 달라지기 때문에 기본적인 세무실무를 고려해야 한다.

1) 협동조합의 세무 의무

협동조합도 법인사업자이다. 다만 일반 협동조합은 영리법인인 주식회사와 비영리법인의 중간쯤에 있고, 최근에는 사회적협동조합을 비영리법인으로 구분하고 있다. 특별법에 의한 협동조합을 제외하고는 협동조합기본법에 의해 설립된 일반 협동조합과 사회적 조합의 경우 주식회사와 마찬가지로 세무의무를 가진다.

따라서 협동조합기본법에 의해 설립된 일반 협동조합은 영리법인 사업자로 분류되어 기존의 주식회사와 마찬가지로 세무 의무를 동일하게 부담한다. 즉 법인세 납세의무와 부가가치세 납세의무, 그리고 직원의 급여지급 등의 원천세징수 납부의무를 부담한다. 반면에 사회적 협동조합은 비영리법인이므로 일반적인 경우 법인세 납세의무를 지지 않으나, 일부 영리사업을 한다면 영리사업에 대한 법인세 납세의무와 부가가치세 납세의무, 그리고 원천세징수 납부의무를 부담하게 되는 것이다.

2) 협동조합과 관련된 납세의무

(1) 법인세 납세의무

협동조합도 법인사업자로 분류가 된다. 협동조합기본법에 의해 설립된 일반 협동조합은 영리법인사업자로 분류되어 기존의 주식회사와 같은 세무 의무를 동일하게 부담한다. 즉 법인세 납세의무가 부가가치세 납세의무, 그리고 직원의 급여지급 등 원천세징수 납무의무를 부담하는 것이다. 하지만 비영리법인인 사회적 협동조합의 경우 법인세 납세의무가 없으나 영리사업을 일부라도 한다면 그 사업에 대한 법인세 납세의무, 부가가치세 납세의무, 원천세징수 납무 의무를 부담하게 된다.

협동조합은 일정한 과세기단 동안에 벌어들인 소득에 대해 법인세를 과세한다. 우리나라 대부분의 협동조합은 1월 1일부터 12월 31일까지를 하나의 회계연도로 하고, 그 기간 동안 벌어들인 소득에 대해 세법에서 정한 권리의무 확정주의에 따른 세무조정을 거쳐 법인세를 신고납부하게 된다. 하지만 사회적 협동조합은 영리를 목적으로 하지 않고 공익을 목적으로 하기 때문에 교육, 종교의 보급 등과 같은 비영리법인으로 분류되어 법인세납부의무는 원칙적으로 없다. 다만 앞서 언급했듯이 비영리법인라 하더라도 영리목적의 사업을 수행한다면 그 부분에 한해서 법인세를 신고 납부해야 한다.

이러한 각 사업연도의 소득에 대한 법인세 뿐만 아니라 청산소득에 대한 법인세, 그리고 토지 등 양도소득에 대한 법인세로 구분된다. 청산소득에 대한 법인세는 영리법인인 협동조합의 경우, 협동조합이 청산할 경우 세법에서 정한 청산소득에 대해서 법인세를 납부해야 한다.

하지만 비영리법인인 사회적 협동조합의 경우 청산시 잔여재산은 다른 비영리법인인 사회적 협동조합이나 국가 등에 귀속되기 때문에 청산소득이 발생하지 않는다. 토지 등 양도소득에 대한 법인세는 부동산에 대한 투기를 방지하기 위해 협동조합과 사회적 협동조합 모두 구분하지 않고 과세한다. 그러나 사회적 협동조합은 자산양도소득에 대해서 일반 협동조합과 동일한 방법을 따르거나 또는 개인의 양도소득세 과세방법 중 하나를 선택해 적용할 수 있다.

(2) 부가가치세 납세의무

협동조합도 부가가치세를 내야한다. 재화의 판매나 용역의 제공에 대한 부가가치의 증가분에 대한 10%의 단일세율을 부가가치세라고 한다. 과세사업자인 협동조합의 경우 분기별로 부가가치세를 확정신고와 예정신고를 통해 신고납부 해야 한다.

부가가치세의 전체적인 신고 달력을 알아보기에 앞서 사업자라면 누구나 한번쯤은 들어보았을 부가가치세가 무엇인지부터 알아보자. 부가가치세는 생산이나 유통의 각 단계에서 생산된 부가가치에 대해 부과하는 조세이다. 즉 부가가치란 각 거래 단계에서 사업자가 독자적으로 새로이 창출한 가치의 증분이라고 볼 수 있다. 예를 들어 원단이나 비닐커버, 줄 등의 원재료를 1,000원에 사서 우산공장에서 우산이라는 상품을 만들어 1,500원의 가격에 소비자에게 판매한다면 우산공장에서 창출한 부가가치는 500원(1,500-1,000)이다.

이와 같이 창출한 부가가치 500원에 대한 10%의 부가가치세를 부과하게 되는 것이다. 우산공장 사장은 창출한 부가가치인 500원의 10%인 50원을 부가가치세로 납부할 의무가 있는 것이다. 여기서 중요한 것은 우산공장 사장이 50원의 세금을 부담하는 것이 아니라는 사실이다. 최종소비자가 부가가치세를 부담하기 때문에 부가가치세를 두고 담세력12)이 전가되는 세금이라고 하는 것이다. 사장들은 본인이 세금을 부담한다고 착각하지만, 실제로 부담하는 사람들은 최종소비자가 되는 것이다.

그렇다면 부가가치세에 대해 정확히 알아보자. 부가가치세는 사업

---

12) 담세력이란 납세의무자가 개인적으로 어느 정도의 조세를 부담할 수 있는가 하는 경제적인 능력을 가리킨다. 납세의무자의 조세부담이 각각의 담세력에 상응해야 된다고 하는 것이 일반적으로 말하는 응능부담(應能負擔)의 원칙이라고 하며, 이 원칙을 기초로 해서 과세를 행하는 것을 응능과세(應能課稅)라고 한다. 한편, 담세력의 측정문제가 제기될 수 있는데, 이는 납세자의 전반적인 후생수준을 측정할 수 있을 만큼 포괄적이어야 하며, 세액확정을 위해 수량화될 수 있어야 한다는 점에서 지극히 어려운 일이라 하겠다. 그리하여 현실에서 대부분의 국가는 담세력의 지표로 소득, 소비, 자산 등을 이용하는데, 이들 지표들도 불완전하지만 이용 가능한 대안들이기 때문이다.

자가 부담하는 세금이 아니라, 소비자에게 전가해 소비자가 납부하게 되는 세금이다. 대신에 사업자는 그 부가가치세를 소비자에게서 받아서 신고 납부할 의무가 있다. 부가가치세의 납세의무자는 면세사업자를 제외한 과세사업자를 말하며, 영세율 적용을 받는 자도 여기에 속한다. 이러한 과세사업자는 크게 일반과세자와 간이과세자로 나누어진다. 일반과세자의 경우에는 매출세액에서 매입세액을 차감해 납부세액을 과세하게 되는데 반해서, 영세한 소규모 사업자들을 위해 간편하게 신고하며 세금부담도 적은 간이과세자도 있다.

다음은 부가가치세 신고 방법에 대해 알아보자. 세금계산서를 받기 위해서는 매입액의 10%를 더 지급해야 하기 때문에 간혹 세금계산서를 받지 않는 것이 더 유리하다고 생각하는 사람이 있으나 결코 유리한 것이 아니다. 지금 당장 돈을 절약할 수 있을지는 모르지만 이후 법인세를 신고할 때 비용으로 인정받을 수 있는 증빙이 되지 않으므로 그 비용만큼 법인세가 늘어나게 된다. 결국 매입액의 10%를 아끼려다가 더 많은 세금을 낼 수도 있다는 말이다.

또한 공급하는 자가 매출세금계산서를 교부하지 않으면 매출이 누락되기 때문에 차후에 세무조사로 확인되었을 경우 원래 납부해야 하는 부가가치세 외에도 가산세와 비용 과다로 인한 추가 법인세를 부과 받게 된다.

세금계산서의 종류에는 먼저 일반세금계산서와 전자세금계산서가 있다. 이는 일반과세자가 교부하는 것으로, 부가가치세를 거래 징수한 내용이 별도로 기재되어 매입세액을 공제받을 수 있는 계산서이다.

반면에 수입세금계산서는 재화의 수입에 대해 교부하는 세금 계산서로, 그 기재사항 및 기능은 일반세금계산서와 동일하나 세금계산서를 교부하는 자가 사업자가 아닌 세관장이란 차이점이 있다.

그 외에 사업자가 거래시 교부하는 증빙으로 계산서와 영수증이 있다. 계산서는 세금계산서와 비슷하나 면세사업자가 교부하는 증빙이다. 계산서에는 부가가치세액이 포함되거나 별도로 기재되지 않고, 수입금액에 대한 과세자료로 세금계산서와 더불어 상호 보충적 기능을 한다. 영수증은 주로 최종 소비자와 직접 거래하는 소매업자등이 하는 것으로 매입세액을 공제하는 자료로는 사용할 수 없으며 과세자료 및 송장으로만 활용할 수 있다.

(3) 원천세 등 소득세관련 납세의무

협동조합도 일반주식회사와 같은 법인사업자이다. 그러나 세무처리에 있어서 협동조합은 일반 법인사업자와 차이를 보인다, 일반협동조합은 영리법인인 주식회사와 비슷한 세무처리를 행해야 하지만 사회적 협동조합은 비영리법인으로 구분해서 일반 협동조합의 세무처리와 달리 수행하고 있다. 특별법에 의한 협동조합을 제외하고는 협동조합기본법에 의해 설립된 일반 협동조합과 사회적 협동조합은 주식회사와 마찬가지로 세무의무가 있다.

즉 비영리 법인의 경우에도 법인세법 제3조의 수익사업에 해당되는 경우에는 법인세 신고 납부의무가 있으며, 비영리법인이 영위하는 제조업, 건설업, 도·소매 및 소비자용품수리업, 부동산·임대 및 사업서비스업 등 수익이 발생하는 사업으로서 통계청장이 고시하는 한국표준산업분류에 의한 각 사업 중 법인세법 시행령 제2조 제1항 각호에 해당되는 경우에는 제외하고 수익이 발생하는 것은 수익사업에 해당되는 것으로 법인세 납세의무가 있게 된다.

(4) 4대 보험 가입의무

협동조합을 시작하면서 직원이 있는 경우는 당연할 뿐만 아니라 직원이 없는 경우라도 4대보험에 가입해야 한다. 직원이 없는 경우에는 4대보험 중 고용보험과 산재보험은 가입하지 않아도 되지만, 국민연금과 건강보험은 반드시 가입을 해야 한다. 만약 신고를 하지 않는 경우라도 사업자등록을 신청하게 되면 국민연금관리공단이나 국민건강보험공단으로 통보가 되어 강제로 가입을 하게 된다. 직원이 1명이라도 있다면 지역가입이 아닌 직장가입을 하게 된다. 이때 부담하는 4대보험은 국민연금은 월급여의 9%, 건강보험료는 5.98%, 고용보험요율은 1.3%, 산재보험료는 사업주만 부담하며 업종별로 보험료율을 달리 적용하고 있다. 2008년 7월에 추가된 장기요양보험료는 건강보험금액에서 13.1%를 부담하게 된다. 이 모든 4대보험료를 근로자가 모두 부담하는 것은 아니다. 보험료의 50%는 사업주가 부담하고 나머지 50%는 근로자가 부담하게 된다.

4대보험이란 무엇일까요. 협동조합이 부담하게 되는 조합원(직원)의 4대보험료는 대략 직원급여의 8~10% 정도를 부담하므로 적은 금액이 아니다. 따라서 급여 책정시 이를 신중하게 고려해야한다. 국민연금과 건강보험의 경우 급여를 지급한 날의 다음 달 10일까지 매달 납부하면 되고, 고용 보험과 산재보험은 1년을 일시에 납부하거나 분기별로 납부하면 된다. 고용보험과 산재보험은 다음해 3월 말일까지 직전 연도의 납부할 보험료가 적정한지 산정해서 정산하는 과정을 거치게 된다.

다음으로 4대보험료 지원사업인 '두루누리 사회보험'이란 무엇일까요. '두루누리 사회보험'사업은 저임금근로자의 사회보험 사각 지대를 해소하기 위해 국민연금과 고용보험의 보험료에서 50%를 지원하는 것을 주요 내용으로 한다. 자원 기준인 월평균 보수의 금액이 110만원에서 130만원으로 완화됨으로써 10인 미만의 사업장의 경우 신청에 의해 국민연금과 고용보험금 중 50%를 지원받을 수 있다.

4대 보험료를 줄이는 방안으로는 첫째, 비과세가 적용되는 급여부분을 최대한 줄여서 4대보험을 책정할 수 있도록 한다. 둘째, 4대보험의 신고는 정확하게 바로 신고할 수 있도록 한다. 셋째, 협동조합의 조합장인 경우에도 사업장에서 4대보험에 가입해야 한다.

마지막으로 4대보험 신고와 납부방법을 알아보자. 협동조합을 신규로 개업하거나 폐업한다면 사업장 가입신고 혹은 폐업신고를 해야 한다. 또한 직원이 입사를 하거나 퇴사를 하는 경우에는 4대보험 직장가입으로 자격취득신고 또는 자격상실신고를 해야 한다. 4대보험에 신고를 할 때에는 사업장가입신고서와 자격취득신고서를 작성해 4대공단 중 한곳에 제출하면 된다. 4대보험은 서로 연계되어 있기 때문에 한 공단에 신청하면 일괄적으로 신고 된다. 일반적으로 건강보험증이 제일 필요하므로 건강보험관리공단에서 신청하면 된다. 국민연금이나 건강보험은 대략적인 급여에 따라 책정된 금액으로 매달 신고 납부 하나, 고용보험 및 산재보험은 분납 또는 일시 납부하며 다음해에 최종적으로 정산해서 납부하게 된다.

3) 협동조합과 관련된 기타 비용

(1) 복리후생비

요즘 같은 불황기에는 협동조합의 실적도 좋을 수가 없다. 회사와 직원 모두 노력해서 각종 복리후생비 성격의 경비를 줄여야 불황을 이겨낼 수가 있다. 연말연시 행사에 지출되는 조합원의 회식이나 노래방 비용 등은 모두 복리후생비 성격이다. 하지만 업무(사업)추진을 위해서 특정인에게 접대비용을 지출했다면 복리후생비가 아니라 접대비가 되므로 주의해야 한다. 즉 접대비란 업무(사업)추진을 위해서 특정인에게 지출한 비용을 의미한다.

복리후생비는 직원들의 사기양양과 복리후생을 위해 지출하는 비용을 말한다. 직원 간의 회식을 위해 식당이나 커피숍에 간다든지, 노래방에 간다든지 간에 모두 직원의 사기진작을 위해 지출된 비용인 경우에는 복리후생비다. 각종 회식비는 혹리후생비 규정에 포함 되어있고, 사업과 관계없이 지출한 비용이기 때문이다. 복리후생비에는 다음과 같은 종류가 있다.

- 사업주(사장)가 부담하는 국민연금
- 사업주(사장)가 부담하는 건강 보험료, 고용 보험료
- 사용인(직원)을 위한 위생, 의료 등에 지출하는 비용으로 직장 체육대회, 직장 연회비, 야유회 등
- 사용인(직원)을 위한 직장보육시설
- 각종 경조사비(결혼, 부모의 회갑, 자녀의 돌 등)
- 각종 피복류에 대한 지출비, 회식비, 간식비
- 기타 사회통념상 인정되는 경조사비 등

일반적으로 회사에는 규칙과 방침이 있다. 회사마다 복리후생에 대한 규정은 다르며 사원의 사기증진을 위해 집행된다. 4대보험 중 일부를 사업주(사장)가 부담하는 것부터 사회통념상 인정되는 경조

사비를 지원해주는 것까지 직원의 사기를 높여 회사의 매출과 생산성을 증진하기 위한 규정은 회사마다 다르므로 사규를 잘 준수해서 시행해야 할 것이다.

(2) 기부금

협동조합을 운영하면서도 학교 등에 각종 기부를 할 수도 있고, 협동조합을 위해 다양한 접대를 행할 수 있다. 협동조합을 운영하기 위해서 지출한 금액을 기부금과 접대비, 그리고 광고 선전비로 인식할 경우 이들은 어떻게 구분해야 할까요. 일반적으로 기부금은 업무(사업)와 관련 없이 지출되는 경비이다.

반면에 접대비와 광고 선전비는 업무(사업)와 관련된 지출이다. 이때 접대비는 특정인을 위해 지출한 비용인 것에 반해 광고 선전비는 불특정 다수를 상대로 하는 지출이다. 물론 특정인을 위한 지출이라 하더라도 연간 비용이 1만원 이하인 경우에는 광고 선전비에 포함할 수 있다.

협동조합의 기부금도 업무와 관련 없이 지출한 비용을 말한다. 즉 원칙적으로는 필요경비로 분류할 수 없으나 협동조합을 수행하다 보면 사실상 불가피하게 요구되거나 또는 공익성이 있는 것에 한해서는 예외적으로 필요경비로 인정해주고 있다.

(3) 접대비

접대비는 교제비, 사례비, 기타 그 이름에 관계없이 접대와 유사한 성질에 사용된 비용으로 협동조합 업무와 관련해서 특정인에게 지출한 경비를 말한다. 그러나 접대비는 내부 직원 대상이 아닌 사업과 관련이 있는 거래처나 특정 외부인에게 접대나 향응을 위해 지출한 비용을 말한다. 접대비는 일정한 한도에서만 필요경비로 인정하며, 그 한도를 초과하는 경우에는 인정해주지 않는다. 중소기업의 경우는 연간 1,800만원, 일반 기업의 경우에는 1,200만원 이내를 접대비로 인정한다. 또한 매출액에 비례해서 접대비가 증가하면 수입금액 비율로 접대비를 인정받을 수 있다.

접대비를 사용할 경우에는 법적 증빙이 되는 신용카드, 현금영수증, 세금계산서 그리고 계산서 등을 사용해야 한다. 건당 3만원을 초과해 지출하는 접대비는 반드시 사업주의 카드를 사용해야 인정이 되며, 가족카드를 사용하거나 그 외 카드를 사용한 경우에는 인정되지 않는다.

(4) 광고선전비

광고선전은 생산자가 소비자에 대하여 상품의 성질, 용도, 가격, 가치 등을 주지시키고, 적극적 구매를 권고하는데 그 의의가 있으며 신상품의 소개, 상품지식의 보급, 상품명·사회명·상표의 보급, 구매의욕의 자극, 사용의 시기·장소·방법·가격 등을 대중에게 주지시키는 데 그 목적이 있다. 이와 같은 제효용을 얻기 위하여 지출된 경비를 판매비로서 광고선전비라 한다. 달력, 부채 같은 홍보용 물품을 불특정 다수에게 증정하는 비용은 광고선전비로 인정된다. 다만 광고선전비는 연간 3만원을 초과하지 않아야 한다.

2. 협동조합 세무처리의 궁금증

1) 협동조합의 감가상각 절세방안은?

(1) 감가상각이란

감가상각이란 협동조합의 사업을 영위하기 위해 건물, 기계장치, 차량운반구, 비품, 집기 등의 유형자산은 시간이 지남에 따라 사용으로 인한 자산의 가치가 감소하는데 이를 감가상각이라고 한다. 이와 같이 협동조합의 영업활동을 위해 사용된 자산가치의 사용분을 비용화 하는 것을 감가상각이라고 한다. 처음으로 사업을 시작하면 각종 집기류와 비품, 기계장치, 인테리어 설치와 같은 시설장비 등에 비용이 들어가게 된다. 음식점을 시작할 경우에도 건물의 인테리어 비용과 각종 음식과 관련된 집기류와 컴퓨터 구입 등에 비용이 소요될 것이고, 병원이나 한의원 같은 경우 에는 상대적으로 고급스러운 인테리어와 각종 값비싼 의료장비 등에 비용이 소요된다. 이처럼 초기 사업을 시작하기 전에 고정비 성격으로 들어가는 비용이 많기 때문에 많은 투자자금이 소요되는 것이 사실이나 이러한 자산들은 감가상각을 할 수 있어 각종 필요경비로 인정받을 수 있다.

(2) 감각상각을 하는 다양한 방법

기계장치, 컴퓨터, 각종 기자재, 인테리어 비용과 같은 시설장치 등의 유형자산은 일정한 시간이 경과함에 따라 가치가 감소하거나 기계장치 등의 노후로 인해 효용가치가 줄어들게 된다. 이처럼 자산의 가치 하락을 감안해서 각 자산의 내용연수에 따라 감가상각을 하게 되는데 이를 측정하는 방법에는 크게 정액법, 정률법, 그리고 생산량비례법이 있다. 정액법은 자산의 내용연수에 따라 매년 균등한 금액을 배분해서 상각하는 방법이고, 정률법은 사업초기에 감가상각을 많이 하고 시간이 경과할수록 감가상각비를 적게 계상하는 방법이다. 그리고 생산량비례법은 광업에서 주로 사용하는 방법으로, 광구의 총 채굴예정량에서 채굴한 양에 따라 생산량에 따른 비례로 감가상각을 하는 것을 말한다.

(3) 감가상각의 절세방안

감가상각비는 사업자의 판단에 의해 장부에 계상할 것인지 여부를 결정할 수 있다. 즉 사업에 대한 당해년도의 감가상각비를 비용으로 인정받기를 원한다면 장부에 계상하면 되며, 사업의 초기라 결손이 발생한 경우에는 이후에 사업에서 수익이 발생했을 때 장부에 계상할 수도 있다. 이처럼 감가상각비는 임의 계상이 가능하나, 사업에 대해 오도할 가능성이 있어 세법에서는 일정한 범위에서 선택할 수 있도록 규제를 두고 있다.

자산에 따라서 감가상각 방법을 정하고 있으며, 내용연수의 일정한 범위에서 선택할 수 있도록 하며, 일정 한도에서 감가사각을 할 수 있도록 하고 있다. 건물의 경우에는 정액법만 가능하며 짧게는 30년간 감가상각을 할 수 있다. 다만 본인 건물이라면 주의해야 한다. 이후에 양도할 경우 감가상각한 만큼 양도차익이 더 많아질 수 있으므로 잘 판단하고 감가상각을 해야 할 것이다. 건물이외에 인테리어, 기계장치, 의료기기, 비품, 컴퓨터 등은 정액법과 정률법을 선택할 수 있다. 장기간 사용을 고려한 경우에는 정액법 상각을 할 것이고 단기간 사용할 경우에는 초기에 상각이 많은 정률법을 사용하면 된다.

반면에 토지의 경우에는 자산의 가치가 발생하지 않으므로 감가상각을 할 수 없다. 만약 부동산 구입시 건물과 토지를 일괄 구입한 경우에는 토지와 건물을 일정한 비율로 나누어 건물에 대해서는 감가상각을 하고 토지는 감가상각을 해서는 안된다. 일반적으로 사업의 초기에는 각종 기계장치 등에 비용이 많이 들어가므로 장기간 사용시에는 정액법을 활용하면 세금 부담을 줄일 수 있다. 하지만 기계장치의 사용이 급변할 가능성이 있는 경우에는 초기에 감가상각이 많은 정률법을 이용해서 세금 부담을 줄일 수 있는 방안도 있을 것이다.

이처럼 감가상각은 일정한 범위에서 사업에 따른 재량권을 주고 있으므로 회사에 맞추어 적절히 사용해 세금부담을 최소화할 수 있다.

2) 협동조합의 각종경비 절제는 어떻게?

협동조합을 운영하는데 있어 생각보다 많은 비용들이 발생하게 된다. 이 외에도 다른 사업을 하다보면 다양한 측면에서 경비가 발생하게 된다. 이럴 경우 어떻게 판단해야 하는지에 대해 알아보자.

(1) 직원의 휴대전화 비용

일반적으로 영업직원인 경우 회사일로 많은 통신비가 발생한다. 회사 명의로 휴대전화를 발급받아 업무에 사용한 경우 전액 통신비에 대한 경비로 인정받을 수 있다. 또한 휴대전화 사용료에 포함되어있는 부가가치세도 환급받을 수 있다.

반면에 회사가 영업을 위해 사용하는 휴대전화이지만 회사의 명의가 아닌 직원개인의 명의인 경우에는 사실상 회사 일을 위해 사용했다고 해도 이를 입증할 수 있는 방안이 없다. 하지만 회사의 지급규정에 따라 영업지원이 사용한 휴대전화 사용료 중 일부의 통신비를 보조해줄 경우에는 회사의 경비로 인정받을 수 있다.

(2) 직원의 외근 및 출장비용

직원이 회사일로 당일 출장을 가서 인근지역에 대한 교통비, 택시비, 일시 주차료 등을 경비처리 하려면 지출결의서 등이 있으면 된다. 외근이 자주 있는 직원이라면 기록해두었다가 한꺼번에 정산을 받거나 회사에 교통카드를 비치해 사용하면 편하다. 또한 야근 등 각종 업무로 인한 교통비용으로 사측과 이해 상충이 발생할 수 있으므로 사규에 항목을 만들어 지급 범위를 정해두어야 한다.

(3) 해외출장 비용

개인회사의 사장이나 직원이 사업과 관련해서 해외출장을 가는 경우에는 각종비용은 여비나 교통비로 인정된다. 또는 직원의 사기 증진과 복리후생 목적으로 해외여행을 간 경우에는 복리후생비로 인정된다. 회사의 사업을 위해서 업무상 출장을 갔다면 여비나 교통비로 경비 처리되며, 우수 회사직원의 복리후생 목적으로 해외여행을 갔다면 복리후생비로 인정이 된다. 해외출장 시에는 각종 출장의 목적과 출장보고서 등 자료를 첨부해야 하며, 우수 직원의 해외여행은 회사 규정에 정해두면 이후에 세무상의 문제가 발생하지 않을 것이다. 개인사업자가 개인 휴양 목적의 해외여행을 해외출장으로 할 경우 세무상 불이익을 받을 수 있으므로 주의해야 한다.

3) 면세사업장 현황신고는?

면세사업장 현황신고는 개인사업자로서 학원이나 한의원, 성형외과 등의 의료병원 등이 주대상자다. 면세사업장 현황신고를 통해 연간 매출액은 어떻게 되는지, 경비인 인건비와 임차료 또는 기계 구입은 어떻게 되는지, 매출분 중에 계산서와 세금계산서 또는 현금의 구성은 어떠한지 등 사업장에 대한 기본사항을 파악하는 것이다.

종합소득세 확정 신고시의 매출금액이나 경비 등은 면제사업장 현황신고에 의해 결정되는 것이기 때문에 사업장현황의 신고는 중요한 조세증빙자료이다. 반면 법인인 협동조합의 경우에는 면세사업장현황신고가 없으므로 얻은 소득에 대해 법인세를 신고납부 할 의무가 있고 부가가치세에 대한 협력 의무가 있음을 주의해야 한다.

사업장현황신고의 금액은 법인이 아닌 개인의 종합소득세신고에 그대로 영향을 미치기 때문에 신중하게 작성해야 한다. 또한 경비 중에서 인건비에 대한 지출이 많은 부분을 차지하므로 학원의 경우에는 강사들을 근로자(갑종근로소득세)로 볼 것인지, 개인 사업자(3.3% 원천징수함)로 볼 것인지, 일시적인 기타(4.4% 원청징수함)로 볼 것인지를 구분해서 원천징수해야 한다.

면세사업자들이 제출할 서류들은 사업장현황신고서, 매입처별세금계산서합계표(갑, 을), 매입처별계산서합계표(갑, 을), 매출처별계산서합계표가 있다.

학원의 경우에는 학원사업자 수입금액검토표, 한의원인 경우는 한의원 수입금액검토부표, 한방 병·의원인 경우에는 수입금액검토 부표 등을 제출해야 한다. 이러한 사업장현황신고서를 신고일까지 신고하지 않거나 일부를 누락 또는 사실과 다르게 신고한다면 공급 가액에서 1% 가산세를 부과한다.

4) 과태료, 벌금, 범칙금의 처리는?

(1) 과태료와 벌금, 범칙금의 차이

첫째, 벌금은 형법에서 정한 아홉 가지 형벌 중의 하나다. 범죄 자에 대해서 국가가 부과하는 형벌로서 금전적인 납부 의무를 부과 받은 것이다. 벌금형을 받으면 소위 말하는 '전과기록' 이 남는 것 이며, 벌금을 제때 납부하지 않을 경우에는 하루 5, 6만원으로 환 산해서 노역장 유치 처분을 받을 수 있다.

둘째, 범칙금은 행정기관 에서 경미한 행정 형법위반자에게 부과 하는 것을 뜻한다. 범칙금을 위반한 행위가 비록 형사처분대상이라 고 해도 범칙금을 납부하면 형사처분을 받지 않는다. 범칙금 제도 는 전과자 양산을 막고 검찰과 법원의 업무 부담을 줄이기 위한 취 지로 볼 수 있다. 소위 '딱지' 라고 부르는 운전중 교통법규 위반 행위, 오토바이를 운행 중 헬멧을 쓰지않은 행위 등이 대표적인 사 례이다. 또한 쓰레기 방치, 노상방뇨, 담배꽁초 투기 등도 범칙금 부과 대상이다.

셋째, 과태료는 행정의 질서를 유지하기 위한 조치로 볼 수 있다.

과태료는 행정법상 일정한 의무를 이행하지 않거나 가벼운 벌칙을 위반한 사람에게 징수해 국가에 납부하게 하는 금전을 뜻한다. 대표적인 사례로 금연구역에서 흡연 행위 등이 있으며, 우리나라에는 약 600여종의 과태료가 있다고 한다.

(2) 과태료에 해당되는 행위

과태료는 부과 액수에 따라서는 200만 원 이하와 100만 원 이하고 구분된다. 그러나 과태료가 부과되는 대상에 따라서는 자연인 및 법인, 법인, 자연인의 3단계로 나뉜다. 과태료를 부과하는 행정 관청, 즉 협동조합의 경우 시·도지사, 사회적 협동조합의 경우는 관계 중앙행정기관의 장은 위반 행위의 정도, 동기, 결과 등을 고려하여 1/2범위에서 그 금액을 줄일 수 있다. 따라서 1차 위반시 과태료는 100만원 이하와 50만원 이하에서 시작되지만, 같은 위반 행위가 반복되면 과태료는 200만원, 100만원 이하로 부과될 수 있다.

한편, 정부는 과태료 부과에 따른 경제적인 어려움을 고려하여 '과태료 감경 제도'를 시행하고 있다. 대상은 기초생활 수급자, 한부모 가족 중 보호대상자, 1~3급 장애인, 상이유공자, 미성년자 등이 있고, 대상자가 과태료를 감면받기 위해서는 과태료 사전 납부 기간 종료 전까지 감경 사유 대상자임을 확인하는 장애인 증명서, 한부모 가족 증명서 등 증빙서류를 관할 행정관청에 제출하면 된다.

참고문헌

권웅, 협동조합 지배구조 문제와 개선방향, 농협조사월보, Vol.579, 1-20, 2005.

김석영, 농협 상호금융의 경쟁력 강화 방안에 관한 연구, 전남대학교 석사학위논문, 2001.

김수진, 협동조합의 문제점과 개선방안에 관한 연구, 동아대학교 석사학위논문, 2015.

김수환, 협동조합 해외 선진사례 및 도입방안 연구, 중소기업연구원, 2009.

김재득, 농협조합장의 리더십에 관한 연구, 연세대학교 석사학위논문, 2005.

김정호·김석호, "협동조합이 꼭 알아야 할 회계·세무·경리의 모든 것", 원앤원북스 2014. 1.

김진호, 금융환경 변화에 따른 저축은행의 생존을 위한 활동방안 연구, 연세대학교 석사학위논문, 2010.

김한례, 마케팅지향성이 시중은행의 경영성과에 미치는 영향에 관한 연구, 동국대학교 석사학위논문, 2004.

김흥배, 농산물소매시장에서 농업협동조합의 역할에 대한 실증적 연구, 서울대학교 박사학위논문, 2005.

김흥보, 금융환경 변환에 따른 은행 합병에 관한 연구, 제주대학교 석사학위논문, 1998.

남기호, 한국 협동조합의 역할 관계 변화에 관한 연구, 한국외국어대학교 석사학위논문, 2012.

농업협동조합중앙회, 한국농협론, 농업협동조합중앙회, 2001.

농협중앙회, 『농협상호금융40년사』, 2009. 10.

라성해, 중국농촌신용합작사 발전과 개혁에 관한 연구, 인하대학교 석사학위논문, 2013.

박해영, 지역농협합병의 필요성과 제도적 개선에 관한 연구, 동국대학교 석사학위논문, 2004.

박희정, 지역금융의 구조조정 분석에 관한 연구, 동아대학교 석사학위논문, 2001.

백강석, 국제환경변화에 따른 농협의 경쟁력 강화방안에 관한 연구, 동국대학교 석사학위논문, 2012.

서광진, 금융기관의 고객만족경영을 위한 마케팅 전략에 관한 연구, 단국대학교 석사학위논문, 1998.

송재일, 상호금융특별회계에 관한 법적 연구, 한국협동조합연구, 28권 3호, 2010.

송춘호·전성군 "농업 농협 논리 및 논술론", 한국학술정보, 2012. 3.

신기엽 외, "협동조합길라잡이", 농협경제연구소, 2010. 4.

신기엽, "협동조합의 이론과 현실",「한국농협론」, 농협중앙회, 2001. 9

우재영, 농협의 사업전략과 조직구조의 정합성이 사업성과에 미치는 영향, 한국협동조합연구, Vol.27 No.1, 107-133, 2009.

원창호, 하나로마트 판매시설 활성화방안에 관한 연구, 한양대학교 석사학위논문, 2015.

유영호, 중소기업협동조합의 자본조달실태와 발전방향에 관한 연구, 한성대학교 석사학위논문, 2005.

윤복수, 농협 상호금융 발전방안에 관한 연구, 전북대학교 석사학위논문, 2011.

이봉주, 금융구조조정 이후 상호신용금고 현황 및 경쟁력 강화 방안, 한양대학교 석사학위논문, 2001.

이인우, "유럽연합 농협의 변화 추이와 시사점",『농협조사월보』2002.

이종수, "협동조합의 정체성", 농협중앙교육원, 2002. 6.

이지은, 경제환경 변화에 따른 농업협동조합의 효율성 제고 방안 연구, 고려대학교 석사학위논문, 2012.

임영선, "협동조합의 이론과 현실, 한국협동조합연구소, 2014. 10.

임영선, 협동조합의 새로운 자본조달 제도, 농협조사월보, Vol.559, 1-16, 2004.

전성군, "이해관계자 협동조합사례", 농협중앙교육원, 2003. 5.

전성군, "최신협동조합론", 한국학술정보, 2008. 8.

전성군, 배동웅, "미국농협의 편익과 한계", 농협중앙교육원, 2003. 3

전성군·송춘호·장동헌, "실전협동조합교육론", 한국학술정보, 2014. 3.

전성군·송춘호·장동헌, "협동조합지역경제론", 한국학술정보, 2012. 12.

전영길, 한국 농협조직의 발전방향에 관한 연구, 전북대학교 석사학위논문, 2007.

조완규, "협동조합론", 도서출판 동문 2004. 12.

진영민, 지역농협의 무기계약직 근로실태에 관한 연구, 고려대학교 석사학위논문, 2014.

진흥복, "개정 협동조합론", 선진문화사 1991. 2.

최경식, 한국농업협동조합 지배구조 개편에 관한 연구, 서울시립대학교 박사학위논문, 2012.

최경식 · 이상열 · 정정현 · 박성준 · 박정철 · 박상섭 · 유형석, 농업분야 소규모 협동조합의 합리적 운영 및 지속가능한 모델 개발, 2016.

최영조, "협동조합론 문제은행", 협동아카데미 2007. 10.

최용주, 『사회적경제의 도래와 협동조합운동』, 농협경제연구소, 2009.

한국협동조합연구소, 『한국 협동조합 센터의 발전방향과 사회적 기업과의 연계가능성』, 2011.

해양수산부, 수산업협동조합의 지배구조개편 등에 관한 연구, 2007.

황영모, 『협동조합을 통한 사회적경제의 준비와 실천』, 전북발전연구원, 2012.

황의식, 농협중앙회 사업구조 개선 및 일선조합 연계방안 연구, 한국농촌경제연구원, 2009.

Abrahamsen, M. A. 1980. Agricultural co-operation in the United States. Occasional Paper, The Plunkett Foundation for Co-operative Studies. No.45

Barton, D.G. 1989. Principles In W.D. Cobia (Ed), Cooperatives in agriculture, Englewood Cliffs, NJ: Prentice-Hall.

Kyriakopoulos, K. 2000. The market orientation of cooperative organisations: Learning strategies and structures for integrating firms and members. Assen, NL: van Gorcum.

Nilsson, J. 1997. New generation farmer co-ops, Review of International Co-operation, 90(1), 32-38.

OECD. 2006. The New Rural Paradigm: Policies and Governance.

OECD. 1997. Cooperative Approaches to Sustainable Agriculture.

OECD. 2006. Agriculture and the Environment: Lessons from a Decade of OECD Work.

전성군

전북대학교 및 동 대학원(경제학박사)과 캐나다 빅토리아대학 컨퍼런스과정 및 미국 샌디에고 ASTD과정을 연수했다. 현재 한국기록문화연구협동조합 이사, 농진청 녹색기술자문단 자문위원, MBC귀농아카데미 출강교수, 한국귀농귀촌진흥원 자문위원 등으로 활동 중이다. 주요저서로 〈초원의 유혹〉, 〈초록마을사람들〉, 〈최신협동조합론〉, 〈그린세담〉, 〈농업·농협 논리 및 논술론〉, 〈협동조합 지역경제론(공저)〉 등 20권의 저서가 있다.

송춘호

전북대학교 졸업, 일본 북해도대학 대학원을 수료하고 북해도대학 객원교수, 대통령직속 지역발전위원회위원, 백구농협 사외이사, 금만농협 사외이사, 신협중앙회 논문집 편집위원 등을 역임하였다. 현재는 전북대학교 농경제유통학부 교수, 한국식품유통학회 이사, 한국협동조합학회 편집위원, 익산원예농협 사외이사, 전주푸드통합지원센터 이사, 미래농촌연구회 이사, 전북수박산학연협력단장 등으로 활동 중이다. 주요저서로는 〈알짜배기 쌀농사〉, 〈농산물마케팅전략〉, 〈농식품 마케팅전문가를 위한 기획전략〉, 〈협동조합교육론(공저)〉, 〈협동조합지역경제론(공저)〉, 〈스마트생명자원경제론(공저)〉, 〈유통의 경제이론(번역서)〉, 〈일중한 농협의 탈글로벌라이제이션(일서, 공저)〉 등이 있다.

박상도

한국외국어대학교 졸업, 육군학사장교(중위)로 복무하였으며, 중앙대학교 대학원 경영학석사, 농협중앙회 국제금융부 외환전문역, 농협중앙회 부천시지부 차장, 농협안성교육원 교수, 농협구례교육원 교수 등을 역임하였고, 은퇴설계전문가로 활동 중이면서, 현재 농협구미교육원 교수로 재직하고 있다. 〈흥부가 태어난다면 제비가 돌아올까(공저)〉 등 저서가 있다.

장동헌

전북대학교 대학원에서 농업경제학(경제학박사)을 전공했고, 쌀·삶·문명연구원 HK 연구교수, 전북연구원 부연구위원 등을 역임했다. 현재는 전북대학교 농경제유통학부 부교수로 재직하고 있으며 장수농협 사외이사로 활동 중이다. 저서로는 〈협동조합교육론(공저)〉, 〈협동조합지역경제론(공저)〉 등이 있다.

협동조합
금융론

초판인쇄   2018년 10월 12일
초판발행   2018년 10월 12일

지은이   전성군·송춘호·박상도·장동헌
펴낸이   채종준
펴낸곳   한국학술정보㈜
주소   경기도 파주시 회동길 230(문발동)
전화   031) 908-3181(대표)
팩스   031) 908-3189
홈페이지   http://ebook.kstudy.com
전자우편   출판사업부   publish@kstudy.com
등록   제일산-115호(2000. 6. 19)

ISBN   978-89-268-8575-8 93320